Dieses Buch

öffnet uns die Augen über eine vom Untergang bedrohte Kultur: unsere eigene.

Die Hopi-Indianer in Arizona, deren Elders offensichtlich die ältesten prophetischen Lehren und Anweisungen hüten, ihre Situation und Lebensweise, ihr mündlich überliefertes Wissen über die Entwicklung von Erde und Menschheit, insbesondere ihre Warnungen und Appelle, die sie seit 1948 an uns richten, sind das Zentralthema.

Ihr Land, das sie als das Herz der Erde und ihren weiblichen Pol bezeichnen, nimmt dabei eine Schlüsselstellung ein – seine drohende Zerstörung bedeutet unseren Untergang.

Über 70 Jahre später und rund 4 Jahrzehnte nach der Erstausgabe dieses Buches sind die Warnungen der Hopi traurige Realität geworden: ein nahender Klimakollaps, weltweite Unruhen, zunehmende Korruption, AKW- und Umweltkatastrophen, die fortschreitende Zerstörung unserer Lebensgrundlagen, das „Haus am Himmel" als letztes Zeichen. Dem steht eine weltweit erstarkende Bewegung für Land & Leben gegenüber, wie sie die Hopi in ihrer Friedenserklärung ankündigen. .

Damit wurde dieses Buch zu einem einzigartigen Dokument der Mahnung und der Hoffnung – und liegt nun in einer aktualisierten Neuausgabe vor.

Am Beispiel der Hopi, die als „Volk des Friedens und die wahren Hüter des Gleichgewichts" gelten, der Mohawks, der Sioux (Lakota) und des Indianischen Ältestenrats vermittelt es fern aller romantischen Vorstellungen das Grundmuster einer lebensbejahenden, spirituell-ökologisch orientierten Lebensweise: Sie beruht nicht auf Konkurrenz und Ausbeutung, sondern auf Kooperation und Verantwortung für einander und unseren Lebensraum.

Alexander Buschenreiter

1945 in Wien geboren, lebt als freier Publizist im steirischen Salzkammergut. 1981 besuchte er den Sioux-Vertrauten Richard Erdoes und erstmals die Reservationen der Hopi, Navajo und Mohawks in den USA. Später auch mit seiner Familie u.a. das SAPA DAWN CENTER der Tulalip Elder Janet McCloud im US-Bundesstaat Washington. 1993 nahm er in New York als Berichterstatter an der indigenen UN-Konferenz CRY OF THE EARTH teil. Seit seinen USA-Reisen ist er für einen solidarischen Austausch einschließlich der Organisation von Vorträgen, u. a. auch mit dem Mohawk Elder Tom Porter engagiert (vgl. MENSCHEN DER ERDE. Indigenes Wissen – Ein Weg aus der Krise, Authal 2022).

Er ist Mitbegründer der *Arbeitsgruppe Indianer heute* in Wien (1981), aus der die österreichische Sektion der *Gesellschaft für bedrohte Völker,* der *Arbeitskreis Indianer Nordamerikas* (AKIN) und der *Arbeitskreis Hopi-Österreich* (1982) hervorgingen, vom Verein *Für die Erde, für das Leben* (1988) und des Jugendkulturprojekts *MOVE!* (1995), das sich 2001-2015 zu *iMPULS Aussee* mit BÜHNE *Authentic* weiter entwickelte; seit 2016 Mitbegründer und Mitglied vom Ensemble *die butterlosen brote – mehr als theater* (vgl. S. 14 und 298).

Durch seine Diavorträge über die Hopi, seine ORF-Hörfunkserien „Wir können überleben" sowie „Unser Ende ist euer Untergang" und seine Bücher „Mit der Erde – für das Leben. Der Hopi-Weg der Hoffnung" und „Menschen sind wie Bäume. Indigenes Wissen – Ein Weg aus der Krise" gelang es ihm aufzuzeigen, dass uns mit den Indigenen Nordamerikas immer stärker die gemeinsame Sorge um den Fortbestand der Erde und ihrer Lebewesen verbindet.

Alexander Buschenreiter

Unser Ende
ist euer Untergang

Die Botschaft der Hopi an die Welt

Authal Verlag

Alle Abbildungen, Karten und Grafiken, soweit nicht anders angegeben, wurden vom Autor zur Verfügung gestellt.
Die Grafik auf Seite 1 symbolisiert die ganzheitliche, spirituell-ökologisch orientierte Lebensweise der Hopi aus der Sicht des indianischen Grafikers Gary Knack (Quelle: *Akwesasne Notes* Nr. 3, Sommer 1982).

Ein Teil des Honorars für dieses Buch wird vom Autor für die Solidaritätsarbeit mit traditionell lebenden indigenen Ureinwohnern, insbesondere traditionelle Hopi, zur Verfügung gestellt.
Darüber hinaus wird - entsprechend der Verwendung im indianischen Amerika selbst, wie z. B. beim American Indian Traditional Elders Circle - der Begriff Indianer dort verwendet, wo es sich um die Ureinwohner Nordamerikas handelt.

Der gesamte Text dieses Buches wurde gegenüber der ursprünglichen Ausgabe an die neue Rechtschreibung angepasst und – außer aus dokumentarischen Gründen bei den Originalstatements – dort überarbeitet und ergänzt, wo es zur Aktualisierung erforderlich und notwendig war.
Angaben zum Weltenwechsel von Interviewpartnerinnen und -partnern finden sich daher zum Teil bereits im Vorwort und weitere Aktualisierungen unter „Anstelle eines Nachworts" sowie im neuen Abschnitt *„Don't worry, be Hopi!"*.

Der besseren Lesbarkeit wegen, aber auch wegen der umstrittenen Genderschreibweise wurde das generische Maskulinum, das sich immer bei Kollektivbegriffen geschlechtsneutral wiederfindet, beibehalten. Deshalb ist, wie bei der Formulierung „Indianer" oder „Ureinwohner" z.B., wenn nicht durch den eindeutigen Kontext das männliche Geschlecht angesprochen wird, auch das weibliche gemeint.

Überarbeitete, aktualisierte und erweiterte Neuausgabe
3. korrigierte Auflage
1. Auflage 2018
Veröffentlicht im Authal Verlag
Bad Vöslau 2023
©Alle Rechte vorbehalten
Umschlaggestaltung: Moreau
unter Verwendung eines Fotos von Edward S. Curtis
Druck und Bindung: Wallig, Gröbming
Printed in Austria
ISBN 978-3-9504211-3-2

Besuchen Sie uns im Internet
www.authalverlag.at

Meiner Mutter und allen jenen,
die geholfen haben, es zu beginnen,
meiner Frau Angela
und unserer Gemeinschaft,
die geholfen haben, es zu vollenden,
unseren Söhnen, Töchtern und Enkelkindern,
den Hopi
und allen,
die sich um Frieden und Harmonie in sich
und in der gesamten Schöpfung bemühen,
den Kräften der vier Richtungen,
Mutter Erde,
Vater Sonne,
Großmutter Mond,
den Geschwistern,
den Kachinas,
dem Großen Geist und allem, was ist,
dem ich mich verwandt weiß,
in Liebe und Dankbarkeit.

Wahre Lehrer setzen den Fuß des Menschen auf den Weg.
Auf diesem mag jeder suchen, was er für sich finden muss.

Arawn (der Tod dieser Welt) zu Pwyll,
dem Fürst von Dyved, im „Ersten Zweig
des Mabinogi", einer Nachdichtung der
keltischen Mythologie

Inhalt

Über dieses Buch

„Des Lebens Ruf an uns
wird niemals enden ...
Wohlan denn, Herz,
nimm Abschied und gesunde!"
Hermann Hesse

Ein Buch über Indianer zu schreiben ist nicht einfach: erstens, weil sie es gewohnt sind, ihre Informationen nur mündlich weiterzugeben und das gesprochene Wort über alles schätzen, und zweitens, weil noch immer wenige Menschen genug über sie wissen, um das, was die Indianer uns zu sagen haben, auch zu verstehen. Ich habe dieses Dilemma dadurch zu lösen versucht, dass ich an den Anfang des Buches ein Gespräch mit einem der profundesten Indianerkenner, besonders der Sioux in South Dakota, stellte, dem Alt-Österreicher *Richard Erdoes*. Er pflegte mit seiner Familie seit Jahrzehnten enge Beziehungen vor allem zu ihren Medizinmännern, darunter zu *Archie Fire Lame Deer,* der als Sohn des verstorbenen *Tahca Ushte* immer wieder in Europa Vorträge hielt, um über die Situation und das Denken seines Volkes zu informieren.

Erdoes kann das in seiner lockeren Art viel besser als ich. Im August und September 1981 besuchte ich ihn und zum ersten Mal die Hopi in Arizona und die Mohawks im Staat New York. Ich bin dabei – und später in Europa – Menschen begegnet, die trotz ihrer Fehler und Probleme, die auch sie haben, in einer tief verwurzelten Tradition stehen und genau wissen, wofür sie kämpfen: für die Erhaltung ihres Landes und die mit ihm unlösbar verbundene spirituelle Lebensweise. Sie ist das Hauptthema dieses Buches, das sich wie ein roter Faden durch alle Stellungnahmen und Darstellungen zieht.

Einmal nur habe ich bewusst versucht, bruchstückhaft zusammenzufassen, was sie für uns bedeuten könnte – aber ich weigere mich, dem Leser etwas vorzukauen oder vorzugeben, was er selbst besser finden kann und muss. Deshalb will ich nur so viel wie nötig Persönliches und Erläuterndes hineinbringen und lieber die Agierenden – meist traditionsbewusste Indianer, die sich

9

nicht dem materialistischen Weg anpassen wollen – möglichst unverfälscht zu Wort kommen lassen.

Sie tun das ausgiebig und in ihrer Art, die unserer geradlinigen und analytischen Denkweise fremd geworden ist: in einer ganzheitlichen Betrachtungsweise, die sich dem Thema immer wieder kreisförmig durch Wiederholungen nähert und es so vervollständigt. Dass dabei die wörtliche Rede weitgehend erhalten blieb – ohne Verfälschung durch den Autor –, scheint mir selbstverständlich und angemessen. Diese Art der Darstellung bzw. Vermittlung ermöglicht es zugleich, dass jeder Einzelne seinen Zugang zu dem findet, was *Spiritualität* genannt wird. Der eine fühlt sich mehr da, der andere mehr dort angesprochen, denn es gibt so viele Wege, wie es Menschen gibt.

Manches wird bei anderen Gesprächspartnern wiederholt: Es ist aber mehr als Wiederholung – es ist der Versuch einer ganzheitlichen Darstellungsweise und der Annäherung an das zweite Thema dieses Buches: „Wir können überleben." Nicht von ungefähr nannte ich so meine sechsteilige Hörfunkreihe im Österreichischen Rundfunk, die im April 1982 ausgestrahlt wurde und für die ich viele begeisterte Zuschriften bekam. Denn es geht bei der spirituellen Lebensweise ums Überleben, mehr noch: um ein Zusammenleben im Einklang mit den Naturgesetzen.

Dass traditionell lebende Indianer wissen, wie es geht, und auch, dass ihr Ende unseren Untergang bedeutet, weil dann niemand mehr da sein wird, der die Erde und ihre Lebewesen behütet, ist eine ernst zu nehmende Botschaft, die jene, die verstehen wollen, wachrütteln könnte. Bei den Hopi steht sie mit ihren prophetischen Warnungen und Anweisungen im Mittelpunkt und liegt hier erstmals umfassend vor.

Dabei bleiben viele Fragen offen, und manches erscheint widersprüchlich oder unerklärbar: Spiritualität ist weder rational erklär- oder erfassbar noch durch Bücher vermittelbar – sie kann nur intuitiv erfasst und muss erlebt werden. Ein Buch ist dafür nur ein unzulängliches Mittel, allerdings für Nichtindianer ein legitimer Versuch. Vielleicht hilft es, die vorgestellten indianischen Kulturen und ihre Vertreter verstehen und respektieren zu lernen. Das würde mir große Freude bereiten und vielleicht uns alle lehren, miteinander besser umzugehen. Vielleicht erkennt der Leser daraus, was er konkret tun oder lassen kann, um sein eigenes Überleben und das der Menschheit zu sichern. Traditionell lebende Indianer tun das oder bemühen sich bewusst darum. Sie stehen damit in einer Jahrtausende alten, weitgehend ungebrochenen Tradition, wie sie in ihren Grundzügen vermutlich einst auf der ganzen Welt bestanden hat.

Um nur einige Beispiele zu nennen: Die Kultur der Kelten, Germanen, Illyrer und Chinesen wurde ursprünglich ebenso von dieser spirituellen Lebensweise getragen, und heute noch finden sich Parallelen in europäischen, afrikanischen und östlichen Traditionen, besonders in Tibet und im Gebiet des Himalaja.

Gerade die slawischen Illyrer, die bereits um 5000 vor Christus teils in Gebieten des heutigen Ostfrankreichs, Italiens, der Schweiz, Österreichs, Süddeutschlands, der ehemaligen Tschechoslowakei, Ungarns und insbesondere im seinerzeitigen Jugoslawien als Bauern und Handwerker mit einer hohen Keramikkultur lebten, sind ein typisches Beispiel dafür: Sie waren mutterrechtlich und in dezentralen Dorfgemeinschaften organisiert und verehrten unter dem Namen *Noreia* die Urmutter, das, was die Indianer „Mutter Erde" nennen. (Die Kelten sagten *Epona* zu ihr, wie Peter Kisser in seinem lesenswerten Buch „7000 Jahre Vergangenheit" feststellt). Ich sehe in dieser Kultur erstaunliche Parallelen zur heute noch intakten Lebens- und Denkweise der traditionellen Hopi.

Erst als das männliche Prinzip zu dominieren begann (und mit ihm die Vorstellung eines männlichen Gottes in einem weit entfernten „Himmel"), dürfte die mütterliche und erdbezogene Ordnung zerfallen sein – begünstigt durch eine neue, männlich orientierte Oberschicht, die offenbar das Sagen hatte: zuerst Kelten, dann Germanen. Keinesfalls zufällig konnte später das männlich und hierarchisch organisierte Christentum da Fuß fassen – mit ihm aber auch die Ausbeutung von Erde, Pflanze, Tier und Mensch. Ein Kampf begann, der heute offenbar in seiner letzten Phase zwischen traditionellen und anpassungsfreudigen Indianern ausgetragen wird, der global seinen Höhepunkt in einer drohenden atomaren und ökologischen Apokalypse findet.

Die traditionellen Indianer wenden sich aber auch gegen die unzulängliche Kleinfamilie, die erst im 20. Jahrhundert bei uns die Großfamilie abzulösen begann. Wir sollten nicht vergessen, dass der Großteil der europäischen Bevölkerung bis zu dem Zeitpunkt, als die maschinelle Technisierung einsetzte, ebenso aus einfachen Bauern bestand, wie es heute noch zum Teil bei den Hopi der Fall ist. Die Zeit der Hexenverfolgungen macht deutlich, dass es damals noch viele „weise Frauen" gab, die um die alten Geheimnisse wussten, die unter der Bevölkerung – ebenso wie die mythologischen Traditionen – erst allmählich in Vergessenheit gerieten. Das ist erst einige hundert Jahre her! Heute noch gibt es Menschen, die um diese Traditionen wissen, sie aber vorsichtig hüten – ähnlich den traditionellen Hopi – aus Sorge, in unserer einseitig rational und wissenschaftlich orientierten Gesellschaft missverstanden zu werden.

Warum sollen wir nicht nach diesen unseren Wurzeln suchen und damit nach dem, was alle Menschen verbindet und letztlich uns wieder zu uns selbst und so zur Schöpfungsmacht führt?

So könnte das Kennenlernen einer uns scheinbar fremden und weit entfernten Kultur Auslöser dafür sein, nicht nur Parallelen zu erkennen, sondern auch den Geist und die Intuition für das zu beleben, was in uns selbst und in unserem Lebensraum da ist, um unser Leben wieder harmonisch und natürlich werden zu lassen.

Dieses Buch möchte dazu Impulsgeber sein, das ist mein größter Wunsch. Entsprechend ist sein Aufbau:

Richard Erdoes versteht es, eine Art Brücke zwischen Indianern und Weißen zu schlagen. Er erzählt auch, warum ihm das leichter fällt als anderen Weißen.

Die *Hopi* bemühen sich als „Volk des Friedens" seit unzähligen Generationen, in stiller und gewöhnlich sanfter Art als einfache Maisbauern den spirituellen Weg zu gehen. Sie werden von allen Indianern als spirituelle Führer und als die „Hüter des Gleichgewichts der Erde" (wie es auch der 14. Dalai Lama ausdrückte) anerkannt. Seitdem die Weißen in ihr Land und in ihre Kultur zerstörend eindringen, versuchen sie gewaltlosen Widerstand zu leisten, wozu auch die Wehrdienstverweigerung und die Solidarität mit den Navajo-Diné gehören.

Ihnen stehen die ehemals büffeljagenden *Sioux* in South Dakota und die *Mohawks* im Staat New York gegenüber, die als eine der ersten indianischen Nationen Nordamerikas mit den weißen Kolonisatoren in Berührung kamen. Die Natur der Sioux und der Mohawks scheint eher der Kampf zu sein, der auch heute noch zu handgreiflichen oder – im Extremfall – bewaffneten Auseinandersetzungen führen kann.

Die traditionellen Mohawks und Hopi verbindet schließlich eine energische Bemühung, durch eine einfache und natürliche Lebensweise ihr Überleben konkret abzusichern und vorzubereiten, wobei man die Mohawks in Ganienkeh durchaus als „aktive Aussteiger" aus den herkömmlichen indianischen Reservationen bezeichnen könnte. Gespräche mit deren Vertretern und dem Publizisten *John Mohawk* lassen ein lebendiges Bild entstehen, ergänzt durch eigene Eindrücke.

Ein Interview mit dem indianischen Medizinmann *Phillip Deere,* der öfter Europa bereiste, zeigt Grenzen und Möglichkeiten unserer Zusammenarbeit und Hilfe auf, wobei speziell die Indianerwelle unter den Weißen aufs Korn genommen wird.

Er verließ unsere Welt bereits 1985.

Wie mit einem Scheinwerfer wird die Situation und die Zukunft der Indianer anhand einiger Beispiele beleuchtet und mit der unsrigen verglichen. Überwiegend traditionelle Ureinwohner Nordamerikas und deren weiße Freunde kommen da zu Wort: Ihnen und allen jenen, die davon überzeugt sind, dass das Leben immer wieder neu beginnt, ist dieses Buch gewidmet.

Ich danke all jenen, die mir bei der Verwirklichung geholfen haben: besonders meiner Frau Angela; Roman (der mir auch wertvolle Buchtipps gab); Matthias und Wolfgang, alle vom damaligen „Arbeitskreis Hopi" in Wien; ferner Eva in Wien, Hermann in Freiburg, Rachel aus dem Allgäu, Claus Biegert in München, Gert Hensel in Frankfurt am Main, Andreas Lentz in Frauenberg, Univ.-Prof. Herbert Pietschmann in Wien, Gerhard Juckoff, der das Manuskript für die Erstausgabe bei Econ (1983) einfühlsam lektorierte, und nicht zuletzt meiner Mutter, die viel Verständnis dafür hatte, dass ihr Sohn noch weniger Zeit für sie aufbringen konnte, als es früher ohnehin schon der Fall war. Außerdem danke ich meinen Gesprächspartnern, allen voran *Thomas Banyacya* Sr. von den Hopi, der mir mit seiner Familie seit 1981 verständnisvolle Gastfreundschaft gewährt hat.

Sie haben mir geholfen, eine Kultur akzeptieren und verstehen zu lernen, die ich immer nur bruchstückhaft werde begreifen können – weil ich kein Indianer bin. Aber genau darum geht es ja: unsere Verschiedenheit in unserer Verwandtschaft zu erfahren und zu respektieren.

Mögen uns *der Große Geist*, der auch Schöpfer oder *das Große Geheimnis* genannt wird, Mutter Erde und alles, was ist (die Indianer sagen dazu *alle unsere Verwandten*), dabei helfen!

1983/1984 strahlten der ORF und 1985 RAl-Bozen meine zweite Indianer-Sendereihe aus, die denselben Titel trug wie dieses Buch und ein überwältigendes Hörerecho fand. Seitdem riss die Flut der Anfragen nicht mehr ab, und der „Arbeitskreis Hopi-Österreich", der inzwischen aus mehreren Familien bestand, hatte alle Hände voll zu tun. Er wurde 1988 zum Verein „Für die Erde, für das Leben" erweitert und konnte auf diese Weise viel zur Verbreitung der Anliegen der Hopi und anderer traditioneller Indianer beitragen. 1994 wurden beide aufgelöst, um einer neuen, selbständigeren Entwicklung ihrer „Stammfamilien" Platz zu machen (vgl. S. 2 und S. 298).

Inzwischen haben Weisheit und Anliegen insbesondere der Hopi durch Kinofilme wie *Koyaanisqatsi* und durch neue Bücher, darunter *„Menschen sind wie Bäume"*, immer mehr Verbreitung gefunden.

Auf vielfältige Weise haben wir von diesem bescheidenen Volk zahlreiche Impulse erhalten, die uns lehren, gewaltfrei und ohne Kompromisse für das Leben zu kämpfen. Einer der bedeutendsten Vorkämpfer dieser Art war *David Monongye,* der seinen Körper im April 1988 verließ, um auf andere Weise mit uns zu sein. Ihm folgten *Carolyn Tawangyawma, White Bear Fredericks* und *James Kootshongsie* nacheinander im Frühjahr, Sommer und Herbst 1996; im Frühjahr 1997 die Diné-Elder *Alice Benally,* am 6. Februar 1999 Hopi Sprecher *Thomas Banyacya Sr.,* im Dezember 2006 *John Mohawk* und im Juli 2008 *Richard Erdoes*. Sie alle kommen in diesem Buch zu Wort oder werden ihrer Bedeutung wegen erwähnt.

Die Zeit drängt, die Ereignisse sprechen immer deutlicher zu uns und unser eigener Einsatz für Land und Leben ist gefragt – nach *Tschernobyl* und *Fukushima* mehr denn je.

Seither ist dieses Buch noch aktueller geworden, und ich bin dankbar dafür, dass es in dieser aktualisierten, erweiterten Neuausgabe weiterhin die nötige Verbreitung findet.

Alexander Buschenreiter

Ein unglaubliches Gefühl der Freiheit

Richard Erdoes über indianische Denk und Lebensweise, besonders die der Sioux

> „Für mich gibt es nur das Gehen
> auf Wegen, die Herz haben,
> auf jedem Weg gehe ich,
> der vielleicht ein Weg ist,
> der Herz hat.
> Dort gehe ich, und die einzige
> lohnende Herausforderung ist,
> seine ganze Länge zu gehen.
> Und dort gehe ich
> und sehe
> und sehe atemlos."
>
> *Don Juan in Carlos Castaneda,*
> *„Die Lehren des Don Juan"*

11. August 1981. Noch immer Fluglotsenstreik! Trotzdem hebt der Jumbo-Jet – wenn auch fast zwei Stunden verspätet – vom Flughafen Newark ab.

Ich verpasse zwar den Anschlussflug in Denver, mein Rucksack ist auch nicht da, aber in letzter Minute klappt alles: Nachdem ich den nächsten Flug ebenfalls um ein Haar versäumt hätte, lande ich um 16.20 Uhr mit Herzklopfen in Albuquerque, New Mexico, dem Ausgangsort für meine Reise zu den Hopi.

Überraschende Kühle und Regen empfangen mich. Ein Taxibus besorgt den Transport 80 km weit durch die Halbwüste

Richard Erdoes, Vertrauter der Sioux in South Dakota

nach Santa Fe. Dort treffe ich am nächsten Tag im Restaurant „La Tertulia" den Karikaturisten, Maler und Schriftsteller *Richard Erdoes* mit seiner Frau Jean.

Erdoes, der aus einer österreichisch – ungarischen Künstlerfamilie stammt, ist der erste Weiße, den ein indianischer Medizinmann bat, seine Lebensgeschichte aufzuschreiben. Daraus entstand das Buch „Tahca Ushte, Medizinmann der Sioux". Das allein ist schon Grund genug für ein Gespräch mit „Ricky", wie er liebevoll von seinen indianischen Freunden genannt wird. Mich veranlasste aber noch etwas, ihn aufzusuchen: zählt er doch zu den besten weißen Indianerkennern schlechthin, besonders der Sioux in South Dakota, die ursprünglich Büffeljäger waren.

1972 war Erdoes mit seiner Familie bei der Erstürmung des Büros für indianische Angelegenheiten, kurz BIA genannt, in der Bundeshauptstadt Washington dabei. Und 1973 ließ er es sich nicht nehmen, während der indianischen Protestbesetzung von Wounded Knee, die sich gegen die schlechten Lebensbedingungen der Indianer in den Reservationen richtete, im

Camp auf der Pine-Ridge-Reservation der Sioux zu sein. Jetzt unterstützt Richard Erdoes die traditionellen Sioux noch immer: durch Vermittlung von Kontakten und Geldern, besonders für die Überlebensschule des Sioux Medizinmannes *Leonard Crow Dog*. Keine Frage also, dass da eine Menge über indianisches Leben, Denken und Mythologie – weit über die Sioux hinaus – zu erfahren ist.

„Ricky", der gerade an einem Buch über indianische Mythologien und an einer Biographie über Crow Dog schreibt, bringt seine Frau und mich mit seinem klapprigen Volkswagen-Kombi in das Haus der Familie Erdoes am Stadtrand von Santa Fe.

Typisch sein Baustil: nur ein Erdgeschoß, Flachdach, niedere und kleine Räume, ein Garten. Während sich Jean zurückzieht, um sich auszuruhen, werde ich durch den Garten und durchs Haus geführt: Jede Menge Bücher, selbstgemalte Bilder an den Wänden und Schmuck traditioneller Indianer gibt es da.

Auch den zahlreichen Katzen werde ich vorgestellt. Zuletzt posiert Richard Erdoes liebevoll mit einer von ihnen vor der Kamera.

Nach einem Vorgespräch erfolgt die Tonaufnahme. Erdoes, der 1938/39 über Nacht in die USA emigrierte, sitzt genüsslich zurückgelehnt in einem Lehnstuhl, hinter ihm ein Indianerbild, oberhalb ein Büffelkopf und eine Pfeife an der Wand.

Stück für Stück werden seine Bezüge zum indianischen Menschen und die Situation der Indianer lebendig . . .

Zwischen dir und dem Nordpol ist nichts

Richard Erdoes, wie kam es, dass Sie hier in Santa Fe Fuß fassten, nachdem Sie ja auch in New York ein Atelier haben, wo Ihr Sohn lebt und arbeitet?

Meine Frau, eine waschechte Amerikanerin aus Pennsylvania, kannte diese Gegend von früher, und als ich ihr den Hof machte, sagte sie: „Ich muss dir das zeigen!" Ich war total begeistert, denn die Landschaft hier ist ja so unglaublich verschieden von allem, was man in Europa kennt. Wenn ich zum Beispiel in meiner Jugend auf den Dachstein oder den Großglockner kletterte, war die Landschaft unglaublich gepflegt, die Dörfer schauten mit ihren Zwiebeltürmen wie Spielzeugdörfer aus – alles war wunderschön. Aber hier ist es sehr wild, hier siehst du keine Spielzeugschachteldörfer, sondern eine ursprüngliche, naturbelassene Landschaft. Und das hat mich sehr begeistert.

Es hat mich sogar sehr begeistert, als ich zum ersten Mal in das hineingeriet, was man "die große amerikanische Wüste" nennt. Dort hast du einen Stacheldraht zur Rechten, einen Stacheldraht zur Linken, und – wie man hier sagt – zwischen dir und dem Nordpol ist nichts als der Stacheldrahtzaun.

Es ist die unglaubliche Leere der Landschaft, die mich so aufregte. Denn du hast nichts, du hast gar nichts da, du hast die unglaubliche Weite, du hast ein unglaubliches Gefühl – beinahe wie zu fliegen. Und ich kann verstehen, warum die Indianer in ihre Gegend so verliebt waren, denn du hast ein unglaubliches Gefühl der Freiheit, das dir keine europäische Landschaft gibt. Schließlich verliebte ich mich seit 1952, nachdem ich das indianische Pueblo Acoma kennengelernt hatte, derart in die Seltsamkeit der Landschaft und der Leute, dass ich jedes Jahr zu einem meiner Magazine ging, für die ich arbeitete (*Look* und *Life,* der Verf.), und mir mehrere Aufträge besorgte.

Dann luden meine Frau und ich Kocher und unsere Kinder in den Wagen – und fuhren jedes Jahr in den Westen. Ich machte sehr viele Tieraufnahmen, fotografierte Wildgebiete und zeichnete sehr viel. Am Schluss aber landete ich immer auf irgendeiner indianischen Reservation und begann mich mit den Leuten dort anzufreunden.

Sie sind jetzt ein ganz enger Vertrauter speziell der Sioux-Indianer in South Dakota. Können Sie uns beschreiben, wie es dazu kam?

Es kam dazu, als mich die Redaktionen der Magazine *Life* und *American Heritage* hinausschickten, um ein Skizzenbuch zu machen, das wir veröffentlichen wollten. Ich wusste nichts von Sioux-Indianern oder ihrer Kultur. Ich kam dort an, und dasselbe, was mir in Acoma geschehen war, geschah mir in South Dakota: Die Leute waren äußerst misstrauisch – da ist der seltsame weiße Mann mit seinem Skizzenbuch, sagten sie zum Beispiel. Dann schauten sie mir über die Schulter, und plötzlich, nach ein oder zwei Tagen, sagten sie: „Komm herein, trink etwas mit uns!“, und allmählich wurden wir Freunde.

Seltsamerweise erschienen sie später, einer nach dem anderen, bei mir in New York: ohne zu schreiben oder zu telefonieren, ohne zu sagen: „Wir kommen!" Sie klingelten ganz einfach an der Tür, kamen herein und sagten: „Na ja, wir dachten, wir besuchen dich für eine Weile." Dann blieben sie drei Wochen, fünf Wochen, zwei Monate lang, und unsere Wohnung in New York wurde schließlich „Sioux-Ost" genannt.

Sie waren alle äußerst begabt – und kamen einfach in mein Atelier herein. Während ich meine Zeichnungen, meine Aufträge machte, nahmen sie meine Farben und Tuben, Papiere und Leinwände, setzten sich neben mich und begannen zu malen; in ihrer traditionellen Art und Weise, ganz eindrucksvoll. Jeder von ihnen war irgendwie ein Urtalent.

Für den Europäer, aber ich glaub', überhaupt für einen Weißen, ist das ungewohnt, dass plötzlich jemand auftaucht, den man im Prinzip noch gar nicht oder fast nicht kennt; dass er sogar da bleibt – und das auf Kosten des Betroffenen, ohne sich irgendetwas dabei zu denken, vor allem, wenn es vielleicht fünf Wochen dauert ...

Ja, das nehmen sie als ganz natürlich an, die Sioux-Indianer. Es ist seltsam mit ihnen, denn es ist jetzt schon über hundert Jahre her, dass sie nicht mehr Büffel jagen und sie in die Reservate getrieben worden sind, aber ihre Denkweise ist noch genau dieselbe wie vor hundert Jahren: Selbst wenn ein Medizinmann in einem Flugzeug herumfliegt, so denkt er an *Thunderbirds,* also Donnervögel oder so etwas, und er bezieht alles, was er sieht – ob es nun eine Monderkundigung oder etwas anderes ist –, er bezieht das auf seine eigene Mythologie.

Schwarze können sich assimilieren, Indianer nicht. Die Indianer sagen immer: „Der Unterschied zwischen unserem Kampf um Rechte und dem der Schwarzen ist der: Die Schwarzen wollen in die weiße Gesellschaft hinein, wir wollen hinaus." Es ist unmöglich, aus einem Sioux einen Kapitalisten zu machen.

Solange ein Sioux-Indianer isst, essen alle anderen

Ich verschaffte einmal dem indianischen Medizinmann *Crow Dog* eine Filmarbeit, für die er 6000 Dollar bekam. Er lud mich danach ein, um mich mit Sonnengesängen und Zeremonien zu ehren, weil ich ihm diese Arbeit verschafft hatte. Ich kam also zu dieser viertägigen Festlichkeit, und Hunderte von Verwandten waren da. Alle kamen und erbaten Geld. Crow Dog griff immer wieder in die Tasche – bis er nur noch vier Dollar hatte.

Bei den Sioux gibt es ja auch die Angewohnheit, einmal im Jahr alles wegzugeben, um einen toten Verwandten zu ehren, ein *Give-away*, ein „Gib-alles-weg-Fest", abzuhalten, wo Familien ihr Haus weggeben, ihr Pferd, ihren Wagen, ihren Farbfernseher usw. – und mit einem leeren Haus dastehen. Sogar das Haus gehört ihnen nicht mehr. Aber die Leute werden sich noch nach Jahren daran erinnern, wie großzügig sie waren, und wie sie sich wirklich indianisch benommen hatten – wie ein guter Sioux sich benehmen soll. Beim nächsten *Give-away* bekommen sie ja so viele Sachen wieder, damit sie irgendwie existieren können – und ich glaube, ich kenne keinen Sioux, der irgendeinen Begriff davon hat, was Geld wirklich ist oder wozu, außer zum Weggeben, es da ist.

Die weißen Missionare sagten mir einmal: „Das Unheil mit den Sioux und der Grund, warum man sie nicht zivilisieren kann, ist" – und das gilt für die meisten Indianer – „dass sie nicht den zivilisierten Neid und die zivilisierte Gier haben, aus der Zivilisation im weißen Sinne wächst."

Wenn du keine Güter haben willst, wenn du kein Geld haben willst, dann zivilisierst du dich nicht.

Unter Zivilisation versteht man natürlich eine „zivilisierte" Toilette, eine Badewanne, elektrisches Licht und alle die Dinge, ohne die die Weißen glauben, nicht leben zu können. Die Sioux-Indianer denken, dass man sehr gut ohne diese Sachen leben kann, und dass es besser ist, nicht mit derartigen Dingen belastet zu sein. Man ist freier, wenn man sie nicht auf dem Kreuz hat.

Ihr bisher interessantester Gesprächspartner war offenbar John Fire Lame Deer, nehme ich an, Tahca Ushte in Sioux, dessen Sohn Archie Fire Lame Deer öfter Europa bereist und hier Vorträge hält.

John erschien eines Tages bei mir in New York, lud sich ein und nahm dann an einem Friedensmarsch von Martin Luther King teil.

Er kam dann immer wieder und meinte: „Meine Medizin sagt mir, dass du mein Buch schreiben wirst!". Er selbst konnte nicht schreiben. Da ich mich ziemlich dagegen wehrte, bedrängte er mich während der Dauer von zwei Jahren so sehr, dass ich ihm endlich ein Probekapitel verfasste. Ich kannte ihn da bereits sehr gut, und alle seine Geschichten, denn unsere Familien waren wochenlang beisammen, und plötzlich bekamen wir den Vertrag binnen 48 Stunden.

Ein indianischer Medizinmann: Nichts Menschliches ist ihm fremd

Im Buch selbst, in dem John Fire Lame Deer über sich erzählt, was ist da für Sie der eigentliche Schwerpunkt, sozusagen die Hauptbotschaft?

Die Hauptbotschaft ist vielleicht das natürliche Leben, ohne Schmus, ohne Vorwand und ohne die ganze Lügerei der zivilisierten Welt – eine Erdgebundenheit, eine Verbindung zu allem, was um dich herum ist. Ob es nun Pflanzen, Tiere oder Leute sind – eine Beziehung zum Universum sozusagen.

Aber auch eine gewisse Sinnlichkeit gehört dazu, was sich bei John Fire Lame Deer dadurch ausdrückte, dass er beispielsweise glaubte, sexuelle Beziehungen zwischen Mann und Frau seien gewissermaßen heilig. Das Schlafen mit einer Frau sei auch heilig, und er selbst sei ein heiliger Mann, wie er sich einmal ausdrückte.

Ein Medizinmann muss alles erfahren, nichts Menschliches ist ihm fremd. Er muss sich mit Frauen herumgetrieben haben: Denn wie kann er andere Leute beraten, außer dadurch, dass er das auch tat? Er muss krank gewesen sein und Unglück erlitten haben – denn wie kann er anders Leute heilen oder ihnen Trost zusprechen, ohne dass er selbst gelitten hat?

Er muss auch irgendwann einmal Alkoholiker gewesen sein, denn wie kann er anderen Leuten darüber erzählen, sie heilen oder sie bewegen, nicht mehr Alkoholiker zu sein, außer wenn er mit ihnen in ihrem Verständnis und in ihrer Sprache arbeitet?

Mit anderen Worten: Er muss alles erleben, alles erleiden; alle Freude, alles Leid, alle Aufregung – er muss irgendwann einmal für das, was ihm wichtig ist, gekämpft haben.

Das ist vielleicht die Hauptbotschaft, dass da ein universaler Mann war, der nicht in einer kleinen Kiste sitzt – seiner Spezialität – sondern dessen Welt eben die ganze Welt ist, nicht nur eine kleine Teilwelt.

Ein „Führerprinzip" wäre für Indianer nicht verständlich

Vielen Weißen, denen die Indianerkultur wenig vertraut ist, mag das fremd sein, wenn sie von diesen Dingen hören, von dieser Erdverbundenheit. Das erinnert manche Leute an die unselige Zeit des Nationalsozialismus, als die Blut-und Boden-Mentalität tonangebend war. Inwieweit gibt es da einen Unterschied, und inwieweit gibt es da eine Brücke für die Weißen? Das ist ja für viele, die jetzt eine Aufbruchstimmung verspüren, eine entscheidende Frage.

Das, was die Indianer Erdgebunden- oder Naturverbundenheit nennen und was die Nazis „Blut und Boden" genannt haben, ist natürlich so verschieden wie kalt und heiß oder wie der Nordpol und das Amazonasgebiet oder wie Tag und Nacht.

Erstens waren die Indianer immer sehr friedlich – die Sioux-Indianer zum Beispiel begannen erst zu kämpfen, als ihnen die Weißen ihr Land nehmen wollten. Dann kämpften sie aber sehr entschlossen.

Zweitens gibt es einen enormen Respekt vor den anderen, da gibt es kein Rassenvorurteil. Der alte Lame Deer sagte mir zum Beispiel immer: „Wenn du denkst und dich benimmst wie ein Indianer, dann bist du für uns ein Indianer, auch wenn du katholisch, jüdisch, weiß, braun, grün, blau bist. Andererseits, wenn du ein vollblütiger Indianer bist, aber wie ein weißer Mensch denkst, dann bist du für uns kein Indianer – ganz einfach."

Das Blut-und-Boden-Zeug der Nazis war ja auch lediglich eine Propagandaangelegenheit, die weder mit der Erde noch mit der Natur etwas zu tun hatte, es war ein Schlagwort.

Kann man sich Hitler Ski fahrend oder schwimmend in der Natur vorstellen, Göring wandernd oder Goebbels in einer indianischen Schwitzhütte? Ich kann es mir nicht vorstellen. Ich glaube, Blut und Boden hat nichts mit den indianischen Begriffen zu tun, sie nennen es ja auch nicht so.

Ja, ich glaube, der größte Unterschied besteht in dem, was die Indianer Demut nennen – du sollst demütig sein. Das bedeutet, nicht den Meister spielen, sondern – im Gegenteil – kein „Führerprinzip". Selbst die größten Häuptlinge wie *Sitting Bull* oder *Crazy Horse* hatten keine Gewalt oder Macht in diesem Sinn. Jeder Indianer war so gut wie der andere, ein „Führerprinzip", wie es die Nazis nannten, wäre für die Indianer gar nicht verständlich.

Ein Indianer konnte aus einem Kampf weggehen und sagen: „Meine Medizin ist schlecht" oder „Ich habe geträumt", und niemand hätte das in Frage gestellt. Ein großer Häuptling – man ist ihm freiwillig gefolgt, weil es einem angenehm war, nicht, weil man musste. Der Eindruck, den ein großer indianischer Führer machte, war gänzlich moralisch. Es gab keine Strafe, es gab kein Gefängnis, lediglich eine freiwillige Einordnung in eine Zelt- oder Jägerkultur.

Das drückt sich stark in der Behandlung der Kinder aus. Ich habe nie einen Indianer ein Kind anschreien gehört oder schlagen gesehen. Im Gegenteil, die ganze indianische Kultur beruht darauf, dass schon das Kind vom ersten Tag an seine Rechte hat wie ein Erwachsener.

Also dass da eine Regierung ist oder ein Mann, der dir erzählt, was du machen musst oder was du nicht machen kannst – das ist einem Indianer gänzlich unglaublich. Deswegen ist eine Einordnung in die weiße Gesellschaft zu schwer für diese Leute.

> „Ihr müsst lernen,
> unbequem zu leben auf dieser Erde,
> sonst zerstört ihr sie und euch."
> *Archie Fire Lame Deer,*
> *Medizinmann der Sioux und*
> *Sohn von John Fire Lame Deer*

Die traditionellen Indianer warnen vor einer drohenden weltweiten Katastrophe; „Gras wird aus dem Asphalt herauswachsen", heißt es da, und nur jene würden überleben, die sogar ein Insekt oder eine kleine Blume als Verwandten erkennen. Sie sel-

ber samt Ihrer Familie wurden ja von über zwanzig Stämmen eingeladen, im Ernstfall zu kommen, um bei ihnen zu überleben. Wie ist das gemeint?

Die Indianer meinen, dass der Durchschnittsamerikaner oder -europäer die Katastrophe, die sie kommen sehen, nicht überleben kann, weil sein Lebensstil so ist, dass er ohne die 999 Dinge, die für ihn die Zivilisation ausmachen, nicht leben kann. Der Indianer sagt nur: „Wir sind es sowieso gewöhnt, ohne diese Dinge auszukommen, denn wir haben niemals Geld gehabt, um sie zu besitzen; und daher können wir es schaffen!"

Wie sich die Sache abspielen wird, weiß ich nicht. Aber es ist ganz klar, dass wir ohne umfassende internationale Planung in gewissen Erdteilen vor großen Hungersnöten stehen, dass wir vor einer Verarmung an Rohstoffen stehen – außer es wird dieses Problem auf eine indianische Art und Weise angegangen. Die Indianer sagen: „Die wirkliche Realität ist die, dass die Welt nicht bewohnbar sein wird, außer wenn ihr verrückten Weißen, die ihr leider Gottes die Macht habt, die Gewehre, das Geld und die Flugzeuge, wenn ihr nicht endlich zusammenkommt und sagt: ,Wir müssen etwas auf einer weltweiten Ebene tun, so dass alle Menschen etwas zu essen haben.' Sehr schnell muss das geschehen, denn die Zeit ist sehr kurz, die euch noch übrigbleibt. Wenn ihr nicht eure Feindschaften und Differenzen regeln könnt, dann sind wir alle fertig.

Aber von uns Indianern werden einige übrigbleiben und einige weiße Freunde vielleicht.

Wenn ihr euch zerstören wollt – wir können euch nicht daran hindern, denn ihr habt die Macht, wir haben sie nicht – aber ihr habt die Macht, euch selber zu zerstören. Das ist vielleicht die größte Macht, die ihr habt."

Auf einfache Art und Weise leben

Wie ernst nehmen Sie diese Prophezeiungen und die Einladung zum Überleben? Ich möchte auch an die Prophezeiung von John Fire Lame Deer anknüpfen, in der er sagt, dass der Strom ausgehen wird: „Es wird ein Lichtmann kommen, der dafür sorgen

Rechts: Der Sioux-Medizinmann Archie Fire Lame Deer (Foto: J. Kittel)

wird, dass es nie mehr Elektrizität geben wird" – was immer das sein mag ...

Ich weiß selber nicht, wie ernst ich die Dinge nehme, denn meine Denkweise ist nur eine halbindianische, sie ist nicht eine totale Büffeljäger-Denkweise von vor hundert Jahren, aber ich nehme das Grundsätzliche sehr ernst.

Und ich bin schon ein ziemlich alter Mann, ich bin ein Großvater, so ... physisch ist die Sache für mich kein Problem - ob es zehn Jahre dauert oder fünf –, aber dass unsere Kinder eingeladen sind, das interessiert mich schon sehr! Und ich glaube auch, dass unsere Kinder, da sie sehr lange mit Indianern gelebt haben, sehr gut ohne Elektrizität auskommen können; das sind alte Wanderer, Campierer und Zeltleute. Ich glaube, die würden sich da ganz wohl fühlen, besonders meine Tochter. Sie versucht, auf diese Art und Weise zu leben: auf die einfache Art und Weise. Sie suchte es sich aus, mit erblich oder körperlich belasteten Kindern zu arbeiten, und lebt ohne Luxus; sogar ohne das, was man gewissermaßen zum Leben als total „normal" ansieht.

Sie kommt seit langer Zeit ganz gut mit einer Petroleumlampe oder mit einer Kerze aus, lebt eigentlich „indianisch", viel mehr als ich. Ich bin eigentlich zu alt dazu.

Ich muss zugeben, dass ich ein sehr luxuriöser Radikaler bin, dass ich, sagen wir, ein Gebäude besetze, aber nachher in ein gutes Restaurant mit einem guten Wein gehe oder dass ich lange mit meinen indianischen Freunden faste, aber mir danach mit meiner Frau möglicherweise ein sehr gutes Abendessen in einem sehr guten Restaurant gönne. Also, ich bin kein Purist – aber das war John Fire Lame Deer auch nicht, er trank auch mal ganz gern einen guten Wein. Ich bin genauso erdgebunden wie er, ich nehm's, wie's kommt, und bin kein Purist, kein Doktrinärer.

Gehört das auch zum Indianischen ... ?

Das gehört auch zum Indianischen, natürlich!

Auch ein Weißer kann Visionen haben

„Wenn die Europäer daran interessiert sind, den Indianern in ihrem Kampf zu helfen, Freiheit für ihre Religion zu erlangen, dann müssen sie versuchen, wieder ihre eigene Religion zu verstehen, die einmal in diesem Land ausgeübt wurde, und herausfinden, was sie eigentlich bedeutet. Dann müssen sie versuchen, ihre Religion und Kultur wieder zu vereinen. Wenn sie das nicht tun, sondern Religion und tägliches Leben trennen, dann werden sie die gesamte Menschheit zerstören."

Archie Fire Lame Deer (1935-2001)

Sie haben viel Erfahrung mit der indianischen Mentalität, vielleicht hatten Sie auch selbst eine Vision – ich weiß es nicht. Die Frage, die sich mir stellt, ist vor allem die: Kann ein Nichtindianer überhaupt *eine Vision im indianischen Sinn haben?*

Ja, im indianischen und auch – glaub' ich – im altchristli chen Sinne. Im Mittelalter zum Beispiel, sogar noch am Anfang der Barockzeit, besaßen Mönche oder Leute, die sehr religiös waren, Anleitungen, auf welche Art und Weise – durch Fasten und durch Konzentration auf gewisse innerliche Dinge – sie eine Vision bekommen können. Wie der alte Lame Deer sagte: „Die Sache mit dem Christentum ist die, dass es keinen Christen mehr gibt, der glaubt, dass er Jesus auf dem Times Square trifft – und weil ihr das nicht mehr glaubt, seid ihr in euren unglaublichen Verwicklungen, und deswegen steht es so schlecht um euch."

Denn der Indianer nimmt ja die Vision nicht nur als etwas Natürliches, sondern auch als etwas unbedingt Notwendiges an, das ihm den Ausweg aus persönlichen oder Stammesangelegenheiten, aus Schwierigkeiten oder Tragödien zeigt. Die Visionen sind für diese Leute eine Art Wegweiser, und sie unterziehen sich einmal oder mehrmals im Jahr gewissen Zeremonien, um Visionen zu bekommen.

Die Sioux-Indianer, die ich kenne, machen das auf zwei Arten: die eine ist die sogenannte Visionssuche, bei der man allein auf einen einsamen Hügel geht und sich in ein Erdloch eingräbt, so dass man nichts sieht, nichts hört, nichts fühlt und sich lediglich auf das konzentrieren kann, was in einem vorgeht. Du isst nichts, trinkst nichts und hast vorher ein unglaublich heißes Schwitzbad in einer kleinen Schwitzhütte genommen. Das ist wirklich so heiß, dass man sich's nicht vorstellen kann. Es macht einem den Kopf und den Körper sehr leicht und für alles empfänglich, da man ja ziemlich viel Flüssigkeit durch die Haut abgibt. Also das ist die eine Art und Weise. Die andere ist die, die die Peyote-Leute ausüben, die durch Peyote ihre Visionen bekommen.

Die Realität ist unter dem Pflaster

Eines Tages besuchte mich der Peyote-Mann *Crow Dog*. Und damals – es ist schon lange her – sprach er kaum Englisch. Er war niemals von seiner Reservation weggekommen, konnte weder lesen noch schreiben, weil ihn seine Familie nicht in die Schule gelassen hatte. Denn sie sagten: „Eine weiße Schule wird deine Medizin oder deinen Lebenslauf als Medizinmann zerstören", so dass er ohne weiße Kultur, ohne Fremdkultur, gewissermaßen ohne Außeneindrücke gelebt hatte.

Er veranstaltete eine Peyote-Zeremonie in unserer New Yorker Wohnung. (Peyote ist eine halluzinogene Kakteenart, die besonders von der indianischen Eingeborenenkirche benützt wird und aus Mexiko stammt, der Verf.) Es waren alle möglichen Leute da, die ich kannte, also auch solche, die für Zeitungen arbeiteten, oder Filmleute. Die hatten offenbar eine schwere Zeit: Als sie das Peyote gegessen hatten, begannen sie zu schreien – einer wollte sich im Toilettenbecken ertränken, andere krochen unters Bett, andere wieder stießen wilde Schreie aus. Währenddessen saßen meine Frau und ich schön brav da und wunderten uns: Warum benehmen sich die Leute so seltsam?

Nachdem die Zeremonie die ganze Nacht gedauert hatte und die Leute, die der Medizinmann eingeladen hatte, weggegangen waren, saß ich mit ihm auf dem Fensterbrett im achten Stock und fragte ihn:

„Wieso benehmen sich die weißen Leute so seltsam, wenn sie Peyote einnehmen, während ihr Indianer – ich bin ja bei euren allnächtlichen Zeremonien dabei gewesen – schön dasitzt, betet und singt, auf der Wassertrommel trommelt ...?" Und er antwortete: „Ich will dir das erklären" – er, der zum ersten Mal in einer großen weißen Stadt war und weder lesen noch schreiben konnte. Er deutete mit dem Finger auf die Straße, die da acht Stock unter uns lag, und sagte: „Schau dir das an: Das Geschrei und das Getümmel da unten, die Wagen, die Polizei, die Huren und der viele Schmutz – das ist für den Weißen die Realität. Aber die wirkliche Realität ist unter dem Pflaster, ist unter all dem. Was du da siehst, ist nur oberflächlich und bedeutet gar nichts. Es bedeutet den Weißen vielleicht alles, aber wir Indianer wissen, dass sich das Wirkliche unter diesem Oberflächlichen befindet, und wenn deine weißen Bekannten da Peyote essen, dann sehen sie zum ersten Mal, dass das Haus nicht das Haus ist, die Straße nicht die Straße, die Lampe auf dem Tisch nicht eine Lampe, sondern etwas anderes.

Und das macht sie verwirrt, macht sie ängstlich, wenn sie herausfinden, dass sie in einer falschen Realität gelebt haben. Aber du und deine Frau – ihr seid doch Künstler, und das ist der Grund, warum wir euch gerne haben, denn ein Künstler ... wenn du ein Bild malst, so veränderst du ja schon die oberflächliche Realität in die richtige. Daher ist jeder Künstler zu einem gewissen Grad schon ein Halbindianer oder schon ein Halbmedizinmann."

Und das hat mich sehr beeindruckt, dass einer, den ein Weißer einen Primitiven nennen würde – oder einen Eingeborenen sozusagen –, dass der philosophisch soviel wusste, was ich nicht wusste, und er mich daher in diesen Dingen unterrichtete.

Und ich glaube, es war die Tatsache, dass wir Künstler waren, die die Medizinmänner zu unseren Freunden machte oder sie anzog.

Kann man sagen, dass das sozusagen Ihr Schlüsselerlebnis war?

Das glaub' ich – ja, unbedingt, ganz unbedingt –, in diesem Falle ja.

Peyote spielt bei der Visionssuche, beim Umgang mit der „anderen Realität", wie sie oft genannt wird, besonders in der indianischen Eingeborenenkirche und in Mexiko eine große Rolle. Dort soll es einen Yaqui-Medizinmann namens Don Juan geben, der den US-Amerikaner Carlos Castaneda nicht nur den Peyote-Weg, sondern auch den Weg ohne Drogen gelehrt haben soll. Swift Deer zum Beispiel, der sich als indianischer Heiler und Medizinmann bezeichnet und in Europa gegen Bezahlung Seminare und Vorträge hält, behauptet sogar, ein Schüler von Don

Genaro zu sein, der so wie Castaneda – ein Schüler von Don Juan gewesen sein soll. Wie stehen Sie zu den Büchern von Carlos Castaneda?

Ich bin von seinen Büchern sehr beeindruckt, und wir hatten denselben Lektor und Verleger, nämlich Simon und Schuster in New York. Es wurde mir im Vertrauen gesagt, dass der Yaqui-Medizinmann Don Juan lediglich in der Vorstellung Castanedas existiert. Ob das stimmt oder nicht, weiß ich nicht, ich hör' das gewissermaßen aus zweiter Hand. Aber die Leute bei Simon und Schuster sind davon überzeugt, dass Don Juan eine Erfindung Castanedas ist.

Mir ist es nicht besonders wichtig, ob das stimmt oder nicht. Möglicherweise hatte er andere Erfahrungen, aus denen in seinem Gehirn sozusagen Don Juan entstand. Denn ich nehme an, dass man das nicht total erfinden kann – Castaneda muss auf alle Fälle gewisse Erlebnisse gehabt haben. Ich glaube nämlich nicht, dass man das allein sozusagen aus den Fingern saugen kann – außer man hat gewisse Dinge erlebt, gesehen oder gefühlt.

Ihr Urteil, wenn man das so sagen darf, über seine Bücher ...?

Mein Urteil ...? Es ist sehr, sehr viel Indianisches drin. Ich war ja auch in Mexiko – letztes Jahr (1980) –, ich weiß auch von gewissen mexikanischen Peyote-Leuten, die in vielen Fällen sehr verschieden von Peyote-Leuten in dieser Gegend oder im Bereich der Sioux sind; sogar zwischen Navajo- und Sioux-Peyote-Zeremonien gibt es große Unterschiede, im Ritual oder in der Gesangsweise. Aber die grundsätzliche Sache ist dieselbe: Der Traum, die Vision, das Sehen des sechsten Sinnes ist allen Indianern ganz natürlich. Und wie wir Weiße uns dazu stellen, das weiß ich nicht, man kann's ganz einfach akzeptieren oder nicht – oder man kann sich dabei wohl fühlen ...

Ich will aber eines sagen: dass lediglich der Gesang und die Wassertrommel allein sehr seltsame Dinge mit dem Kopf oder mit dem Denken anstellen – dass du eigentlich das Peyote weglassen könntest. Dass lediglich das Ritual, der ständige Schlag der Wassertrommel – die schnell geht, manchmal tief, manchmal hoch, die manchmal dumpf und manchmal hell tönt – zusammen mit dem rhythmischen Singen nach zwei bis drei Stunden, während du dasitzt, dich sowieso in einen Visionszustand versetzt.

Möglicherweise siehst du nicht eine bestimmte Sache, aber

auch, wenn du nichts siehst, so ändert sich doch dein ganzer Denkzustand sehr stark, und sehr, sehr seltsame Dinge geschehen: du hörst besser zum Beispiel. Ich bin ein bisschen schwerhörig, aber bei so einer Zeremonie kann ich sogar ein Flüstern bis zu einer Meile Entfernung hören. Das ist sehr seltsam – ich kann's nicht erklären, aber ich glaube, dass lediglich die Musik, der Rhythmus und die ganze Szenerie oder die ganze Umgebung, in der du dich befindest, die Indianer, die um dich herumsitzen und starke Gefühle oder Kräfte ausströmen, dich schon in einen anderen Denk- oder Empfindungszustand versetzen. Ich kann's nicht besser erklären, ich habe keine Erklärung dafür.

Wenn Schamanen oder Medizinmänner – wie etwa Swift Deer – herumreisen, die behaupten, „Schüler eines Schülers von Don Juan" zu sein, was halten Sie davon?

Ich bin da sehr vorsichtig. Ich kenne viele Leute, die sich einen indianischen Namen geben oder geben lassen und dann Indianer spielen. Es geschieht dasselbe auch mit sehr vielen Amerikanern, waschechten New Yorkern, die aus Indien zurückkommen und sagen, sie sind nun „Swamis" usw..

Ich glaube, dass die Religion, die Mythologie, das Ritual wirklich aus dem Grund und Boden, wo die Leute leben, aus der Umgebung, aus Generationen von Denkungsarten, aus den Dingen, die die Leute essen, trinken oder sehen, und besonders aus der Sprache herauskommen. Und ich glaube nicht, dass sich ein Weißer einfach in einen indischen Swami oder in einen indianischen Medizinmann umwandeln kann - genauso wie es einem Sioux-Medizinmann sehr schwerfallen würde, wie ein Wiener zu denken oder sich wie ein Wiener zu benehmen!

Die Sprache macht da sehr viel aus, denn sie formt ja bis zu einem gewissen Grad das Denken. Sehr viel in der indianischen Religion kommt aus der indianischen Sprache. Deshalb achten die Medizinmänner so sehr darauf, dass die Sprache erhalten wird – nicht nur im modernen Sioux-Slang oder Cheyenne- oder Pueblo-Slang. Alle Medizinmänner, die ich kenne, sogar die Analphabeten, sind sehr daran interessiert, die archaische Sprache zu bewahren. Die Leute können Stunden und Stunden an einem Wort herumstudieren oder herumphilosophieren.–

Richard Erdoes' großes Engagement für die traditionellen Sioux bekommt durch aktuelle Ereignisse einen weiteren dramatischen Hintergrund. Seit 1981 gibt es in South Dakota einen neuen Schauplatz aktiven Widerstands gegen das Vordringen der Energiekonzerne und die damit verbundene Zerstörung der *Black Hills,* der Heiligen Berge der Sioux, wie sie auch die Hopi mit der Black Mesa in Arizona haben. Bekannt sind die Black Hills durch einige in Stein gehauene Köpfe von US-Präsidenten, noch bekannter den Goldsuchern im vorigen Jahrhundert und heute den Uranfirmen, die dort mit Unterbrechungen seit 1951 Uranerz abbauen.

50 km südöstlich liegt die Pine-Ridge-Reservation der Oglala-Sioux, deren Wasserversorgung durch den Uranabbau dramatisch gefährdet ist. So kamen zwischen 1971 und 1979 infolge der radioaktiven Verseuchung innerhalb von Pine Ridge 314 Säuglinge mit Geburtsfehlern auf die Welt, die Krebsrate ist die höchste in den USA. An manchen Orten ist dort die radioaktive Strahlenbelastung höher als in der evakuierten Sperrzone in Fukushima.

Doch die Atom-Lobby lässt nicht locker: Mehrere Konzerne wollen die Black Hills und deren Umfeld – ähnlich wie das Four-Corners-Gebiet der Hopi und Navajo in Arizona – zu einem Energiezentrum mit Kohle- und Atomkraftwerken umfunktionieren.

Mittlerweile haben die Uranfirmen in den Black Hills 169 ungesicherte, strahlende Minen zurückgelassen, 270 insgesamt in Süd-Dakota. Seit der Obama-Regierung (2009-2017) wird dort wieder, wie im benachbarten Wyoming und Nebraska auch, forciert im Laugenverfahren Uran abgebaut.

Und seit 2016 bereitet *Rare Element Resources Ltd.* den Abbau seltener Erden im den Indianern heiligen Gebiet nahe des *Bear Lodge* vor (35km entfernt vom „Devils Tower", im Nordwesten der Black Hills) – trotz der katastrophalen Umweltfolgen, da dabei wegen des miteingeschlossenen Urans und Thoriums ebenfalls Radioaktivität freigesetzt wird und Boden, Wasser und Luft massiv verseucht werden.

„Die Black Hills sind dem Volk der Sioux heilig. Sie sind unsere Kirche, der Ort, an dem wir beten. Sie sind unser Friedhof, wo die Gebeine unserer Vorfahren liegen. Wie kann jemand erwarten, dass wir unsere Kirche, unseren Friedhof für ein paar lumpige weiße Dollars verkaufen?" formulierte seinerzeit Häuptling *Frank Fools Crow* .

105 Millionen Dollar wäre den USA dieses Land seit einem Be-

schluss des Supreme Court wert – und das, obwohl es ein Vertrag von 1868 den Indianern zugesichert hatte, „so lange das Gras wächst und die Flüsse fließen".

Die Annahme dieser Entschädigungssumme würde jedoch den ewigen Verzicht der Sioux auf ihr Land und die Zerstörung seiner Heiligen Berge bedeuten. Die traditionellen Sioux oder *Lakota,* wie sie sich selber nennen, kämpfen deshalb erbittert dagegen: über Gerichte, durch Eingaben und Appelle an die UNO sowie bis zum Frühjahr 1982 durch die Errichtung eines Protestcamps, das den Namen *Crazy Horse Camp* trug. Es bestand lediglich wenige Monate und wurde aufgelöst, nachdem der Druck von außen (FBI, Stammesratspolizei, Verwaltung des Staates South Dakota) und die Versorgungsschwierigkeiten zu groß geworden waren.

Das zum Teil bekanntere *Yellow Thunder Camp* wurde bereits vorher von Vertretern des *American Indian Movement* gegründet und fand keinesfalls die ungeteilte Zustimmung der traditionellen Lakota, die sich vor allem auch um eine Publizierung der vertragsbrüchigen Vorgangsweise der USA bemühen. Einer ihrer bedeutendsten Vertreter, der im Herbst 1981 u. a. auch die BRD und Österreich im Rahmen einer Delegation des „Lakota Vertragsrats" besuchte, war der Medizinmann und Häuptling *Larry Red Shirt.* Am Christtag des Jahres 1982 verstarb er, 33 Jahre jung, völlig überraschend. Kurz vor seinem Tod starb sein neugeborener Sohn. Als Todesursache wird für beide u. a. eine Vergiftung durch das radioaktiv verseuchte Trinkwasser der Pine-Ridge-Reservation angenommen, wo sie zu Hause waren.

Doch der Kampf geht weiter: Seit 1985 versuchen die trad. Lakota über eine Gesetzesvorlage im US-Kongress zumindest jenes Land im Bereich oder Umfeld der Black Hills zurückzuerhalten, das unter öffentlicher Verwaltung steht. Dabei geht es vor allem um den heiligsten Berg der rund 30 000 Sioux und etwa 5000 *Cheyenne,* den *Bear Butte,* der schon Crazy Horse, Red Cloud und Sitting Bull zur Visionssuche und als Zeremonienstätte gedient hat. Die Zeit drängt, denn unter der US-Verwaltung ist dieser altehrwürdige Kultplatz nordwestlich von Rapid City zu einer lärmgeplagten Touristenattraktion verkommen. Nicht nur: In seiner Nähe wurden bereits Windgeneratoren errichtet und Ölfelder sollen erschlossen werden ...

Hopi –Volk des Friedens

1 Zeichen, die zur Umkehr mahnen

„Ich bin das Land,
meine Augen sind der Himmel,
meine Glieder die Bäume.
Ich bin der Fels, die Wassertiefe.
Ich bin nicht hier,
um die Natur zu beherrschen
oder sie auszubeuten.
Ich bin selbst Natur."

Hopi

Sie leben in zwölf Dörfern auf den Ausläufern oder am Fuß von drei steil abfallenden Tafelbergen aus Sandstein, die die Spanier *Mesas* nannten: umgeben von der überwältigenden Weite und Stille der Halbwüste und Trockensteppe des Südwestens der USA. Trotz geringsten Niederschlags bringen sie ihren Mais zum Blühen. Ihr Geheimnis: ein bewusst einfaches Leben und das tiefe Wissen, Teil der Schöpfung und von ihr gänzlich abhängig zu sein.

„Der Große Geist ist etwas, das wir mit jedem lebenden Ding atmen", sagen sie. Und für einen Hopi ist es ganz selbstverständlich, dass er sich seinen Maistrieben liebevoll – wie kleinen Kindern – zuwendet: Er spricht mit ihnen, singt für sie, streichelt sie und tanzt für sie. Und tatsächlich: Das Wachstum des Maises ist ein Spiegel seiner Zuwendung. So ist ihr ganzes Leben ein

Die Grafik am Kopf dieser Seite zeigt das Schildsymbol der Hopi in vereinfachter geometrischer Form, vgl. auch die Abbildung und Erläuterung S. 37.

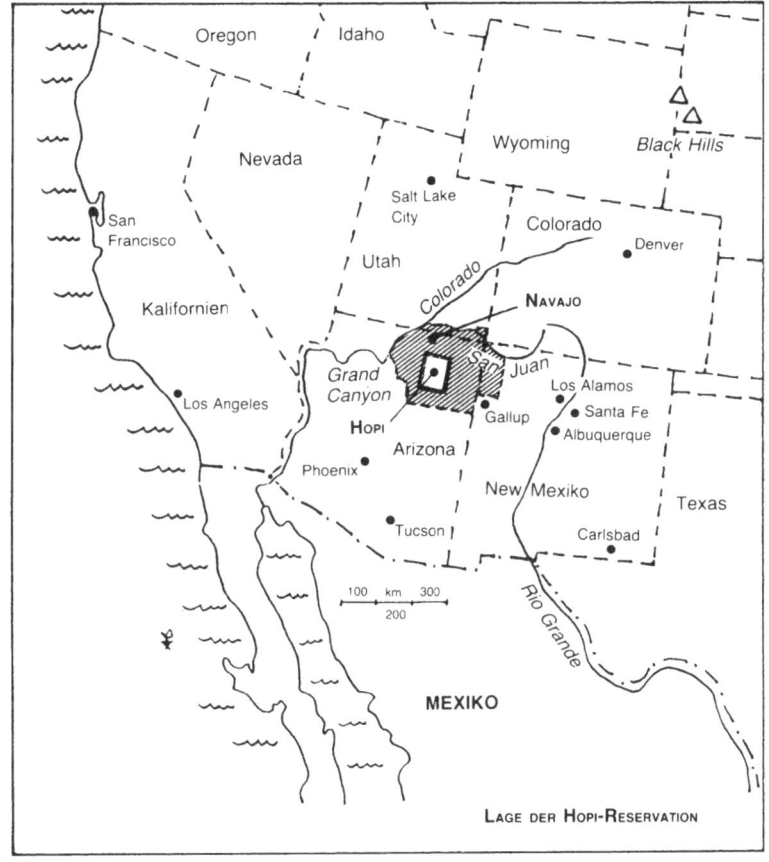

Oregon / Idaho

Wyoming

Black Hills

Nevada

Salt Lake City

Colorado

Denver

San Francisco

Utah

Colorado

NAVAJO

Kalifornien

Grand Canyon

San Juan

Los Alamos

Los Angeles

HOPI

Gallup

Santa Fe

Albuquerque

Arizona

Phoenix

New Mexiko

Texas

Tucson

Carlsbad

100 km 300
200

Rio Grande

MEXIKO

LAGE DER HOPI-RESERVATION

35

ständiger und bewusster Austausch mit den Kräften des Kosmos, der Erde und allen anderen Wesen.

Diese Lebenweise, ihr legendärer Ruf als „Volk des Friedens" sowie ihr großes, prophetisches Wissen haben sie und ihre Heimat zum spirituellen Mittelpunkt der traditionsbewussten Indianer beider Amerikas werden lassen – nahe dem Four-Corners-Gebiet, wo die Grenzen der US-Bundesstaaten Arizona, New Mexico, Colorado und Utah auf der rund 2000 Meter hohen Colorado-Hochebene zusammenstoßen und ein Kreuz bilden. In ihrem Schildsymbol findet sich dieses Kreuz wieder. Es teilt einen Kreis, der den Lauf des Lebens und die gleichrangige Verwandtschaft der Menschheit mit allen Wesen darstellt, in vier Teile: der Schnittpunkt symbolisiert den Ort, wo die Hopi zu Hause sind, *Tukunavi,* wie sie ihn nennen, als spirituelles Zentrum der Erde. Und die Hopi sagen, dass sich dieser Mittelpunkt der Welt - auch physikalisch gesehen – nahe bei Alt-Oraibi, dem ältesten ständig bewohnten Ort Nordamerikas, befindet. Er ist mehr als 1000 Jahre alt und war bis ins 20. Jahrhundert der Hauptsitz der traditionsbewusst lebenden Hopi. Heute teilt er diese Rolle mit Hotevilla und Shungopavi, das noch den einzigen erblichen *Kikmongwi* („Dorfvater") aus dem Bären-Clan besitzt.

Innerhalb jedes Viertels des Kreises im Schildsymbol der Hopi befindet sich ein weiterer Kreis: Diese vier Kreise stehen für die weiteren spirituellen Zentren und die vier Rassen der Menschheit, die in Harmonie mit der Schöpfung und ihrem Urheber leben und so eine Einheit bilden sollen. „Gemeinsam mit allen Nationen der Erde beschützen wir Land und Leben und halten die Erde im Gleichgewicht", sagen die Hopi dazu.

Und das bedeutet ihr Name, der nicht nur eine Stammesbezeichnung, sondern auch eine Verhaltensweise darstellt: die der Selbstbeherrschung, gepaart mit Sanftmut, Demut, Standhaftigkeit, Geduld und Friedfertigkeit. Diese Verhaltensweise, so der 1972 verstorbene Kikmongwi *Dan Katchongva,* setzt voraus, „den Anweisungen des Großen Geistes zu gehorchen und Vertrauen in sie zu haben; keine seiner Lehren zu verdrehen, um Einfluss oder Macht zu gewinnen oder den Hopi-Weg des Lebens auf irgendeine Art und Weise zu verderben".

Das Schildsymbol der Hopi (Zeichnung von Thomas Banyacya Sr.)

Die vier Kreise symbolisieren die vier Menschenrassen rot, gelb, schwarz und weiß, die – dem Gesetz des Schöpfers folgend – gemeinsam die Erde und damit den Kosmos im Gleichgewicht halten. Die vier Bänder stellen die vier Himmelsrichtungen dar:

„Die vier Bänder ... sind die vier Viertel des Alls. Das schwarze Band ist für den Westen, wo die Donnerwesen wohnen, die uns Regen senden; das weiße für den Norden, von wo der große, reinigende Wind kommt; das rote für den Osten, wo der Morgenstern wohnt, der die Menschheit mit Weisheit begabt; das gelbe für den Süden, wo der Sommer herkommt und die Kraft des Wachstums für Pflanzen, Tiere und Menschen.

Aber diese vier Geister sind am Ende nur ein Geist ... ist nicht der Himmel ein Vater und die Erde eine Mutter, und sind nicht alle lebenden Wesen mit Füßen oder Flügeln oder Wurzeln ihre Kinder?" (*Schwarzer Hirsch,* Medizinmann der Sioux).

Nach *Frank Waters* („Das Buch der Hopi") weichen die Farbbezeichnungen der Hopi für Westen und Süden von denen der Sioux ab: Gelb steht für den Westen und Blau für den Süden.

Deshalb, so sagen sie, ist jeder ein Hopi, der so lebt. Und unsere Vorfahren – der rote Bruder und der weiße Bruder, der mit diesem Wissen nach Osten ging – erhielten vom Schöpfer den Auftrag, diese Erde und alles Leben im natürlichen Zustand zu erhalten, beide niemals zu zerstören – sonst zerstören sie sich selbst.

Die Zeremonien, die vor allem Regen und Fruchtbarkeit und damit ein glückliches Leben bringen sollen, dienen ebenfalls der Aufrechterhaltung dieses Zustands. Sie sind Ausdruck der tiefen menschlichen Erfahrung, dass man nichts nehmen kann, ohne etwas dafür zu geben, dass „in Harmonie sein" ein labiler, fließender Vorgang ist, um den wir uns ständig bemühen müssen.

Auf ihren langen, möglicherweise bis zu 80.000 Jahren dauernden Wanderungen, von denen zahlreiche Tonscherben, Schreine, Felszeichnungen, Erdhügel und Ruinen in den USA und Teilen Mittel- sowie Südamerikas zeugen, erwarben ihre Vorfahren dieses Wissen. *Kachinas,* wie sie sie nennen, halfen ihnen dabei, und die Kachina-Tänze stellen eine Vergegenwärtigung der Kräfte und Wesen dar, mit denen die Hopi umgehen können. Sie helfen uns, sagen die Hopi, das Leben schön und glücklich zu gestalten.

Die Kachinas waren es auch, die am Ende der vorigen Welt ihre Vorfahren vom legendären, damals im Pazifik versinkenden Kontinent *Kasskara* übers Meer geleiteten: zum wieder aufgestiegenen Kontinent Amerika, wo sie in der Nähe des Titicacasees landeten. Im Laufe ihrer Wanderung trennten sie sich von den Inkas, Mayas und Azteken, mit denen sie verwandt sind, weil diese vom Gesetz des Schöpfers abgewichen waren.

So kam es, dass sich allmählich diejenigen, die ihre Wanderung vollendet hatten, im Gebiet der drei Mesas zwischen den Flüssen Colorado, Kleiner Colorado und Rio Grande niederließen: als selbständige, voneinander unabhängige bäuerliche Dorfgemeinschaften, verbunden durch Sprache, Kultur und im Jahreskreis sich wiederholende Zeremonien.

> Ehrfurcht, Harmonie und Liebe:
> das sind die drei Hauptforderungen
> im Gesetz der Hopi."
> *Weißer Bär, Hopi*

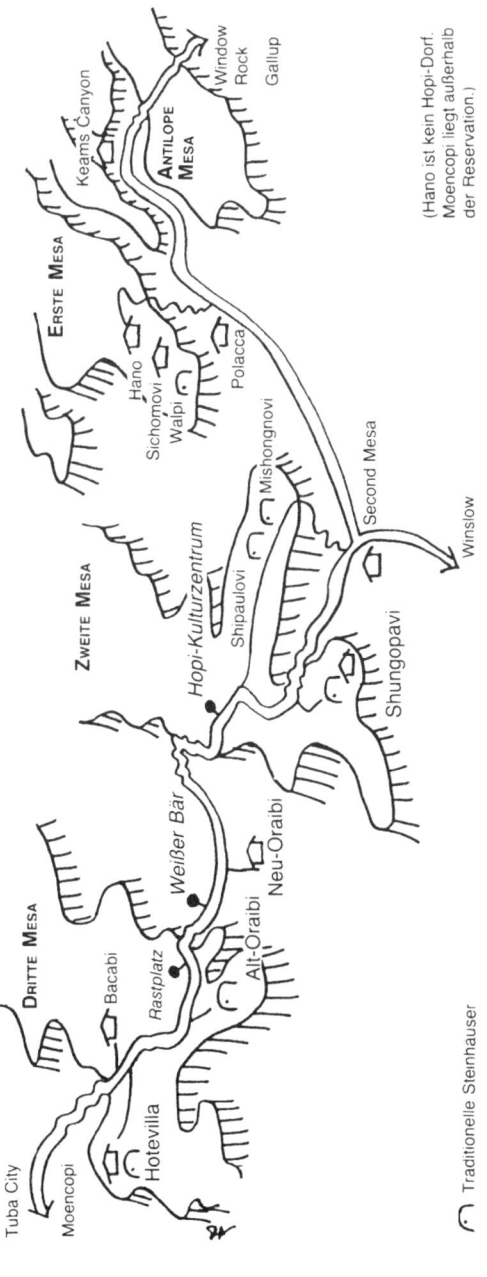

Window Rock
Gallup
Keams Canyon
ANTILOPE MESA
ERSTE MESA
Hano
Sichomovi
Walpi
Polacca
Mishongnovi
Second Mesa
Winslow
Shipaulovi
Hopi-Kulturzentrum
ZWEITE MESA
Shungopavi
Weißer Bär
Neu-Oraibi
Alt-Oraibi
DRITTE MESA
Bacabi
Rastplatz
Hotevilla
Moencopi
Tuba City

(Hano ist kein Hopi-Dorf. Moencopi liegt außerhalb der Reservation.)

⌒ Traditionelle Steinhäuser

39

In jedem Dorf wählt seit alters her der Rat der Clanältesten und religiösen sowie spirituellen Führer den *Kikmongwi* – den höchsten spirituellen Führer und „Dorfvater" wie die Hopi sagen – auf Lebenszeit. Er schlichtet die Streitigkeiten und ist um die Einheit der Dorfbewohner bemüht. Lediglich während der Zeremonien tritt er zugunsten des jeweiligen Zeremonienleiters und religiösen Führers in den Hintergrund. Das Wort „Dorfvorsteher" oder „Häuptling" trifft die Sache nicht ganz. Denn der Kikmongwi trägt durch seine spirituelle Macht die Verantwortung nicht nur für das Wohl des Dorfes, sondern auch für die ganze Erde. Aber bei den Hopi gibt es ein so feinmaschiges Netz von Beziehungen, dass der einzelne nicht nur persönlich nie allein steht, sondern auch seine Aufgaben nie ohne Beziehung zu anderen ausüben kann. Immer haben die Belange der Gemeinschaft und darin auch die der Erde und des Kosmos Vorrang.

Deshalb werden alle Beschlüsse des Rats erst gefällt, wenn Einigkeit herrscht. Eine überstimmte Minderheit würde eine Störung des Gleichgewichts bedeuten. Aus diesem Grund sind einem wahren Hopi Abstimmungen im Sinne des weißen Mannes fremd.

Der tragische Konflikt zwischen den traditionellen Hopi - denjenigen, die an den Überlieferungen festhalten und nicht bereit sind, sich an den Weg des weißen Mannes anzupassen – und den assimilationsfreudigen, die meist außerhalb der Reservation oder als Angestellte im Stammesrat arbeiten, in den sie alle vier Jahre ihre Vertreter wählen, hat eine seiner Wurzeln darin.

Auf diese Weise haben die Hopi dieselben Probleme wie alle anderen indianischen Nationen: die Spaltung in Traditionelle und Assimilierte oder sogenannte Fortschrittliche, wobei letztere von der US-Regierung sehr unterstützt werden, weil sie eng mit ihr zusammenarbeiten.

Quer durch diese Gegensätze, die sich oberflächlich oft so manifestieren, dass der Stammesrat eine Wasserleitung bauen lässt und die Traditionellen eines Dorfes sie wieder herausreißen, gehen die familiären Bindungen aufgrund eines mutterrechtlich organisierten Clansystems, das der Großfamilie entspricht. Auf diese Weise stehen praktisch jedem Hopi viele Türen offen, um in die Reservation zurückzukehren, sich wieder den Traditionsbewussten anzuschließen. Dadurch wird aber auch ein ausgewogenes Kräfteverhältnis zwischen Mann und Frau erzielt, da es vor allem die Männer sind, die den Zeremonien vorstehen, sie durchführen und meist auch den Dorfvater stellen. Der Mann zieht nach der Heirat in das Haus der Frau: Sie verfügt über Haus und Land und vererbt beides an die Töchter innerhalb ihres Clans, dem auch die Söhne angehören. Das Recht der Landnutzung erlischt, sobald es nicht beansprucht wird. Dann entscheidet der (oder die) Kikmongwi darüber.

Während so der Clan der Mutter den Rang des Einzelnen innerhalb der Dorfgemeinschaft bestimmt (zum Beispiel die Erbfolge bei den Kikmongwis, die Qualität und Lage des zu nutzenden Landes, die clanbezogenen Zeremonien und Aktivitäten für die Gemeinschaft), wählt der Vater die Zugehörigkeit des Kindes zu einem der beiden großen religiösen Bünde, dem *Reinigungs-* oder *Powamu-* und dem *Kachina-Bund.* In ihnen – und innerhalb der religiösen Bünde der Clans – wird nicht nur das Wissen über die Hopi, sondern auch über die Welt und über den Umgang mit den Kräften von Erde und Kosmos weitergegeben und in zahlreichen, miteinander verflochtenen Zeremonien praktiziert.

> „Mein Leben ist einfach. Mein Pflanzstock und mein Mais ist alles, was ich habe. Wenn du so leben willst wie ich, kannst du hier mit mir leben."

Mit diesen Worten übergab der Schöpfer – die Indianer sagen auch „Großer Geist" oder „Großes Geheimnis" – in der Gestalt eines Mannes namens *Massau'u* ihren Vorfahren dieses Land, um es zu behüten und durch ein bewusst einfaches Leben vor der Zerstörung zu bewahren.

Unter der Bezeichnung „Milch der Erde" erhielten sie damals den Mais als Hauptnahrungsmittel, sagen sie. Und er gedeiht, obwohl kein weißer Bauer dort Erfolg hätte: Nach Aussagen des US-Landwirtschaftsministeriums fällt in dieser Region lediglich die Hälfte dessen an Regen, was für einen erfolgreichen Feldbau nötig wäre.

Aber die traditionellen Hopi wenden bewusst keine künstliche Bewässerung an, sondern wollen vom Regen abhängig bleiben – seit Tausenden von Jahren. Denn der Regen und gutes Wetter kommen, wenn sie ihre Zeremonien richtig ausführen und dem Gesetz des Großen Geistes treu bleiben. Mit Hilfe des Pflanzstocks werden noch immer etwa 50 cm tiefe Löcher in den Sand gebohrt, um jeweils sechs Maiskörnern Platz zu geben. Vier für die Kräfte, die die Himmelsrichtungen und Elemente symbolisieren, eines für Mutter Erde und eines für Vater Sonne, durch den uns, wie die Hopi sagen, der Schöpfer ansieht. Entsprechend den Himmelsrichtungen und Menschenrassen gibt es auch vier Farben des Maises: weiß, rot, goldgelb und blauschwarz.

Weißes Maismehl, das Symbol der Reinheit, wird auch bei Zeremonien verwendet, indem ein dafür geweihter Hopi ein Gebet von seinen Lippen in das Maismehl haucht und es auf den Boden verstreut.

Zum Mais gesellen sich als weitere selbstangebaute Nahrung Bohnen, Kürbisse, Chilipfeffer, ja sogar Trauben, Birnen, Marillen und Pfirsiche. Daraus erklärt sich eine weitgehend vegetarische und ziemlich ausgewogene Ernährungsweise, die erst seit der blutigen Vertreibung der Spanier und ihrer Franziskanermönche beim Pueblo-Aufstand durch den Verzehr von Schaf- und Rindfleisch verändert wurde. Vorher wurde gelegentlich Wild erlegt.

Hopimais enthält 20 Prozent mehr Eiweiß als der US-amerikanischer Bauern, doppelt soviel Kalzium, viermal so viel Magnesium und Zink, dreimal soviel Mangan und Kalium sowie 50 Prozent mehr Eisen. Bei so viel gesunder Ernährung ist es begreiflich, dass einzelne Hopi-Bauern früher täglich bis zu 60 km zu ihren Feldern, zum Beispiel im Marschland des Moencopi-Regenflusses, liefen.

Diese Leistungen werden jedoch immer seltener, denn es gibt nur mehr wenige Haushalte, die keinen Kontakt mit einem der drei Supermärkte in der Hopi-Reservation und damit auch mit deren Nahrungsmittelangebot haben. Zu gleich werden neben traditionell aus dem Sandstein der Mesas errichteten Häusern immer mehr Schlackenziegelbauten nach dem Vorbild der Weißen errichtet. Ausnahmen sind noch die Dörfer Walpi, Alt-Oraibi und Teile von Hotevilla. Selbst bei den *Kivas,* den in die Erde gebauten Versammlungs- und Zeremonienhäusern, wird fallweise Beton verwendet. Und die Fernsehantennen auf manchen Häusern, die Strom-, Wasser- und Kanalanschlüsse sowie das

Hopi-Maisfeld bei Keams Canyon *(oben)*
Thomas Banyacya Jr. *(unten links)* demonstriert mit dem Pflanzstock die jahrtausendealte Anbauweise der Hopi
Unten rechts: Maisstauden am Fuß der dritten Mesa (zum Größenvergleich
der Autor)

pompöse, vollklimatisierte Verwaltungsgebäude des Hopi-Stammesrats in Neu-Oraibi lassen das Gefühl aufkommen, nicht mehr in einer traditionellen Indianersiedlung zu sein.

Diese Kontraste und offensichtlichen Widersprüche sind ein typisches Ergebnis des demütigen und friedfertigen Charakters der Hopi: Freiheit ist freiwillig, und niemand – auch nicht ein Kind – darf zu einer Verhaltens- oder Denkweise gezwungen oder durch Gewaltandrohung genötigt werden. „Freiheit kann nicht erhalten werden, wenn sie anderen verweigert wird", sagen sie. Daraus resultiert das indianische Prinzip der Nichteinmischung.

> „Was wirklich zählt, ist die Schönheit, die wir in unser Leben bringen, die Art, wie wir unsere Verantwortung und unsere Pflichten gegenüber unserem Schöpfer erfüllen."
>
> *Weißer Bär, Hopi*

Die Freiheit jedoch, ihre letztlich tief religiösen Pflichten zu erfüllen und ihre damit aufs engste verbundene Unabhängigkeit gegenüber einschränkenden Einflüssen von außen zu bewahren, wird heute mehr denn je untergraben.

Es begann im 16. Jahrhundert. Seit die europäischen Eindringlinge den amerikanischen Kontinent eroberten, haben auch die Hopi um ihre Existenz zu kämpfen, konnten sie offenbar ihren Grundsatz der Gewaltlosigkeit nicht immer aufrecht erhalten.

Zuerst kamen die Spanier. Sie hatten mit ihren Franziskanermönchen unter den Indianern des Südwestens eine blutige Schreckensherrschaft errichtet und ihnen die Durchführung ihrer jahrtausendealten Zeremonien verboten. Die Folge: Der lebensspendende Regen blieb mehrere Jahre aus. Als einige von ihnen wieder heimlich die Zeremonien durchzuführen begannen und der ersehnte Regen kam, war das für sie ein Zeichen, das Joch der „Sklavenkirche", wie sie heute noch die christlichen Kirchen nennen, abzuschütteln. 1680 gelang es ihnen im *Pueblo-Aufstand*, gemeinsam mit den Indianern, die die Pueblos – zu deutsch Dörfer – auf der Colorado-Hochebene und im Bereich des Rio Grande bewohnen.

„Wir wissen, dass militärische Macht und Stärke oder die von Menschen gemachten Gesetze ein Weg sind, der zur eigenen Unterdrückung führt."

James Kootshongsie, Hopi

1848 war es wieder soweit: Gemeinsam mit anderen Gebieten des Südwestens wechselte die Heimat der Hopi die weiße Regierung. Als Folge des amerikanisch-mexikanischen Krieges musste Mexiko diese Gebiete an die USA abtreten. Dabei wurde den dort lebenden Einwohnern volle Unabhängigkeit und Garantie ihrer Besitz- sowie Erbrechte zugesichert: im Vertrag von Guadelupe Hidalgo, 1848 von Vertretern der USA und Mexikos in Santa Fe unterzeichnet.

Über 500 Mormonen begannen sich danach im Gebiet der Hopi anzusiedeln, und die Auseinandersetzungen mit den seit dem 17. Jahrhundert von Norden her eingewanderten Navajo-Schafhirten wurden immer heftiger.

Schon 1680 war es zu einer blutigen Abwehr eines organisierten Angriffs der Navajo auf Alt-Oraibi gekommen. Vorher und danach gab es immer wieder Probleme, weil die Navajo ihre Schaf- und Rinderherden auf den Maisfeldern der Hopi weiden ließen und auch selber den Hopi Nahrung wegnahmen. Seit damals knistert es zwischen Hopi und Navajo – obwohl gerade in Big Mountain, der Heimat der traditionsbewussten Big-Mountain-Diné (Navajo), nicht nur zahlreiche Mischehen zwischen traditionellen Hopi und Navajo bestehen, sondern auch das Einvernehmen zwischen ihnen, bis auf wenige Ausnahmen, recht gut ist – im Gegensatz zu den Vertretern der jeweiligen Stammesräte.

1868 erhielten die Navajo, die durch die vom Osten einströmenden weißen Siedler in ihrem Lebensraum beschränkt wurden, nach Fürsprache der Hopi im Nordosten Arizonas von der US-Verwaltung ein Gebiet zugeteilt. Das war die Geburtsstunde der Navajo-Reservation, die bis 1934 von der Regierung der USA auf ein Areal ausgeweitet wurde, das heute die Hopi umschließt.

1882 ging es den Hopi selbst an den Kragen. Gegen ihren Willen wurde per Erlass des US-Präsidenten der Lebensraum der

Hopi und anderer dort lebender Indianer auf eine 1,1 Millionen Hektar große Fläche als Reservation begrenzt: „ ... dieses Land wird hiermit von Verkauf und Besiedlung ausgenommen und für die Nutzung und Besiedlung durch die Moqui (Hopi) und jene anderen Indianer reserviert, die der Innenminister als geeignet erachtet, dort zu siedeln."

Damals lebten in diesem Gebiet etwa 1800 Hopi – 2014 sind es über 14000 – und rund 300 Navajo, die durch starke Zuwanderung und Bevölkerungswachstum auf mittlerweile etwa 18500 Personen anwuchsen. Zugleich gehören die Navajo, die 1868 insgesamt rund 8000 Menschen zählten, 2013 mit über 300.000 Bewohnern wie die Cherokee zu den größten indianischen Nationen in den USA; einige tausend Hopi leben außerhalb der Reservation.

Mit dem gemeinsamen Nutzungsgebiet für „Hopi und ... andere Indianer ..." wurde jedoch der Keim für zahlreiche neue Auseinandersetzungen zwischen Hopi und Navajo gelegt.

Einerseits zwang man damit die in einem steppen- und wüstenartigen Gebiet als Nomaden lebenden Navajo, innerhalb willkürlich festgelegter Reservationsgrenzen ein Auskommen zu finden. Das Gebiet von Black Mesa und Big Mountain, das ihnen ebenso wie den Hopi zugestanden wurde – obwohl es ursprünglich Hopi-Land war –, eignete sich aber besonders gut für die Schafhaltung. Kein Wunder, dass sie begannen, ihre Tiere eher hierher zu treiben. Zugleich erwachte unter assimilationsbereiten Navajo seit 1922 das Interesse, gemeinsam mit dem Büro für indianische Angelegenheiten (BIA) wirtschaftlichen Nutzen aus den zahlreichen Bodenschätzen der Region zu ziehen. Auf diese Weise erhielt Standard Oil von einer absolut nicht repräsentativen Minderheit die ersten Bohrlizenzen für Öl.

Andererseits wurde 1934 der Stammesrat als eine Art „Stammesregierung" nach weißem demokratischen Muster den Indianern von den USA eingeredet bzw. aufgezwungen: Er wurde Bedingung für die Anerkennung als Reservation, für finanzielle Zuschüsse und Verhandlungen jeder Art. Und das, obwohl die Indianer seit Menschengedenken eine eigene Regierungsform ohne Mehrheitswahl besitzen.

Diese Stammesräte sind nicht nur finanziell, sondern auch weisungsmäßig vom BIA abhängig. Das wiederum ist direkt dem

Innenministerium unterstellt, in dessen Bereich auch die Lösung von Energiefragen und die Erschließung von Bodenschätzen fällt.

> „Diejenigen, die wählten, konnten weder
> schreiben noch lesen und wählten blind."
> *James Kootshongsie, Hopi*

1936 zogen die Hopi nach: Obwohl sich alle traditionellen Hopi der Wahl enthielten und von etwa 4500 Wahlberechtigten lediglich 651 für den Stammesrat und 104 dagegen stimmten – also vermutlich nur etwa 17 Prozent an der Wahl zur Einsetzung teilgenommen hatten –, wurde den Hopi diese ihnen zutiefst fremde Einrichtung aufgezwungen, die ihre bestehende traditionelle Form der Selbstverwaltung völlig ignorierte. Sogar die Mehrheit der Ja-Stimmen war gefälscht, sagen sie. Auch der „Architekt" der Hopi-Verfassung, der Anthropologe Oliver La Farge, sprach davon, dass „ ... zu allem Unglück die Stimmabgabe ... gefälscht war". In dem empfehlenswerten Taschenbuch „Der Völkermord geht weiter" (vgl. die Literaturliste am Ende dieses Buches) gibt es eine detaillierte Darstellung dieser Vorgänge.

Ebenfalls 1936 wurde von der Navajo-BIA-Agentur ein Drittel der bisherigen gemeinsamen Reservation zur ausschließlichen Hopi-Reservation („Distrikt Nr. 6") erklärt, die restlichen zwei Drittel wurden „gemeinsames Nutzungsgebiet" für Hopi und Navajo. Damit sollte verhindert werden, dass die Navajo direkt in die überlebensnotwendigen Gebiete der Hopi – ihre Maisfelder zum Beispiel – eindringen. 1937 gestattete das BIA den Navajo, im gemeinsamen Nutzungsgebiet zu siedeln. Andererseits jedoch begann u. a. Standard Oil auch in diesem Gebiet Schürfrechte für Öl, Kohle und Wasser zu fordern. Schließlich kam es 1949 zu ersten Überlegungen, alle dort lebenden Hopi und Navajo umzusiedeln, um die Bodenschätze leichter abbauen zu können.

> „Du bist ein Narr,
> wenn du dein Geburtsrecht verkaufst.
> Unser Land ist nicht verkäuflich."
> *Fermina Banyacya, Hopi*

Oben: Das vollklimatisierte Verwaltungsgebäude des Hopi-Stammesrates in Neu-Oraibi, im Hintergrund der Prophezeiungsfelsen (rechts)
Unten: Traditionelles Steinhaus auf der zweiten Mesa

In den folgenden Jahren gerieten sich die Vertreter der Stammesräte über die Nutzung des gemeinsamen Gebietes immer mehr in die Haare: die Hopi, weil die Assimilierten unter ihnen eine große Viehzucht planten und durch die einströmenden Navajo eine Einschränkung ihrer Weidemöglichkeiten und Bodenrechte befürchteten; die Navajo, weil sie vor allem am Abbau der Bodenschätze interessiert waren.

So ist es noch heute. Dazwischen liegen allerdings einige Akte, die die dortigen traditionsbewussten Indianer allmählich um ihre Existenzgrundlage bringen.

Der Stammesrat der Navajo vergab 1950 auf dem heiligen Berg der beiden Völker, *Black Mesa,* eine Abbaulizenz für Kohle; 1964 zog der von Mormonen beherrschte Stammesrat der Hopi nach und vergab an mehr als zehn Firmen auch andere Abbaulizenzen, zum Beispiel für Öl und Gas. Der Anwalt des Hopi-Stammesrats, ebenfalls ein Mormone, erhielt eine Million Dollar für seine Vermittlung.

> „Dieses Land ist wie der heilige
> Innenraum einer Kirche –
> unser Jerusalem ... damit wird das
> Herz unserer Mutter Erde zerstört,
> das Herz des Universums."
> *Thomas Banyacya Sr., Hopi*

Auf diese Weise begann sich ein Teil des größten Kohletagebaus der USA im gemeinsamen Nutzungsgebiet von Hopi und Navajo auszubreiten. Ihren nach weißem Vorbild orientierten Stammesratsmitgliedern war das ein Dorn im Auge: ging es doch um Lizenzgelder für den Abbau der Bodenschätze (inzwischen auch Uran) und um die alleinige Verfügungsgewalt über dieses Gebiet – besonders den Angehörigen des Hopi-Stammesrats.

Schließlich erreichten sie unter Clarence Hamilton und Abbot Sekaquaptewa das, was sie wollten: Nachdem der US-Kongress 1974 die Teilung des gemeinsamen Nutzungsgebiets in einen ausschließlichen Hopi-Teil im Westen und einen Navajo-Teil im Osten (mit einer „Insel" im Hopi Bereich) beschloss, wurde den jeweiligen Stammesräten das entsprechende Gebiet ab 18. April 1981 juristisch und planungsmäßig unterstellt. Ab 1986 sollte es ihnen zur Gänze zur Verfügung stehen – ohne die Bewohner, die noch im „falschen" Teil der Reservation, vor allem in Big Mountain, leben. Denn bis April 1983 sollten die in der künftigen Hopi-Reservation lebenden Navajo freiwillig ihre Heimat verlassen, seitdem droht ihnen Gewaltanwendung. Drastische Verringerungen des Schafbestands und der Rinderherden sollen die Umsiedlungsbereitschaft steigern helfen.

Betroffen sind immerhin bis zu 18500 Navajo, darunter über 6500 traditionelle Big-Mountain-Diné, die sich 1979 von ihrem Stammesrat lossagten und als eigenständige Nation erklärten. Unter den Hopi sind es etwa 30 Familien, die bereits in die eigene Reservation von 1936 umgesiedelt wurden. Um die Sache zu beschleunigen, wurde die künftige Hopi-Reservation durch einen etwa 460 km langen Stacheldrahtzaun abgegrenzt, damit – so die offizielle Version der US-Regierung – die „streitenden Navajo und Hopi" voneinander getrennt werden.

Das entspricht jedoch nur der halben Wahrheit: Denn es streiten sich vor allem die Vertreter der jeweiligen Stammesräte; die traditionellen Hopi hingegen protestieren seit 1948 – allerdings vergeblich – gegen die Zerstörung ihres Landes, ihrer Kultur, gegen die Errichtung des Stammesrats und zuletzt gegen die 1981 begonnene größte Zwangsumsiedlungsaktion der USA in diesem Jahrhundert (vgl. S. 315f).

Kein Präsident der Vereinigten Staaten fand es bisher der Mühe wert, auf ihre Proteste ernsthaft einzugehen. Im Gegenteil. Unter Präsident Carter wurde das Four-Corners-Gebiet zum „nationalen Opferungsgebiet" erklärt, um die Energieversorgung der USA zu sichern. Und die ab 1980 amtierende Reagan-Administration ließ mit ihrem noch größeren Energiehunger und der Lockerung der Umweltschutzbestimmungen noch Schlimmeres befürchten.

> Die Kikmongwis gaben mir die Autorität, über diese Dinge zu sprechen: die Menschen zu warnen, dass die Zerstörung dieses Heiligen Landes nicht nur die Zerstörung unseres Volkes bedeuten kann, sondern die Zerstörung der gesamten Menschheit."
>
> *Thomas Banyacya Sr., Hopi*

Auch hier scheiden sich die Geister. Sehen die überwiegend mormonischen Vertreter und Mitarbeiter des Stammesrats in der Zerstörung der traditionellen Gebiete und Werte bloß eine nicht aufzuhaltende Erfüllung einer jahrtausendealten Prophezeiung, so sind die traditionellen Hopi der Meinung, dass gerade das Zeichen seien, die drastisch zur Umkehr mahnen: weg vom materialistischen, zurück zum natürlichen, vom Schöpfer vorgegebenen, spirituellen Pfad.

Weitere Zeichen sind der zunehmende Verfall der Zeremonien auf der ersten und zum Teil auch auf der zweiten Mesa, meist bedingt durch Berufstätigkeit und steigenden Alkoholkonsum jener, die ihre Situation offenbar nicht verkraften können.

Auch die Bedeutung Alt-Oraibis als spirituelles Zentrum ist seit 1906 gesunken, als nicht assimilationsbereite Hopi nach einem tiefen Zerwürfnis mit dem damaligen Kikmongwi *Wilson Tewaquaptewa* auszogen und Hotevilla gründeten. Obwohl es heute noch gute Beziehungen zwischen den traditionellen Vertretern des Dorfes Hotevilla und jenen der anderen Hopi-Dörfer gibt, hat sich doch seit 1969 auch hier eine weitere Spaltung vollzogen, wie es der 1972 verstorbene Kikmongwi Dan Katchongva aus Hotevilla ausdrückte: offenbar in jene Einzelpersonen, die eigenmächtig agieren – und dabei zu weit gehen – und in jenen Kreis der Ältesten, der regelmäßig zu Beratungen und Zeremonien zusammenkommt und großen Wert auf gemeinsames Vorgehen und Zurückhaltung legt (vgl. S. 219 und 313ff.).

So kam es, dass neben dem letzten noch lebenden offiziellen Sprecher und Interpreten aller traditionellen Hopi, *Thomas Banyacya Sr.,* auch Abgesandte aus Hotevilla Europa bereisten, wie zum Beispiel *James Kootshongsie* oder die religiöse Führerin *Carolyn Tawangyawma.* Sie alle verfolgten aber einen Zweck: die Welt auf ihre eigene Situation und die der Hopi aufmerksam zu machen, sie wachzurütteln.

So wie diese Boten der Hopi bald zu alt wurden, um noch reisen zu können – so mag es auch jenen unter ihnen gehen, die die uralten Zeremonien weitergeben sollen: Viele davon sind vom Aussterben bedroht, weil deren Vermittler bedenklich alt geworden sind und sich nur wenige Nachfolger eingestellt haben.

All das sind Zeichen für das drohende Ende der vierten Welt, wie die Hopi die Welt, in der wir leben, nennen. Und das beängstigend ins Wanken gekommene ökologische und elektromagnetische Gleichgewicht der Erde scheint genauso darauf hinzudeuten wie die steigende Zahl von Kriegen, Unruhen und Naturkatastrophen.

Durch ausführliche Gespräche mit Vertretern dieses bescheidenen Volkes und deren weißem Freund, dem US-Journalisten *Thomas Tarbet Jr.,* wurden mir die Zusammenhänge bewusst, die zwischen dem drohenden Ende der Hopi und unserem Untergang bestehen. Es wurde dabei auch deutlich, wie die traditionellen und assimilierten Hopi damit fertig werden und welche Vorschläge sie haben, damit wir versuchen, die drohende Katastrophe gemeinsam abzuwenden oder zumindest zu mildern.

Die Zeit ist kurz, wie die Ausführungen von *Weißer Bär,* Carolyn Tawangyawma und dem seit 1948 autorisierten, letzten offiziellen Sprecher der traditionellen Elders aller Mesas und Geheimbünde, Thomas Banyacya Sr. (vgl. S.129), sowie der amerikanischen Wissenschaftsjournalistin *Joan Price* zeigen.

Aber gerade die Traditionellen geben der Welt noch eine Chance, den bevorstehenden „Tag der Reinigung", wie sie ihn nennen, zu überleben (vgl. die Aktualisierungen auf den Seiten 306ff und 315f).

2 Erste Begegnungen

Ankunft im Haus von Thomas Banyacya und in Big Mountain

„Die Hopi wissen,
dass sie eine sehr wichtige Position
als die Hüter der Lehren innehaben,
die alle Völker gemeinsam
in einer jeweils eigenen Version besitzen.
Das verleiht ihnen eine besondere
Stellung.
Man kann sagen, sie sind ein
‚auserwähltes Volk‘,
wenn man es so nennen will.
Aber die Hopi sind nicht überheblich,
sie halten. sich nicht für etwas
Besonderes,
sondern erfüllen einfach
eine Bestimmung oder Rolle für den
gesamten Plan,
den der Große Geist festlegte,
in dem jeder einen Platz hat.“

Thomas Tarbet Jr.

Freitag, 14. August 1981. Nach einer Übernachtung im Motel von Window Rock, dem Verwaltungssitz des Navajo-Stammesrats, fahre ich mit dem Mietauto Richtung Westen auf die Mesas der Hopi zu. Nadelwald, Steppe und bizarre Felsformationen wechseln einander ab. Weidende Schafe, Ziegen, Pferde und Kühe lockern die überwältigende Weite dieser menschenleeren Landschaft auf. Am Horizont tauchen die Mesas auf: die Hopi-Reservation! Kurz nach Mittag ist es soweit. Ich halte den Wagen an und lege eine Zigarettenpause ein. Grund: eine große Tafel am Straßenrand verweist darauf, dass man jetzt die Hopi-Reservation betritt und damit der Verwaltung und Gerichtsbarkeit des dortigen Stammesrats unterstellt ist. Wenig später bekomme ich auch schon einen ersten Kontakt mit einem seiner Vertreter: Ein Polizeiauto nähert sich mit Blaulicht und bleibt vor meinem Wagen stehen. Ein sichtlich besorgter, aber freundlicher Indianerpolizist kommt auf mich zu und ersucht mich sehr höflich, nicht auf der Straße (dem „Highway") zu pausieren, sondern irgendwo abseits. Ursache: es könnte ein Auffahrunfall geschehen – schließlich seien heute auch betrunkene Autolenker unterwegs ...

Ich befolge seinen Rat und mache erst einmal einen „Streif zug" über die drei Mesas. Als letzte Station im Westen erreiche ich Hotevilla, wo mich ein Regenschauer überrascht. Bei der Rückfahrt zur zweiten Mesa notiert sich eine Indianerin in einem Privatwagen meine Nummer und warnt mich vor unüberlegtem Fotografieren. Wenig später, als ich noch eine kurze Pause einlege, um oberhalb von Neu-Oraibi zu rasten und die Landschaft auf mich einwirken zu lassen, kommt ein zweiter Polizeiwagen auf mich zu. Der – wiederum freundliche – indianische Streifenpolizist weiht mich in die Geheimnisse der Fotografiererlaubnis bei den Hopi ein.

Solange es regnet, leben wir...

Etwa 16.30 Uhr, Neu-Oraibi: Mit Herzklopfen erreiche ich das Haus des offiziellen Sprechers und Interpreten der traditionellen Hopi, *Thomas Banyacya Sr.*. Ich packe einen Riesenpapiersack mit Kaffeedosen aus und werde auch schon vom Sohn, Thomas Jr., strahlend begrüßt: „Warum kommst du erst jetzt?" fragt er ohne eine Spur von Vorwurf. Offenbar hat er mich – nach meiner telefonischen Ankündigung vom Vortag – schon früher erwartet. Wir gehen in das ebenerdige, sehr einfache Haus, das aus mehreren Teilen besteht: der alte Teil aus Sandstein, zwei neuere Zubauten aus verputztem Mauerwerk und billigen Holzpressplatten. Sofort stehen wir in der Küche. Propangasherd, Kühlschrank und Abwäsche mit kaltem und warmem Fließwasser zeigen einen gewissen Komfort. An einem großen Holztisch stehen zwei Bänke, an der Innenwand ein Schrank. Von dort gleitet der Blick in den schlauchartigen Verbindungsgang, der zu den drei Schlafräumen führt und zu einer einfachen Brettertür, die Bad und WC vor neugierigen Blicken abschirmt.

Die Küche selbst ist Teil eines größeren Raumes, in dem rechts eine alte Bettbank und links eine Kommode mit Schreibmaschine, Kassettenrecorder und einem roten Telefon stehen. Viel bedrucktes Papier, einige Briefe und Bücher liegen dort herum. Eine Kürbisrassel und ein geflochtener Korbteller schmücken die Wand, Plakate von Indianertreffen, ein indianischer Wandteppich. Am Boden über dem Linoleum ein alter, abgetretener Teppich. Alles wirkt sehr einfach, bescheiden und gepflegt.

Von diesem Raum führt eine schmale Tür in den jüngsten Anbau aus unverkleideten Holzpressplatten. Der naturbelassene Sandboden wird nur teilweise durch eine Zeltplane abgedeckt. An den Längsseiten zwei alte Bettbänke, am Ende dieses Wohn- und Gästezimmers ein uralter Schwarzweißfernseher, rechts an der fensterlosen Schmalseite ein großer Webstuhl. An den beiden Außenseiten einfache Schiebefenster. Durch eine wackelige Holztür geht es wieder ins sandige Freie. Im Blickfeld ein Ballspielplatz des Kindergartens von Neu-Oraibi. Hier werde ich – anfangs mit einem Japaner – für eineinhalb Wochen mein Nachtquartier aufschlagen ...

Thomas lädt mich ein, Kaffee zu trinken, und eröffnet mir sofort, dass wir noch heute das *Big Mountain Camp* der traditionellen Diné (Navajo) besuchen und dort im Zelt übernachten werden. Mich umfängt eine herzliche, behagliche Atmosphäre, und ich spüre, wie Thomas darauf brennt, mir viel zu zeigen und zu erzählen. Das überrascht mich um so mehr, als ich anfangs nicht sicher war, ob die Hopi, die als die zurückhaltendsten Indianer Nordamerikas gelten, mir überhaupt die Möglichkeit geben würden, ausführlich mit ihnen zu sprechen.

Der 32jährige Sohn des Sprechers der traditionellen Hopi gehört zu den jungen „Heimkehrern", die in den letzten Jahren wieder in die Reservation zurückkommen und sich der Bedeutung des traditionellen Weges bewusst sind. „Ich beginne erst zu lernen", erzählt er mir. „Seit 1981 arbeite ich mit meinem Vater eng zusammen und helfe ihm bei seiner Arbeit: im Feldbau, bei der Erhaltung des Hauses und beim Aufbauen und Erhalten von Kontakten außerhalb der Reservation."

Vorher studierte er in Flagstaff Medizintechnologie, arbeitete in medizinischen Labors und drei Jahre lang als Techniker im Experimentalbereich der Uranindustrie: „Um zu lernen, damit umzugehen, nicht um diese Kräfte für zerstörerische Zwecke zu nutzen." In Colorado versuchte er sich eine Zeit lang als Industriedesigner in der Lasertechnologie. Als er für den Vietnamkrieg eingezogen werden sollte, verweigerte er – wie alle traditionellen Hopi – den Kriegsdienst. Statt dessen bekam er Gelegenheit, das Zeremoniensystem der Hopi ein Jahr lang zu studieren.

„Wenn ich ein Doktor der Medizin wäre, würde ich viele Maschinen benötigen. Unsere Medizinmänner brauchen das nicht", ist sein Resümee aus all seinen Erfahrungen. Ein Jahr vor dem möglichen Studienabschluss kehrt er in die Reservation zurück, hilft seinem Onkel beim Hausbau, beginnt zu weben und allmählich mit seinem Vater zusammenzuarbeiten. „Wir müssen wieder zu unseren eigenen Wurzeln zurückkehren, zu unseren eigenen Traditionen – und unsere Kinder entsprechend lehren. Schau dir die Situation bei uns an: Die Ältesten werden bald zu alt sein, um die Zeremonien weitergeben zu können. Sie sind bereits zwischen 70 und 100 Jahre. Sie müssen die Zeremonien rechtzeitig weitergeben können. Denn ohne Zeremonien gibt es keinen Regen, keine Fruchtbarkeit. Solange es regnet, leben wir. Deshalb müssen wir aus dem Zwang der ‚normalen Arbeit' – so wie sie der weiße Mann kennt – aussteigen, um wieder Zeit für unsere Zeremonien zu haben."

Zehn bis fünfzehn Jahre, glaubt er, müssen die Jungen hart arbeiten, um wieder zur Selbstversorgung zu kommen, ein System der Unabhängigkeit aufzubauen. „Die Leute können neben der Feldarbeit das herstellen, was sie sonst noch benötigen und einen Teil davon austauschen, um so auch eine Finanzbasis für eine Schule im Sinn der Traditionellen aufzubauen. Wir haben auf der Reservation (bis 1987, d. A.) keine High-School für die Vierzehn- bis Achtzehnjährigen. Die meisten dieser Jugendlichen müssen in Internate weit außerhalb. Das ist nicht gut für sie. Da verlernen sie alles Traditionelle. Auch die assimilierten Hopi wollen nicht diesen totalen Einfluss der weißen Amerikaner."

Er stellt sich deshalb eine eigene Schule vor, die von den Bedürfnissen der Hopi bestimmt wird und eine Mischung der bestehenden Schulen darstellt: eine Schule mit US-High-School-Abschluss, mit viel Wissen und Erfahrungen über die Hopi: „Die Schulen des Büros für indianische Angelegenheiten sind sehr streng und diszipliniert, aber da bleibt wenig für uns Indianer übrig. Die Schule der Mennoniten in Neu-Oraibi ist zwar sehr gut, aber den Einfluss der Kirche und ihre US-Orientierung mögen wir nicht." Bleibt noch die gemeindeeigene

Hotevilla-Bacabi-Schule in Hotevilla, allerdings ebenfalls noch ohne High-School-Abschluss. Sein Kommentar: „Zuviel Hopi-Kultur, zu wenig US-Geschichte, zu wenig Disziplin..." und weiter: „Die Hopi müssen in dieser technologischen Welt bestehen können und zugleich ihre Eigenständigkeit bewahren – deshalb brauchen wir eine völlig unabhängige, eigenständige Schule, denn erst sie ermöglicht die Erhaltung unserer Kultur."

Du kannst die Zeit nicht zurückdrehen – du musst in sie hineinspringen, dich darin behaupten

Daneben hat er noch weitere ehrgeizige Pläne: Der Filmproduzent Randy Hayes in San Francisco, Mitglied der Gruppe „People of the Earth", machte ihm das Angebot, ein Computersystem zu installieren, um eine Datenbank für Indianer und deren Freunde aufzubauen. „Wir können damit Informationen über die Selbstversorgung speichern und rasch weitergeben; die Öffentlichkeitsarbeit für die Presse und Unterstützungsgruppen über rasch ausdruckbare Adressenlisten verbessern", erläutert er mir das Projekt. Als es mir bei soviel Technologie den Atem verschlägt und ich auf den vermeintlichen Widerspruch zur Einstellung der Hopi hinweise, antwortet er mir mit einem entwaffnenden Lächeln: „Ich verstehe deine Bedenken. Sie treffen auf die Weißen voll zu. Bei uns ist das nicht so, denn wir wissen, dass jede Technologie eine Religion, eine Botschaft für ihren Gebrauch benötigt, damit sie nicht das vorgegebene Gleichgewicht stört. Die Technologie ist da, um unabhängig überleben zu können. Das mag paradox klingen, aber ein Beispiel ist der Kassettenrecorder, den wir sehr oft verwenden: Die meisten unserer Alten können weder lesen noch schreiben – aber sie können erzählen. Also nehmen wir ihre Erzählungen auf Band auf, um sie ins Englische übersetzen und weitergeben zu können, wenn es nötig ist. Wichtig ist es, die Technologie nicht für zerstörerische Zwecke zu nutzen, sondern nur zur Erhaltung des Lebens. Du kannst die Zeit nicht zurückdrehen – du musst in sie hineinspringen, dich darin behaupten. Dann erst kannst du die Richtung angeben – stelle dich an die Spitze!"

Als ich nicht locker lasse und über den hohen Energiever-
brauch eines Computers spreche, erwidert er: „Ein Computer ist
dazu da, um alle auf Vordermann zu bringen. Dann können wir
langsam auf den richtigen, natürlichen Weg zurückkehren. Wir
haben dabei den Weißen einiges voraus: Wir wissen, wie man
überlebt – und wir haben alles da, um zu überleben, selbst einen
Atomkrieg."

Und dann kommen wir nochmals auf die Situation in den Dörfern zu sprechen. „Ja, es besteht ein starker Verfall bei den Zeremonien, denn auf der ersten Mesa trinken sie bereits während der
Durchführung und nehmen deshalb hin und wieder die Masken
bei den Kachina-Tänzen ab. Das sind meist jene, die außerhalb
der Reservation arbeiten oder gearbeitet haben und ihre Situation nicht ganz verkraften."

Auf der zweiten Mesa hingegen werden in den meisten Dörfern
– ebenso wie in Hotevilla und Alt-Oraibi auf der dritten Mesa -
die Traditionen noch hochgehalten. Doch sind auch sie durch die
vordringende Lebensweise der Weißen gefährdet, ebenso wie die
Existenz aller Hopi durch den Kohletagebau auf Black Mesa.
Das alles und noch viel mehr Zeichen deuten darauf hin, dass
es höchste Zeit ist, die Hopi-Botschaft an die Welt raschest zu
verbreiten. Dabei möchte Thomas seinem Vater helfen. Ebenso
bei den Vorarbeiten zu einem Buch mit den bedeutendsten indianischen Prophezeiungen, verbunden mit einer Kurzbeschreibung
der Situation der darin angeführten indianischen Stämme. „So
ein Buch könnte mögliche Wege des Überlebens für die Menschheit aufzeigen", meint er. Es sollte 1984/85 erscheinen und illus-
triert werden – es fehlte aber offenbar die Zeit dazu.

„Wir Hopi wollen universal informieren, nicht gewalttätig
kämpfen, Parallelen aufzeigen und uns nicht assimilieren lassen.
Sicher müssen wir auch über unsere eigene Situation nachdenken, besonders über das Verhältnis zwischen Stammesrat und
Traditionellen", fügt er abschließend hinzu.

Ehrgeizige Pläne, aber ich habe nie den Eindruck, dass sie
Luftschlösser sind, sondern ein handfester Weg, um mit der Gegenwart fertig zu werden: trotz oder gerade weil die Hopi wissen, dass nur noch wenig Zeit bleibt. Und noch eins geht mir
nicht aus dem Kopf: die abgelegene Lage der Hopi und ihre
jahrtausendealte Erfahrung, unter härtesten Bedingungen zu

leben. „Unsere Ältesten wissen auch, wie man, ohne der Erde zu schaden, Energie erzeugt oder sich fortbewegt. Dieses Wissen haben sie von den Kachinas erhalten. Sie dürfen es aber erst preisgeben, wenn es kein Geld mehr gibt und es niemand mehr vermarkten kann ...“

Das Stichwort „Energie“ bringt uns auf die Beine. Kato, ein junger japanischer Lehrer, taucht auf und wird von uns eingeladen, ins Big Mountain Camp mitzufahren. Dieses Camp wurde am 18. April 1981 gegründet, um den örtlichen Widerstand gegen die bis 1986 vom US-Kongress beschlossene Umsiedlung von bis zu 18 500 Navajo und etwa 30 Hopi Familien zu organisieren und zu unterstützen (vgl. S. 67, S. 311f und 315f).

Wenig später sind wir – schon in der Dämmerung – zu dritt nach Hotevilla unterwegs. Einige Kilometer danach biegen wir von der Hauptstraße auf einen unscheinbaren Feldweg Richtung Norden ab. Thomas kennt den Weg sehr genau – auch die klaffenden Felsspalten im zum Teil sehr rissigen Sandsteinboden, die mich als Fahrer öfters ziemlich erschrecken. Allmählich verliere ich völlig die Orientierung, doch endlich taucht ein Hinweisschild auf: „Willkommen im Big-Mountain-Überlebens-Camp ... keine Drogen, kein Alkohol.“

Wir fahren weiter, und nach über einer Stunde halten wir bei einem primitiven Unterstand aus Holzpflöcken und einer Zeltplane als Dach. Rundherum werden mehrere Sechsmannzelte sichtbar. Der Boden dieses Steppengebiets ist rotbraun - sandig und angenehm warm; kleine Fichten und anspruchslose Straucharten bringen ein bisschen Abwechslung in die staubtrockene und absolut stille Landschaft. Im Westen, einige Kilometer entfernt, ein Bergrücken, vielleicht 200 Meter hoch: Big Mountain.

Im Unterstand empfängt uns ein etwa 30jähriger Navajo, der hier über CB-Funk Verbindung nach außen aufnimmt, falls irgend etwas Bedeutendes geschieht. Ein Indianer aus *Ganienkeh* im Staat New York ist auch hier, ebenso eine schwarze und zwei weiße Studentinnen aus Los Angeles. Wir werden wieder mit Kaffee bewirtet, dazu gibt‘s Hühnerfleisch und Spaghetti. Am offenen Feuer plaudert sich‘s gemütlicher, wenn ich auch merke, dass ich viel mehr Zeit benötigen würde, um mehr als die bloße Atmosphäre und einige Informationen mitzubekommen. Auf einem Holzpflock entdecke ich einen Hinweis:

„Das Big-Mountain-Komitee und seine Gemeinde danken Dir für Deine Hilfe und Anstrengung. Der Kampf begann 1977 anlässlich einer Auseinandersetzung mit Arbeitern, die im Auftrag der US-Bundesverwaltung anfingen, einen Zaun durch dieses Gebiet zu ziehen. Heute begrüßen wir Menschen der roten, gelben, schwarzen und weißen Rasse im Widerstandskampf der unabhängigen Diné- (Navajo-) Nation in Big Mountain. Wie wir für die künftigen Generationen beten, so lasst uns gemeinsam für die künftigen Generationen kämpfen."

Big-Mountain-Diné
Unabhängige Nation
gezeichnet: Kee Shay

Als 1977 nach einem Gerichtsbeschluss – entsprechend dem 1974 vom US-Kongress verabschiedeten Teilungsgesetz über das vorher für Hopi und Navajo gemeinsame Nutzungsgebiet – mit dem Ziehen eines Stacheldrahtzauns begonnen wurde, regte sich der erste erbitterte Widerstand unter den am meisten Betroffenen, den Diné. Der Zaun wurde an einigen Stellen mehrmals niedergerissen, beim Erscheinen von Arbeitern schossen Indianerfrauen in die Luft – und wurden verhaftet. Seit damals ist der Zaun unvollendet.

Vorläufiger Höhepunkt des Dramas: Anfang 1982 wurde die ebenfalls vorgesehene und zum Teil „wegen Überweidung" schon wesentlich früher begonnene gewaltsame Verringerung des Viehbestands nach zahlreichen schriftlichen Protesten (vor allem aus Europa) zunächst gestoppt. Bereits vorher soll der im November 1981 neugewählte Vorsitzende des Hopi-Stammesrats, Ivan Sidney, mit den betroffenen Diné Kontakt aufgenommen und Interesse gezeigt haben, die Angelegenheit anders zu regeln als seine Vorgänger Clarence Hamilton und Abbot Sekaquaptewa, die über höchste Gerichtsinstanzen mit Hilfe des Anwalts John S. Boyden diese Teilung durchsetzten.

Versuche des damaligen Vorsitzenden des Navajo-Stammesrats, Peter Mac Donald, die Umsiedlung durch Tauschgeschäfte zu verhindern, schlugen bis 1982 fehl: Sein Hopi-Gegen-

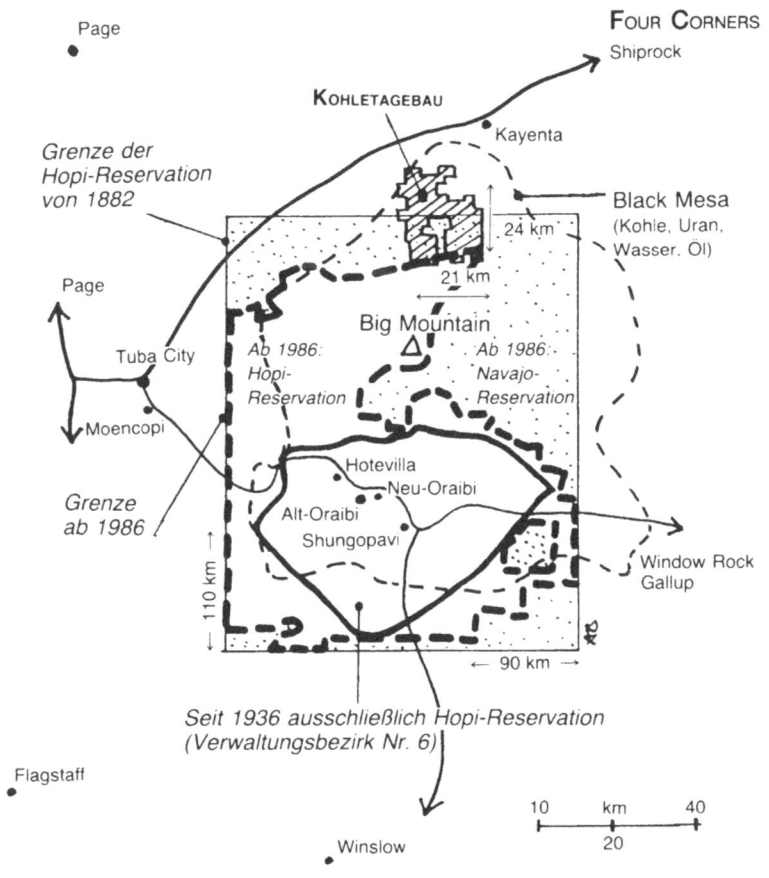

Grenzen der Hopi-Reservation ab 1986 und Kohletagebau auf Black Mesa

spieler Abbot Sekaquaptewa lehnte zum Beispiel den Vorschlag ab, einen größeren Anteil an den Schürfrechten dieses Gebiets zu erhalten, wenn Big Mountain weiterhin für die Navajo benutzbar bliebe. Sogar der Ankauf dieses Landes wurde angeboten: Etwa 70 bis 230 Dollar pro Hektar war es den wohlhabenden Navajo-Vertretern wert.

So bleibt den Menschen dort nur mehr das Schicksal der Umsiedlung in die weißen Städte, weil, speziell bei den Navajo, kein Platz mehr für sie in der eigenen Reservation ist. Peter Mac Donald meinte dazu in der *Washington Post* vom 6. August 1979, dass der Großteil der etwa sieben Millionen Hektar umfassenden Reservation „unfruchtbar und jeder Zoll anderen Familien mit traditionellen Weiderechten zugesprochen" sei.

Im Herbst 1982 wurde Peter Mac Donald durch Neuwahl vom 44jährigen Peterson Zah abgelöst, der die Navajo-Gesetzeshilfeorganisation gründete und eine Zeitlang deren Direktor war. Zah, der „konsequent gegen die Richtung der Mac Donald-Verwaltung opponierte", dürfte „einen Wendepunkt" in den Beziehungen zwischen Hopi und Navajo einleiten, heißt es dazu in den *Akwesasne Notes* vom frühen Winter 1982.

Und weiter: „Er gelobte, dass die Mineralien des Navajo Territoriums nicht länger durch Energiegesellschaften ausgebeutet würden ... Ebenso sagte er, dass er Verhandlungen mit dem benachbarten Hopi-Stamm eröffnen werde, um die Differenzen bezüglich eines Landstreits um etwa 900 000 Hektar beizulegen."

Findet auch unter dem neuen Vorsitzenden des Hopi Stammesrats, der vorher Chef der Hopi-Polizei war, ein Umdenken statt?

Es wird nur möglich sein, wenn Unterstützungsgruppen und Einzelpersonen aus aller Welt gegen diese Vorgangsweise der US-Regierung und der Stammesräte protestieren. Denn erst dann haben die Betroffenen den nötigen Rückhalt für ihren Widerstand. Immerhin wurde für den Sommer 1982 aufgrund einer Gesetzesvorlage des Senators Barry Goldwater aus Arizona ein Hearing mit den Vorsitzenden der Stammesräte und deren Anwälten in Washington D. C. vereinbart. Inhalt: Ein Teil des betroffenen Gebiets soll den dortigen Navajo verbleiben und Navajo-Reservation werden. Die Hopi sollen dafür entsprechenden Landersatz von den Navajo erhalten (vgl. S. 70 und 315).

Doch ist das letzte Wort darüber noch lange nicht gesprochen. Ivan Sidney dazu in einem Interview in der amerikanischen Zeitschrift *National Geographic* vom November 1982:

„Wir Hopi sind die letzten an der früheren Grenze zum Wilden Westen. Alles andere in diesem Bereich hat sich verändert, ausgenommen die Hopi, die noch die traditionellen Dinge mehr als irgend jemand anderer tun. Wir haben überlebt, weil es in unseren Prophezeiungen so vorgesehen war. Wir werden dieses Land zurückerhalten ... so werden wir das auf uns nehmen."

In demselben Artikel, verfasst von Jake Page, werden auch von mormonischen Vertretern der Hopi die Orte von acht Heiligen Schreinen angeführt, die – so der Autor – „den Landanspruch der Hopi markieren", bevor noch die Navajo in ihr Gebiet (etwa ab 1868) endgültig eindringen konnten. Etwas, was traditionelle Hopi niemals in dieser Weise veröffentlichen würden: denn sie beanspruchen den gesamten Kontinent als ihnen vom Großen Geist zur treuhänderischen Verwaltung gegebenes Land, *alles* Land und Leben auf ihm, für das sie die Verantwortung übernommen haben, es zu behüten (vgl. Kapitel 5 und 9).

Eine Einschränkung auf ein kleineres Gebiet würde ihre eigentliche, vom Schöpfer zugewiesene Aufgabe zugunsten eines beschränkten Machtgewinns oder Nutzens in Frage stellen. Eine konsequente Haltung, die das Zusammenleben mit anderen Völkern, die die Gesetze des Großen Geistes ebenso achten, mit einschließt.

Schließlich stehen die in diesem Artikel bezeichneten Heiligen Schreine wie jene anderen auch, die die Hopi noch regelmäßig im Rahmen von Zeremonien besuchen können, nur stellvertretend für jene, die sich an den äußersten Enden des Kontinents befinden und so Zeugnis von der großen Wanderung der Vorfahren der Hopi ablegen.

Im Camp wird während des Gesprächs auch noch eines klar: Die Menschen hier brauchen materielle Unterstützung – denn die Erhaltung des Camps ist nicht einfach. Allein schon deshalb, weil kein Brunnen in der Nähe ist. Das Trinkwasser muss mit dem Pritschenwagen in großen Kanistern weit hergeholt werden. Das kostet Geld. Wer zu Besuch kommt, kann Kaffee, Frischfleisch, Obst, Gemüse und Konserven mitbringen. Er sollte sich aber vorher mit dem *Black Mesa Indigenous Support* in Flagstaff in Verbindung setzen (www.supportblackmesa.org, s. S. 298), denn das *BigMountain-Legal-Defense/Offense-Committee*, das im Februar 1982 als Rechtsvertretung und Unterstützungsorganisation der Betroffenen von Rechtsanwälten gegründet wurde, besteht nicht mehr.

Mein letzter persönlicher Beitrag an diesem Abend: Ich spiele auf der Mundharmonika. Am nächsten Tag verabschieden wir uns, um Big Mountain und den Kohletagebau auf Black Mesa zu besichtigen.

Zuvor noch einige Neuigkeiten zum Big-Mountain-Komitee: Aufgrund einer intensiven Kampagne in den USA, die im Oktober 1985 international ausgeweitet wurde, konnten alle Kongressabgeordneten mit der Problematik konfrontiert werden. 1986 wollten sich bereits zwei Dutzend davon für eine Aufhebung der Zwangsumsiedlung engagieren. Darunter der demokratische Senator *Alan Cranston,* der im Juni im Senat eine Vorlage für ein achtzehnmonatiges Aussetzen der Zwangsumsiedlung und die Einsetzung einer Ratskommission einbrachte, die auch mit Traditionellen besetzt sein soll.

Bis zum Juli 1986 informierte und koordinierte das Big Mountain-Komitee allein in den USA über 200 und weltweit etwa 100 Unterstützungsgruppen sowie rund 300 Einzelpersonen in Europa, Australien, Indien, Japan und Kanada, darunter auch Musiker wie *Stevie Wonder* und *Rita Coolidge.*

Das Komitee hatte engen Kontakt zur Big-Mountain-Unterstützungsgruppe in Berkeley, Kalifornien, welche die *Big Mountain News* herausgab. In seiner Ausgabe vom Frühling 1986 wird klargestellt, dass „unter dem Druck des zwölf Jahre alten Programms" seit 1974 zwischen 4000 und 7000 Navajo-Diné zu umherziehenden Flüchtlingen im eigenen Land geworden sind. Der Leiter der Umsiedlungskommission, *Ralph Watkins,* sprach in einer ORF-Sendung vom 11.7.1986 von 1500 Familien bzw. „maximal zehntausend Menschen", die noch umzusiedeln seien. Nach den Aufzeichnungen seiner Kommission wurden bis zum 1.6.1986 bereits 1007 Familien umgesiedelt, insgesamt sind etwa 18500 Diné betroffen; Flüchtlinge, Gebrechliche und auf Entschädigung Wartende miteinbezogen.

3 Big Mountain:
Weißer Bruder, wo bist du?

Ein Volk wird ausgelöscht

> „In unserer traditionellen Sprache gibt es kein Wort für ‚Umsiedlung'.
> Umsiedeln bedeutet soviel wie auf Nimmerwiedersehen zu verschwinden."
> *Pauline Whitesinger, Diné*

Als wir am nächsten Tag einige Diné besuchen wollen, die von der Absiedlung bedroht sind, werden wir enttäuscht: Lediglich ein wortkarger Schafhirte, der uns stolz seine etwa dreißigköpfige Herde zeigt, lässt sich fotografieren – aber nicht befragen.

Alice Benally, deren Haus wir zunächst leer vorfinden, taucht plötzlich mit einem amerikanischen Fernsehteam auf. Bei dieser Gelegenheit darf ich ein Foto von ihr schießen. Kommentar gibt es allerdings auch keinen – obwohl mein Begleiter, Thomas Banyacya Jr., glaubwürdig und bekannt ist. Aber die Menschen hier haben schon zu viel erlebt, sie sind Fremden gegenüber sehr misstrauisch geworden: Sie und ihre beiden Töchter wurden eine Zeitlang vom BIA eingesperrt, weil sie Widerstand leisteten, als der Zaun gezogen wurde.

Diesen Zaun bekommen wir öfter zu Gesicht, als wir zunächst vermutet hatten: Stacheldraht, etwa eineinhalb bis zwei Meter hoch und insgesamt rund 460 km lang. Ein Monstrum, das Mensch und Tier in einer durch Jahrtausende gewachsenen Landschaft trennt, sie von alten Wasserstellen isoliert, den Zutritt zu traditionellen Zeremonienplätzen, Schreinen und Adlerhorsten verwehrt. Es ist ein Zaun, der an die Ostblockgrenzen erinnert, wie man sie in Europa kannte, genauso schmerzhaft, genauso absurd – mitten im Südwesten der USA, in einer gebirgigen, zum Teil bewaldeten Trockensteppe.

Stacheldrahtzaun in Big Mountain, der die Hopi von den Navajo trennt *(oben)*
Küche im Freien *(unten):* Alice Benally, Big Mountain-Diné, entschlossene
Kämpferin gegen den Schandzaun

„Ihr zerstört unsere Nation"
(Roberta Blackgoat, Diné)

Die gesamte Umsiedlung kostet den amerikanischen Steuer-
zahler etwa 500 Millionen Dollar, eingeschlossen das Registrieren und Umzäunen der Kultstätten der traditionellen Hopi und
Navajo. Eine völlig unbegreifliche Situation für diese Menschen,
die bis zu 300 km weit in weiße Städte abgeschoben werden,
weil für sie in der Reservation ihres Stammes kein Platz ist. Der
Versuch des BIA, für die Navajo etwa 125 000 Hektar Land in
House Rock Valley nahe beim Grand Canyon anzukaufen, scheiterte am Widerstand der Weißen, die dieses Gebiet als Jagd- und
Weideland für sich beanspruchen.

1007 Familien wurden bisher umgesiedelt – darunter jene, die
die Gelegenheit nutzten, in die Gesellschaft des weißen Mannes „aufzusteigen": in Städten wie Gallup, Winslow, Farmington, Flagstaff und Phoenix. Doch der Preis ist hoch, wie es 1980
der Anwalt der Big-Mountain-Diné, Herbert Blatchford, beim
vierten Russell-Tribunal in Rotterdam beschrieb: „Man gab ihnen eine einfache Fahrkarte zur Stadt, die Besitzurkunde für ein
Haus und überließ sie dann ihrem Schicksal ... Viele von ihnen
haben durch diese Verpflanzung in eine fremde Welt sehr ernste
seelische Probleme, es ist ein schweres seelisches Trauma für
sie."

Da helfen offenbar auch die 5000 Dollar Starthilfe nicht, viel
weniger der Komfort in den neuen Häusern, der die Menschen
noch abhängiger vom System der Weißen macht. Etwa 80 Prozent der Betroffenen sind Analphabeten und kennen nichts anderes als ihre Tiere, ihr Land, ihren Stamm und seine Zeremonien.
Es ist beinahe so, als ob man in Europa Schaf- und Rinderhirten
– mit ihren Familien bis zu 18500 Menschen – einfach aus ihrer Heimat vertreiben und ihnen ein komfortables Haus in einer
Großstadt anbieten würde (vgl. S. 64).

Ihre Wohnstätten und Ställe werden nach dem Auszug nieder-
gebrannt, damit niemand mehr dort einziehen oder dorthin zurückkehren kann. Lediglich alle über Siebzig und die körperlich
oder geistig Behinderten müssen nicht weg. Ein schwacher Trost
– aber wie sollen sie allein dort überleben?

Von Thomas erhalte ich eine Dokumentation über dieses moderne Barbarentum und finde darin mehrere Aussagen von Betroffenen, die mich über die mangelnden Gesprächsmöglichkeiten hinwegtrösten; zumal eine Gruppe von Diné überraschend zu einer Besprechung musste und daher nicht anzutreffen ist.

Was für die Hopi die gesamte *Black Mesa* bedeutet, ist für die Diné, die bereits am 28. Oktober 1979 ihre Unabhängigkeit vom Stammesrat der Navajo erklärt hatten, *Big Mountain – „der große Berg"*. Er wird oft mit dem *Hogan,* dem traditionellen Wohn- und Zeremonienhaus der Navajo, das aus Holz und Lehm errichtet wird, verglichen. Annie Homes, selbst von der Umsiedlung betroffen:

„Auf der Spitze von Big Mountain befindet sich ein Halbkreis, der sich nach Osten wie ein Hogan öffnet, und in seiner Mitte liegt ein diagonal ausgerichteter Haufen von Steinen. Dorthin bringen wir heilige Steine und Maiskörner; dort singen und beten wir: für uns, für die Mutter Erde, für den Vater Himmel, den Regen, für unsere Tiere. Dort sind die vier Himmelsrichtungen, die Luft, die wir zum Leben brauchen. Deshalb waren die Leute, die dort lebten, immer gesund, sie versorgten sich selbst, sie brauchten keine Sozialhilfe, sie brauchten nicht untereinander um das Essen zu kämpfen. Doch die Regierung, die Leute von den Energiekonzernen haben keine Religion, sie denken nur an Geld. Es wird keine Gebete, keinen Austausch mehr mit dem Universum geben, und so werden auch die Menschen verschwinden."

Roberta Blackgoat beschreibt ebenfalls die erlebte Wirklichkeit. Sie bezieht sich zunächst auf die bis 1986 verordnete und teilweise schon erzwungene Verringerung der Viehbestände (meist Schafe) auf zehn Stück pro Familie:

„Durch die Verringerung der Herden haben sie praktisch unsere Nahrung verringert. Sie zäunen uns ein und schicken unsere jungen Leute weg. Einige von ihnen haben sich geweigert, und jetzt bekommen sie Warnbriefe, dass sie in soundsoviel Tagen weg sein müssen. Und wir dürfen nichts mehr bauen, wenn wir an unser Haus anbauen wollen, weil die Familie größer wird – sie genehmigen es nicht ... Und wenn dann nur noch die Alten hier sind – was wird mit ihnen geschehen, wenn sie krank werden?

Sie werden sterben, ohne dass ihre Kinder davon wissen. Und wer wird sie beerdigen? Sie werden mit diesem Zaun um sich herum wie in einem Gefängnis sterben, und das wird das Ende sein: Das Land wird niemandem mehr gehören, die Kinder werden kein Land mehr haben, sie werden auf den Straßen sitzen und herumbetteln – das ist alles, was bleibt ...

Einige Jugendliche hier haben sich erhängt, sie sagten sich: Ich habe keinen Platz mehr, wo ich hingehen kann, kein Land. Alles, was sie tun konnten, war, so zu sterben. Das alles ist die Folge dieses Gesetzes ... Es scheint, dass die Indianer nur Abfall sind, den man in Plastikbeutel packt und wegwirft."

Noch im August 1979 erklärten sich die benachbarten traditionellen Führer der Hopi von Hotevilla mit der Diné - Nation solidarisch. Gemeinsam mit ihnen verlangten sie von den USA die Aufhebung des Gesetzes zur Umsiedlung sowie ein Ende der Einmischung in den souveränen Bestand beider Nationen – bis heute vergeblich.

Und auf eine Petition, die Mitglieder unserer Wiener *Arbeitsgruppe Indianer heute* an das BIA geschickt hatten, erhielten wir im Juni 1982 die Vervielfältigung einer Stellungnahme vom August 1981, die mit folgenden Worten schließt:

„Das Navajo-Hopi-Landschlichtungsgesetz (‚Land Settlement Act') ist ein Gesetz über das Land. Es verlangt die Teilung des Landes und die Umsiedlung einiger dort lebender Indianer, um eine Auseinandersetzung beizulegen, die die beiden Stämme selbst nicht beilegen konnten. Dieses Gesetz kann weder durch den Innenminister noch durch irgendeine andere Verwaltungsbehörde geändert werden. Einzig der Kongress der USA hat die Macht, Bundesgesetze zu berichtigen."

Im ganzen Schreiben werden keine Einzelheiten über die näheren Umstände und Pläne genannt, mit keinem Wort werden die Proteste der traditionellen Hopi und Diné erwähnt - die letztlich genauso vom BIA betreut und vertreten werden wie die anpassungsbereiten Indianer. Obwohl es falsch ist, wird von den Stämmen und nicht von den Stammesräten gesprochen, die dieses barbarische Gesetz ins Rollen gebracht hatten. Es ist auch keine Rede davon, ob und inwieweit sich das BIA mit den Folgen für Mensch, Tier und Land auseinandersetzt.

Zweifellos ein Beispiel aktueller Information aus den Händen *der* Organisation, die ursprünglich geschaffen wurde, um zwischen Indianern und Weißen zu vermitteln, letztlich die Interessen der Indianer zu vertreten. Was sich unter Innenminister William Clark fortsetzte. 1985 löste Donald Hodel Clark ab, und Präsident Reagan beauftragte Clark, zwischen den Stammesräten eine Verhandlungslösung durch Landtausch zu erreichen. Doch Ivan Sidney blieb unnachgiebig.

Im März appellierte *David Monongye,* spirtueller Führer aus Hotevilla, im Namen der trad. Ältesten an die Gouverneure vom Vierländereck, „dass sie ... unverzüglich Schritte unternehmen", um das Umsiedlungsgesetz aufzuheben. Das war für den *Arbeitskreis Hopi-Österreich* der Anlass, ab April Informationskampagnen zu starten, die über Österreich hinaus ein großes Echo in Bevölkerung und Medien auslösten. Briefe an Präsident Reagan, den UN-Generalsekretär, die Regierungen der UdSSR, Japans und Chinas blieben jedoch unbeantwortet; Österreich und die BRD drückten sich ebenfalls vor einer Intervention.

Am 29. Mai beriet sich Clarks geschäftsführender Assistent Richard Morris mit den trad. Hopi-Ältesten in Shungopavis bedeutendster Kiva, am 30. Juni zusätzlich mit Ältesten in der Kiva von David Monongye. Die Unnachgiebigkeit der Traditionellen veranlasste ihn zu der Äußerung, dass Umsiedlungsunwillige „als Rechtsbrecher zu deklarieren sind" und dass „die Räumung des Gebietes durch US-Bundesgerichtspolizei und US-Militär erzwungen werden kann". Tiefflugübungen und Hubschrauberscheinangriffe sollten dies unterstreichen. Trotzdem kam es am 7. Juli 1986 nicht dazu. Offenbar hatten eine weltweite Kampagne, der sich 1986 auch die *Ges. f. bedrohte Völker* und *Die Grünen* (BRD) angeschlossen hatten, gewirkt. Der wiedergewählte Ivan Sidney deklarierte jedoch am selben Tag das umstrittene Gebiet als Hopi-Reservation und erklärte, „Schritt für Schritt" vorgehen zu wollen. 508 assimilierte Hopi begannen seither, darin Land abzustecken, um es zu besiedeln – unter dem Schutz der Stammespolizei. Währenddessen demonstrierten über 300 Navajo am Schandzaun, beteten dort und zerschnitten ihn. Seit diesem Tag sind sie Fremde in ihrer Heimat ...

4 Black Mesa: Schlachtfeld oder Kirche ...

Traditionalisten, der Stammesrat und das große Geschäft

> „Diese unsere Mutter Erde sagte das:
> ‚Müsst ihr mich wieder zerstören?
> Müsst ihr das schon wieder tun?‘
> Mutter Erde weinte, bevor sie sank.“
> *Weißer Bär, Hopi*

Nach dem kurzen Besuch bei Alice Benally rumpeln wir nach Norden weiter: über holprige Feldwege, durch ausgetrocknete, zerklüftete Läufe von Regenbächen und über scheinbar endlose Staubstraßen. Ringsherum erstaunlich viele Wacholdersträuche und Zwergfichten, dazwischen Steppengras, rissiger Sandsteinboden. Die spärlichen Niederlassungen der Diné und Hopi sind kaum wahrzunehmen, sie sind regelrecht versteckt.

Nach etwa zwei Stunden in der sengenden Hitze verschlägt es Kato, dem Japaner, und mir fast den Atem: Eine scheinbare Dunstschicht am Horizont entpuppt sich allmählich als riesige Staubglocke, vermeintliche Erdhügel als mächtige, qualmende Abraumhalden.

Der größte Kohletagebau der USA lässt grüßen, und eine kleine Hinweistafel, die die Grenze des Pachtgebietes markiert, bringt Gewissheit: Hier gräbt die größte Kohlebergbaugesellschaft der USA, die *Peabody Coal Company,* nach bester, schwefelarmer Steinkohle.

> „Der Norden und Osten der Reservation gleicht einem Schlachtfeld.“
> *Friedrich Abel als Stern-Reporter über das Four-Corners-Gebiet und die Navajo-Reservation*

Das ist auch unser Eindruck, und Thomas nickt nur traurig. Er ist ernst geworden – warum, das wird er uns noch erzählen.

1950 vergab der Stammesrat der Navajo innerhalb seiner Reservation die erste Abbaulizenz auf Black Mesa, dem schwarzen

Bäume und Büsche sterben, die Quellen versiegen: Kohletagebau *(oben)* und Kohlepipeline *(unten, 2005 eingestellt)* auf Black Mesa

Tafelberg. 1964 zog der Stammesrat der Hopi gegen den Protest der Traditionalisten nach.

1970 konnte der Tagebau nach umfangreichen Vorbereitungen beginnen. Das Pachtgebiet ist etwa 32 000 Hektar groß, davon sind etwa 7500 Hektar abbaufähig. Der Rest wird für die Infrastruktur benötigt: Staubstraßen (kaum eine ist asphaltiert), Gebäude, Flugplatz, Lagerplätze, Abraumhalden ...

Zwei Drittel des verpachteten Landes befinden sich im ehemaligen gemeinsamen Nutzungsgebiet, das seit 1981 zwischen Hopi und Navajo aufgrund des Bundesgesetzes PL 93-531 geteilt wurde. Insgesamt sollen 600 Millionen Tonnen Steinkohle gefördert werden, zwölf Millionen jährlich. Und das wird nicht allzu schwer sein: sind doch die Flöze bis zu 55 m dick. Die Pläne reichen bis zum Jahr 1991, danach ist eine Weiterentwicklung des Tagebaus nach Südwesten geplant – weiter nach Big Mountain, wo die Absiedlung der dort lebenden Indianer bereits begann (ich verwende hier bewusst den unüblichen Begriff „Absiedlung", um damit – so wie es die Indianer empfinden – auszudrücken, dass es sich um eine gewaltsame Vertreibung handelt, die eine Rückkehr ausschließt).

Für zwei Milliarden Tonnen vergab der Stammesrat der Hopi bereits die Lizenz, aber unter der gesamten Black Mesa, zu der nicht nur Big Mountain, sondern auch die Dörfer der Hopi gehören, liegen geschätzte 22 Milliarden Tonnen. Darunter Uran, Öl, Wasser, seltene Erze („seltene Erden").

Dabei fällt mir ein, dass bereits 1949 insgesamt 9,25 Millionen Dollar von der damaligen US-Regierung reserviert wurden, um die Hopi in ein ehemaliges Internierungslager außerhalb der Reservation umzusiedeln. Ob sich die Stammesräte dessen bewusst sind, worauf sie sich da eingelassen haben? Offensichtlich, denn die Lizenzverträge für diesen Kohletagebau waren den damaligen Vertretern des Hopi-Stammesrats immerhin eine Million Dollar wert, die in die Tasche ihres Anwalts, des Mormonen John S. Boyden, flossen. Auch der jetzige Anwalt ist ein Mormone, Boyden inzwischen verstorben.

Im „Report an die Kikmongwis und anderen traditionellen Führer der Hopi", der im März *1979 vom Indian Law Resource Center* erstellt wurde, befindet sich ein Abschnitt, der die Roll- der Mormonen und des BIA in ein eigenartiges Licht rückt.

Auf den Seiten 169 bis 171 wird ein Bericht aus der Tageszeitung *Washington Post* vom 21. Juli 1974 zitiert, den Mark Panitch unter dem Titel „Wessen Heimat unter Beschuss?" verfasste. Ich zitiere einen Teil daraus:

„Während die Führer der Navajo ihre eigene Politik in der Hauptstadt der Navajo, in Window Rock, zu beschließen vorgeben, scheint der Ort der Politik der Hopi in Salt Lake City zu liegen, beinahe 800 km von den Hopi-Mesas entfernt.

Sowohl der energische und wirksame Anwalt der Hopi, John Boyden, als auch deren Berater für Öffentlichkeitsarbeit und Werbung, Evans and Associates, haben in Salt Lake City ihren Hauptsitz. Und vieles vom Erfolg der Hopi kann ihren mormonischen Verbündeten zugeschrieben werden. Die Kirche Jesu Christi der Heiligen der letzten Tage hat seit den neunziger Jahren des vorigen Jahrhunderts eine enge Verbindung mit der ‚fortschrittlichen' Splittergruppe der Hopi.

Mormonen waren die ersten Missionare, denen erlaubt wurde, auf den Mesas der Hopi zu predigen, nachdem die spanischen Mönche davongejagt worden waren. Viele ‚fortschrittliche' mormonische Hopi haben in den vergangenen 40 Jahren dem Stammesrat angehört. ‚Die mormonische Religion ist die vorherrschende (christliche) Religion', sagte John Dwan, Direktor für Öffentlichkeitsarbeit bei Evans and Associates.

Durch deren mormonische Verbindung haben die Hopi ebenso Verbindungen in den Bereichen von Industrie und Regierung entwickelt ...

Während Boyden Abgeordnete im Kongress beeinflusste und in den Gerichten stritt, inszenierten Evans and Associates im Grunde genommen einen ‚Grenzkrieg' an den Grenzen der Hopi-Reservation.

Während der Jahre 1970-1972 ließen es sich nur wenige Zeitungen des Südwestens entgehen, über den zwischen beiden Stämmen in Bewegung geratenen ‚Grenzkrieg' zu berichten, indem sie einen großen Sonntagsartikel darüber brachten. Fotos von verbrannten Tierpferchen und zusammengeschossenen Viehtränken sowie Zisternen wurden gedruckt, obwohl solche Vorfälle nicht weit verbreitet waren ...

Durch Anruf bei Evans and Associates konnte ein Fernsehteam häufig ein Zusammentreiben von unbefugt eindringendem Navajo-Viehbestand vereinbaren. Gelegentlich, wenn ein Zusammentreiben bevorstand, wurden Berichterstatter des Südwestens durch Evans telefonisch von dem Vorfall verständigt.

Ein Zeitungsreporter konnte eine Tour im umstrittenen Gebiet in einem Pritschenwagen des BIA vereinbaren ... Interviews mit dem Vorsitzenden des Stammesrats der Hopi, Clarence Hamilton, konnten ebenfalls über Salt Lake City vereinbart werden. Aber sie wurden nur gewährt, wenn offizielle Vertreter des BIA dabei sein konnten, und gewöhnlich beantworteten jene die Fragen. Auf dem Höhepunkt des ‚Grenzkriegs‘ verloren, wie es scheint, die Angehörigen des Stammesrats der Hopi jegliche Kontrolle an Salt Lake City und an das BIA ...

Allgemeine Tatsache war und ist, dass das BIA im gemeinsamen Nutzungsgebiet die Errichtung von Bauten einschließlich das Bohren nach Zisternen ‚einfror‘ - als einen Weg, die Navajo zu zwingen, die Anordnung zur Viehbestandsverringerung zu befolgen. Statt dessen trieben viele Navajo einfach ihr Vieh zu Wasserstellen innerhalb der für Hopi reservierten Gebiete ...

Zur selben Zeit, als Evans and Associates während der Jahre 1970-1973 den Stammesrat der Hopi vertraten, vertraten sie auch eine Wirtschaftsgruppe (trade association) von 23 Versorgungsgesellschaften, die mit dem Bau von Kraftwerken und Tagebauminen innerhalb des Four-Corners-Gebiets beschäftigt waren. Die Gruppe hieß WEST Association, und ihre Postadresse war dieselbe wie die von Evans and Associates.

‚Die Indianer haben Bodenschätze zu verkaufen, und unsere anderen Klienten haben Geld, diese Bodenschätze zu kaufen‘, berichtete ein Sprecher von Evans, der Hamilton vertrat, einem Reporter. ‚Da gibt es keinen Interessenkonflikt.‘ Außerdem fügte er hinzu, dass das BIA den Vertrag zwischen Hopi und Evans zu akzeptieren hatte.

Die Vereinbarung war, wie auch immer, günstig. Die Verwandtschaft zwischen dem Stammesrat der Hopi und den Kraftwerksgesellschaften, die Kohle von deren Land im Tagebau abbauen, wurde beinahe symbiotisch.

Einerseits wurden Reden von Hamilton, die von Evans geschrieben wurden, über die Werbemaschine von 23 hauptsächlich westlichen Versorgungsunternehmen verteilt. Andererseits teilten diese Versorgungsunternehmen ihren Kunden oft durch örtliche Medienkontakte mit, dass die Hopi ‚gute Indianer' wären, die den Strom nicht abstellen würden, der ihre Klimaanlagen betreibt ...‘‘

Es kann daher kein Zufall sein – so der Anwalt der Big Mountain-Diné, Herbert Blatchford, 1980 beim vierten Russell-Tribunal in Rotterdam –, dass der jetzige Anwalt des Hopi-Stammesrats große Anteile an der Peabody Coal Company hält. Und die wiederum wird von einer Bank finanziert, die zu 100 Prozent der „Kirche der Mormonen in Salt Lake City", Utah, gehört. Der im November 1981 nicht mehr wiedergewählte Vorsitzende des Hopi-Stammesrats, Abbot Sekaquaptewa, ebenfalls ein Mormone, ist – laut Blatchford – an der Dresser Corporation beteiligt. Ihr wurde die Erlaubnis erteilt, im ehemaligen gemeinsamen Nutzungsgebiet der Hopi und Navajo nach Kohle zu suchen.

Es verwundert daher bereits nicht mehr, zu erfahren, dass der bis 1982 amtierende Vorsitzende des Navajo-Stammesrats, Peter Mac Donald, der ebenso dieses Teilungsgesetz anstrebte, an derselben Firma beteiligt ist. Und schon gar nicht, dass das amerikanische Innenministerium, so Blatchford weiter, von derselben (mormonischen) Anwaltsfirma vertreten wird, die auch den Stammesrat der Hopi vertritt und ebenso mit der Peabody Coal Company verbunden ist. Wenn ich noch hinzufüge, dass der erste Innenminister der Regierung Reagan, *James Watt,* ebenfalls ein Mormone war, so soll das bloß der Information halber geschehen.

Um eines klarzustellen: Ich habe persönlich nichts gegen Vertreter dieser Kirche (auch nicht gegen solche einer anderen), bin aber doch überrascht, wie geschäftstüchtig sie sind, und befremdet darüber, welche Rolle sie für die Hopi und Navajo spielen.

Dass sie diese Rolle nur sehr ungern zugeben, wird mir bewusst, als ich im August 1981 versuche, Abbot Sekaquaptewa zu erreichen, um ihn als damaligen Vorsitzenden des Hopi-Stammesrats zu interviewen. Ich werde von seiner Sekretärin praktisch eine Woche lang hingehalten: zunächst hat er wichtige Sitzungen, dann einen persönlichen, unaufschiebbaren Termin. Erst als ich klipp und klar frage, ob denn kein Interesse an einem Interview bestünde, kommt Bewegung in dieses bürokratisch verkrustete Gefüge. Ich werde an seinen Pressesprecher, Fred Koots, knapp unter 30 Jahre alt, verwiesen.

Wir sitzen einander im Restaurant des Hopi-Kulturzentrums auf der zweiten Mesa gegenüber; ohne Kassettenrecorder, denn eine Tonaufnahme lehnt dieser elegant gekleidete und dynamisch wirkende Hopi, der einen modernen und nicht gerade billigen US-Wagen fährt, entschieden ab.

Koots, der einen Schnurrbart trägt, absolvierte die Highschool, begann ein College und diente im Vietnamkrieg in der US-Armee, was ein traditioneller Hopi strikt verweigert hätte. Ein Freund bat ihn, im Stammesrat zu arbeiten. Seit 1977 tut er das.

Er komme vom *Adler-Clan,* erklärt er mir, und dessen Aufgabe sei es, für *alle Hopi* zu kämpfen. Sie seien die Diener aller Hopi. Und dann mit einem Anflug von Kritik:

> „Der Kikmongwi als Vater der voneinander unabhängigen Dörfer ist für das Wohlbefinden aller Dorfbewohner da, nicht, um politische Kämpfe durchzuführen. Aber seit 1900 streben die Menschen hier nach mehr Macht."

Das hätte eine große Spaltung unter die Hopi gebracht. Schließlich sei es 1906 zur Auswanderung der meisten Traditionalisten aus Alt-Oraibi und zur Neugründung von Hotevilla gekommen. Es gebe noch immer große Differenzen unter den Hopi. Denn obwohl der Stammesrat alle Hopi zu vertreten habe, seien nur die Hälfte der Dörfer direkt im Stammesrat oder durch Kontaktpersonen vertreten. Die traditionellen Kikmongwis oder Dorfväter lehnten nach wie vor eine Zusammenarbeit ab. Dennoch, so meint Koots, nützen viele der Traditionalisten die Annehmlichkeiten des weißen Mannes. Jedenfalls seien sie ebenso im Stammesrat willkommen wie diejenigen, die sich voll zur Assimilation bekennen.

> „Wir haben viele Probleme vor uns. Ich will nichts Negatives über andere sagen – das ist nicht meine Art. Ich bin ein Diener meines Volkes. Ich höre auf unsere Ältesten und die Clanführer, die fühlen, dass diese Welt, die wir die vierte nennen, zu Ende geht. Es gibt viele Zeichen dafür, und wir haben

einen positiven Weg zu suchen: so, wie *wir* leben wollen, und nicht wie andere wollen, dass wir leben. Das ist die Grenze, die nicht überschritten werden darf. Wir wollen die Dinge dann tun, wenn wir dazu bereit sind."

Schließlich kommt er auf das schlechte Verhältnis zu den Navajo zu sprechen: „Sie verstehen nicht, was es heißt, sich in Güte zu einigen – das ist es ja, was die Hopi wollen. Wir wollen nicht Menschen aus ihrer Heimat verjagen oder sie hassen, wir wollen mit ihnen zusammenleben. Aber es ist schwer, wenn es in einer bedrohlichen Welt zwanzig zu eins steht." Damit spielt er auf die zahlenmäßige Überlegenheit der Navajo an. Und tatsächlich: Stellen die Hopi (1980) lediglich 10500 Einwohner, so haben die Navajo bereits 200.000 erreicht. „In dieser Welt haben wir ein hartes Leben, die Navajo bekamen mehr Möglichkeiten. Dafür werden sie jedoch von der Flut überrascht werden."

Koots erwähnt auch, dass sich der Hopi-Stammesrat derzeit bemühe, seinen Einflussbereich bis zum rund 90 km entfernten Moencopi auszudehnen, in dem ebenfalls Hopi wohnen.

In Zukunft sehe er seine besondere Aufgabe darin, den Dialog aufrechtzuerhalten: mit den Dorfführern und den Menschen außerhalb der Reservation. Damit sie die Lebensart der Hopi respektieren mögen. Und weiter:

„Wir können keine Mauern um uns errichten, das ist nicht die Art der Hopi. Wir haben zu lernen, wie wir am besten zusammenarbeiten können, wie wir gemeinsam gut leben können."

Das sind goldene Worte, und ich fühle, dass es dieser Hopi ernst meint. Die Realität ist aber um einiges härter.

So fand ich in der Zeitschrift *Arizona Highways* vom September 1980 ein Interview mit Abbot Sekaquaptewa, in dem er auf die Vorwürfe der traditionellen Hopi eingeht. Sie beschuldigen ihn einer materialistischen Vorgangsweise, die den spirituellen Weg der Hopi verrate. Abbot Sekaquaptewa dazu:

„Ich bin es müde, zu hören, wie wirtschaftliche Entwicklung im Namen der Religion missbilligt wird. Viele Dinge, die für eine Zeit des kulturellen Wandels prophezeit waren, geschehen jetzt. Sie beziehen sich auf unsere Sprache, auf die Durchführung unserer Zeremonien und auf äußere Einflüsse. Aber unsere Prophezeiungen sagen nicht: ‚Tretet nicht in Kontakt mit

Leuten von auswärts und baut die Kohle der Black Mesa nicht ab.' Uns wurde gesagt, dass wir unsere Mutter Erde behüten sollen, dann wird sie uns behüten."

Der Nutzen dieser Haltung lässt sich in amerikanischen Dollar ausdrücken: Die Tagebauminen auf Black Mesa erbrachten allein 1980 dem Stammesrat 1,4 Millionen an Lizenzgebühren. Bei einem Jahresgesamtbudget von 2,5 Millionen Dollar eine beachtliche Summe. Mit diesem Geld wird nicht nur das vollklimatisierte, pompöse Verwaltungsgebäude erhalten, sondern auch die rund 100 Angestellten leben davon.

Schließlich gibt es für die dazu bereiten Hopi-Dörfer Wasserleitungen, Kanalisation und Stromanschlussprogramme; ein Krankenhaus und eine High-School wurden inzwischen fertiggestellt, ein Rehabilitationszentrum ebenfalls. Und dann wird Abbot Sekaquaptewa deutlicher:

„Das wichtigste ist nicht, dass wir abbauen, sondern wie wir es tun. Mutter Erde wird nicht missbraucht, sie wird erhöht. Bevor die erste Schaufel auf Black Mesa eingesetzt wurde, war das Land kahl, vom Vieh abgefressen, ohne Wachstum. Jetzt gedeihen dort Gräser, wo früher die Schaufeln gearbeitet haben. Diese Gräser ernähren nicht nur unseren Viehbestand, sondern auch die Tiere der ökologischen Kette."

Hier übertreibt wohl Abbot Sekaquaptewa. Denn wegen des dort herrschenden Lärms und der enormen Luftverschmutzung weiden keinesfalls viele Kühe oder Schafe im Bereich des Tagebaus – obwohl mit bescheidenen Begrünungsversuchen begonnen wurde. Auch die Menschen halten diese Belastung nicht aus, zumal mehrere etwa 60 m hohe Schaufelbagger Tag und Nacht geräuschvoll die Kohle aus der Erde graben. Ihr Gewicht: 7000 Tonnen.

Schließlich gibt es da noch etwa zwei Stock hohe Lastfahrzeuge, die, 150 Tonnen schwer, ständig zwischen den Abbaugräben und der zentralen Kohlenhalde hin- und herpendeln. Wenn dort Tiere weiden, dann dürften es eher die aus der Schafzucht von Sekaquaptewa sein, möglicherweise auch bald die aus seiner geplanten Rinderzucht.

„Dieses Zentrum, wurde uns gesagt, ist der Mittelpunkt, um das Leben auf der ganzen Erde im Gleichgewicht zu halten. Aber wenn jemand eindringt und beginnt, es zu zerstören, wird alles zerstört werden."

Thomas Banyacya Sr., Hopi

„Black Mesa wird durch den Tagebau erhöht?" Thomas schüttelt traurig den Kopf:

„Du siehst ja selbst, was alles hier zugrunde geht: die Fichten, die Sträucher und die Tiere. Alles ist gestört hier. Sogar unsere Zeremonien leiden darunter. Denn das ist die Gegend, wo wir die Fichtenzweige für die Kachina-Tänze holen. Hier fangen wir im Frühjahr die jungen Adler, um sie in den Dörfern großzuziehen und später im Rahmen einer Zeremonie zu erdrosseln. Wir sind der einzige Indianerstamm, der das darf. Das geht immer schwerer, seit sie hier abbauen. Außerdem nehmen sie unsere Heiligen Schreine, die wir hier errichtet haben, und stellen sie in ein Museum.

Das ist der Tod unserer Zeremonien, die Zerstörung unseres heiligsten Platzes – das, was für die Christen Jerusalem bedeutet. Denn wir haben hier Plätze, an denen wir seit Generationen die bedeutendsten Zeremonien abhalten: diejenigen, die der Erhaltung des Gleichgewichts der Erde und des Kosmos dienen. Wie soll das noch möglich sein, wenn sie da plötzlich die Erde aufreißen, die natürliche Ordnung zerstören?"

In der Novemberausgabe 1982 der amerikanischen Zeitschrift *National Geographic* finde ich erstmals konkrete Zahlen: Da ist zum Beispiel von acht traditionellen Adlerhorsten an der Nordseite von Black Mesa die Rede. Seit Generationen wurden dort Jungadler gefunden. Doch – im Juni 1982 – „waren dort keine Adler. Einige der Horste wurden vorsätzlich zerstört".

Nicht nur das: Bis 2005 wurden pro Minute 12000 Liter Wasser aus einem natürlichen See („aquifer") unter Black Mesa gepumpt, um die Kohle zu verflüssigen und 400 km weit durch eine Pipeline zum Mohave-Kraftwerk an der Grenze zu Nevada bei Bullhead City zu pumpen (vgl. S. 304 f), für die Kayenta-Mine wurde bis August 2019 Wasser abgepumpt.

Obwohl die Peabody Coal Company jeden Schaden bestreitet, gibt es doch Wissenschaftler des geologischen Überwachungsamtes in den USA, die behaupten, dass ganz Südost-Arizona seit 1952 um etwa vier Meter gesunken ist. Es stehen auch hier - wie so oft - die Wissenschaftler der verschiedenen Auftraggeber einander mit verschiedenen Ergebnissen gegenüber (vgl. S. 305).

Weniger wissenschaftlich, dafür aber um so handfester sind die Erfahrungen, die die betroffenen Indianer machen. *James Kootshongsie,* religiöser Führer aus dem traditionellen Teil von Hotevilla, erklärte dazu vor dem vierten Russell Tribunal:
„Bereits wenige Jahre nach dem Beginn des Kohletagebaus begannen unsere Quellen und Brunnen auszutrocknen, und Wasserknappheit wurde im Hopi-Land eine Realität. Trotz all unserer Versuche, diese Entwicklung aufzuhalten, hatten wir keinen Erfolg. Wir wissen nicht mehr weiter und fragen, ob irgend jemand eine Lösung anbieten kann."
Dass unter diesen versiegenden Quellen auch solche sind, die seit Generationen zeremonielle Bedeutung haben, stört die Lizenzgeber des Stammesrats offenbar wenig. Auch nicht, dass nach der Schneeschmelze der Moencopi-Regenfluss durch das Schiefermehl des Tagebaus so verschmutzt ist, dass die Felder in seinem Marschland unbrauchbar werden.
Der Stammesrat der Hopi gibt damit nicht nur das *Heilige Land* der Hopi preis, sondern auch die Grundlage ihrer traditionellen Lebensweise. Zugleich brechen seine Mitglieder mit der Hopi-Tradition, niemanden zu etwas zu zwingen, niemanden in seinem freien Willen einzuschränken. Das geschieht aber zweifellos mit ihrer Vorgangsweise, durch die sie die traditionsbewussten Hopi zwingen, die alten Zeremonienplätze und die damit verbundenen Zeremonien aufzugeben – etwas, das in den Prophezeiungen der Hopi vorhergesagt wurde. James Kootshongsie: „Damit erfüllte sich die Hopi-Prophezeiung, dass die eigenen Leute als Instrumente der Teile-und-herrsche-Ideologie der Weißen benutzt würden."
Um das zu tun, musste allerdings auch die Verfassung des Hopi-Stammesrats wesentlich verändert werden. Denn laut Artikel 6, Absatz 1 (c), hat der Stammesrat die Verpflichtung, „den Verkauf, die Verpachtung oder finanzielle Transaktionen von

Land oder Eigentum im Besitz des Stammes zu verhindern".

Mit Hilfe des damaligen Anwalts, John S. Boyden, der die Lizenzverträge vermittelte, umging jedoch der damalige Stammesrat gemeinsam mit dem BIA diese Bestimmung. Sie schlugen einfach eine Ergänzung vor, die – ohne Volksvotum darüber – eine Änderung der Verfassung bewirkte: „Der Hopi-Stammesrat kann weitere Autorität ausüben, die ihm in Zukunft entweder von den Mitgliedern des Stammes selbst oder vom Innenminister übereignet wird – oder jedem anderen gesetzlich befugten Offiziellen oder einer Agentur der Bundesstaaten oder der Regierung."

Daraus wurde der Absatz 3 der Hopi-Verfassung, mit dessen Hilfe der Innenminister der USA auch prompt am 24. Mai 1961 dem Hopi-Stammesrat „die Macht delegiert und zuerkannt" hatte, Land für den Abbau von Bodenschätzen zu verpachten. Eine sehr bemerkenswerte Vorgangsweise, bei der die traditionsbewussten Hopi einfach ignoriert wurden.

Dieser Umstand und die Tatsache, dass es Mitglieder des Stammesrats gibt, die finanziell an den Bergbauunternehmen auf Black Mesa beteiligt sind, zeigen, wie tief die Spaltung unter den Hopi ist. Dadurch wird die Rolle der Hopi für die Welt mehr als deutlich:

Sie zeigen uns wie durch einen Spiegel, was Materialismus und kurzsichtiges Fortschrittsdenken bewirkten: die gewalttätige Umwandlung des heiligen Jerusalems der Hopi und des spirituellen Zentrums unserer Erde in ein Schlachtfeld wirtschaftlicher Interessen. Das könnte aber die letzte Schlacht sein, meinen die traditionellen Hopi. David Monongye drückte es in einem Schreiben vom 4. 3. 1985 (vgl. S. 70) so aus: „Das Herumpfuschen an den Naturelementen in jenem heiligen Zentrum, das jetzt als Four-Corners-Gebiet im südwestlichen Teil unseres Heimatlandes bekannt ist, wird eine ernste Wirkung zur Folge haben ... Wenn die Menschheit unbeirrt fortfährt, kann sie alle Formen des Lebens auf der Erde zerstören. Aus diesem und aus anderen Gründen widersetzen wir uns nachdrücklich dem Uranabbau sowohl im Bereich des heiligen Grand Canyon als auch im Four-Corners-Gebiet. Unser Land und Leben stehen auf dem Spiel!"

5 Wie das Herz der Welt

Die Colorado-Hochebene und das elektromagnetische Gleichgewicht der Erde

> „Alles ist so seltsam gespalten und
> zerrissen,
> selbst unsere Art, auf die Schwingungen
> aller Dinge der Natur zu achten.
> Was wir erhalten wollen,
> ist der Kreislauf des Lebens,
> der allen Menschen Segen bringt;
> nicht nur uns, den Diné."
>
> *Kee Shay, Diné*

Vielleicht musste es erst der *Dalai Lama* ausdrücken, was die Hopi wirklich sind: Er bezeichnete sie 1981, bei einer Zusammenkunft mit Thomas Banyacya Sr. an der Harvard-Universität bei Boston, USA, als „das wahre Volk, das imstande ist, mit den Lebenskräften umzugehen und die Erde im Gleichgewicht zu halten".

Ähnliche Begriffe tauchen auch im Bereich der Geomantie auf, die u. a. bereits den Chinesen, den Kelten und den alten Griechen als Wissenschaft bekannt war. Der Engländer Nigel Pennick, Gründer des Instituts für Geomantieforschung in Cambridge, beschreibt ihre Praxis in seinem Buch „Die alte Wissenschaft der Geomantie" als jene, die sich mit „der Harmonisierung von Wohnort und Tätigkeit des Menschen mit der sichtbaren und unsichtbaren Welt" befasst.

Die Chinesen bezeichneten sie – so John Michell in seinem Buch „Die vergessene Kraft der Erde" – als „die Kunst, die Wohnstätten der Lebenden und Verstorbenen so zu gestalten, dass sie mit den örtlichen Strömungen des kosmischen Atems zusammenarbeiten und harmonieren". In diesem Buch schreibt Michell, der ebenfalls wissenschaftlich auf diesem Gebiet arbeitet, von der alten Weltanschauung, die die Erde als „ein lebendiges Wesen" darstellt, „dessen Leben, Gesundheit und Fruchtbarkeit mit seinen Bewohnern zutiefst verbunden ist".

Und eine Seite vorher: „Der Erdgeist pulsiert, ähnlich den Energieströmen im menschlichen Körper, in Kanälen oder Adern durch die Erdoberfläche. Deswegen besteht auch eine natürliche Verwandtschaft zwischen den Energieströmungen von Mensch und Erde, die es den Menschen ermöglicht, die Gegenwart und örtliche Beschaffenheit des Erdgeistes zu erahnen, menschliche Eigenarten intuitiv mit dem Erdgeist zur Harmonie zu bringen und schließlich sogar mittels Willens- und Einbildungskraft die Flussstärke des Erdgeistes zu beeinflussen."

Diese Eigenschaft nennt der amerikanische Geologe Jeffrey Goodman „Biorelativität": Unsere Gedanken und Gefühle, unser Verhältnis zu den Mitmenschen und zur Natur werden dabei zum Maßstab planetarischer Veränderung, da die geistige Haltung des Menschen Gedankenformen hervorruft, die sich als Vibrationen verkörpern, wie es sie in jeder Materie gibt (vgl. die Zeitschrift *Esotera,* Nr. 10 und 11/ 1981).

Meine Begegnungen mit den Hopi brachten mich zur Überzeugung, dass sie nicht nur um diese Phänomene wissen, sondern sie auch in ihren zahlreichen Zeremonien und Kultplätzen würdigen. Ihre Behauptung, dass die Erde ein lebendiges Wesen oder „Ding" sei und dass sie imstande seien, sie im Gleichgewicht zu halten, erhält dadurch einen neuen, noch besser erfassbaren Hintergrund, ebenso wie ihr Anspruch, das spirituelle Zentrum dieser Erde zu behüten. Sie wissen, dass es daneben auch anderswo Zentren gibt, die alle mit dem Hauptzentrum im Land der Hopi verbunden sind.

Fest steht jedenfalls, dass die Geomantieforschung seit den siebziger Jahren umfangreiche Daten darüber publiziert: besonders aus dem britischen Raum, daneben aus dem innereuropäischen, dem Mittelmeer-, dem nahöstlichen und asiatischen Bereich. Am Beispiel handfester Beweise wird da über die Anwendung geomantischen Wissens berichtet: etwa bei der Anlage von Kultstätten oder Siedlungen, in uralten Gebräuchen sowie bei der Festlegung der Routen von Nomadenstämmen.

Nicht zuletzt sei die Symbolforschung erwähnt, wie sie etwa Herman Wirth, der Autor des Buches „Die Heilige Urschrift der Menschheit", betrieb: Aus ihr und aus Literatur über die Runen geht eindeutig hervor, dass beispielsweise das Radkreuz mit seinen vier Kreisen in den Vierteln dem Schildsymbol der Hopi

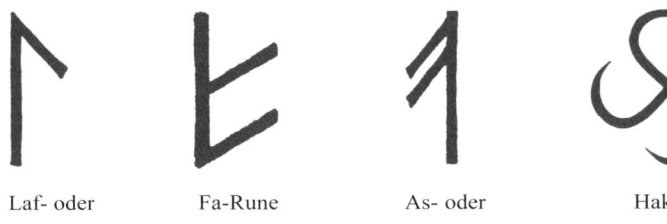

| Laf- oder | Fa-Rune | As- oder | Hakenkreuz, |
| Lagu-Rune | | Os-Rune | rechtsläufig |

(nach Blachetta, Thorsson und Waters)

(vgl. S. 37) entspricht und genauso bei den Kelten, Germanen und in anderen europäischen sowie außereuropäischen Kulturen vorkommt wie das Hakenkreuz.

In unserer Tradition wird das Radkreuz (vgl. S. 248) als Symbol der „Herrschaft Gottes in der Welt", als eines der „Vereinigung des Schöpfers mit der Schöpfung" betrachtet. Und was bedeutet die Begegnung der Vorfahren der Hopi mit dem Schöpfer bzw. seiner Kraft und die spirituelle Lebensweise, wie sie die Hopi kennen, an jenem Ort anderes?

Schließlich möchte ich noch auf den tiefen Symbolgehalt des Hakenkreuzes eingehen, wie wir ihn aufgrund uralter Überlieferungen aus der noch oder wieder verfügbaren Literatur – trotz des Missbrauchs unter den Nationalsozialisten – kennen. Im altindischen Sanskrit heißt es *Swastika,* was soviel wie Glücksrad bedeutet. Das Hakenkreuz gilt deshalb als Glücksrune und symbolisiert, da es aus vier Laf- bzw. Lagu-Runen zusammengesetzt ist, offenbar die Vollendung des Lebens nach dem göttlichen Gesetz (dem Urgesetz), dem die Menschheit verpflichtet ist; zugleich die Vollendung der Einweihung durch das irdische Dasein, die Erneuerung der menschlichen Existenz durch Mäßigkeit und Selbstbeherrschung, somit das vollendete, willentlich kontrollierbare Fließen der Lebensenergie durch ihre Zentren (Wirbel, Spiralen, Chakren). In diesem Sinn stellt das Hakenkreuz auch die Vollendung von Wachstum und Fruchtbarkeit dar, was seine Verwandtschaft zur As- oder Os-Rune ausdrückt.

Im Uhrzeigersinn (rechtsläufig) symbolisiert es einen segensreichen Lebensaufstieg und zugleich – als Wasserrad sich nach links drehend gedacht – die Erde (oder deren Laufrichtung). Im Gegenuhrzeigersinn stellt es (als Wasserrad sich nach rechts drehend gedacht) die Sonne oder deren Lauf dar und wird so zum Symbol „für das Leben außerhalb irdischer" (nicht materieller oder geistiger) „Gegebenheiten", das im „Urgesetz aller Schwingungszustände" (Zitat nach Spiesberger) seine Vollendung und Erfüllung findet.

Bei den Hopi, deren Vorfahren den amerikanischen Kontinent in der Form dieser beiden Hakenkreuze durchwanderten, hat es dieselbe Bedeutung, wobei das linksläufige Hakenkreuz als männlich gilt und Reinheit darstellt. Zugleich symbolisiert es die Kraft des Samens und des Wachstums; die damit verwandte Fa-Rune das Urfeuer, die archetypische Energie der Bewegung, des ewigen Werdens und Vergehens.

Ein Schreiben des spirituellen Führers der traditionellen Hopi-Gemeinde in Hotevilla, *David Monongye,* verfasst im Herbst 1982, schließt diesen Kreis von unseren Vorfahren bis in die Gegenwart bei den traditionellen Hopi. Es wurde anlässlich der öffentlichen Begegnung zwischen *Carolyn Tawangyawma* (als Botschafterin der traditionellen Hopi aus Hotevilla) und dem *Dalai Lama* am 9. Oktober 1982 in Frankfurt am Main verlesen: als Botschaft an ihn und an die „Freunde des Friedens in aller Welt". Ich zitiere einen Teil daraus:

„ ... Jede Zeremonie gehört zu einem jährlichen Kreis, entsprechend den Jahreszeiten. Alle jene Aktivitäten, wie Gesänge und Tänze, die in diesen Kreislauf eingebettet sind, helfen, die Erde im Gleichgewicht zu halten, besonders die erforderlichen Wetterbedingungen für jede Jahreszeit ... In Übereinstimmung mit den Anweisungen des Großen Geistes wanderten wir in alle Teile des Landes, hinterließen unsere Häuser, Felsinschriften und andere Beweise unserer Anwesenheit als ein Symbol unseres Anspruchs und als einen geheimnisvollen Wächter. So pflanzten wir einen spirituellen Samen an jedem Platz, wo wir verweilten, um alle Richtungen zu erreichen und zu verflechten. Die Häuser wurden immer zwei- oder dreistöckig gebaut. Die Schreine wurden errichtet, um Kontakt mit den jeweiligen Schutzgottheiten zu haben.

Wir sollten auf einem Platz viele Jahre bleiben – so lange, bis genug Nahrung auf Vorrat war, um sie in die nächste

Phase der Reise mitzunehmen; niemals unseren Auftrag vergessend. Unser Bestimmungsort war festgelegt, bevor wir loszogen; dort, wo wir Massau'u trafen, um unsere letzten Anweisungen zu erhalten.

Nach vielen Jahrhunderten der Wanderung erreichten wir jenen Platz, der nun unser dauerndes Zuhause ist. Hier pflanzten wir den spirituellen Hauptsamen, dessen Wurzeln alle anderen Wurzeln miteinander verbinden, die einander an diesem Platz treffen, um das Land brauchbar zu machen. Dieser Ort wurde ursprünglich *Sip-Oraibi* oder ‚dauerhafte Gründung' genannt.

Schreine wurden viele Meilen in die vier Richtungen errichtet, nicht als Grenzmarkierungen, sondern als Beschützer mit heiliger Kraft. Jene, die in irgendeiner Weise diese Schreine oder die damit verbundenen Kräfte schänden, ziehen so einen Fluch auf sich. Somit wurde dieses Gebiet als ein Heiligtum eingerichtet, um den Fortbestand des Lebens auf der Erde zu ermöglichen.

Wir halfen, das spirituelle Zentrum zu vervollständigen, indem wir den Anweisungen Massau'us folgten.

Wir wissen, dass das Land der Hopi nicht das einzige spirituelle Zentrum in der Welt ist. Andere Plätze wurden vom Schöpfer an seine Seite gesetzt – durch jene, die seinen Anweisungen folgen: in anderen Ländern, um als Heiligtümer während einer Zeit großer Weltveränderung in der Zukunft zu dienen. Ihre Wurzeln werden durch uraltes Wissen gefunden werden, das zu diesen Plätzen führt."

Zweifellos gehört das Wissen der Geomantie und der Symbolforschung genauso in diesen Bereich wie das meist geheim gehaltene Gedankengut traditioneller Zigeuner und jener, die oberflächlich als Hexen oder Hexer bzw. als Magier bezeichnet werden. Es ist aber als sicher anzunehmen, dass jene Menschen, die ernsthaft den spirituellen Weg gehen wollen, u. a. durch Intuition und genaue Beobachtung mit jenen Kraftzentren in Verbindung treten können, die für sie (und die ganze Erde) bedeutsam sind.

Eine Hilfe anderer Art bietet die gegen Ende der siebziger Jahre von der amerikanischen Wissenschaftspublizistin Joan Price verfasste Studie über die Colorado-Hochebene, Zitat: „Ein meteorologischer Querschnitt, der das Vorhandensein ungewöhnlicher atmosphärischer Ionisierungsverhältnisse und damit verbundene Auswirkungen auf die Gesundheit aufzeigt." Zu finden ist diese Studie in dem Buch „Tod unter dem kurzen Regenbogen", herausgegeben von Stephan Dömpke; wobei der Begriff „kurzer Regenbogen" für die Kraft des Urans steht.

Diese Studie wurde für die Nationale Kommission für Luftqualität in den USA erstellt. Als vermutlich erstmalige Zusammenschau verschiedener wissenschaftlicher Disziplinen soll sie eine Grundlage für weitere Studien darstellen, die sich mit der Frage beschäftigen, welche Auswirkungen Bergbau, gezielte Wetterbeeinflussung und dichte Besiedlung samt der nötigen Energieversorgung auf meteorologische, geophysikalische und bioelektrische Prozesse sowohl auf der Colorado-Hochebene als auch in verwandten Gebieten haben.

Ausgangspunkt ist die Beobachtung, dass Blitze, Wolkenformationen und Regenbögen über besonderen Berggipfeln von Mystikern und alten Kulturen immer als lebenspendend und heilig betrachtet werden, letztlich der spirituellen Inspiration dienen. Joan Price fand heraus, dass die von alten Kulturen als *Heilige Berge* und als *spirituelle Zentren* bezeichneten Gebiete von Wissenschaftlern als Regionen betrachtet werden, die elektrische Ladung in die Atmosphäre hochschicken und durch riesige elektromagnetische Kraftfelder weltweit miteinander in Verbindung stehen. Diese Erkenntnis weist eindeutige Parallelen zum mythologischen und esoterischen Wissen der nordamerikanischen Indianer, insbesondere der Hopi, auf. Mehr noch: Das, was die Hopi uns sagen wollen, wird von wissenschaftlicher Seite – wenn auch nur in Bruchstücken – eindrucksvoll bestätigt.

Joan Price will damit allerdings, wie sie mir anlässlich ihrer Reise in die BRD im Oktober 1982 versicherte, keine Beweisführung antreten, sondern lediglich Zusammenhänge aufzeigen, die möglicherweise interessierte Wissenschaftler veranlassen, in ihrem eigenen Land ähnliche Studien zu erstellen.

Das vorliegende Material könnte aber auch Politiker und Wissenschaftler *gemeinsam* dazu bringen, bei der US-Regierung und vielleicht anderswo vorstellig zu werden, denn, wie Herausgeber Stephan Dömpke zusammenfassend formuliert:

„Die Zerstörung des Colorado-Plateaus, das unter Präsident Carter zum ‚Nationalen Opfergebiet' zugunsten der Energieversorgung der USA erklärt wurde, bedroht nicht nur die älteste mystische Tradition des amerikanischen Kontinents, sondern auch den Energiehaushalt der gesamten Erdatmosphäre."

Ein Faktum, das zumindest jene wachrütteln könnte, die sich von den prophetischen Aussagen der Hopi wenig beeindrucken lassen. Denn der Energiehaushalt der gesamten Erdatmosphäre geht uns alle an, betrifft früher oder später jeden von uns, wie die Studie von Joan Price nachweist. Trotzdem zeigte sich Thomas Banyacya Sr. mir gegenüber von dieser Studie nicht sonderlich beeindruckt. Vielleicht deshalb, weil unsere Wissenschaft mit ihren Messgeräten und analytischen Beobachtungen immer nur einen Bruchteil der gesamten Wirklichkeit erfassen kann und weil Spirituelles nicht messbar, sondern letztlich nur intuitiv *erfahrbar* ist.

Vielleicht gibt es noch einen anderen Grund. Joan Price dazu in einem Gespräch im Oktober 1982: „Es zeigt sich, dass die Wissenschaft die Empfindung für Verantwortung verloren hat. In der Religion der amerikanischen Ureinwohner gibt es genauso ein Erforschen der Naturkräfte, der Grundsätze der ihnen zugrunde liegenden Kraft. Aber sie schworen einen Eid, niemals darüber mit Nichtindianern zu sprechen oder dieses Wissen mit ihnen zu teilen, denn diese haben keine Verantwortung. Diese Verantwortung bedeutet, dass du die Kräfte der Natur und die dahinterstehende Kraft nicht für materialistische Anwendung erforschst, sondern für spirituelles Wachstum. Wenn du versuchst, sie ohne Verantwortung in diesen materiellen Bereich zu bringen, so provozierst du große Zerstörung, denn es ist eine unkundige Anwendung.

In jeder alten mystischen Tradition ist Schöpfung, Gott, Spirit letztendlich ohne Namen, letztendlich Bewegung – und unbeschreiblich. Auch die Physik gelangt jetzt an diese Grenze der Beschreibbarkeit. Trotzdem gibt es noch immer die Sucht der Wissenschaftler, ihr Wissen lieber in einem materiellen Bereich anzuwenden, als für ein durch Forschung erworbenes spirituelles Wissen dankbar und glücklich zu sein."

Die Ausführungen von Joan Price, in denen sie die Untersuchungen bedeutender amerikanischer, sowjetischer und japanischer Wissenschaftler ganzheitlich zusammenfasst, beziehen sich auf die Bedeutung jenes Landes, das die Vorfahren der Hopi ebenso wie den gesamten amerikanischen Kontinent nachweislich durchwanderten – in spiralförmigen Bewegungen wie sie selbst sagen, die ursprünglich in etwa die Form zweier Hakenkreuze hatten: im Uhrzeigersinn und in der Gegenrichtung.

Es ist ein Symbol, das die Kraft des Samens, des Wachstums darstellt, wie die Hopi sagen, eine Form der Bewegung, die wir überall in der Natur, nicht nur in der Chromosomenkette der Menschen finden, in der Erbgut und Wachstumsprozess gespeichert sind. Was fehlt, ist die Kraft der Sonne, sind die nötige Wärme und Impulse von außen als Umfeld, in dem das neue Leben gedeihen kann.

Wir finden diese Symbolik auf der Hopi-Rassel: ein Hakenkreuz, das von der Sonne umschlossen wird, wobei das Schütteln der Rassel bedeutet, diese Kräfte in Bewegung zu setzen oder zu halten. Und wir finden erstaunliche Parallelen in den Aussagen der Wissenschaftler, die von einem Schwingungszentrum sprechen, in dem Kräfte des Bodens mit denen des Kosmos (speziell der Sonne) zusammenwirken, wobei sogar von spiralförmigen Bewegungen und Strömen die Rede ist. In diesen Aussagen spielt vor allem der Begriff der elektrischen Ladung und das dabei entstehende elektromagnetische Feld eine bedeutende Rolle.

Ausgangspunkt ist der Umstand, dass starke Schwingungen (besonders von radioaktiven Erzen wie Uran und Thorium, die auf der ganzen Welt in Fels und Sand gefunden werden) aus den Luftmolekülen Elektronen herausschlagen, so dass Luftteilchen elektrisch aufgeladen werden. Die geladenen Teilchen werden Ionen, der Vorgang selbst wird *Ionisation* genannt.

Mir sind dabei weniger die genauen physikalischen Begriffe wichtig (über die man vermutlich streiten kann) als die beobachtbare Wirkung von offenbar vorhandenen Kräften oder Energien und der Umstand, dass die Erde als ein lebendiges, mit dem Kosmos eng verbundenes Wesen oder „System" dargestellt wird, von dem auch wir unmittelbar abhängen. Nicht zuletzt auch die Tatsache, dass das Freisetzen von Radioaktivität durch Manipulation von Uran einen unkontrollierbaren Ionisationsprozess in Gang setzt.

Es ist, als ob die Erde atmet

> „Die Erde ist wie ein gesprenkeltes Rehkitz.
> Die Flecken stellen die Gegenden mit unter-
> schiedlichen Kraftquellen und Bestimmun-
> gen dar. Wir alle sind zwar mit einer anders-
> gearteten Schwingung und Schwingungszahl
> geschaffen – aber zugleich ist es für uns vor-
> gesehen, mit dem Großen Geist in Verbin-
> dung zu stehen."
>
> *James Kootshongsie, Hopi*

Laut der Studie von Joan Price kommen die Wissenschaftler zur Annahme, dass das Land der Hopi, wo sie und die Navajo heute leben, eines der vier Gebiete der nördlichen Halbkugel darstellt, die unter den Zentren sechs spiralförmig fließender, stationärer Magnetfelder des Mondes und der Sonne vorbeiziehen. Mit einem Durchmesser von etwa 560 km (gleich der Colorado-Hochebene) wirken diese ruhigen Zentren wie trichterförmige Tunnel, durch die kosmische Strahlung leicht eindringt. Aufgrund hoher Sonneneinstrahlung und Blitzhäufigkeit werden die vier Gebiete zu Verteilerzentren eines erdumspannenden Energienetzes, dessen Kraftfelder auf Luft, Wasser, die Erdkruste und das Wohlbefinden von Pflanzen, Tieren und Menschen einwirken.

Neben Hawaii und Jerusalem-Gizeh (mit den Pyramiden) handelt es sich insbesondere um das Land der Hopi und Tibet: Dort wirken höchste Sonneneinstrahlung und die Schwingungen der örtlichen Erzlagerstätten – besonders des Urans – zusammen. Es bewirkt eine extrem hohe elektrische Aufladung der Luftteilchen, wobei darüber liegende Kohle seine hohe Strahlung abschwächt und zerstreut.

Während z.B. Four Corners unter dem Zentrum der im Uhrzeigersinn fließenden Sonnenströmung vorbeizieht, bewegt sich Tibet – genau gegenüber auf der Nordhalbkugel – unter dem Brennpunkt der gegenläufigen Strömung. Nach zwölf Stunden findet eine Umkehrung statt. Laut Joan Price bezeichnen die Hopi (in Übereinstimmung mit der tibetischen Tradition) ihr Gebiet als den weiblichen Pol der Erde und Tibet (das „Dach der Welt") als den männlichen.

Beide Pole sorgen für einen ständigen Fluss der elektrisch geladenen Teilchen oder Ionen, indem sie u. a. entsprechend der Drehbewegung der Erde und des Mondes, der Stärke der Sonneneinstrahlung und der Mächtigkeit der Erzlagerstätten sowie Felsformationen pulsieren. Zugleich passieren, der Neigung der Erdachse entsprechend, das Land der Hopi und Tibet zur Zeit der Tag-und-Nacht-Gleiche genau die Brennpunkte der beiden Sonnenmagnetfelder, die bis zur Wintersonnenwende scheinbar nach Norden – bis zu den Black Hills – wandern und bis zur Sommersonnenwende nach Süden zum aztekischen Teotihuacan (vgl. S. 238), während Palenque eines der vier Mondfeldzentren passiert (vgl. S. 233). Durch diese Bewegung entsteht ein rhythmisch wechselnder Fluss von elektrischen Ladungsteilchen – wie durch das Pulsieren eines Herzens –, der Wetter, Gezeiten, die Bewegung der Erdkruste (zum Beispiel auch Erdbeben) und das Wohlbefinden aller Lebewesen steuert.

Auf der Colorado-Hochebene befinden sich – ähnlich wie auf Hawaii – zusätzlich noch ausgedehnte Höhlensysteme und unterirdische Seen (Becken). Bedingt durch die Anziehungskräfte der elektrisch geladenen Felder werden diese Gewässer sechs Stunden lang in die Höhlensysteme hineingezogen. Dabei saugen sie trockene Wüstenluft von der Erdoberfläche an. Sie vermischt sich mit dem Wasser, wird dabei gereinigt und elektrisch negativ aufgeladen oder ionisiert. Danach atmen diese Höhlen gleichsam sechs Stunden lang aus und geben die gereinigte Luft frei, während sich die Gewässer in andere Bereiche stürzen. Es ist, als ob die Erde atmet. Dieser Vorgang kann zum Beispiel im Bereich der sieben heiligen atmenden Berge, wie sie die Indianer nennen, beobachtet werden: Die Luft wird durch Erdlöcher rasend schnell angesaugt und tritt nach sechs Stunden mit bis zu 50 km/h wieder aus. Die San Francisco Peaks, Big Mountain, Black Mesa, Hesperus Mountain, Mount Taylor, die White Mountains und die Black Hills der Sioux in South Dakota gehören dazu. Die jeweils gereinigte und mit elektrisch negativ geladenen Teilchen angereicherte Luft stärkt auf diese Weise zyklisch das betreffende Gebiet, meist waldarme Trockensteppe. Entscheidend dabei ist, dass das natürliche Verhältnis zwischen negativ und positiv geladenen Ionen gleichbleibt oder rasch wiederhergestellt wird. Denn eine Anhäufung von positiven Ionen macht Menschen,

Tiere und Pflanzen müde, nervös und verstört: Atem-, Herz- und Kreislaufbeschwerden häufen sich, Angriffslust und Angst steigen; es kommt zu mehr Auseinandersetzungen, Unfällen und Selbstmorden. Der Föhn ist ein typisches Beispiel dafür, allerdings als Naturerscheinung nur von kurzer Dauer. In geschlossenen Räumen hingegen, besonders in Beton- und Stahlbauten, werden, wie in allen größeren Siedlungen, künstliche Lebensbedingungen geschaffen, so dass die natürliche Strahlung nicht mehr fließen kann. Zudem „vernichtet" Tabakrauch – so Ing. Hans Oppitz in der Zeitschrift *Besser Leben* vom Winter 1982 – negativ geladene Luftionen. Sie sind unter natürlichen Bedingungen ausreichend vorhanden und fördern den Sauerstoffwechsel, Heilungsprozesse und das Wohlbefinden von Mensch, Tier und Pflanze. Ihre Wirkung ist in großen Höhenlagen, am Meer und besonders in Nadelwäldern leicht zu beobachten.

Hier darf ich einfügen, dass ich während meines Aufenthalts auf der durchschnittlich 2000 Meter hohen Colorado Hochebene (speziell bei den Hopi sowie den Ruinen ihrer Vorfahren in Wupatki bei Flagstaff) diese Wirkungen selbst beobachten konnte. Ich benötigte wesentlich weniger Schlaf als sonst und verfügte über eine enorme Spannkraft. Zweifellos gibt es von da aus einen unmittelbaren Bezug zur Sanftmut und Friedfertigkeit der Hopi – wenn auch nicht als Garantiekarte –, sowie zur höchsten Geburts- und Lebenserwartungsrate in den USA.

„Die Erde ist lebendig" (Joan Price)

> „Den Hopi wurde eine besondere Führung gegeben, um unser Heiliges Land zu schützen, damit die zerbrechliche Harmonie, die die Dinge zusammenhält, nicht zerrissen wird."
>
> *Aus einer Erklärung der traditionellen Kikmongwis der Hopi und eines religiösen Führers von Hotevilla im Jahre 1971*

Blitze und Gewitterwolken übernehmen nun die Aufgabe – so Joan Price –, diesen Ionenfluss gleichmäßig zu verteilen. Voraussetzung dafür sind u. a. hohe Berge, durch die die elektrische

Ziel der Jahrtausende langen Wanderung der Hopi: der ursprüngliche Platz von Shungopavi *(oben)*

Hauptgebäude der Wupatki-Ruinen *(unten);* ein Ort, den die Hopi vor einigen 100 Jahren verließen, um ihre Wanderung zu den Mesas wieder aufzunehmen

Ladung an die Wolken weitergegeben wird, wodurch eine örtliche Umverteilung erfolgt. Blitze wiederum katapultieren gleichsam die Ladung von der Erde oder den Wolken in die Ionosphäre, damit sie über die Erde verteilt wird und dort herabsinkt, wo es eine geringere Blitzhäufigkeit gibt. Bei diesem Vorgang wird die Luft von Schadstoffen gereinigt: Die elektrisch geladenen Luftmoleküle ziehen Staubteilchen an, die ebenfalls aufgeladen werden und andere Staubteilchen anziehen – bis sie, schwer geworden, zu Boden sinken. Zugleich entsteht das für das Wachstum der Pflanzen bedeutsame Stickstoffoxyd – und schließlich fällt der lebenspendende Regen.

Auf die Colorado-Hochebene treffen alle diese Faktoren besonders zu – weist sie doch neben hoher Blitztätigkeit ein ausgedehntes Höhlensystem auf, besitzt einen Ring hoher vulkanischer Berge und birgt eine extrem hohe Menge an Bodenschätzen, vor allem (wie Tibet) Uran, dazu Steinkohle, Kupfer, Erdöl, Gas, seltene Erze und unterirdische Wasser.

Dadurch wird dieses Gebiet so etwas wie ein gigantischer Wettergenerator für die ganze Erde, und die Warnung der Hopi vor der Zerstörung ihres heiligen Landes wird zur wissenschaftlich bestätigten, beklemmenden Realität. Denn eine Störung dieser natürlichen Ordnung hat unabsehbare Folgen – nicht nur für die komplizierten, mit ungeheuren Energien arbeitenden globalen Klimaprozesse, sondern auch für das Wohlbefinden dieses Planeten und seiner Lebewesen. Es wird begreiflich, warum die Ureinwohner Amerikas – genauso wie die Aborigines in Australien – vor der Weckung der *Schlangenkraft,* wie sie die Kraft des Urans auch bezeichnen, so eindrücklich warnen. In ihren Mythen haben sie offenbar ein uraltes Wissen über die heilenden Kräfte des Urans, die so lange wirken, wie es unangetastet im Boden bleibt – ein Wissen, das die moderne Wissenschaft und die von ihr unterstützten Politiker offensichtlich standhaft ignorieren.

Kann denn auch nur ein Mensch dieser Erde die Folgen einer oder mehrerer mächtiger Atomexplosionen oder die Gesamtfolgen unserer raubbauenden Vorgangsweise realistisch abschätzen? Selbst Berichte wie „Global 2000" scheinen da nicht zu wirken, und der *Club of Rome,* der bereits in den siebziger Jahren auf diese Problematik aufmerksam machte, wird durch die Handlungsweise von Wissenschaft und Politik zu einem bedeutungslosen Plauderverein degradiert. Denn die Störungen des natürlichen Gleichgewichts unserer Erde werden unvermindert fortgesetzt: durch künstliche Beeinflussung des Wetters, durch Atombombenversuche, die just in den Zentren oder an den Rändern der Magnetfelder stattfinden, durch den Rauchausstoß von kalorischen Kraftwerken und anderen Industrien oder Siedlungsanballungen sowie extrem durch den Abbau von Uran, den Betrieb von Atomkraftwerken, durch den intensiven Abbau von Bodenschätzen überhaupt und die Lageveränderung von Gewässern – weil dadurch die elektrische Leitfähigkeit der Erdkruste verändert wird. Schließlich durch das Erzeugen unnatürlicher elektrischer Kraftfelder mittels Kraftwerken und Hochspannungsleitungen sowie durch die Aufbereitung und Lagerung von Uran.

Allein Kohlekraftwerke können durch ihren Rauchausstoß – so Joan Price – elektrische Ladungen erzeugen, die noch bis zu einem Umkreis von etwa 80 km einer Ladungsmenge von rund 30 Gewittern entsprechen. Zusätzlich beeinträchtigt Staub die Sonneneinstrahlung und damit den natürlichen Energieaustausch. Joan Price: „Damit ändert der Mensch die natürlichen Zyklen der Feuchtigkeit und Fruchtbarkeit. Nicht nur in einem begrenzten Gebiet, denn andere Gebiete werden das weltweite Gleichgewicht wiederherstellen müssen."

Die Folgen: es ändern sich Wetter und Jahreszeiten. Die Wissenschaftler kommen aber zu noch weitreichenderen Schlüssen, denn sie befürchten sogar eine plötzliche, völlige Neuordnung des aus dem Gleichgewicht geratenen Systems. Die Hopi sprechen deshalb auch vom *Polsprung* oder einem ähnlichen welterschütternden Ereignis, das es nach ihrem Wissen zumindest schon einmal gegeben hat.

6 *Es geht auch um unsere spirituelle Gesundheit*

Aus einem Gespräch mit Joan Price

> "Wir lernten von unseren Vorfahren,
> dass die Handlungen des Menschen
> durch Gebete so mächtig sind,
> dass sie die Zukunft des Lebens auf
> der Erde bestimmen.
> Wir können wählen,
> ob die großen Kreisläufe der Natur
> Gedeihen oder eine Katastrophe bringen.
> Diese Macht wurde vor langem ausgeübt,
> als unsere spirituellen Gedanken eins
> waren.
> Wird diese Auffassung
> auch im Jet-Zeitalter bestehen bleiben?"
>
> *David Monongye, Hopi*

Joan Price begann sich seit 1972, anlässlich einer Begegnung mit Thomas Banyacya Sr. und David Monongye in Stockholm, intensiv mit den Hopi, dem tibetischen Buddhismus und physikalischen Disziplinen, besonders der Untersuchung globaler Wetterphänomene, auseinanderzusetzen und darüber zu publizieren.

Im Oktober 1982 begleitete sie Carolyn Tawangyawma, religiöse Führerin aus der traditionellen Gemeinde von Hotevilla, auf ihrer Reise durch die BRD. Schon 1980 besuchte sie mit Carolyn, den beiden Hopi James Kootshongsie und Titus Lamson sowie dem US-Journalisten Thomas Tarbet Jr. das vierte Russell-Tribunal in Rotterdam. Damals führte Ursula Wolf, die bis 1983 den *Rundbrief Indianer heute* herausgab, mit ihr ein Gespräch, das in der Nummer 38 abgedruckt wurde.

Darin setzt Joan Price *Spirit* mit „Lebensfunke" gleich und kommt zur Überzeugung, „dass die elektrischen Strömungen, die durch die Luft, durch die Menschen fließen und uns alle miteinander verbinden, die physischen Manifestationen spiritueller Aussagen sind". Und weiter:

Die Journalistin Joan Price *(links)* mit Carolyn Tawangyawma

„In dem Maße, wie diese Strömungen aus dem Gleichgewicht gebracht werden, verlieren auch wir unser Gleichgewicht. Das ist eine Möglichkeit zu erklären, warum Stress zunimmt. Wir beginnen, Entscheidungen zu treffen, die nicht mit diesen fundamentalen Kräften in Einklang stehen ... Man hat herausgefunden, dass Störungen des Erdmagnetismus zu Herzinfarkten führen. Die Indianer sagen, dass eine Zeit kommen wird, wo die Herzen der Menschen zerrissen werden – ich mache immer wieder die Erfahrung, dass Indianer Wissen besitzen, das über die Grenzen des wissenschaftlich Erfassten hinausgeht, denn spirituelles Wissen ist intuitives Wissen. Und der menschliche Körper kann mehr wahrnehmen als die Instrumente.

Zum Beispiel wurden bisher nur die Sonnen- und Mondmagnetfelder mit wissenschaftlichen Geräten erfasst, doch mit Sicherheit haben andere Sterne ebenfalls magnetische Felder, die die Erde umgeben."

Schließlich verweist Joan darauf, dass gerade Nadelbäume eine wichtige Funktion haben, „weil ihre scharfen Nadeln die elektrischen Strömungen in die Luft freisetzen. Für die Indianer sind Fichte und Tanne seit jeher heilige Bäume. Doch was die Computer bis jetzt herausfinden konnten, reicht für die Wissenschaftler und Politiker nicht aus, um Konsequenzen zu ziehen. So bleibt uns letzten Endes nur die Entscheidung, ob wir so weitermachen wollen wie bisher oder nicht ...

Und es geht nicht nur um unsere physische, sondern auch um unsere *spirituelle* Gesundheit. Blitze wirken auch auf der spirituellen Ebene, sie wurden immer mit spirituellem Lernen in Verbindung gebracht.

Moses empfing die Zehn Gebote in einem Gewitter, Mohammed stieg auf einem Pferd zum Himmel auf, das einen Blitz repräsentierte; zu den Lakota kommt der Blitz in der Gestalt eines Pferdes oder eines Menschen und gibt ihnen spirituelle Anweisungen.

Wenn sie die Blitze beeinträchtigen, beeinträchtigen sie unsere Fähigkeit, einen Zusammenhang zu den Naturkräften herzustellen.

Diese Fähigkeit, die man meinetwegen auch als Vorstellungskraft bezeichnen kann, wird durch Blitzaktivitäten und Ionisierung ausgelöst. Eine negative Ladung verursacht, wie festgestellt wurde, Ekstase, Euphorie, großes Glücksgefühl, gesteigerten Sauerstoffwechsel. Auf den Bergspitzen sind eine Menge Ionen, du wirst geradezu aufgeladen, und wenn dann ein Gewitter kommt, wird die Elektrizität zerstreut – du beruhigst dich, und deine Vorstellungskraft, deine Intuition wird verstärkt. Und wenn du weißt, wenn man dir gesagt hat, wie du dich verhalten musst, wirst du auch eine Vision haben.

Wenn die Erde durch die Blitze spricht, erhalten wir eine besondere Fähigkeit, eine spirituelle Fähigkeit. Doch das ist etwas, was sich wissenschaftlich nicht erklären lässt."

„Der Große Geist erzählte den Führern der
Hopi, dass der große Reichtum und die Bodenschätze unter dem Land von Black Mesa nicht
gestört oder herausgenommen werden dürfen –
bis nach der Reinigung, wenn die Menschheit
wissen wird, wie sie in Harmonie untereinander
und innerhalb der Natur lebt."

Aus einer Erklärung der traditionellen
Kikmongwis der Hopi und eines religiö-
sen Führers von Hotevilla im Jahr 1971

Obwohl Joan Price über die beschriebenen Fakten und Über
legungen in den USA bereits 1979 im *East-West-Journal* berichtete und auch Umweltschutzgremien informierte, laufen die
Vorbereitungen für extrem umweltzerstörende Industrien im
Bereich der Colorado-Hochebene auf Hochtouren. Neben einer
großen Zahl von Kohle- und Atomkraftwerken, die gleich neben ebenfalls neuen Abbaustätten errichtet werden sollen, sind
dort – so Joan Price vor dem vierten Russell-Tribunal in Rotterdam – sechs riesige Kohleverflüssigungsanlagen vorgesehen.
Mehrere monströse Kohlekraftwerke stehen schon: zum Beispiel das Navajo-Kraftwerk in Page, das mit Kohle von Black
Mesa gespeist wird. Es ist das größte Kohlekraftwerk der USA
überhaupt. Und die Rauchfahnen des Four-Corners-Kraftwerks
in Kirtland bei Farmington wurden vom Satelliten Gemini 12
als einziger Fremdkörper über dem amerikanischen Kontinent
gesichtet. Sie reichen Hunderte Kilometer weit bis zum Grand
Canyon und erzeugen dort – mit den Abgasen anderer Kohlekraftwerke – an manchen Tagen einen Smog, dessen Werte jene
von Los Angeles übersteigen (vgl. S. 304).

Ich konnte mich persönlich davon überzeugen und war ziemlich betroffen, als ich im bereits über 30 km entfernten Shiprock
den Rauch des Four-Corners-Kraftwerks sich wie eine trübe
Dunstschicht ausbreiten sah. Selbst im 60 km entfernten Red
Rock, nahe einer aufgelassenen Uranmine mit radioaktiven Abraumhalden, war es nicht besser. Verständlich, dass allein in den
Jahren 1953 bis 1972 (laut Richard 0. Clemmer) im Gebiet von
Winslow, das nahe an der Navajo- und Hopi-Reservation liegt,
die Sichtweite um 17 Prozent abgenommen hat, die Sonnen-

einstrahlung in Flagstaff 1970 gegenüber 1965 um 15 Prozent. Verstärkt wird diese enorme Umweltbelastung durch das dem Four-Corners-Kraftwerk gegenüber liegende San-Juan-Kraftwerk, zwei weitere Kohlekraftwerke, zahlreiche Erdölraffinerien, Öl- und Gasfelder.

Daneben erstrecken sich dort, wo früher einmal Schafe oder Rinder weideten, kilometerlange Kohletagebaue, in die sich die Riesenbagger des weißen Mannes hineinfressen. Nicht nur das: 38 Uranabbaustätten und acht Uranmühlen, die alle das hochgiftige Radongas freisetzen, haben bis 1981 immerhin 60 Millionen Tonnen Uranabraumhalden, die ebenfalls intensiv strahlen, „produziert".

Dadurch wird nicht nur das natürliche elektromagnetische Gleichgewicht empfindlich gestört, sondern auch das biologische: Luft, Boden und Wasser sind zum Teil lebensgefährlich vergiftet. So brach am 26. Juli 1979 der Damm einer unter Wasser gesetzten Abraumhalde in Churchrock: Rund 356 Millionen Liter radioaktiven Wassers und 1100 Tonnen verseuchter Stoffe flossen in den benachbarten Rio Puerco bei Gallup. Die Verseuchung reichte etwa 50 km weit. Der Kulturanthropologe Richard O. Clemmer, der seit über 13 Jahren mit traditionellen Hopi zusammenarbeitet, dazu in dem Buch „Tod unter dem kurzen Regenbogen": „Dies war der größte Unfall mit der höchsten Freisetzung radioaktiver Substanzen in der Geschichte der USA, größer als der Unfall von *Three Mile Island* (bei Harrisburg, ebenfalls 1979, der Verf.), bei dem 1,5 Millionen Liter ausgeflossen waren. Doch die Welt hat nichts davon erfahren."

Alles das geschieht gegen den erklärten Willen der traditionellen Ureinwohner dieses Landes: allen voran die Hopi, die es als Teil des „Herzens unserer Mutter Erde" bezeichnen. Und der Kohletagebau auf Black Mesa, der Abbau von Uran und anderen Bodenschätzen auf der Colorado-Hochebene ist für sie ein Eingriff am Herzen von Mutter Erde.

7 *Unabhängigkeit beginnt im Kindesalter*

Lernen, Eigenverantwortung zu tragen

> „Sollen junge Leute die Reservation
> verlassen? Lass sie fliegen. Wenn sie
> müde werden, können sie nach Hause
> kommen."
>
> *Eine Hopi-Mutter*

Am Abend unserer Fahrt durch Big Mountain und zum Kohletagebau auf Black Mesa kehren wir ziemlich müde zurück. Über dem Auto liegt eine feine Kohlestaubschicht – dunkle Erinnerung an den größten Kohletagebau der USA ... Im Wohnzimmer wird Thomas Banyacya Sr. von seiner Tochter massiert – er kam gerade von New York, vom sechsten Zusammentreffen des Ältestenrats, zuvor sprach er mit dem Dalai Lama in der Nähe von Boston.

Ich bin angenehm überrascht, wie freundlich und sanft diese Menschen sind. Auch darüber, dass sich Thomas Senior trotz seiner Müdigkeit Zeit für mich nimmt, um mich zu begrüßen und ein wenig mit mir zu plaudern. Am nächsten Morgen geht es leise zu – niemand stört die Ruhe vor dem Frühstück, bei dem Kato und ich ganz selbstverständlich inmitten der Familie sind. Es gibt Erdäpfel, in Scheiben gebraten; dazu Zwiebeln, Chilischoten, Speck und Spiegeleier, selbstgebackenes Weißbrot, Maisfladen und Kaffee. Dabei beginnt Thomas Senior zu erzählen: dass bei der letzten Wahl (1977) von etwa 4000 Wahlberechtigten lediglich rund 400 für den Stammesrat gestimmt hätten. Das seien überwiegend Hopi, die im Stammesrat oder außerhalb der Reservation arbeiten und von Zeit zu Zeit zurückkehren.

Wir benützen die Dinge nicht für uns selbst

Als ich ihn über seinen eigenen Lebensstil – Telefon, Gasherd, Heißwasser und Wasserklosett – befrage, antwortet er ohne eine Spur von Befremden oder Groll: „Das ist kein Widerspruch zu unseren traditionellen Werten, denn wir benützen alle diese

Dinge nicht für uns selbst, sondern im Dienst der Gemeinschaft und nicht ohne Kontrolle. Wir sind nicht abhängig davon, wir benützen sie in spiritueller Weise – immer in engem Kontakt mit den Kräften der Natur." Schließlich wird Thomas – das erste und einzige Mal – erregt: „Es wird eine Zeit kommen, in der sich alle Minderheiten zusammenschließen und dem weißen Mann das antun, was er ihnen jetzt antut."

Er beruhigt sich aber sofort und kommt darauf zu sprechen, dass die Hopi jetzt auch die technischen Mittel (zum Beispiel das Telefon) hätten, um dem weißen Mann, wie die Indianer sagen, zu helfen, sich und die Erde vor der Zerstörung zu bewahren; ihm zu helfen, wieder den natürlichen Weg zu finden. Aber es sei erst möglich, wenn man die Hopi nicht mehr zu assimilieren versucht, ihre Kinder nicht mehr in die Schulen der Weißen zwingt. Deshalb seien eigene Schulen und das Bewahren der Zeremonien momentan am wichtigsten für sie. Thomas bringt auch ein Beispiel für die Vorgangsweise des Stammesrats, die Assimilation zu fördern: „Der Stammesrat bietet jedem Hopi für 60 000 Dollar ein Haus samt technischen Einrichtungen an. Die Realkosten für den Kredit dieses Hauses betragen jedoch letztlich 180 000 Dollar. Und dadurch entsteht eine große Abhängigkeit. Diesen Prozess müssen wir durchbrechen, wenn wir überleben wollen!"

Als aus einem der Zimmer heiße Rockmusik ertönt – es ist die adoptierte Tochter, die da so laut aufdreht –, verzieht Thomas keine Miene. Auf meine Frage, ob ihm das keine Probleme bereite, meint er: „Sicher ist es laut und ein Ausdruck der Anpassung an die Lebensart der Weißen. Schließlich geht sie ja – wie unser Enkel auch – in eine Schule der Weißen. Aber unsere Jungen müssen genauso von selbst zurückfinden wie ihr in Europa – das darf man nicht erzwingen, das ist nicht unsere Art."

Und in der Tat. Der Umgang mit der Adoptivtochter und dem Enkel ist genauso: sanft, aber entschieden. Ein weiteres Beispiel für diese Haltung sollte ich sehr bald in der Hotevilla-Bacabi-Schule in Hotevilla kennenlernen – jenem Ort, der neben Shungopavi als Zentrum der traditionsbewussten Hopi angesehen wird.

In der Gemeindeschule von Hotevilla-Bacabi

Am 18. August 1981 erhalte ich nach einem Anruf Gelegenheit, das erste Mal diese Schule zu besuchen, die als einzige der sechs Pflichtschulen in der Hopi-Reservation damals nicht vom BIA oder von den Mennoniten geführt wurde.

BIA-Schulen gibt es in Keams Canyon (mit Internat), Second Mesa, Polacca und Neu-Oraibi (Kykotsmovi): alles Orte, die völlig assimiliert sind und kaum noch Traditionen pflegen. Sie liegen typischerweise auch am Fuß der Mesa, nicht oben, wo der Einfluss der Weißen immer schon geringer war: Dort gab es auch gegen Ende des 19. Jahrhunderts erbitterten Widerstand der traditionellen Hopi gegen die Schulpflicht, weil damit die Zerstörung ihrer Kultur begann.

In Neu-Oraibi, dem Sitz des Stammesrats, befindet sich eine Mennonitenschule, die zwar einen guten Ruf genießt, aber von den Traditionellen wegen des kirchlichen Einflusses abgelehnt wird.

Trotz dieses scheinbar reichhaltigen Angebots besuchen bis 1987 die meisten Kinder der Hopi, die – wie alle amerikanischen Staatsbürger – der Schulpflicht unterliegen, Internatsschulen außerhalb der Reservation, weil dort die Ausbildung in der High-School (für die 12 bis 18jährigen) fortgesetzt werden kann (erst seit 1987 gibt es in Keams Canyon die *Hopi Junior/Senior High School* des BIA; 2015 mit 650 Schülern). In Internaten außerhalb wird allerdings der Einfluss der Weißen noch stärker, die Assimilation gelingt noch leichter.

Das ist auch der Grund, warum immer mehr Hopi ihre Kinder wieder zu Hause haben möchten. In der Familie von Thomas Sr. wurde beispielsweise der Sohn seiner Tochter, die selber Lehrerin an einer Schule in Albuquerque ist, im August 1981 von der dortigen Internatsschule herausgenommen. Thomas Junior hatte das durchgesetzt und musste dafür auch die Betreuung des noch nicht Zehnjährigen übernehmen. Sein Ziel: ihn wieder an die Wurzeln der Hopi zurückzuführen, soweit es geht, wobei die Hopi-Sprache eine wesentliche Rolle spielt.

1981 stellt die Hotevilla-Bacabi-Schule mit etwa 110 Schülern dafür einen bemerkenswerten Versuch dar. Seit 1977 steht sie unter der Verwaltung der beiden Gemeinden, wobei ein Schulaufsichtsrat, der nur aus Hopi-Eltern besteht, die Richtung bestimmt und alle Finanz- sowie Personalfragen entscheidet. Der Einfluss des BIA beschränkt sich auf die Zuweisung der Gelder und auf die Erhaltung des Gebäudes, einer typischen BIA-Schule im amerikanischen Stil des Südwestens (vgl S. 111).

Sie liegt im Neubauviertel von Hotevilla, auf der Höhe eines Hügels, direkt neben dem gegen den Willen der Traditionellen errichteten Wassertank. Der Grund wurde durch Verkauf Eigentum der US-Verwaltung, was natürlich völlig der Hopi-Tradition widerspricht. Das ganze Areal, mit einem gepflegten Rasen versehen – ein seltsamer Anblick inmitten dieser steppenartigen, sandigen Landschaft –, hebt sich völlig vom alten Ortsteil Hotevillas ab, in dem es – bis 1997 (vgl. S. 316) – fast nur Sandsteinhäuser ohne Strom-, Wasser- und Kanalanschluss gibt. Nicht einmal asphaltierte Straßen findet man dort. Hierher jedoch führt der Weg wie zu jeder anderen weißen Schule in den USA.

Was sich darin aber ereignet, das ist höchst gegensätzlich und bemerkenswert. Bei einer Führung durch den Pressesprecher erlebe ich am nächsten Tag, wie Schüler einzeln, zu zweit oder in Kleingruppen selbständig oder mit Lehrern arbeiten. Ich finde Leseecken, Bücherregale, jede Menge Anschauungsmaterial, Blumen, Schaukelstühle, Liege- und Lümmelflächen. Eines finde ich nicht: „sterile" Klassenzimmer mit Tischen und Bänken in Reih und Glied, frontal auf die Tafel ausgerichtet. Ich bemerke auch keine scheuen oder angriffslustigen Schüler, finde sympathische, natürlich wirkende Lehrer vor und werde Zeuge vom Unterricht im Freien: da wird gerade getöpfert.

Überhaupt: kein unnötiger Lärm dringt an mein Ohr – auch nicht aus den Baracken der Schüler der höheren Klassen. Ich erinnere mich an die Montessorischulen in München und bin angenehm überrascht, was etwa 30 Hopi da gemeinsam mit einigen Navajo und zwei Weißen auf die Beine gestellt haben. Es gibt nur sechs Lehrer und sechs "Unterstützungslehrer", gewöhnlich Eltern, die in Hopi unterrichten.

Am Vortag lerne ich gegen 14 Uhr den Geschäftsführer kennen, der für Personalfragen, Finanzen, den Unterstützungsfonds und die büromäßige Organisation zuständig ist: *Bob Rhodes,* ein dynamisch wirkender Weißer, knapp unter 40, von ehrlich-freundlicher und zuvorkommender Art. Von ihm erfahre ich, dass der

Unterricht in Hopi vor allem in den Bereichen Pflanzen, Tiere und Menschen möglich ist. Mathematik und Physik lassen sich beispielsweise nur in Englisch vermitteln.

Ein weiteres Unterscheidungsmerkmal zu den BIA-Schulen sind Familiengruppen an Stelle von Klassen. Hier werden Schüler dreier Altersgruppen zusammengefasst und können gemäß ihrem eigenen Entwicklungstempo lernen; die Älteren helfen den Jüngeren. Das Aufstiegsalter in die nächste Familiengruppe deckt sich gewöhnlich mit dem an Normalschulen, ebenso das Abschlussalter nach der achten Schulstufe.

Entscheidend ist nicht das Faktenwissen

Um mit meinem zweiten Gesprächspartner zusammenzu kommen, muss ich mich schon viel mehr anstrengen. *Brian Honyouti,* High-School-Absolvent und 34 Jahre alt, ist hier Organisator des Lehr- und Erziehungsprogramms sowie einer der sechs Unterstützungslehrer. Privat Künstler (er bemalt Kachina-Puppen), wohnt er in Bacabi und ist Hopi – obwohl er zu meinem Erstaunen wie ein Weißer aussieht, noch dazu mit rötlichen Haaren. Ich erinnere mich an den Mythos der Hopi („Kasskara und die sieben Welten", „Das Buch der Hopi"), in dem auch die Rede von solchen Menschen ist, deren Abstammung mit den *Kachinas* zusammenhängen soll.

Brian ist ein typischer Hopi: er braucht Zeit, bis er sich zu einem Interview entschließt, setzt es zuerst für 14 Uhr an, dann entscheidet er sich kurzfristig für 13 Uhr.

Im Gegensatz zu Bob Rhodes wirkt er ziemlich zurückhaltend, eher still, und blickt mich beim Gespräch kaum an. Wir machen es uns auf einem Schreibtisch bequem, und ich freue mich, dass dieser Hopi so selbstverständlich bereit ist, einem wildfremden Weißen aus Europa Vertrauen zu schenken und mit ihm ohne große Vorbereitung zu sprechen.

Rechts: Der deutsche Wissenschaftler Ekkehard Malotki entwickelte an der Universität Flagstaff eine Hopi-Schriftsprache. Diese Schülerin zeigt auf das Wort „Kiva". Malotki beriet auch sprachlich beim Kinofilm *Koyaanisqatsi.*

Brian, können Sie mir die grundlegende Botschaft erklären, die Sie in der Erziehung der Schüler vermitteln wollen?

Es geht im wesentlichen darum, zu einem allgemeinen Verständnis und zur Wertschätzung eines grundlegenden Hopi-Konzepts zu kommen: der Verwandtschaft zwischen allen Menschen und allen natürlichen, physikalischen Dingen, wie zwischen den Kindern und ihrer sozialen Umwelt, ihrer natürlichen und physikalischen Umwelt, und wie sie voneinander gegenseitig abhängig sind. Die Betonung liegt nicht so sehr auf den Dingen, den Fakten, dem absoluten Wissen, sondern vielmehr darauf, dass die sehr dynamische Wechselwirkung von Beziehungen zwischen den einzelnen Kindern, im Umgang mit Erwachsenen und ihrer Umwelt einem ständigen Prozess unterliegt. Dabei ist der feststehende Inhalt nicht so wichtig.

Einer der wichtigsten Punkte in diesem Erziehungsprogramm ist das Lehren der Hopi-Sprache.

Nun, wir sind erst im ersten Jahr, in dem wir versuchen, ein Programm zu entwickeln. Deshalb gibt es da noch keinen feststehenden, systematischen Ansatz, was die Gültigkeit in allen Schulstufen betrifft. Aber bei den jüngeren Kindern beispielsweise betonen wir sehr die mündliche Ausdrucksfähigkeit in Hopi, bei den Älteren das Lesen und Schreiben in Hopi.

Einige Leute sagen, dass nicht genug in Hopi gelehrt wird, dass die Anforderungen, die Lernintensität nicht hoch genug sind; dass die Lehrer vielleicht nicht genügend Ausbildung besitzen, um in Hopi zu unterrichten.

Das ist wahrscheinlich richtig, wahrscheinlich gilt das für jedes zweisprachige indianische Programm, das erst am Anfang steht. Denn das ist wirklich ein ziemlich umstrittenes Gebiet; einige Leute sind vehement dagegen, dass Sprachen der Ureinwohner gelehrt werden, andere sind wiederum vehement dafür. Die gesamte Spracherlernung und -entwicklung ist offenbar ein Gebiet, das zumindest hierzulande einen ziemlich neuen Lernschwerpunkt darstellt. Wir benötigen noch vieles an weiterer Entwicklung, viel Nachdenken, um jetzt das aufzustellen, was wir für ein gutes Programm halten.

Disziplin heißt bei uns: Eigenverantwortung lernen und tragen

Einige Leute behaupten, dass es im Vergleich zu BIA-Schulen, vielleicht zu einer Mennonitenschule, nicht genug Disziplin gibt; es herrsche hier weniger Disziplin als an anderen Schulen.

Das hängt davon ab, was man unter Disziplin versteht. Wenn das heißt, dass die Kinder durch die Einschüchterung mittels Regeln und Gewalt in Reih und Glied gehalten werden sollen, dann bin ich absolut für weniger Disziplin – in diesem Sinn.

Aber wenn Disziplin im Sinne einer *individuellen Aneignung von Selbstdisziplin* verstanden wird, so dass die Kinder viel mehr Verantwortung für ihr Handeln übernehmen – dafür, was sie tun und was sie tun sollen – dann glaube ich, dass wir im Sinne dieser Definition wesentlich weiter sind als Indianerkinder an anderen Schulen.

Ich bin zum Beispiel jetzt hier: Ich kann meine Kinder in der Oberstufe ruhig eine halbe Stunde lang allein lassen und dann zurückkommen. Ich weiß, dass sie sich währenddessen weiterhin so benehmen, als wäre ich im Klassenzimmer. Wenn sie wichtige Fragen haben, können sie eine Weile an etwas anderem arbeiten und sich die Frage aufheben, bis ich wieder zurück bin. Oder wenn sie zu arbeiten aufhören, dann ist das in dem Augenblick absolut ihre Sache. Und ich bin sehr zufrieden bei dem Gefühl, dass sie, wenn sie ihre Arbeit beenden, sich dann etwas anderes zum Arbeiten suchen.

Und das bedeutet für mich eine echte Verinnerlichung von Disziplin, dass die Kinder ihre Entscheidungen selbst treffen und versuchen können, sie in die Tat umzusetzen; sich dabei selbst einschätzen, anstatt jemanden zu haben, der die Macht besitzt, sie in eine Richtung zu zwingen.

Es gibt da einige indianische Überlebensschulen, die den Jugendlichen nicht nur wissenschaftliche Fähigkeiten beibringen wie die Regierungsschulen, sondern auch lehren, wie man überlebt; traditionelle Geschichte und Zeremonien lehren. Sie beginnen zum Beispiel den Tag mit Zeremonien. Wie denken Sie darüber?

Nun, wenn gewisse kulturelle Gruppen an dem Punkt sind, wo das notwendig ist, bin ich voll dafür, diesen Versuch zu unterstützen. Aber einzelne Schulen wie diese würden, wie ich glaube, es wirklich sehr schwer haben, eine tatsächliche kulturelle Wiederbelebung auf breiter Basis zu erreichen, außer es gibt dafür von der Basis her Unterstützung, von den Traditionalisten selbst. Aber glücklicherweise sind wir nicht an dem Punkt, an dem wir es nötig haben, religiöse Zeremonien außerhalb ihres eigentlichen Zusammenhangs in einen schulischen Zusammenhang zu bringen. Wir wollen keine Anpassung in dieser Art, vielmehr hängt das von den endgültigen Entscheidungen jedes einzelnen Kindes ab; von seiner Wahl, welches Leben es leben will.

Wenn jemand später einmal Präsident einer großen Firma werden will, hoffen wir, dass wir ihm die Möglichkeit eröffnet haben, das zu tun, was er für richtig hält, solange er in unserer Situation eine erfolgreiche Stellung einnimmt. Auf der anderen Seite, wenn jemand einmal Schafhirte werden will, gibt es für ihn die gleichen Möglichkeiten – solange er ein guter Schafhirte und zufrieden mit dem ist, was er tut.

Wenn Sie sich an Ihre eigene Schulzeit erinnern – Sie verbrachten sie ja außerhalb der Reservation –, worin bestehen die größten Unterschiede, und was ist Ihnen aus dieser Zeit noch in Erinnerung?

Im wesentlichen glaube ich, dass es viel mehr direkten Wettbewerb gab, auf der Basis eines sehr egozentrischen Wettkampfes; während es hier einiges mehr an kooperativer Atmosphäre gibt.

Fürchten Sie nicht, dass die Kinder in diesem Gebäude zu stark an die weiße Kultur assimiliert werden? Einige Leute sagen, dass der Stammesrat nur die Assimilation der Indianer will, und diese Schule könnte auch dazu beitragen.

Ja, das ist ein echtes Anliegen, und wir wollen auch ein eigenes, einfaches und natürliches Gebäude aus Sandstein für die achte Klasse errichten. Denn in vielerlei Hinsicht haben sich die Menschen hier nicht gerade assimiliert, aber an einen weißen, amerikanischen Lebensstil gewöhnt, an deren Lebenserwartungen. Die ganze Organisation des Stammesrats ist ein gutes Beispiel dafür. Es gibt darin die Position von Direktoren, und die haben Sekretäre; dazu Kodirektoren, die wiederum Sekretäre benötigen, und die brauchen Hilfskräfte und so weiter, der Reihe nach.

In den meisten Schulen gibt es ähnliche Strukturen. Es ist aber offensichtlich, dass eine mehr ganzheitliche Betrachtung der sozialen Organisation beispielsweise, dass die zum Großteil verlorengegangen ist – in dem Ausmaß, in dem Menschen zum Beispiel ihre Arbeit nur noch für sich selbst tun, nicht als Teil eines größeren sozialen Gebildes mit langfristigen Zielen.

Daher haben wir hier manchmal Probleme, weil wir nicht mit einem Boss an der Spitze und weiter unten seinen Helfern organisiert sind, sondern vielmehr eine horizontale Art von Struktur besitzen, in der alle ihren Beitrag zum gemeinsamen Ziel leisten müssen, anstatt einer Autorität untergeordnet zu sein, die den anderen ständig sagt, was gemacht werden soll.

Ende Juli 1985 schrieb mir die Schweizer Künstlerin Agnes Barmettler, die sich gerade länger in Hotevilla aufgehalten hatte, über diese Schule folgendes: „Auf Druck vieler Eltern wurde der Schulleiter gewechselt, Hopi wird nicht mehr gesprochen oder unterrichtet. Es sind kaum mehr Lehrer dort, die Hopi sprechen, und auch die kunsthandwerklichen Fächer wurden gestrichen. Soviel ich weiß, ist das eine ganz gewöhnliche BIA-Schule." Schade. Ein Zeichen mehr für den wachsenden Anpassungsdruck durch die Assimilierten.

Was Agnes nicht wusste: Die Regierung Reagan hatte in ihrer zweiten Amtsperiode (ab 1985) weitere drastische Kürzungen der Sozialausgaben, u.a. jene für Indianerreservate vorgenommen. Und der von Präsident Reagan im Dezember 1985 neu bestellte Leiter des Bundes-BIA in Washington D. C., *Ross Swimmer*, formulierte anlässlich seiner Amtsübernahme dazu ganz locker: „Die Stämme haben es selbstverständlich nötig, mehr in die Verwaltung von Treuhandvermögen eingebunden zu werden, und sie sollten durch bessere Informationen vorbereitet werden, damit sie ihre Bodenschätze tüchtig managen können." Was natürlich der Einstellung traditioneller Hopi und Diné völlig widerspricht, die Mutter Erde weder verkaufen noch „tüchtig managen" wollen.

2015 besuchen 118 Schüler bzw. Kinder vom Kindergarten bis zur 8. Klasse die *Hotevilla-Bacabi-Community School*, wie sie im Original heißt: sie untersteht dem *Bureau of Indian Education*, einer Abteilung des BIA.

8 Ich schreibe von dem, was ich weiß

Begegnungen mit Oswald White Bear Fredericks (Weißer Bär)

„Keiner will frei sein,
denn keiner will die Wahrheit wissen.“
Weißer Bär, Hopi

Sein geräumiges, im Stil der Weißen errichtetes Wohnhaus steht allein am Fuß der dritten Mesa, außerhalb von Neu Oraibi. Die Hauptstraße nach Alt-Oraibi und Hotevilla führt nahe daran vorbei: Vor dem Wohnhaus befindet sich weit sichtbar sein Geschäft, in dem er überwiegend selbst hergestelltes Kunsthandwerk – vor allem Kachina-Puppen – verkauft.

Die Lage scheint symbolisch zu sein: den Reisenden gut sichtbar, zwischen dem ehemaligen Sitz der traditionsbewussten und nahe beim Sitz der assimilierten Hopi – aber doch außerhalb. Und das ist offenbar auch seine Situation. Mit Skepsis wird er von den traditionellen Hopi betrachtet, weil er Christ und mit einer Weißen verheiratet ist.

Thomas Banyacya Sr. über ihn: „Weißer Bär hat nicht viel Wissen über die traditionellen und religiösen Grundsätze der Hopi. Er hörte einiges von den Prophezeiungen, aber er hat nie an den Hopi-Zeremonien teilgenommen, weil er der Mennoniten-Kirche angehört; ebenso seine ganze Familie, seit seiner Jugend. Er macht nicht viel auf dem Land der Hopi und nimmt nicht an den Zusammenkünften teil.“

15 Jahre lang war er für den Christlichen Verein junger Männer (YMCA) tätig, die Phoenix-Indian-School absolvierte er mit Auszeichnung, dann studierte er in Kansas vergleichende Religionswissenschaften, schließlich unterrichtete er Malen und Kunsthandwerk.

Weißer Bär hielt Vorträge über indianische Kultur und steht in Verbindung mit der amerikanischen Sunburst-Landkommune in Kalifornien, die sich sehr für Indianer einsetzt. Als er in die Reservation zurückkehrte, eröffnete er sein inzwischen gutgehendes Geschäft, das für Touristen eine wahre Fundgrube ist, und wurde eine Zeitlang Mitglied des Stammesrats der Hopi sowie Gouverneur von Neu-Oraibi.

Andererseits kritisiert er den Stammesrat und seine Anhänger, ist selbst in den *Powamu-* oder *Reinigungsbund* eingeweiht worden und erzählte als erster Hopi deren Erdmythos an einen Weißen, damit er veröffentlicht würde: „Kasskara und die sieben Welten" heißt das Buch, das bisher nur in deutsch erschienen ist, vom Oberösterreicher *Josef F. Blumrich* redigiert und mit einer Fülle von eigenen wissenschaftlichen Forschungsarbeiten hervorragend ergänzt.

Vorher schon war Weißer Bär dem Amerikaner *Frank Waters* beim Aufzeichnen, Übersetzen und Ergänzen der Gespräche für „Das Buch der Hopi" behilflich, jenem Klassiker, der die Hopi seit Beginn der sechziger Jahre den Weißen bekannt machte. Beiden Büchern verdanke ich sehr viel – sind sie doch mit großem Einfühlungsvermögen verfasst und zugleich mutige Stellungnahmen für dieses einzigartige Indianervolk. Sie waren es auch, die mich sozusagen auf die Fährte von Weißer Bär brachten und Begegnungen mit ihm vorbereiten halfen.

Ich hatte – wie bei allen meinen Begegnungen mit den Hopi und anderen Indianern – nicht sicher damit gerechnet, dass ausführliche Gespräche und sogar Tonbandaufzeichnungen möglich sein würden. Gerade das hielt ich mir bewusst offen, weil es mir in erster Linie auf die menschliche Begegnung und nicht auf eine journalistische Auswertung ankommt. Offensichtlich trugen diese Haltung und der Wunsch, Mittler deren Anliegen zu sein, dazu bei, dass Aufzeichnungen in so kurzer Zeit möglich wurden. Die Hauptursache jedoch, die diese Gesprächsbereitschaft gerade der sonst eher verschlossenen Hopi auslöste, dürfte eindeutig in der gefährlichen Situation liegen, in der sich heute nicht nur die Hopi, sondern mit ihnen die gesamte Welt befinden.

Sie müssen gute Gründe haben, wenn sie davon sprechen, dass uns nur mehr wenig Zeit bleibt, und ihre Grundeinstellung, nicht missionieren zu wollen, zumindest in dieser Weise durchbrechen. Mein Respekt vor der tiefen Gläubigkeit, der Erfahrung, dem Wissen und dem persönlichen Mut von Weißer Bär ist sehr groß, und ich möchte ihm und allen Gesprächspartnern bei den Hopi nochmals besonders für ihr Vertrauen danken, das sie mir, einem unbekannten Weißen, schenkten.

Die Gespräche in Interviewform waren ein Wagnis, auf das wir beide bewusst eingegangen sind. Es gibt Stellen, die den Ärger von Weißer Bär über uns Weiße – und zum Teil auch über meine Fragen – deutlich ausdrücken. Sie sollen nicht missverstanden werden. Ich ließ sie bewusst stehen, um die Problematik auszudrücken, die in der Begegnung zwischen Indianern und Weißen liegt; in dem Versuch, für Weiße zu vermitteln und begreiflich zu machen. Ich ließ auch bewusst manche Informationen weg, da sie eher Verwirrung stiften könnten und den Rahmen dieses Buches sprengen würden.

Andererseits scheue ich nicht davor zurück, Teile des Gesprächs zu bringen, die möglicherweise einige Fragen offen lassen. Das Gespräch dient lediglich dem Zweck, Standpunkte und Betrachtungsweisen zu vermitteln, die bei den Hopi genauso vielfältig sind wie anderswo. Und das ist ihr gutes Recht, das unseren Respekt verdient.

Ich stehe für die Wahrheit

Die erste Begegnung mit Weißer Bär findet in seinem Geschäft statt und wird häufig von – meist deutschen – Touristen unterbrochen, die seine Bücher kennen und ein Autogramm möchten. Ein anderes Mal finde ich ihn vor dem Geschäftshaus sitzend, wie er gerade an einer Kachina-Puppe arbeitet.

Ich bin jedes Mal überrascht, wie rasch er sich auf die Tonaufnahme einstellt und wie engagiert er spricht – manchmal sehr heftig und sogar zornig, ganz anders, als ich Thomas Banyacya Sr. kenne. Dabei sind beide verwandt: sie sind Cousins und gehören zum Coyote-Clan. Die männlichen Vorfahren von Weißer Bär sind Angehörige des Bären-Clans in Alt-Oraibi. Sein Onkel, Wilson Tewaquaptewa, war dort der letzte erblich bestimmte Kikmongwi des Bären-Clans und starb 1960. Er war es auch, der aufgrund seiner Zusammenarbeit mit der US-Verwaltung 1906 den Auszug der Traditionalisten veranlasste.

Ich merke, dass Weißer Bär sehr genau weiß, was er will, und dass er es gewohnt ist, mit Weißen umzugehen. Es fällt ihm auch nicht schwer, immer wieder auf seine Bücher zu verweisen, besonders auf die neuen, die er schreiben möchte. Eines davon soll eine Autobiographie sein, in der er auch erzählt, wie es zur Redaktion des Klassikers „Das Buch der Hopi" kam und welche Bedenken er gegen Frank Waters in Zusammenhang damit allmählich bekam.

Nach den Aussagen von Weißer Bär geht es dabei um wunde Punkte in der Vorgangsweise von Frank Waters und um eine Aussage, die er in Denver gegenüber einem Fernsehreporter gemacht haben soll: „Ich glaube nichts von dem, was die (Hopi) sagen." Ich konnte das nicht überprüfen, bin aber davon überzeugt, dass mir Weißer Bär die Wahrheit erzählte.

Auch unter den Traditionellen gibt es Kritik – diesmal jedoch an Weißer Bär, weil er ohne Absprache mit den Ältesten den Erdmythos der Hopi weitererzählt habe. Der Inhalt jedoch stimme, wurde mir von Thomas Banyacya Sr. versichert. Weißer Bär tat das in Sorge um die Situation der Welt, wie er mir selbst erzählt. Bezug nehmend auf die Vorgangsweise von Frank Waters fährt er fort:

„Ich schreibe von dem, was ich weiß. So brauche ich mich nicht auf jemand anderen zu stützen, die Quellen nicht woanders herzubeschaffen. Frank Waters bestand darauf, dass wir zu unseren Ältesten gehen, um das zu legitimieren. Aber ich habe es nicht nötig, zu meinen Ältesten zu gehen, das sagte ich ihnen schon vorher; denn meine Väter waren Häuptlinge *(chiefs,* gemeint sind aber die Kikmongwis; der Verf.).* Wir Hopi sind schon 254 000 Jahre auf diesem Kontinent, und meine Väter waren Häuptlinge, seit wir uns auf diesem Kontinent befinden.

Ich bin in Alt-Oraibi geboren, und das ist über 5000 Jahre alt! So sehen Sie, dass wir die Überlieferungen haben – wir wissen das. Überall sind unsere Ruinen, egal wohin Sie in den USA gehen. Lassen Sie mich das mit dem Sport vergleichen: Einige Ballspieler sind sehr gewandt, sie sind herrliche Schläger. Und es gibt viele Eifersüchteleien gegen diese Leute. Das ist es, wo alles herkommt. O.K?

Ich habe keine Antwort für diese Leute, die das behaupten. Denn ich bin bereits mit zwei von ihnen konfrontiert. Ich sagte: ‚Gut, wenn dieses Buch nicht die Wahrheit war, dann schreibt ihr es doch – und sagt die Wahrheit! Aber ich weiß, dass ihr das nicht macht. Weil ihr zu einem Kult gehört.' Ich würde es gerne sehen, wenn einer jener Hopi dieses Buch geschrieben hätte. Um zu sagen, wo die Wahrheit ist. Er würde es nicht tun.

Weißer Bär, Künstler und weltbekannter Schriftsteller in Neu-Oraibi

Denn er würde mehr Gegner haben als ich.

Ich stehe für die Wahrheit. Deshalb habe ich Vergleichende Religionswissenschaften an der Universität von Kansas studiert. Und ich sage Ihnen eines – das gilt auch für alle anderen: Keiner will frei sein, denn keiner will die Wahrheit wissen. Warum suchen alle nach Errettung, wenn sie nicht glauben, dass die Wahrheit in der Bibel steht – warum glauben sie nicht daran?

Das sind die gleichen Leute, die in den Kirchen sind. Die Kirche ist die größte finanzielle Institution. Aber ich glaube, dass der Papst bald pleite sein wird. Ja, er ist in finanziellen Schwierigkeiten. Er muss bald an die Arbeit gehen, sehr bald ...

Ob Sie über die Hopi oder über verschiedene Kirchen sprechen – wir alle sitzen im gleichen Boot. Ich wünschte, ich könnte Sie dazu bringen, zu verstehen, was ich jetzt sage:

Es wird bald einiges geschehen. Diese Leute, die alles darüber wissen, haben es bereits akzeptiert: ‚Das ist es, ja – das wird geschehen.‘ Sie sollten das Buch eines Farbigen aus New Orleans lesen. Er beschreibt darin, dass diese Welt durch Feuer zerstört werden wird. Das ist Allgemeinwissen! Aber jemand musste das niederschreiben, damit die Menschen bemerken, was los ist!"

Es gibt nur drei Gesetze

Im Laufe unseres Gesprächs kommen wir auch auf den Konflikt zwischen den Anhängern des Stammesrats und den traditionsbewussten Hopi zu sprechen. Für Weißer Bär ist das eine besonders heikle Problematik, unter der offenbar auch er zu leiden hat. Sieht er einen Unterschied zwischen dem Stammesrat und den traditionellen Hopi?

„Aber sicher! Der Stammesrat respektiert unsere Religion nicht. Trotzdem praktizieren sie sie. Also, was sind das für Leute? Neu-Oraibi wird vom Stammesrat dominiert. Wenn ich jetzt sehe, wie sie praktizieren – oh, ich kann es nicht sagen ... Wenn sie die Gesetze meiner Väter weiterführen würden, würden sie das bleiben lassen. Aber dennoch praktizieren sie! Nun gut, sie können Ihnen als Außenstehenden sagen, dass sie es tun, weil sie Hopi sind – aber sie sind keine Hopi! Denn sie praktizieren die Religion nicht so wie jene in den Dörfern, die sich nicht dem Stammesrat beugen. Das sind der untere Teil von Moencopi sowie die Dörfer Hotevilla, Alt-Oraibi, Shungopavi, Teile von Shipaulovi und Walpi. Also eine ganz schöne Zahl.

Aber der Stammesrat kann sich nicht verändern, weil er von der US-Regierung beherrscht wird: ‚Ihr tut das, und wir werden das für euch tun ...‘"

Stimmen Sie mit den traditionellen Hopi-Ältesten überein?

„Als ich in unser Ritual eingeweiht wurde – vielleicht nicht das höchste –, wurde ich Mitglied des *Powamu-Bundes*. In meiner Sprache sind die *Powamu* die ‚Reinigungspriester‘. Das heißt, dieser Bund ist es, der die Kachinas aus dem Weltall identifizieren wird.

Als ich Mitglied dieses Bundes wurde, nahm ich bereits jenen Inhalt des Rituals an, der mir diese Autorität gibt. Das ist es, was wir sind, sehen Sie? Und so wussten diese Hopi schon, wer ich bin." (Dem Powamu-Bund gehört auch Thomas Banyacya Jr. an. Wie er mir anlässlich seines Wien Besuchs im November 1982 erklärte, würden seine Mitglieder vor allem die Kachina-Tänzer vor und während der Kachina-Zeremonien durch Fasten, Meditation und Gebet unterstützen; der Verf.) „Und um jede Art von Funktion, die die Regierung ausübt, kennenzulernen, wurde ich Mitglied unserer Dorfvertretung, des Stammesrats. Mit anderen Worten: Ich musste da hineingehen, um zu sehen, was sie dort tun. Ich fand heraus, dass wir immer von der Regierung überrollt werden. Also wozu ist es gut, Mitglied des Stammesrats zu sein? Ich kenne mein Gesetz.

Nach meinen Vätern gibt es nur drei Gesetze. Das erste: Sie und ich, wir sind für diese Erde geboren, für diesen Kindergarten. Wenn wir erwachsen werden – ich bin 76 Jahre alt –, haben wir die Wahl zwischen zwei Gesetzen: das Gute oder das Böse, das Richtige oder das Falsche. Was immer Sie und ich tun – wir werden diese drei Gesetze erfüllen.

Wenn Sie etwas Gutes tun, wird das Gute zu Ihnen kommen. Aber wenn Sie etwas Schlechtes tun, müssen Sie sich ihm stellen. Es gibt nur diese drei Gesetze.

Aber als ich in die Juraschule in Reno ging, konnte ich in der Bibliothek Tausende von Büchern sehen, die viel Platz wegnehmmen. Mein Gott, muss der Mensch alle diese Gesetze haben? Es gibt nur drei Gesetze, das ist der Unterschied.

Ich war in den gesamten Vereinigten Staaten; in Kanada, Mexiko, Hawaii. Das erste, was sie einem anbieten, ist ein Drink. – Nein, das will ich nicht. Dann bieten sie einem eine Zigarette an. – Nein, mein Herr, da mache ich nicht mit! Ich verbrachte 30 Jahre, ohne dass mich jemand Alkohol trinken sah. Nein, ich weiß, was ich mir schuldig bin.

Das meine ich mit dem, was ich hier gemacht habe, jetzt. Alle Ältesten wissen besser, was ich hier und jetzt getan habe, und ich bin dabei, es zu erfüllen. Wenn ich Sie jetzt angelogen hätte, wenn ich getrunken, geraucht und herumgeschmust hätte, werden Sie es herausfinden.

Nun, das geht jetzt etwas zu weit, aber das ist es, wovon Sie sprachen, bezüglich des Unterschieds der Anschauungen zwischen dem Stammesrat und den traditionellen Hopi. Ich wurde geboren, um dies zu tun. Und das wird auch in meiner Autobiographie stehen."

Dieses Wissen um die unperfekte Welt, in der wir leben, teilt Weißer Bär mit den Traditionalisten und mit dem Pressesprecher des Stammesrats, Fred Koots. Er äußerte mir gegenüber die Überzeugung, dass eines Tages eine perfekte Regierung kommen würde: nicht eine wie der Stammesrat oder die Regierung der USA, nicht wie irgendeine der Welt, nein; es wird eine Welt ohne Krankheit sein – mit einem glücklichen Leben. Und dafür bete er.

Wir sind die Türschließer

In einem Vorgespräch versichert mir Weißer Bär, dass er wieder Häuptling *(chief)* sein würde – das würde sehr bald geschehen. Und dann führt er aus, warum:
„Nach den traditionellen Hopi hat der Bären-Clan in Alt Oraibi diese Autorität, seit wir in dieses Land kamen. Seitdem waren sie dort immer die Häuptlinge. Wenn dieser Clan keinen Nachfolger mehr stellen kann, kommt ein Clan, der sich selbst Papageien-Clan nennt; er ist der nächste. Sehen Sie, obwohl meine Vorfahren Häuptlinge in Alt-Oraibi waren, gehöre ich zum Clan meiner Mutter, dem Coyote-Clan. Der Papageien-Clan übernahm vor kurzem die Verantwortung meiner Vorväter. Dann gibt es noch einen weiteren Clan, der dritte (nach Thomas Banyacya Sr. ist es der Tabak-Clan, der Verf.). Und wenn niemand mehr da ist, kommt mein Clan an die Reihe. Wir waren die letzten, die im göttlichen Auftrag auf diesen Kontinent kamen. Wir repräsentieren die *Türschließer.* Als wir hereinkamen, beseitigten wir den Weg über alle Inseln. Wir zerstörten alle Inseln, so dass kein Samoaner oder Hawaiianer oder sonst jemand von denen, die jetzt dort leben, nach Amerika kommen konnte. Wir sind diejenigen, die den Kontinent verschlossen haben."
Weißer Bär spielt damit auf die große Einwanderung der Vorfahren der Hopi an, die nach seinen Angaben vor rund 80 000

Jahren vom damals sinkenden Kontinent *Kasskara* nach Süd-amerika eingewandert sind. Kasskara soll sich im Pazifik, zwischen Südamerika, Hawaii, Neuguinea und Australien, erstreckt haben. Die Osterinseln und Hawaii sind ein Teil davon. Die Hopi sagen aber, dass Kasskara – gemeinsam mit *Atlantis* – schon einmal davor gesunken sei. Und damals hätten sie bereits auf Amerika gelebt, das eigentlich das Ursprungsland sei. Das alles zurückdatiert, ergibt laut „Kasskara und die sieben Welten" die respektable Zahl von 254 000 Jahren. Josef Blumrich geht in diesem Buch sehr ausführlich auf diese Dinge ein und bringt Verblüffendes zutage.

Weißer Bär, Sie haben bereits zweimal erwähnt, dass die Hopi seit 254 000 Jahren auf diesem Kontinent leben. Einige Leute sagen jedoch, dass es in Hopi kein Wort für „Zeit" gibt, keines für „Jahre", nur ein Wort für „viele Jahre", keinen exakten Begriff, wie zum Beispiel „tausend Jahre".

„Gut, ich freue mich, dass Sie das erwähnen. Eines Tages besuchten mich hier zwei junge Männer aus Europa, zwei Chemiker. Sie kamen öfter hierher und begannen, archäologische und anthropologische Studien durchzuführen. Sie fanden heraus, dass etwas mit der amerikanischen Anthropologie nicht stimmt. Denn sie ist der Meinung, dass wir erst seit etwa 5000 Jahren hier wären. Sie fanden in San Diego den Schädel eines toten Menschen, und in einer ähnlichen Gegend fanden sie einen zweiten Knochen. Sie untersuchten diese Knochen. Ich habe alle Berichte, alle Artikel darüber hier. Also nach ihren Untersuchungsmethoden datierten die amerikanischen Archäologen den Schädel auf 22 000 Jahre. Schließlich datierten diese beiden Europäer nach ihrer chemischen Methode unser Alter auf etwa 254 000 Jahre. Und jetzt sagen Sie, dass ich über die Zeit spreche. Es gibt keine Zeit, ich datiere das Ganze nur nach den Wissenschaftlern, nicht nach meinen eigenen Ideen – wir brauchen das nicht, weil unser *Meister* es so erzählte. Nur euch zuliebe tun wir es trotzdem."

Im Buch „Kasskara und die sieben Welten" erklären Sie Josef Blumrich den Begriff „eintausend Jahre" und sagen, dass dieser Hopi-Ausdruck 80 000 Jahre bedeutet. Ist das jetzt ein Ausdruck von Ihnen oder eine Übersetzung aus dem Hopi oder ein Ausdruck der Archäologen?
„80 000 Jahre ...?"

... die Zeit der Wanderung des Volks aus Kasskara auf den amerikanischen Kontinent.

„Also, da müsste ich weit zurückgreifen. Sehen Sie, die einzigen Quellen habe ich von meinen Vätern und meiner Großmutter. Sie sind die Hüter des ganzen Wissens. Also jetzt kommen wir dazu. Ich werde also sagen, warum das so geschah.

Wir haben einen *Zweihornbund* als Hüter des gesamten Wissens vom Beginn der Schöpfung des ersten Menschen bis zur Nacht, die noch kommen wird. Darum tragen dessen Mitglieder in Zeremonien zwei Hörner: Das rechte Horn gibt uns alles Wissen der Zukunft, das linke gibt uns alles Wissen über die Vergangenheit. Gestern sprach ich hier mit einer Frau. Als sie anfing, mir Fragen zu stellen, antwortete ich: ‚Gut, wir haben all dies Wissen, weil wir alle diese Dokumente haben, wie die Welt einst starb. Aber wenn Sie Katholik sind, dann gehen Sie nach Rom und suchen Sie den Kopf von Moses, den Michelangelo schuf. Er hat zwei Hörner.‘ Sie antwortete: ‚Ja, ich war dort, ich habe es gesehen!‘

Also werden Sie jetzt glauben, dass Moses mit Gott sprach? Gott weiß, was war und sein wird. War Michelangelo verrückt, als er Moses so darstellte, oder war Moses ein Teufel – das müssen Sie sich überlegen! Sie bringen mich in lauter technische Fragen ... sehen Sie? Das ist der ganze Ärger! Alle diese Leute aus Europa machten uns Vorschriften! Sie wollen *uns* fragen. Ich habe kein Recht, nach Deutschland zu gehen, um euch zu sagen, wer eure Vorfahren waren. Das wäre unmoralisch, einfach dumm, ignorant!

Sehen Sie, wer ich bin? Ich bin schlicht und einfach der, der ich bin. Ich bin ich bin."

Das sind harte Worte, aber Sie müssen die Leute verstehen, die das lesen.

„Das ist ja das Problem: Sie lesen es, weil sie nicht wissen, wohin sie gehen sollen. Das ist es, was unsere Vorfahren einst sagten: ‚Ihr werdet uns nicht verstehen‘, nein. Ihr, die Ihr alle hierhergekommen seid, lebt nur für diese Welt und für das, was Ihr aus dieser Welt herausschlagen könnt.

Wir – unser Schicksal ist bereits die fünfte Welt.

Warum sollen wir darüber besorgt sein: weil sie unser Land bereits wegnehmen, weil sie Diktatoren sind? Ich habe keinen

Grund, nach Europa zu gehen. Und ich werde den Frieden nicht in Europa suchen, auch nicht in China oder Japan oder Indien.

Wahrlich, ich habe den Prinzen von Indien getroffen, und er sagte: ‚Ja, ihr seid die Hüter dieser Welt, denn wir haben darüber in Indien Berichte, wie ihr mit dem *gewölbten Korb,* der fliegenden Untertasse, hierhergekommen seid. Wir haben alles überliefert!‘

Und als der Dalai Lama in den USA war, sagte er: ‚Ja, ihr seid das Volk aus der ersten Welt.‘ Wir wissen bereits, was in Europa geschehen wird, denn wir haben nur auf euch gewartet."

Damit spricht Weißer Bär direkt die Prophezeiung der Hopi an. Etwas für dieses Volk Selbstverständliches – wie ihr Umgang mit den Kräften des Lebens, den Wesen des Kosmos. Dass Weißer Bär im Laufe unseres Gesprächs ziemlich genaue Details anführt, kommt auch für mich überraschend. Vor allem der Umstand, dass er ein baldiges Eintreten dieser Vorhersagen und deren Unausweichlichkeit ankündigt. Er stützt sich dabei nicht bloß auf das uralte mythologische Wissen seiner Vorfahren, sondern insbesondere auf seinen persönlichen Kontakt mit Außerirdischen, die er *Meister* nennt. Von ähnlichen Kontakten, die es weltweit geben soll, erfuhr ich Genaueres erst wieder in Europa. Für mich gilt aber heute wie damals: Hausverstand und Intuition helfen, Schwindler, Eingebildetes und Negatives zu unterscheiden.

Für Weißer Bär sind seine *Meister* identisch mit den oft genannten *Kachinas:* Außerirdische bzw. Geistwesen, die in einer anderen Bewusstseinsebene existieren, jenseits unserer drei Dimensionen. Auch Carolyn Tawangyawma, David Monongye und der 1972 verstorbene Dan Katchongva aus Hotevilla wiesen immer wieder darauf hin. Thomas Banyacya Sr. erwähnte die Außerirdischen 1975 in einem Artikel im *East West-Journal:* Er schreibt dort von „fliegenden Untertassen".

Ich bin davon überzeugt, dass es sich um Tatsachen handelt, die nur allzu gern von vielen Stellen unter den Tisch gekehrt werden – aus welchen Gründen auch immer. Im Kapitel 14, *Kachinas und UFOs,* gehe ich näher auf Erfahrungen und Aussagen bei den Hopi und zum Teil in Europa ein, ebenso in den Kapiteln 9 und 13.

Amerika und Europa werden sinken

Jetzt sind wir mitten in den Prophezeiungen ...

„Richtig, gut. Am vergangenen Sonntag (dem 16. 8. 1981, der Verf.) führten Hopi in Polacca einen Kriegstanz auf, den sie die ‚Zerstörung unserer Gegner‘ nennen. Ich hatte einen Freund dabei, und ich sagte, dass etwas Schreckliches geschehen würde, in das die US-Regierung verwickelt sein wird. Etwas, das am Sonntag geschah, war die Sache mit Libyen, wo die USA einen libyschen Düsenjäger abschossen. Jedesmal, wenn sie den Tanz aufführen, geschieht etwas. 1911 sagte meine Großmutter, dass ich hingehen und mir das ansehen sollte. Und innerhalb von vier Jahren, vier Monaten und vier Tagen würde etwas Schreckliches geschehen. 1914 begann der Krieg. Das gleiche geschah mit dem Zweiten Weltkrieg und mit dem Koreakrieg. Ebenso, als ich Senator Goldwater schrieb, dass die USA in Gefahr kommen und wehrlos sein würden, weil in einigen Tagen oder Monaten den USA etwas zustoßen würde: und sie nahmen die Geiseln im Iran. Wir kennen die Prophezeiungen der Zukunft!“

Darf man mehr von den Prophezeiungen erfahren?

„Sicher! Man wird das Land hier bald mit Feuer zerstören. Die Neutronenbombe wird fallen, und der dritte Weltkrieg wird unter Reagan in Europa beginnen. Amerika wird wieder sinken. San Francisco, New York und Phoenix werden unter Wasser sein. Nur Höhen über 1800 Meter werden verschont werden. Auch Europa wird sinken. Aber ich bin bereit. Meine Meister gaben mir eine Vorschau, um bereit zu sein. Wir brauchen uns keine Sorgen zu machen. Lass alle Flüchtlinge herkommen, denn am Ende der Welt werden unsere Unterdrücker darüber Rechenschaft ablegen müssen. Ich bin vom Stamm der Hopi. Ich weiß, woher ich komme und wohin ich gehe.“

Wir haben den Punkt bereits überschritten

Vertreter der traditionellen Hopi werden im kommenden September (1981) nach Genf reisen, um dort im Rahmen einer UN-Konferenz der nichtstaatlichen Organisationen die Weltöffentlichkeit auf die Lage der Hopi aufmerksam zu machen. Sie glauben, dass das Ende dieser Welt nahe ist und dass sie etwas tun müssten, um die Welt zusammenzuführen, um den „Tag der Reinigung" nicht zu einer totalen Vernichtung werden zu lassen. Wie denken Sie darüber?

„Ich sage Ihnen soviel: Wir haben den Punkt bereits überschritten, von dem es keine Rückkehr mehr gibt. Mit uns geht es geradewegs abwärts. Der Schneeball rollt, und wir werden ihn nicht aufhalten. Es ist mir egal, wie viele Hopi versuchen, ihn aufzuhalten – sie werden es nicht können. Denn folgendes geschah: Wie Sie wissen, haben wir jetzt zwei Fraktionen in unserem Stamm. Dort diejenigen, die sich in Neu-Oraibi treffen, genannt der Stammesrat. Hier diejenigen, die die Zeremonien durchführen – sie gehören nicht zu jenen. Der Stammesrat ist eine Minderheit. Wissen Sie, wie viele Hopi für den Stammesrat stimmen? 600 – wir sind aber 8000! Das Ganze ist nur dazu gut, damit die Welt erfährt, was geschehen wird. Die Traditionellen werden es aber nicht aufhalten. Das geht zu weit.

Wenn die US-Regierung mir mein Land eingrenzt und einen Teil davon mit den Worten überlässt: ‚Das ist jetzt deines, von dem da kannst du verschwinden!' – das ist Diktatur! Sie können das der Regierung erzählen, denn ich wurde von zwei FBI-Beamten verhört. Lass sie nur kommen! Ich werde ihnen das gleiche erzählen!"

Mit dieser Anspielung bezieht sich Weißer Bär auf ein Verhör durch zwei FBI-Beamte, die ihn in der Wüste zwischen Neu-Oraibi und Winslow vor allem über seine Beziehung zu den Außerirdischen befragt hatten.

Und wie denken Sie über *die augenblickliche Situation der Welt?*

„Gut. Morgen ist Samstag – ja? Was wird geschehen? Keiner kann es aufhalten. Das, was diese traditionellen Hopi jetzt zu tun versuchen, ist folgendes: Morgen ist Samstag, ja? Lasst uns Sonntag daraus machen! Oder: Heute ist Freitag, machen wir ihn zu Donnerstag. Das kann niemand tun!

Das ist die Situation, in der diese Hopi sind, und das ist es, was sie versuchen. Das bedeutet, einen Kompromiss zu schließen, sehen Sie? Ihr schließt mit Dingen Kompromisse, aber die Zeit ist sehr kurz, und mit den Elementen werden wir keine Kompromisse mehr schließen. Und das wird sehr bald beginnen: Wir werden einen schrecklichen Winter haben; Tausende Menschen werden hier in Amerika erfrieren, dann werden Flut, Tornados und anderes kommen. Mit dem Wetter kann man keine Kompromisse schließen. Aber mit dem Feind kann man es: ‚Du gibst uns soundsoviel Land, wir geben dir soundsoviel.‘ Und das wird den Konflikt beenden. Mit dem Wetter kann man das nicht tun.

Wenn die *Meister* das Ganze übernehmen, werdet ihr klein werden. Sie nennen es *schütteln*. Die Natur wird unsere Ohren schütteln: ‚Wacht auf, hört, was geschieht!‘ Aber wir werden nicht hören. Denn die Mutter da draußen weint bereits. Das ist es, wovon ‚Kasskara‘ handelt – diese unsere Mutter Erde sagte das: ‚Müsst ihr mich wieder zerstören? Müsst ihr das schon wieder tun?‘ Mutter Erde weinte, bevor sie sank.“

Mit diesen genauen Angaben wird deutlich, was Weißer Bär möchte: die, die hören wollen, wachrütteln. Es geht ihm keinesfalls um Sensationshascherei, Panikmache oder gar um eine blinde Schicksalsergebenheit. Sonst würde er nicht mit aller Kraft versuchen, dieses Wissen zu publizieren und vor allem den deutschsprachigen Völkern bekanntzumachen. Denn es deutet vieles darauf hin, dass von diesen Völkern entweder die Hilfe für die Hopi und damit für die ganze Welt oder die große Vernichtung kommen könnte (vgl. die Seiten 142 und 203).

Thomas Banyacya Sr. machte mich wenige Tage später darauf aufmerksam, als er mir die offizielle Botschaft der Hopi an die Welt erzählte. Darin wird deutlich, dass unser Tun den möglichen Verlauf der Prophezeiungen beeinflusst, sogar nahezu gänzlich verändern kann (vgl. S. 142 und 220f).

Im Gegensatz dazu sehen sich die überwiegend mormonischen Vertreter des Stammesrats geradezu als Vollstrecker dieser Prophezeiung, wie mir deren Pressesprecher, Fred Koots, erklärte: „Niemand kann die Prophezeiungen aufhalten – es ist vorhergesagt und es wird geschehen. Niemand kann sagen, wer überleben wird. Das liegt nicht an uns, sondern am Höchsten.“

Lebt untereinander in Harmonie

Weißer Bär, möchten Sie eine Botschaft an die Menschen in Europa richten?

„Die einzige Botschaft, die ich für die Menschen in Europa habe, ist folgende. Es ist zwar ziemlich unmöglich, aber dennoch sage ich es: *Lebt untereinander in Harmonie!* Aber mit all dem Geschäftsdenken, der Geschäftemacherei und den vielen unterschiedlichen religiösen Anschauungen wird es ganz schön schwer sein, seinem eigenen religiösen Glauben zu folgen. Schauen Sie nur, was in Irland los ist! Brüder kämpfen gegen eigene Brüder – leben diese Menschen in Harmonie zusammen?

Aber wer auch immer Frieden in seinem Herzen praktiziert, egal, ob er rot, schwarz, gelb oder weiß ist, ist bereits ein Hopi.

Denn das ist es, was Hopi bedeutet: Friede."

Seit Sommer 1985 hat Weißer Bär sein eingangs beschriebenes Haus und Geschäft verkauft und sich mit seiner Frau *Naomi* südlich von Flagstaff, im Künstlerort Sedona, niedergelassen. Im Sommer 1996 wechselte er die Welten.

Dass einige der von Weißer Bär angekündigten Ereignisse in der von ihm beschriebenen Form bzw. Zeit nicht eingetreten sind, ist – egal, wie man zu seinen doch sehr konkreten Aussagen stehen mag – eine gute Nachricht. Offensichtlich gab es ausreichende Bemühungen unter den Menschen, um den Fortgang der Ereignisse positiv zu verändern.

Das ist auch die Intention der prophetischen Anweisungen der Hopi – und unsere Verantwortung, unsere Chance (vgl. S. 220).

9 Unser Ende ist euer Untergang

Wir können noch umkehren

> „Jedesmal,
> wenn eine Welt die Schwelle der
> Vernichtung erreichte,
> blieb eine kleine Minderheit,
> die es fertiggebracht hatte, in nahezu
> völligem Einklang mit dem ewigen
> Plan zu leben,
> wie es der Name Hopi besagt.
> In der Endphase fand sie sich selbst
> im Inneren von Zeichen des Zerfalls
> von außen durch verlockende
> Angebote
> sowie schwere Drohungen bedrängt,
> die darauf abzielten, sie zu zwingen,
> sich dem Rest der Welt anzuschließen.
> *Thomas Tarbet Jr., in: „Die Kern-*
> *aussagen der Hopi-Prophezeiung"*

Bereits am Abend des 16. August habe ich Gelegenheit, etwas ausführlicher mit Thomas Banyacya Sr. zu sprechen. Er ist ruhig, sanft, gelassen und niemals hektisch oder unbeherrscht.

Nachdem heute in einigen Dörfern der *Schmetterlingstanz* aufgeführt worden war – eine Art Gesellschaftstanz für die Jugend, der die Verbundenheit untereinander und zu den Gästen ausdrücken soll –, macht er mich mit einem verschmitzten Lächeln darauf aufmerksam, dass es binnen zwei Tagen regnen würde (was auch eintraf), denn die Tänze seien ordnungsgemäß ausgeführt worden. Einen davon konnte ich am Nachmittag in Bacabi sehen – umgeben von einer großen Schar zusehender Hopi, Navajo und vieler Touristen. In der Sonne betrug die Temperatur 45° Celsius, im Schatten etwa 35. Trotzdem tanzten drei Gruppen von Mädchen, Buben, Burschen und Erwachsenen von zehn Uhr vormittags bis 18.45 Uhr ohne Pause. Lediglich jede halbe Stunde wechselten sie einander ab.

„Die Hopi haben große Macht", erklärt mir Thomas, „aber sie müssen im Einklang mit den Gesetzen des Schöpfers sein – sonst tritt das Gegenteil dessen ein, was die Zeremonie bewirken soll." Das gelte besonders für geheime Zeremonien wie den *Schlangentanz,* der jetzt ebenfalls getanzt wurde und keinem Außenstehenden mehr zugänglich ist.

Nach Frank Waters („Das Buch der Hopi") symbolisiert er das Erwecken der Lebenskraft, die im östlichen Bereich als *Kundalini* bezeichnet wird. Zugleich wird damit der weiße Bruder daran erinnert, dass er „noch nicht vergessen ist und dass er kommen muss".

Thomas Banyacya Sr. weiter: „Wir meditieren und fasten für alle unsere Zeremonien; die vorbereitende Reinigung muss vollkommen sein, damit es kein Misslingen gibt."

Das sei auch der beste Weg, um mit der *Kraft* – eine andere Bezeichnung für den Schöpfer – in Verbindung zu bleiben, fügt er hinzu. Es führe auch wieder auf den natürlichen oder spirituellen Weg zurück, auf den die Hopi die Welt mit ihrer Botschaft gemäß ihrer Überlieferung aufmerksam machen müssen. Der 1988 verstorbene spirituelle Führer von Hotevilla, David Monongye, dazu in einem Schreiben anlässlich der öffentlichen Begegnung von Carolyn Tawangyawma mit dem Dalai Lama am 9. Oktober 1982 in Frankfurt am Main:

„Als der prophezeite Kürbis voll Asche auf Japan abgeworfen war, durch den viele Menschen umkamen, handelten die Hopi, um der Welt ihre Botschaft zu bringen; sie zu warnen, dass keine Demonstration der Macht angewandt werden darf. Wir wussten, dass jeder Versuch, die Welt zu kontrollieren oder zu unterwerfen, einzig dazu dient, die Welt zu zerstören. Das ist schlicht die Wirklichkeit des Lebens. Wir mögen diese Warnung zu unserem Wohlergehen oder Untergang benutzen, entsprechend unserer eigenen Wahl."

Das wurde 1948 beschlossen, nachdem einige wichtige Vorhersagen ihrer Prophezeiung eingetroffen waren: der Zweite Weltkrieg unter dem Zeichen der Sonne und des Hakenkreuzes, die Atombombenabwürfe auf Hiroshima und Nagasaki sowie die Forderung des US-Innenministeriums, dass die Hopi Teile von Black Mesa verpachten sollen, damit dort Kohle, Öl, Wasser und Uran in großem Ausmaß gefördert werden können. Schließlich sollte den Hopi durch die Kommission für indianische Landrechte der Verlust ihres Landes außerhalb der Reservation von 1882 gegen fünf Millionen Dollar endgültig und unwiderruflich (wie den anderen Indianern auch) abgegolten werden.

Für einen dazu vorherbestimmten Hopi aus dem Blauvogelklan war das ein Zeichen, eine Versammlung der Ältesten und der Kikmongwis einzuberufen, um über ihre Situation und die der Welt zu beraten. Als sie zum Schluss gekommen waren, dass sie mit einem Teil ihres Wissens an die Weltöffentlichkeit treten müssen, um sie zu warnen, wählten sie vier traditionelle Hopi als Sprecher und Interpreten dafür aus. Zwei lehnten sofort ab, einer starb inzwischen, und der letzte dieser Männer war Thomas Banyacya Sr., der erstmals 1948 mit einigen Ältesten vor der UNO-Generalversammlung in New York sprechen wollte. Allerdings vergeblich.

Zwei weitere Versuche, in einer der UN-Unterkommissionen die Botschaft der Hopi vorzutragen, blieben ebenfalls ohne Erfolg. Das war 1975 und 1976. Der vierte – und so die Hopi damals – letzte Versuch fand im September 1981 in Genf statt, als Thomas, inzwischen 72 Jahre alt, im Rahmen einer UN-Konferenz der nichtstaatlichen Organisationen eine Erklärung verlas. Sie bezieht sich auf den Vertrag von Guadelupe Hidalgo, den die USA 1848 mit Mexiko geschlossen hatten, und enthält alle wesentlichen Anschuldigungen der Hopi gegen die USA (mehr darüber im Kapitel 12, wo ich auf neuerliche Versuche der Hopi eingehe und auf S. 315 f). Parallel zu diesen bisher gescheiterten Versuchen, die Völker der Welt anzusprechen und wachzurütteln, sandten die Ältesten der Hopi seit 1949 zahlreiche Protestschreiben an verschiedene Regierungsstellen, besonders an die US-Präsidenten, die ebenso erfolglos blieben.

Das letzte Schreiben wurde am 31. Januar 1977 an den damaligen Präsidenten Jimmy Carter geschickt:

„Sehr geehrter Herr Präsident!
Die Hopi bekämpften niemals die Regierung der Vereinigten Staaten, wurden niemals unterworfen, unterzeichneten niemals einen Vertrag und gaben niemals ihre Unabhängigkeit preis. Die friedlich gesinnte, unabhängige Nation der Hopi betrachtet sich der Regierung der Vereinigten Staaten gegenüber

nicht als gesetzmäßig unterstellt. Wir beachten die Gesetze des Allerhöchsten, des Schöpfers.

Herr Präsident, auf unserer Black Mesa wird Kohle im Tagebau abgegraben, das ursprüngliche Land der Hopi wird vom Staat schamlos ausgenutzt und dadurch verwüstet, und unser Volk – stark im Glauben, aber schwach in wirtschaftlichen Dingen – ist am äußersten Punkt der Hoffnungslosigkeit angelangt.

Gerichtsbeschlüsse werden gefällt, ohne auf die Mitwirkung der Mehrheit derjenigen Bezug zu nehmen, die von den Gerichten gemaßregelt werden. Die dringendste und unmittelbare Sorge ist ein für Februar zu erwartendes Urteil des Bundesgerichtes in Tucson, das gesamte Land und Leben der Hopi zu teilen, indem man uns entwurzelt und so gewaltsamen Widerstand als letzte Zuflucht begünstigt.

Ebenso strebt die Kommission für indianische Landrechte in der Maske unseres Stammesrats eine Abfertigung an, die das Land, das das Volk der Hopi als seine spirituelle Grundlage betrachtet, zerstören wird. Unsere spirituellen Führer denken genauso wenig an den Verkauf ihrer Mutter Erde wie die Vereinigten Staaten daran, ihre nationalen historischen Heiligtümer aufzugeben.

Nur Sie, Herr Präsident, können eine Untersuchung einleiten, um selbst die Tatsachen unserer Notlage zu ermitteln."

Jimmy Carter ließ keine Untersuchung vornehmen. Einen Monat später fasste James A. Walsh, Distriktrichter der USA, den Beschluss, das bisher gemeinsame Nutzungsgebiet für Hopi und Navajo (innerhalb der Hopi-Reservation von 1882) aufgrund des Staatsgesetzes PL 93-531 zu teilen.

Für die Hopi bedeutete das und die mit 18. April 1981 begonnene Umsiedlungsaktion der dort lebenden Bewohner die Erfüllung einer weiteren Prophezeiung: dass der *Tag der Reinigung* nahe sein würde, wenn sie von außen genötigt würden, ihre Wohnstätten zu verlassen.

Parallel dazu versucht die Regierung der USA aufgrund der Beschlüsse der inzwischen aufgelösten Kommission für indianische Landrechte noch immer, den Stammesrat zu bewegen, fünf Millionen Dollar als Ersatz für das Land, das den Hopi seit 1882 weggenommen wurde, anzunehmen.

Damit wäre die Prophezeiung restlos erfüllt – und es sah so aus, als ob der Stammesrat dieses Geld mehr schätzt als die traditionellen Werte und Ansprüche der Hopi. Noch ignoriert er die Proteste der traditionsbewussten Hopi nicht völlig, aber er kann es jederzeit tun – ohne sie befragen zu müssen (vgl. Kapitel 4 über Black Mesa). Auf diese Weise sind die Hopi in eine hoffnungslose Lage geraten, aus der sie nur mehr Hilfe von außen befreien kann.

Das ist auch die Kernaussage ihrer Prophezeiungen: Der ältere weiße Bruder hätte die Pflicht, ihnen zu helfen, wenn sie selbst versagten oder von außen so bedrängt würden, dass ihre Kultur vor der Vernichtung stünde. Der 1972 verstorbene letzte Kikmongwi von Hotevilla, *Dan Katchongva,* sprach in diesem Zusammenhang von den „Kindern der Sonne" und bezeichnete damit den weißen Bruder, der – wie sein jüngerer roter Bruder – vom Sonnen-Clan abstamme. Er sollte vom Osten zu Hilfe kommen und mit sich jene zwei Steintafeln bringen, die er seinerzeit mitgenommen habe, und die Reinigung durchführen, eine Reinigung, die zunächst den Hopi gilt; jenen, die von der spirituellen Lebensweise abgewichen sind.

Es begann offenbar damals, als der erblich bestimmte Kikmongwi des Bären-Clans in Alt-Oraibi, Lololma, um 1900 die Zusammenarbeit mit Vertretern der US-Regierung anstrebte. Er hätte bereits die Steintafel, die als Zeichen seiner Macht und Autorität über alles Land und Leben in seine Hand gegeben worden war – so eine zusammenfassende Darstellung in *Techqua Ikachi* – wegen seiner Abweichung an den Führer des Feuer-Clans, Yukiuma, abtreten müssen. Auch sein Nachfolger, der aus Shungopavi herbeigeholte Wilson Tewaquaptewa, behielt die Steintafel ebenso unrechtmäßig, obwohl er mit den Regierungsvertretern gegen den erklärten Willen der Traditionalisten gemeinsame Sache machte. Schließlich verließen die Traditionalisten 1906 unter der Führung von Yukiuma unfreiwillig Alt-Oraibi, um Hotevilla zu gründen. Tewaquaptewa starb 1960, und der Verbleib der Steintafel – so James Kootshongsie in *Techqua Ikachi* – ist nicht geklärt.

Ähnlich verhält es sich mit dem Nachfolger von Yukiuma, dem Kikmongwi Pongyawma, ebenfalls ein Mitglied des Feuer-Clans, der genauso abtrünnig wurde wie die Dorfväter von

Alt-Oraibi. Er hätte die zweite Steintafel, die seinem Clan von Yukiuma anvertraut worden war, an den Führer des Spinnen-Clans weiterreichen müssen. Das geschah jedoch nicht, und sein Nachfolger, der Sohn Yukiumas, Dan Katchongva vom Sonnen-Clan, war bereits ohne Steintafel. Genauso dessen ebenfalls inzwischen verstorbener Nachfolger, Ralph Tawangyawma vom Mais-Clan. Bis zu seinem Tod im April 1988 übte der spirituelle Führer David Monongye in Hotevilla Funktionen wie ein Kikmongwi aus – aber auch er soll nicht im Besitz der Steintafeln gewesen sein (vgl. S. 315).

James Kootshongsie dazu in der Zeitschrift *Techqua Ikachi* (vermutlich 1981 verfasst): „... es wird die Pflicht des weißen Bruders sein, diese Steintafeln in die richtigen Hände zu geben. Wenn das nicht geschieht, wird unser großer Schöpfer mit Hilfe der Natur das Gericht durchführen."

Dieser Zustand ist jetzt offensichtlich erreicht, denn die Hopi scheinen nicht mehr in der Lage zu sein, ihre eigenen Konflikte in einer spirituellen Weise – entsprechend dem Gesetz des Großen Geistes – zu lösen.

Um die Bedeutung der Steintafeln noch besser erklären zu können, zitiere ich einen Teil aus einem Schreiben von Thomas Banyacya Sr., das er für einen deutschen Freund am 12. Januar 1961 verfasste:

„Die letzte große Zerstörung (der vorangegangenen ‚dritten Welt‘, wie sie die Hopi nennen, der Verf.) geschah durch eine Flut, die alle, außer einigen wenigen Treugebliebenen, vernichtete. Bevor das geschah, erbaten und erhielten sie eine Erlaubnis vom Großen Geist, mit ihm in diesem neuen Land zu leben. Der Große Geist sagte: ‚Es liegt an euch, ob ihr bereit seid, so wie ich arm, demütig und einfach zu leben. Es ist hart, aber wenn ihr gemäß meinen Lehren und Anweisungen leben wollt und niemals den Glauben an jenes Leben verliert, das ich euch geben werde, möget ihr kommen und mit mir leben.' Die Hopi und alle, die vor der großen Flut gerettet wurden, schlossen einen heiligen Bund mit dem Großen Geist. Sie schworen einen Eid, dass sie niemals von ihm abweichen würden.

Für die Hopi ist der Große Geist allmächtig, ein Geist, der jede Gestalt oder Form annehmen kann. Manchesmal erscheint er als ein ansehnlicher, manchesmal als ein schrecklicher Mann oder Wesen. Man sagt, er sei ein sehr großer Mann, ein roter Mann. Er erschien den ersten Menschen als ein Mann und sprach mit ihnen. Er erzählte ihnen, wie sie leben und verehren, wohin sie gehen und welche Nahrung sie haben sollten. Um sein Land und Leben zu schützen, fertigte er einen Satz von (vier, der Verf.) Heiligen Steintafeln an, in die er alle Lehren, Anweisungen, Prophezeiungen und Warnungen hineinhauchte. Das geschah mit der Hilfe einer Spinnenfrau und ihrer zwei Enkel, die alle die klügsten und mächtigsten Helfer des Großen Geistes waren. Bevor sich der Große Geist verbarg, legte er vor die Führer der verschiedenen Gruppen Mais in verschiedenen Farben und Größen, damit sie wählten, was ihre Nahrung in dieser Welt sein sollte.

Hopi wartete bis zuletzt und nahm das kleinste Stück. Dadurch erwies sich Hopi vor dem Großen Geist als klug. Daraufhin sagte der Große Geist: ,Das ist gut gehandelt, du hast den wahren Mais erhalten, denn alle anderen sind Nachahmungen; innerhalb jedes einzelnen von jenen sind verborgene Samen verschiedener Pflanzen. Du hast dich mir als klug gezeigt, und deshalb will ich in deine Hände diese Steintafeln geben, *Tiponi* genannt, Symbol der Macht und Autorität über alles Land und Leben, um es zu leiten, zu beschützen und treuhänderisch für mich zu verwalten, bis ich in späteren Tagen zurückkehren werde, denn ich bin der Erste und der Letzte.'

Der große Führer, der die Treugebliebenen in dieses neue Land und Leben führte, kam vom Bogen-Clan und hatte zwei Söhne von derselben Mutter. Ihr Vater geriet auf böse Wege und starb. Die zwei Söhne und Brüder schalten ihren Vater für seinen Fehler, den er gemacht hatte, und nachdem er gestorben war, übernahmen sie die Verantwortung der Führerschaft.

Diesen beiden Brüdern wurde ein Satz Heiliger Steintafeln gegeben, und beide wurden angewiesen, sie zu einem Platz zu bringen, den der Große Geist ihnen angewiesen hatte. Der ältere Bruder ging sofort nach Osten zum Sonnenaufgang, und nachdem er seinen Bestimmungsort erreicht hatte, musste er unverzüglich umkehren, um nach seinem jüngeren Bruder zu sehen, der im Land des Großen Geistes bleiben sollte. Seine Aufgabe war es, seinem jüngeren Bruder zu helfen, um den

Tag der Reinigung zu bringen, an dem alle böse und falsch Handelnden bestraft oder vernichtet werden sollen. Danach sollen wirklicher Friede, Bruderschaft und immerwährendes Leben zustande kommen. Er wird alles Land seinem Bruder zurückgeben, dem der Böse unter dem weißen Mann es weggenommen haben wird.

Ebenfalls wird er kommen, um nach den Heiligen Steintafeln zu suchen und die Heilige Mission zu erfüllen, die ihm vom Großen Geist aufgetragen worden war. Der jüngere Bruder wurde angewiesen, das ganze Land zu bedecken, seine Fußspuren gut zu kennzeichnen – so wie er in diesem Land geht. Beiden Brüdern wurde erklärt, dass ein großer Weißer Stern am Himmel erscheinen wird, sobald die Menschen sich in diesem Land und in anderen Ländern ausgebreitet haben. Ihnen wurde erzählt, dass, wenn das geschieht, *alle* Menschen wissen sollen, dass der ältere Bruder seinen Bestimmungsort erreicht hat, und daraufhin alle Menschen sich ansiedeln sollten, wo immer sie sich um diese Zeit befinden würden. Sie sollten sich für ständig ansiedeln, bis der ältere Bruder, der nach Osten ging, zum jüngeren zurückgekehrt sei.

Es wird gesagt, dass der ältere Bruder nach vielen Jahren vielleicht seine Hautfarbe verändern möge, die weiß werden könnte; aber sein Haar wird schwarz bleiben. Er wird auch die Fähigkeit besitzen, Dinge niederzuschreiben, und wird deshalb der einzige sein, der die Heiligen Steintafeln entziffert. Wenn er in dieses Land zurückkehrt und seinen jüngeren Bruder findet, werden diese Steintafeln Seite an Seite gelegt werden, um der ganzen Welt zu zeigen, dass sie wahre Brüder sind. Dann werden ein Großes Gericht und große Strafe kommen, denn er wird seinem jüngeren Bruder helfen, wahre Gerechtigkeit für alle indianischen Brüder herzustellen, die alle misshandelt wurden, seit der weiße Mann in unser Mutterland kam."

Carolyn Tawangyawma erklärte übrigens auf einer Pressekonferenz in Frankfurt am Main, die im Oktober 1982 abgehalten wurde, dass sie einen Freund in England kenne, der auf diesem Gebiet forsche und wüsste, wo sich „der Stein" befinde. Und auf die Frage, wie er (gemeint sind aber die beiden Steine, der Verf.)

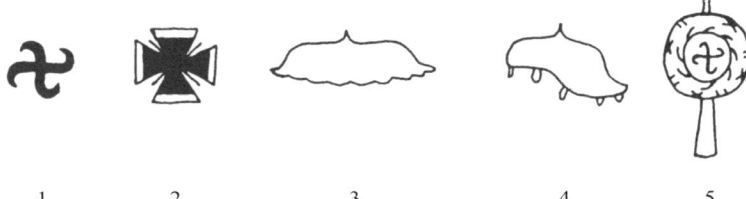

| 1 | 2 | 3 | 4 | 5 |

Symbole des „weißen Bruders" *(nach Thomas Banyacya Sr.)*
Das Hakenkreuz befindet sich, vom Symbol der Sonne umschlossen, gewöhnlich auf den Rasseln der Hopi *(Figur 5)*.

zu den Hopi käme: „Wer immer das ist, der diese Pflicht hat, er wird auf spirituelle Weise durch den Schöpfer dazu bewegt werden, es zu tun." Und weiter: „Es befindet sich eine geheime Botschaft auf dem Stein, die nur der weiße Bruder – durch den Schöpfer – wird entziffern können. Sie wird genau zu jener passen, die die Hopi auf ihren Tafeln haben."

Dieser „weiße Bruder" sei zugleich identisch mit einer spirituellen Nation, die nicht an eine Grenze gebunden ist. Dazu Thomas Banyacya Sr. in seinem Schreiben vom 12. Januar 1961:

„Er wird allmächtig sein und eine rote Kappe oder einen roten Mantel tragen. Er wird eine große Bevölkerung besitzen und keiner Religion angehören außer seiner eigenen. Er wird mit sich die Heiligen Steintafeln bringen. Groß wird sein Kommen sein. Niemand wird imstande sein, ihm zu widerstehen. Alle Macht dieser Welt wird in seine Hand gegeben sein. Er wird rasch kommen und in einem Tag Kontrolle über diesen ganzen Kontinent erlangen. Die Hopi wurden gewarnt, niemals Waffen zu erheben.

Mit ihm werden *zwei Große* sein, beide sehr intelligent und mächtig. Einer davon wird ein Symbol oder Zeichen des Hakenkreuzes haben, das Reinheit bedeutet und ein männliches Zeichen darstellt (siehe Abbildung, *Figur 1*). Er wird auch dieses Symbol oder Zeichen *(2)* besitzen, das ebenfalls Reinheit verkörpert und ein weibliches Zeichen ist, ein Erzeuger von Leben. Die roten Strahlen zwischen dem Zeichen repräsentieren das Lebensblut einer Frau. Es ist ebenso bekannt, dass er eine Kappe ähnlich dem Oberteil eines gehörnten Helmes tragen wird *(3)*. Einer der Enkel von Spinnenfrau trägt eine Kappe, die noch in Gebrauch ist, wie diese *(4)*.

Der dritte oder zweite der zwei Helfer unseres wahren weißen Bruders wird ein Zeichen oder Symbol der Sonne haben. Zu diesem Zeichen werden ebenfalls viele Menschen gehören, die sehr intelligent und mächtig sind. In unseren heiligen Kachina-Zeremonien haben wir eine Kürbisrassel, die noch heute in Gebrauch ist. Auf sie ist ein Zeichen dieser zwei mächtigen Helfer unseres Treuen Bruders gemalt. Es sieht aus wie diese Darstellung *(5)* ... Beide werden die Erde zweimal erschüttern, und dann wird es am dritten liegen, der sich mit den beiden verbünden wird – und gemeinsam werden sie als *einer* kommen, um den Tag der Reinigung zu bringen und ihrem jüngeren Bruder zu helfen, der in diesem Land wartet.

Es ist ebenso prophezeit, dass, wenn diese drei versagen, ihre Aufgabe zu erfüllen, der *eine* vom Westen kommen wird wie ein großer Sturm. Es werden viele, viele Menschen sein, und er wird unbarmherzig sein ... Aber wenn diese es versäumen, ihre Aufgabe in diesem Leben zu erfüllen, werden die Führer der Hopi ihre Gebetsfedern zu den vier Ecken der Erde legen und den Großen Geist anrufen, dass er den Blitz verursachen möge, um die Menschen der Erde zu schlagen. Nur die Rechtschaffenen werden wieder zum Leben erwachen. Denn wenn alle Menschen sich vom Großen Geist abgewandt haben, wird er die Großen Wasser veranlassen, die Erde wieder zu bedecken. Wir, die Menschen, werden die Chance verloren haben, immerwährendes Leben zu erlangen ...

Aber wenn die drei ihre heilige Aufgabe erfüllen und wenn ein oder zwei oder drei Hopi bis zuletzt diesen uralten Lehren oder Anweisungen treu geblieben sind, dann wird der Große Geist, *Massau'u,* erscheinen, bevor alles das gerettet sein wird, und die drei werden einen neuen Lebensplan entwerfen, der zu immerwährendem Leben führt ...“

Das wäre auch das Ende dieser *vierten Welt,* wie die unsrige genannt wird. Wenn Thomas in seiner Botschaft lediglich von einer „dritten“ spricht, so ist damit gemeint, dass die Menschen (in ihrem Bewusstsein) symbolisch noch in der dritten leben, sofern sie nicht in ihre Verantwortung gegen über der vierten Welt eingeweiht wurden. Bei den Hopi geschieht das durch die *Wuwuchim-Zeremonie;* für diese Welt würde es generell durch die *große Reinigung* geschehen, sofern es nicht zu einer totalen Vernichtung kommt.

Nach dem US-Journalisten Thomas Tarbet Jr., einem der profundesten Hopi-Kenner, sprechen andere Hopi in Bezug auf dieses dritte, welterschütternde Ereignis von einem *mystischen Ei* bzw. einem *Ei des Geheimnisses,* das (übrigens auch durch die Farbe Schwarz) das unerforschliche Geheimnis der Schöpfung darstellt – wie die Hagal-Rune (vgl. S. 242f.).

An dieser Stelle möchte ich auf die Symbolik des Tarot hinweisen, dessen Karten u. a. zum Wahrsagen verwendet werden. Luisa Francia spricht in ihrem Buch „Hexentarot, Traktat gegen Macht und Ohnmacht", davon, dass Tarot „eine sehr alte, meditative Methode" sei, „mittels eines Spiels die ‚Tiefen des Seins' zu ergründen". Nach dem „Bildlexikon der Symbole" sollen in ihm altägyptisches, orientalisches und fernöstliches Wissen zusammenfließen. Zigeuner hätten diese Karten nach Europa gebracht.

Die Tarot-Karte mit der Nummer 21 stellt die Welt oder die Zeit dar. Sie wird als *Welten-Ei* oder als die *tanzende Erde* gedeutet, nach den Zigeunern als „die Erfüllung aller Dinge", als ewige Wandlung bzw. als „Sinnbild der Wiedergeburt aller Dinge" (vgl. S. 85, Lagu-Rune, sie hat die Nr. 21).

Ich glaube, dass hier eine Parallele zum geheimen Wissen der Hopi vermutet werden darf, zumal Weißer Bär im Hopi-Erdmythos „Kasskara und die sieben Welten" behauptet, dass von ihren Vorfahren ein Teil von Kasskara nach Asien ausgewandert sei.

Auch Baird Spalding weist in seinem Buch „Leben und Lehren der Meister im Femen Osten" auf dieses Mutterland hin, das dort MU genannt wird. Dasselbe Grundwissen über die Geheimnisse des Lebens findet sich zum Beispiel bei den keltischen Druiden in Europa. Ihre Wurzeln sollen auf die „sehr Weisen" von Atlantis, dem Gegenkontinent zu Kasskara, zurückgehen. Das behauptet Bruno Moser in einem Sendemanuskript des Österreichischen Rundfunks vom 2.1.1981. Von Atlantis soll es eine Verbindung über Westeuropa und Nordafrika bis nach Ägypten und den Fernen Osten gegeben haben. Eine Annahme, die durch Josef Blumrich in „Kasskara" sowie durch die auffallenden Parallelen zwischen den Urkulturen dieser Regionen ebenfalls erhärtet wird. Es ist daher anzunehmen, dass wir in der illyrischen, keltischen und germanischen Kultur dasselbe Wissen besessen haben, von dem die Hopi heute sprechen. So wird auch in der germanischen Götterdämmerung von einer Katastrophe erzählt, die dem Phänomen des Polsprungs, wie ihn die Hopi befürchten, sehr ähnlich ist. Auch dort ist am Ende von einem alles vernichtenden Feuer die Rede. Beide Prophezeiungen sehen jedoch danach eine neue Erde und ein glückliches Zeitalter voraus.

> „Wir sind die Nachfahren derjenigen, die vor langer Zeit die letzte Zerstörung der Welt durch eine große Flut überlebt haben. Unsere Aufgabe ist es, das Wissen über das Überleben in der Hoffnung weiterzugeben, eine andere globale Katastrophe aufgrund der Erfindung eines Kürbis voll Asche, der Atombombe, zu verhindern."
>
> *Thomas Banyacya Sr.*

In Zusammenhang mit dem dritten, welterschütternden Ereignis schreibt der inzwischen verstorbene Dan Katchongva in einer Broschüre von einem *roten Symbol,* das er mit der dritten Nation oder dem dritten Bruder gleichsetzt: „Er wird die Befehlsgewalt übernehmen, indem er die vier großen Kräfte der Natur für die Sonne in Bewegung setzt. Wenn er das tut, wird die ganze Welt erschüttert und rot werden und sich gegen jene wenden, die das kulturelle Leben der Hopi behindern ... Wenn das geschieht, wird das Zeichen der aufgehenden Sonne sichtbar werden." Ob mit dieser Sonne die Atomkraft bzw. die Kraft der Neutronenbombe und eine folgenschwere Explosion oder (auch) eine „gelbe" Nation gemeint ist, kann nur vermutet werden.

Weißer Bär spricht immerhin vom *gelben Drachen* oder *gelben Bären,* wobei er, wie er selbst sagt, aus der Bibel zitiert. Er fügt aber etwas über ein Wissen von einem geheimnisvollen *gelben*

Stern hinzu.

In „Kasskara und die sieben Welten" wird er noch deutlicher, indem er von einer elektrischen Waffe erzählt, „die sie jetzt entwickeln oder bald erfinden werden ... Ich weiß nicht, wie sie wirkt, aber es wird etwas ausgestrahlt werden, wie Rundfunkwellen von einem Sender; es geht überall hin."

Und in einem Gespräch mit mir erwähnt er bereits unmissverständlich die Neutronenbombe, die unter Präsident Reagan abgeworfen würde (vgl. Kapitel 8).

Ähnliche Aussagen finden sich auch bei europäischen Sehern wie Nostradamus, der Seherin von Prag und Alois Irlmaier aus Bayern, der darüber hinaus von einem plötzlichen Einmarsch der „Roten" spricht sowie von einer Naturkatastrophe in Süddeutschland, die den Angreifer nach Norden vertreiben würde. Bei Nostradamus finden sich sogar Absätze, in denen neben Köln und Wien andere Städte der nördlichen Hemisphäre als bedroht erwähnt werden.

In dem hervorragenden Aufsatz „Kriegsprophezeiungen" von Hans Bender, zu finden in der *Zeitschrift für Parapsychologie und Grenzgebiete der Psychologie* Nr. 3/4, 1981, wird eine übersichtliche und ausführliche Zusammenfassung dieser Prophezeiungen geboten. Darin stellt der Autor auch Parallelen zur Johannes-Apokalypse des Neuen Testaments her, deren Aussagen den Atomphysiker Bernhard Philberth an den Einsatz von Atombomben erinnern: „Die in großer Höhe ziehenden Staubschwaden lassen speziell (Tyndall-Effekt) eine Art von Verdüsterung und Verfärbung erwarten, wie es heißt: ‚Die Sonne wird schwarz wie ein härenes Trauergewand; der ganze Mond rot wie Blut' (Offenbarung 6/12)."

Auch das angeblich am 13. Juli 1917 offenbarte „dritte Geheimnis" von Fatima, das der Vatikan erst im Jahr 2000 der Öffentlichkeit mitteilte, spricht laut Bender eine deutliche Sprache: „Der große, große Krieg fällt in die zweite Hälfte des zwanzigsten Jahrhunderts. Feuer und Rauch werden dann vom Himmel fallen, und die Wasser der Ozeane werden verdampfen, und die Gischt wird gen Himmel zischen und alles wird umstürzen, was aufrecht steht. Und Millionen und Abermillionen von Menschen werden von einer zur andern Stunde ums Leben kommen, und die, welche dann noch leben, werden diejenigen beneiden, welche tot sind ... Die Zeit der Zeiten kommt und das Ende aller Enden, wenn die Menschheit sich nicht bekehrt und diese Bekehrung nicht von oben kommt, von den Regierenden der Welt und den Regierenden der Kirche ..."

Auf einen möglicherweise verwandten Bereich, dem der medialen Botschaften durch „höhere Intelligenzen", wie die Esoteriker sagen, möchte ich ebenfalls hinweisen. Diese Aktivitäten sollen zu Beginn der sechziger Jahre erstmals aufgetreten sein (1962 begann das Wassermannzeitalter – das sogenannte *New Age*). Christine Porgan schreibt darüber unter dem Titel „Ebenso schrecklich wie wundervoll" in der Zeitschrift *Esotera* vom Oktober 1981. Ich nehme diese Berichte deshalb so ernst, weil sie verblüffende Parallelen sowohl zum Wissen der Hopi um solche höheren Intelligenzen als auch zu ihren Prophezeiungen aufweisen. Darüber hinaus sei zum Beispiel die spirituelle Gemeinschaft von *Findhorn* durch solche Botschaften gegründet worden. Eine ähnliche Gruppe ist die der *Gildas-Freunde* um Ruth White und Mary Swainson in Südengland. In dieser Gruppe von über 400 verschiedenen Menschen geht es darum, „bewusst die eigene innere Führung wiederum zu finden, ihr zu vertrauen und danach zu leben".

Gildas, der sich als eine nicht verkörperte Persönlichkeit bezeichnet und dessen Name „Bote der Wahrheit" bedeutet, erwähnte erstmals 1962, „dass der Erde große Veränderungen bevorstehen, die auf ‚der anderen Seite' schon vorbereitet" würden. Die Vibrationen der Erde würden sich erhöhen und damit der Charakter der Materie sowie unser Verhältnis zu Zeit und Raum so fundamental verändert werden, dass es mit unseren heutigen Begriffen nicht darzustellen sei.

Er betonte auch, dass diese Veränderung von Menschen ausgelöst wird: „In einem kurzen Augenblick wird jemand auf eurer Ebene eine große Energie freisetzen, und erst im Augenblick dieser unwiderruflichen Entscheidung wird klarwerden, wie bruchstückhaft das menschliche Wissen von dieser Art Energie ist."

Die Materie würde dem Menschen nichts mehr nützen, eine völlige Neuorientierung würde nötig sein, da Verständigung und Fortbewegung mit physischen Mitteln „verschwinden" würden.

„Die wahre Kraft des Denkens" würde zu ihrem Recht kommen. Schließlich werde von dieser Veränderung das ganze Universum betroffen sein.

Dabei ist von einem Sieg des Lichts über die Finsternis die Rede, von einem Übergang in die vierte Dimension – auch im Bereich des menschlichen Bewusstseins: „Ein Bewusstsein der Unendlichkeit, in dem es weder Alter noch Tod" gäbe.

Vergleicht man diese Aussagen mit jenen der Hopi (wie sie Thomas Sr. in seiner Botschaft noch näher ausführt), so kommen verblüffende Parallelen zutage. Zumal auch die Hopi von einem Aufsteigen in die fünfte Welt sprechen, was – verglichen mit der tibetischen und hinduistischen Mystik – dem Hals- oder Kehlkopf-Chakra als neues, maßgebliches Zentrum im Menschen entsprechen würde. Insgesamt gibt es sieben solcher seelisch-körperlicher Schwingungszentren, das siebente und höchste ist das Scheitelzentrum. Es wird als „Tür zum Schöpfer" bezeichnet, durch die das Bewusstsein ein- und austritt, wie Frank Waters im „Buch der Hopi" schreibt. Die Hopi kennen diese Zentren ebenso und setzen sie mit den sieben Welten oder Bewusstseinsebenen gleich, wobei ihrer Auffassung nach auch der Körper der Erde dieselbe Entwicklung durchmacht.

Ein Übergang in eine neue Dimension ist somit durchaus zu erwarten: denn das Hals- oder Kehlkopf-Chakra soll den Zugang zu den Naturgesetzen eröffnen und eine Kommunikation auf rein geistiger Ebene ermöglichen – etwas, das von Gildas ganz offensichtlich angedeutet wird, ebenso von Thomas Banyacya Sr. in seiner Darstellung.

Auch bei dem bereits früher zitierten US-Geologen Jeffrey Goodman und seinen seherisch begabten Mitarbeitern ist die Rede von einem neuen Zeitalter „spiritueller Einheit", in dem zum Beispiel Gebete – wie bei den Hopi – für den Ernteertrag eine zentrale Rolle spielen sollen. Der Mensch würde dann seine „wahre Natur und Kapazität" erfahren, die Regierungen würden den Menschen „zur spirituellen Entwicklung verhelfen".

Was auch immer danach kommen mag – der Übergang in diese neue Welt wird schmerzvoll sein, wie die Hopi sagen. Auch Gildas sprach von einem „gewaltigen Schock" für die große Mehrheit der Menschen, „denn alles, was sie als ‚Leben' und lebenswert empfand, wird mit einem Schlag ausgelöscht sein".

Der Hopi-Älteste David Monongye drückt das in einer Erklärung, die er gemeinsam mit eingeweihten Ältesten aus Hotevilla anlässlich der Begegnung zwischen Carolyn Tawangyawma und dem Dalai Lama 1982 verfasste, so aus: „Wenn der letzte Krieg kommt, wird er so mächtig und plötzlich sein, dass unser Urteilsvermögen durch Panik vollständig lahmgelegt sein könnte ... Lebendiges wird schreien. Sogar ein Stein mag gesehen werden, wie er schreiend einen Hügel hinabrollt." Und weiter:

„Der universelle Plan ist sehr klar, aber die Menschen schrecken oft davor zurück, sich seine Wirklichkeit zu vergegenwärtigen oder über sie zu sprechen – aus Angst davor, als Untergangspropheten abgestempelt und unter ehrbaren Leuten nicht mehr geachtet zu werden. Aber es ist tatsächlich die Lösung, durch die der Schöpfer die Welt in Ordnung bringen wird ... Kein grausames Schicksal würde uns erwarten, hätten wir nicht wie Kinder gehandelt und mit unseren Spielzeugen der Zerstörung gespielt. Wie es ist, müssen wir dem ins Auge sehen, was uns bevorsteht."

Wie mir Thomas Banyacya Sr. ebenfalls versicherte, hänge es von den Handlungen der Menschen ab, ob dieses dritte, welterschütternde Ereignis als große Reinigung lediglich ein schmerzvoller Durchgang oder die Vernichtung der Menschheit durch sie selbst oder durch die Kräfte der Natur sein wird, um – so David Monongye – „den Plan des Schöpfers wiederherzustellen". Dabei wird der Grad der Gewalttätigkeit durch das Ausmaß an Ungerechtigkeit und Unausgewogenheit, das unter den Menschen und im Gleichgewicht der Natur verursacht wurde, bestimmt werden.

Es kann vermindert werden, indem sich der Mensch in der Behandlung der Natur und seiner Mitmenschen berichtigt, indem er auf den spirituellen Pfad zurückkehrt – ein Schritt, der sich zum Beispiel in der erstarkenden Umweltschutz-, Friedens- und Alternativbewegung abzeichnen könnte. Besonders bemerkenswert erscheint mir dabei die Tatsache, dass es gerade in den deutschsprachigen Staaten BRD und Österreich seit einiger Zeit entsprechende politische Parteien gibt. Wenn diese Bewegungen und jene, die sich mit den spirituellen Wurzeln unserer Kultur beschäftigen, genügend ernst genommen werden, könnte sich daraus ein weltweit sichtbares Beispiel der Umkehr entwickeln;

ein Beispiel, das die Menschen über Sprachen und Grenzen hinweg eint und dem Leben dient (vgl. die Seiten 125, 187, 203 und 225).

Auf diese und ähnliche Weise kann die Reinigung jederzeit freiwillig begonnen werden – bevor sie uns von außen überrascht. Dasselbe gilt auch für einzelne Völker und Staaten. Ich vergleiche diesen Vorgang gerne mit einem Menschen, der sich lange schlecht ernährt und falsch orientiert hat und jetzt eine Entschlackung, also eine Reinigung durch eine Fastenkur sowie eine radikale geistige Umstellung benötigt: Das mag für viele ungewohnt, vielleicht sogar schmerzhaft sein – aber es entspricht den Intentionen der Hopi (vgl. Kap. 13, *Freiheit ist freiwillig*). „Die Welt muss vor allem wissen, dass wir noch umkehren können, aber es bleibt nur mehr wenig Zeit", erklärt mir Thomas Banyacya Sr. im Sommer 1981 dazu.

Letzte Zeichen?

Dann fährt er fort: „In den nächsten drei bis vier Jahren wird es weltweit bedrohliche Zeichen geben, gefährliche politische und militärische Entwicklungen, die dem ‚Tag der Reinigung' vorausgehen." Auch Weißer Bär deutete ähnliches an. Er erzählte mir einige Tage später vom *Kriegstanz,* in dem die Zerstörung der Feinde besungen wird. In dessen Folge (gerechnet ab dem Aufführungsdatum in Polacca, dem 16. August 1981) würde etwas Bedrohliches schon innerhalb von vier Tagen, dann innerhalb von vier Monaten und vier Jahren geschehen. Und in der Tat: Innerhalb von vier Tagen (am 19. August 1981) wird ein libyscher Düsenjäger abgeschossen (vgl. S. 123), innerhalb von vier Monaten (am 13. Dezember 1981) wird in Polen der Kriegszustand ausgerufen, und innerhalb der Vierjahresfrist (am 10. November 1982) stirbt Breschnew, dessen Nachfolger im Februar 1984 bzw. März 1985 starben. 1984 wird Indira Gandhi ermordet und Reagan wiedergewählt, 1985 ist Michail Gorbatschow neuer Kreml-Herr.

Dann sprach Weißer Bär – und stimmte damit mit Thomas Banyacya Sr. überein – von einem schrecklichen Winter 1981/82. Auch den gab es bereits nicht nur in den USA, sondern auf der ganzen Welt.

Thomas Banyacya Sr. weiter: „Das Wetter wird beginnen, sich abrupt zu ändern, von heiß zu kalt und umgekehrt." Das ist eine Tatsache, die Europäer und Amerikaner spätestens im Winter 1982/83 kennenlernen: in Griechenland zum Beispiel (insbesondere auf Kreta) fallen gebietsweise überraschend große Schneemengen, in Moskau gibt es zur selben Zeit frühlingshafte Temperaturen. In Österreich, Jugoslawien, Frankreich und in der BRD kommt es zu regelrechten Katastrophen, als im Januar 1983 die Temperaturen sprunghaft zwischen Frühling und Winter wechseln. In den USA toben im selben Winter zweimal orkanartige Schneestürme, die Zehntausende von ihrer Umwelt abschneiden; 1984 bedroht eine große Dürre Millionen Afrikaner.

Dann deutet Thomas noch sieben Hungerjahre an, die bald folgen würden. Die nächsten Zeichen zur Umkehr würden der Welt im Frühjahr 1982 gegeben werden: In dieser Zeit gibt es nicht nur heftige Unwetterkatastrophen, die weltweit bis zum Winter andauern, sondern auch eine steigende Zahl von Erdbeben und Vulkanausbrüchen, die seither nicht mehr aufhören. Die Hopi nehmen solche Zeichen sehr ernst, auch den Falklandkrieg (April bis Mai 1982), den Libanonkrieg (Juni bis September 1982) sowie den Krieg zwischen Iran und Irak, der erneut am 14. Juli 1982 ausbricht.

Und wie sind die Maßnahmen der USA zu betrachten, deren Regierung im Frühjahr 1982 bereits den Atomkrieg probt, ein militärisches Oberkommando für den Weltraum einrichtet und deren Verteidigungsminister Caspar Weinberger zu dieser Zeit ein Papier erstellt, in dem es heißt, dass sich die USA darauf vorbereiten müssen, einen ausgedehnten Atomkrieg gegen die Sowjetunion zu gewinnen?

Als ich schließlich mit Thomas Banyacya Sr. telefonisch über diese Dinge spreche, versichert er mir, dass die Hopi in größter Sorge seien und der Welt noch mehr von ihrem Wissen mitteilen müssen. Soviel konnte er mir vor der Endredaktion dieses Buches schon sagen: „Es werden Feuer im Westen, Osten, Süden und Norden ausbrechen. überall beginnen viele Feuer zu lodern, auf der ganzen Welt." Damit sind u.a. auch Kriege und Unruhen gemeint. Dann sagt Thomas noch, dass er sich freue, dass dieses Buch erscheint – „das ist sehr beeindruckend".

In einem Schreiben, das ich kurz darauf erhalte, erklärt er deutlich, dass die jüngsten bemannten Raumstationen die letzten Zeichen für die Menschheit seien, von denen die Hopi-Prophezeiung spricht, „entweder alles zu zerstören oder jetzt noch Korrekturen durchzuführen und die ganze Menschheit zu wirklichem Frieden und zu wirklicher Harmonie zurückzubringen".

„Der Tag der Reinigung ist greifbar nahe", wie Carolyn Tawangyawma im Oktober 1982 in München versicherte, denn es beginnen bereits jene Tiere in das Land der Hopi zurückzukehren, die es in den letzten Jahrzehnten verlassen hatten. David Monongye: „Sie werden beginnen, zurückzukehren, um Schutz zu suchen, gerade noch vor dem Tag der Reinigung."

Als ich im Januar 1983 aus der Zeitung erfahre, dass die britische Regierung für März „ein zweiwöchiges, geheimes Kriegsspiel" plane, in dem „die Notstandspläne für einen Atomkrieg durchexerziert werden", wird mir klar, wie er schreckend nahe das Angekündigte rückt. Offenbar haben die verantwortlichen Politiker, Wissenschaftler und Techniker das nötige menschliche Augenmaß und Verantwortungsbewusstsein verloren – auch jene, die uns die Gefahrlosigkeit von Atomkraftwerken einreden wollen und dabei die Folgen des Uranabbaus großzügig verschweigen.

Es kann kein Zufall sein, dass gerade im Januar und Februar 1983 Teile des sowjetischen Satelliten Kosmos 1402 auf die nördliche Halbkugel der Erde niedergehen und durch seinen stark strahlenden Atomreaktor mit 45 kg Uran weite Gebiete der Erde radioaktiv verseucht werden. Zum selben Zeitpunkt wird in Österreich die Diskussion um die Inbetriebnahme seines einzigen Atomreaktors in Zwentendorf bei Wien von Politikern und sogenannten Wirtschaftsfachleuten wieder eröffnet, obwohl das 1978 befragte Volk offenbar Hausverstand und Weitsicht bewies, als es seine Inbetriebnahme ablehnte.

Dieses „Himmelszeichen" kommt auch zur selben Zeit, in der man in der BRD plant, die Strahlenschutzverordnung zum Schutz vor der Abgabe radioaktiver Stoffe wesentlich zu lockern. In diese Kategorie gehört auch die neue Klassifikation von radioaktiven Abfallstoffen, die es ermöglichen wird, in der BRD im Raum Salzgitter hochradioaktiven Atommüll zu lagern. Damit wird es ein Endlager dafür geben – und eine neue Voraussetzung zur Genehmigung weiterer Atomkraftwerke in der BRD. Außerdem wird in Allertshausen bei Freising (Südostbayern) bereits eine Anlage zur radioaktiven Bestrahlung von Lebensmitteln hergestellt. Vor allem Erdäpfel, Zwiebel, Gewürze und Früchte aus dem EG-Raum sollen auf diese Weise konserviert werden. Muss noch mehr geschehen als alles das und der Absturz von atomar betriebenen Satelliten auf die Erde? Offensichtlich ja. Denn selbst der *Tschernobyl-Super-GAU* am 26. 4. 1986, dessen fürchterliche Folgen alles Leben in Frage stellen, hindert keinesfalls die führenden Politiker der Welt, insbesondere der BRD, voll auf diese Technik des Todes zu setzen und bürgerkriegsähnliche Proteste dagegen in Kauf zu nehmen. Nur Österreich erklärt sein AKW für „tot". Verheerende Hagelstürme im Alpenraum (speziell über Bayern), Giftgaskatastrophen, Bürgerkrieg in Indien, Sri Lanka, Irland, Südafrika und im Nahen Osten; Erdbeben in Mexiko und Vulkanausbruch in Kolumbien mit 85 000 Toten (1985), wachsender Terror, AIDS, beängstigende Flugzeugabstürze und im April 1986 US-Bomben auf Libyen: wie lange noch? Von Januar 1986 bis September 1988 gelingt den USA kein Raketenstart ins All ...

Abschließend ein weiteres Zitat aus dem „Buch der Hopi": „Nur materialistische Menschen versuchen, sich durch Schutzräume zu retten. Jene, die in ihrem Herzen Frieden haben, wohnen in dem großen Schutzraum des Lebens. Es gibt keinen Schutzraum gegen das Böse. Jene, die sich nicht an der Zersplitterung der Welt durch Ideologien beteiligen, sind dazu fähig, das Leben in einer neuen Welt aufzunehmen, mögen sie nun der schwarzen, der weißen, roten oder der gelben Rasse angehören. Sie alle sind eins, sind Brüder. Dieser Krieg wird eine geistige Auseinandersetzung mit materiellen Mitteln sein. Die materiellen Mittel werden von Geistwesen zerstört werden, und diese Geistwesen werden bleiben, um *eine* Welt und *ein* Volk unter *einer* Herrschaft zu gründen, nämlich der des Schöpfers."

Vielleicht ist es das, was Thomas meinte, als er mir erzählte, dass „am Ende der Große Geist eine andere Macht benützen wird, um alles zu reinigen", sofern die Brüder versagten, die den Auftrag haben, den Hopi zu helfen.

146

10 Die Botschaft der Hopi an die Welt

„Der Tag der Reinigung ist nahe.
Wir wollen, dass das verstanden wird.

Thomas Banyacya Sr.

Am 21. August 1981 ist es soweit: Thomas Banyacya Sr. hat genügend Zeit, um mit mir über die Botschaft der Hopi ausführlich zu sprechen. In den Tagen zuvor hatte er an verschiedenen Versammlungen der Ältesten teilgenommen, morgen wird er in den Staat Washington fliegen, um bei einer Konferenz indianischer Medizinmänner zu sein. Anschließend plant er mit seinem Sohn und einem Medizinmann aus Shungopavi eine Reise zur UNO nach Genf, zur internationalen Konferenz der nichtstaatlichen Organisationen, danach Vorträge in der Schweiz, Frankreich und Italien.

Geschäftigkeit? Nein – Besorgtheit um die Situation der Hopi und der Welt. Das Wissen, dass er der einzige ist, der den Auftrag, der ihm 1948 erteilt worden war, noch ausführen kann – und muss, trotz seiner 72 Jahre. Dennoch gibt es keine Hektik, keine Unrast oder Unausgeglichenheit. Er ist wie ein ruhig dahinfließendes Wasser: sanft, beständig und kraftvoll; eher zurückhaltend, nie aufdringlich oder laut.

Wir sitzen einander in der bescheidenden Küche seines Wohnhauses gegenüber. Auf einfachen Holzbänken, zwischen uns der langgezogene Holztisch, an dem wir oft gefrühstückt hatten. Niemand stört uns, lediglich die Hühner machen sich durch gelegentliches Gackern von draußen bemerkbar. Im Haus ist es angenehm kühl – bei der traditionellen Bauweise benötigt man keine Klimaanlage.

„Die Botschaft der Hopi ist dazu da, um die Menschen zu warnen", erklärt er mir im Vorgespräch, „ob und wie die Prophezeiungen eintreffen, das hängt ganz allein vom Verhalten der Menschen ab. Aber die Zeit ist sehr kurz. Der Tag der Reinigung ist nahe. Wir wollen, dass das verstanden wird." Irgendwann zwischen 15 und 19 Uhr schalte ich auf seinen Wunsch den Kassettenrecorder ein.

Was aufgenommen wird, ist ein einmaliges Dokument dieses Volkes und seiner Art zu sprechen: In Formulierungen, die – wie

Thomas Banyacya Sr., Sprecher und Interpret der traditionellen Hopi (1909-1999)

in einer Kreisbewegung – immer wieder zum Ausgangspunkt zurückkehren, das Wichtigste wiederholen und durch neue Inhalte immer mehr ergänzen und bereichern. Dabei zerfließen die scheinbaren Grenzen zwischen dem, was wir Vergangenheit, Gegenwart und Zukunft nennen. Denn in der Sprache der Hopi gibt es keinen Begriff für Zeit, daher auch keine „Zeit-Wörter", die Sichtbares und Unsichtbares trennen. Was war, ist lebendig im Jetzt, und das ist bereits der Keim für den nächsten Augenblick.

Genauso ist es mit den Lehren der Hopi, die mit ihren wichtigsten Inhalten als Botschaft an die Welt erst seit 1948 an Außenstehende weitergegeben werden: Sie sind gegenwärtig, weil sie durch unser Wollen vollzogen und damit wirksam werden. Dieser Wille bestimmt unsere Art und Weise, wie wir die *Gesetze des Großen Geistes* erfüllen, wie die Hopi sagen, und bestimmt damit unsere Nähe zu ihm. So verfügen wir selbst über unser Karma oder Schicksal.

Karma ist nur die Auswirkung der Disharmonie und des Streites, die wir verursacht haben", zitiert Baird Spalding einen Meister des Fernen Ostens (mehr darüber im Kapitel 14 und unter den Buchhinweisen). Damit drückt er aus, was die Hopi wissen und mit ihrer Botschaft der Welt vermitteln wollen: Unser Wille und unser Tun als seine Manifestation werden zum Bewahrer der kosmischen Ordnung oder zum Auslöser ihrer Disharmonie.

Es war nicht leicht, diese Erzählweise von Thomas Banyacya Sr. ins Deutsche zu übertragen, zumal es sich um ein bildhaftes, prozessorientiertes Denken handelt, das sich von unserer abstrakten und punktorientierten Denkweise wesentlich unterscheidet.

Um das Original so gut wie möglich wirken zu lassen, wurde nichts umgestellt, keine Wiederholung gestrichen, auf Überschriften bewusst verzichtet. Lediglich eine Gliederung in Abschnitte und Hervorhebungen sollen das Aufnehmen des gesprochenen Wortes erleichtern.

Und das ist es, was die Hopi sagen:

„Eine spontane Rede zu halten bedeutet, den Worten Lebendigkeit zu geben und vom Herzen zu sprechen. Das ist im Grunde die Art der Hopi."

DIE BOTSCHAFT DER HOPI AN DIE WELT

Erzählt von deren offiziellem Sprecher und Interpreten Thomas Banyacya Sr. am 21. August 1981 in Neu-Oraibi

Seit vielen Jahren haben die Hopi und viele andere Ureinwohner, sowohl in den Vereinigten Staaten als auch – seit kurzem – in Kanada, Mexiko, Alaska und bis hinunter zum Süden Zentralamerikas, Probleme unter den weißen Regierungen, die auf diesem Kontinent durch fremde Nationen gegründet wurden und ständig, seit sie hierherkamen, unseren Lebensstil, unseren Glauben und unsere Sprachen zu verändern suchen.

Sie versuchen, unsere Zeremonien zu zerstören, unsere Art zu leben vollständig auszurotten und uns zu ihrem Lebensstil, zu ihrer Sprache, ihrer Religion hin zu verändern. Daher bemühen wir uns jetzt, das zu unterbinden, und versuchen, den Menschen zu erzählen, dass wir früher für viele, viele Tausende Jahre ein sehr gutes Leben hatten – nach der Art der Hopi. Wir waren bereits viele, viele Tausende Jahre hier, bevor irgendein weißer Mann hierherkam, und wir haben unser eigenes Regierungssystem. Die einzige Art, wie ich es beschreiben kann, ist die: Es ist eine traditionelle Form der Selbstregierung.

Ich fand heraus, dass in den Wörterbüchern des weißen Mannes das Wort „Tradition" die Bedeutung von Wissen oder Information hat, die von einer Generation an die andere mündlich überliefert wird: Du sprichst über Dinge; du liest keine Bücher, du schreibst nichts. Durch mündliche Überlieferung gaben unsere Ältesten viel Wissen über unsere uralte Geschichte weiter, über unsere Kultur, unsere Religion, unsere Zeremonien und Gesänge – alles das geschah mündlich.

Die Vorfahren der Hopi errichteten unser Regierungssystem in den Dörfern auf jenen Tafelbergen, die die Spanier *Mesas* nannten; auf der zweiten und dritten Mesa. In diesen Dörfern entstanden um den *Kikmongwi* Gemeinschaften. Er ist der hohe spirituelle Vater, und seine Frau soll den Menschen Mutter sein. Er hat die Macht, die Autorität und die spirituell-religiöse Pflicht, das Leben aller Menschen in diesem Land gedeihen zu lassen, ebenso das Leben vieler anderer Menschen, nachdem sich diese über den ganzen Kontinent verbreitet hatten.

Einige von ihnen kamen hierher zurück und zogen in diese Dörfer ein, nachdem ihnen eine besondere Prüfung auferlegt und sichergestellt war, dass sie friedliebende Menschen waren. Sie lebten mit dem Kikmongwi im Dorf und brachten gewöhnlich ihre religiösen Zeremonien mit, die sie auch dort ausführten.

Einige von ihnen konnten zum Beispiel einen guten Regen oder gutes Wetter bringen und andere wieder guten Schnee. Alle zusammen brachten ein gutes, glückliches Leben. So entstanden die *religiösen Bünde,* und der Kikmongwi wies sie an, ihre Zeremonien in dem Monat durchzuführen, in dem deren Mitglieder ins Dorf gekommen waren. Sie alle kamen mit der Erlaubnis des Kikmongwi in diese Dörfer.

Auf diese Weise wurden jeden Monat, im Kreislauf des Gesamtjahres, viele religiöse Hopi-Zeremonien von verschiedenen Bünden durchgeführt. Der letzte Bund war der *Antilopen-Bund,* der später mit dem *Schlangen-Bund* vereinigt wurde. Seine Angehörigen kamen im August, und deshalb führen sie ihre Zeremonien im August durch.

Alle diese Dinge waren da, und das soziale Gefüge der Dörfer wurde um die Führer dieser religiösen Bünde errichtet. Der Kikmongwi gab ihnen, nachdem gewisse Bünde erlaubt waren und deren Vertreter ihre religiösen Zeremonien sowie ihr eigenes soziales Gefüge mitgebracht hatten, rund um die Mesas ein bestimmtes Gebiet zur Nutzung: für den Anbau, für ihren eigenen Lebensunterhalt – und so verbreiteten sie sich über die Mesas. Wir nennen das „religiöse Pacht", wenn die Bünde ein bestimmtes Areal zu ihrer Nutzung erhalten. In diesen Bünden gibt es auch verschiedene Clans, die ebenfalls dieses Recht besitzen. Alle Clans haben ein eigenes Gebiet für den Anbau und können dieses Land nutzen. Wenn sie es jedoch aufgeben oder nicht mehr bebauen, kehrt es in die Hände des Kikmongwi zurück, der ihnen von Anfang an das Recht und Privileg gab, dieses Gebiet zu nutzen. Alle diese Dinge wurden mündlich überliefert.

Unsere Vorfahren wählten auch einige Führer aus diesen religiösen Bünden, und so haben sie ihre eigenen Sprecher und Ratgeber, ihre Ältesten. Ebenso haben sie heute noch ihre Wächter, manche nennen sie „Krieger", andere „Ausrufer", die helfen, Leute zu bestimmten Zeiten zusammenzubringen, wenn der Kikmongwi es verlangt oder einige andere Führer ein Treffen wünschen: dann wird er sie rufen. Bei so einem Treffen handeln die Wächter wie in der Gesellschaft des weißen Mannes: Es gibt einen Wachtmeister, der das Treffen beaufsichtigt, sodass durch niemanden ein Aufruhr stattfinden kann.

Diese Bünde sind sehr heilig und sehr religiös. Deren Mitglieder wissen, sobald sie auf diese Weise vorbereitet worden sind, wie sie sich selbst in allen ihren Angelegenheiten und in allem anderen zu verhalten haben. Da gab es für niemanden einen Grund, Regeln aufzustellen oder irgendwelche Gesetze niederzuschreiben. Ebenso gab es kein Bedürfnis nach einem Gericht, einem Richter oder einer Polizei. Diese Menschen haben ihr eigenes System, und das existierte hier bereits Tausende Jahre, bevor der weiße Mann kam.

In diesem Gebiet gibt es keine Bewässerung wofür auch immer, denn die vielen Bünde hatten statt dessen Zeremonien. Wenn sie jene in einem bestimmten Monat durchführen, dann ist es für guten Regen; und jedes Mitglied muss fasten, mindestens drei oder vier Tage, an einigen Orten acht, an anderen sogar 16 Tage lang.

Sie fasten, und nachdem sie ihre Zeremonie vollzogen haben, kommt irgendwann die gewünschte Wolke und bringt guten, sanften Regen; vielleicht drei Tage oder drei Nächte lang. Es ist ein ständiger, sanfter Regen, der den ganzen Tag, die ganze Nacht niedergeht und den Boden tränkt, so dass nichts abrinnt, sondern alles in den Boden eindringt. In dieser Weise sprechen die Ältesten von den früheren Tagen, bevor diese Lebensart der Hopi zerstört wurde, die nicht mehr kommen wird, ebenso wie die religiösen Übungen ihrer Führer.

Du kannst hier herum kaum mehr etwas wachsen sehen – im Gegensatz zu früher: Da gab es viel Gras, grüne Täler, Blumen, Hirsche, alle Arten von Tieren ... überall hier. Eine Menge Nahrung wuchs hier; es gab eine üppige Vegetation, alles war da. Dazu brachten sie natürlich ihren Mais, Bohnen, Melonen und andere Nahrungsmittel mit. Sie bauten das alles an, und darunter ist kaum etwas, was der weiße Mann brachte oder was davon den Hopi wirklich half.

Sie begannen hier aus eigener Kraft, ohne Hilfe von irgend jemandem, denn sie brachten dieses Wissen von einem anderen Ort mit, woher sie gekommen waren. Sie glaubten an eine Welt vor dieser und eine vor der anderen. Da gab es zwei Welten vor dieser, die gut waren.

Sie begannen wirklich schön, alles war in Ordnung, alles war wunderbar, aber irgendwo fangen die menschlichen Lebewesen immer alles zu verändern an und sich von ihrem spirituellen Pfad oder den spirituellen Gesetzen abzuwenden. Dann greifen sie störend in die Gesetze der Natur ein und beginnen, viele Dinge zu erfinden. Und irgendwann fühlen sie sich besser als der Große Geist oder Gott und zerstören sich selbst, was immer sie auch erfinden.

Sie zerstörten die Natur so stark, dass es ein Feuer gab und eine große Flut. Es kommt immer wieder zu einem Zerfall des Lebens, des Familienlebens, alles geht zugrunde.

Aber irgendwann erkennen sie, dass das Leben einen Weg einschlägt, auf dem es vielleicht total zerstört würde. So kommen immer wieder die spirituellen Führer zusammen, um einige von ihnen zu retten und sich mit ihnen in die nächste Welt zu begeben, da die bestehende vollkommen zerstört wird, wie die beiden Welten vor dieser.

So – sagen die Hopi – kamen wir auf diesen Planeten, auf diese Welt – von einer anderen Welt. Wir trafen den Großen Geist, und er lehrte uns, wie wir für dieses Land Sorge tragen sollen.

Es war schön, rein, alles war in Ordnung. Es gab schöne Blumen, grüne Täler, reine Quellen und Flüsse, hochgewachsene Bäume, Tiere, Vögel – und alles war geordnet.

Er gab diese Art von Land und Leben den ersten Führern, die hier waren, und legte es in die Hände dieser hohen Führer.

So erhielten die Kikmongwis ihre Stellung und Macht vom Großen Geist. Sie haben geheime Embleme oder Symbole der spirituellen Macht, der Autorität, die ihnen gegeben wurde und noch immer in ihren Händen liegt. Jedes lebende Wesen dieser Erde, die Seelen von allem, der Spirit von allem ist darin eingeschlossen. So halten sie das ganze Leben im Gleichgewicht – für alle Lebewesen dieser Erde. Das ist die Macht, die diese Kikmongwis haben.

Sie müssen in bestimmte religiöse Bünde eingeweiht werden und sind Mitglied des *Wuwuchim-Bundes,* der die höchste Hopi-Zeremonie durchführt. Wenn sie eingeweiht werden, erhalten sie all dieses Wissen. Daneben gibt es durch Erbfolge bestimmte Kikmongwis auf Lebenszeit. Sie kommen aus dem Bären-Clan, der als eine führende Gruppe betrachtet wird. Deren Mitglieder halten diese Macht in ihren Händen, aber man muss befähigt sein, um Kikmongwi zu werden.

Da lebt noch immer einer aus dem Bären-Clan auf der zweiten Mesa, in Shungopavi. Er ist der höchste Hopi-Führer, der eingeweiht und mit einem Namen versehen wurde. Ihm wurde die Macht von einem anderen Bund gegeben, dem *Einhorn-Bund*. Daneben gibt es noch einen anderen Bund, der *Zweihorn-Bund* genannt wird. Aber die Mitglieder des Einhorn-Bundes autorisierten ihn und weihten ihn ein. Sie gaben diese Macht in seine Hände, und er hat sie noch immer inne.

So müssen alle anderen Clan-Mitglieder und religiösen Gruppen ihre Zeremonien für den Kikmongwi ausführen, um dieses Leben gut, rein und schön werden zu lassen und im Gleichgewicht zu halten. Aber wenn sie dieses Gleichgewicht stören, dann kommt statt des guten, sanften Regens vielleicht ein Wolkenbruch, der alles wegschwemmt; oder vielleicht wird der Wind heftig, vielleicht schüttelt ein Erdbeben alles nieder, oder Blitze kommen und schlagen von da an in Bäume, Tiere und Menschen ein.

Das ist es, was die Hopi „Religion" nennen – wir nennen es „Religion", aber es ist ein Lebensstil, der auf diesem Kontinent durch die Macht des Großen Geistes *Massau'u* eingesetzt wurde. Er gab den Kikmongwis alle Macht und Autorität, deshalb sind sie die Autoritäten, die das für alle Hopi bewahren, für alle eingeborenen Völker, für alle Menschen dieser Erde. Auf diese Weise halten sie diese Welt im Gleichgewicht. Daher ist es wichtig, dass diese Botschaft jetzt vor die Weltöffentlichkeit gebracht wird, denn das ist das Leben, das wirklichen Frieden und Harmonie sowie Respekt gegenüber der Natur, den Tieren und Vögeln bringt.

Wir nehmen nur, was wir wirklich für die Nahrung benötigen, wir zerstören nichts; wir haben genug. Wir müssen auch Tiere halten und töten einige davon. Aber dafür müssen wir eine Zeremonie durchführen. Als Gegengabe für ihr Leben opfern wir Gebetsfedern, Maismehl und anderes. Wenn wir irgend etwas nehmen, tun wir dasselbe; wenn wir Pflanzen für Nahrung oder Medizin benötigen, machen wir dasselbe. Nichts wird ohne die

Durchführung irgendeiner Zeremonie für sie getan; auch, um ihnen auf diese Weise unsere Wertschätzung zu zeigen.

Das ist das Leben, das wir hier ohne die Hilfe irgendeiner Regierung aufgebaut haben. Es wurde durch das Wissen der Ältesten aufgebaut, die es von dort hergebracht hatten, von wo sie aufgebrochen waren.

Dort wurde ihnen gesagt, daran in allen Zeiten festzuhalten und dieses Land lebendig und im Gleichgewicht zu bewahren: durch Gebete, Meditation, Fasten und die Durchführung von Zeremonien. Ihnen wurde auch gesagt, dass wir an diesem Weg festhalten sollen, damit dieses Land weiter und weiter in einem natürlichen Zustand erhalten bleibt. So würde sich alles selbst auf natürliche Weise erneuern.

Aber da gab es eine Gefahr, nachdem sich die Menschen über das ganze Land und die ganze Welt verbreitet hatten, dass irgendwo irgendwer – dass viele Menschen dieses Wissen verlieren oder sich davon abwenden, es vergessen könnten. Dann erfinden sie vieles und werden sehr zerstörerisch. Auf viele Weise sind sie entwickelt und fortgeschritten; aber irgendwann ist diese Welt in jeder Hinsicht so durcheinandergebracht, dass da Erdbeben kommen und viele Orte erschüttern und mehr und mehr Menschen vernichten. Jedesmal, wenn ein Ort erschüttert wird, werden mehr Menschen vernichtet; heftige Winde werden zerstörerisch, und der Regen wird mehr und mehr heftig und vernichtend.

Vielleicht ändern sich die Jahreszeiten, vielleicht gibt es an einigen Plätzen keinen Regen, und alles verdorrt. An einem anderen Ort könnte soviel Regen fallen, dass er alles zerstört, auch die Tiere, die Vögel und die Menschen. Vielleicht geschieht es auch, dass Blitze mehr und mehr Menschen erschlagen.

All dies war bekannt, und die ersten großen Führer der Hopi wurden gewarnt – jene, die die Menschen aus der anderen Welt gebracht hatten –, und *Massau'u* trug ihnen auf, die Menschen all dies zu lehren und sie darin zu unterrichten. Jedem von ihnen wurden dieselben Anweisungen, wie wir sie haben, gegeben, um sie durchzuführen, und dieselben Symbole, die wir haben, um sie zu verwenden.

Dann mussten sie in die Welt gehen, und sich in die vier Himmelsrichtungen ausbreiten.

Das ist die Art, wie sich die eingeborenen Völker dieses Landes über das ganze Land verbreiteten: in vier Himmelsrichtungen. Und sie errichteten geheime Schreine, und alles Mögliche war darin, so dass sie, wo immer sie waren, ihre Zeremonien ausführten und alles in guter Ordnung hielten.

Das ist der Weg, durch den unsere Leute das, was heute „westliche Hemisphäre" genannt wird, in guter Ordnung erhielten. Es war rein, es gab schöne Täler, eine Fülle von Bäumen, reine Quellen und Flüsse. Du konntest überall hingehen und Wasser ohne Gefahr trinken; es gab genügend Nahrung. Das ist die Art des Lebens, die wir behüteten. Aber irgendwann gab es eine Trennung, denn da gibt es Menschen, die irgendetwas tun, und solche, die in der Lage sind, in besserer Weise dieses Land zu behüten. Da gab es eine Spaltung.

Darüber sprachen die Hopi-Führer, mit denen ich schon eine Weile arbeite, und alle spirituellen Führer, einschließlich der Kikmongwis, vier Tage lang, als sie sich 1948 in Shungopavi auf der zweiten Mesa trafen. Sie erklärten alles durch mündliche Überlieferung, und ich hörte ihnen zu.

Ich war eben aus der Schule des weißen Mannes zurückgekehrt und hatte zwei Jahre das College in Oklahoma besucht, wo ich in Büchern vieles über Weltreligionen gelesen hatte.

Aber als ich 1948 meinen Ältesten zuhörte, lernte ich vieles, das ich nicht wusste, als ich heranwuchs: Legenden, Geschichten und Erzählungen, die mündlich überliefert wurden: über Tiere, Vögel und die Pflanzenwelt, wie sie die Menschen ihren Kindern erzählen. Wie man für sich selbst sorgt, was man essen soll und auf welche Gefahren zu achten ist; warum sie hier in dieser Welt sind und welche besondere Aufgabe sie haben.

Sie erzählten alle diese Dinge, und als ich diese Bücher über Weltreligionen las, fand ich dasselbe Wissen, das einige religiöse Führer in der Vergangenheit gelehrt hatten, worüber sie gesprochen hatten – was aufgeschrieben worden war.

1948 lernte ich viel von meinen Ältesten, und ich war überrascht, dass sie soviel wussten. Sie haben viele Warnungen für die Zukunft: dass wir dieses Leben wieder in die letzte Phase bringen könnten, so wie es war, bevor die vorige Welt total zerstört wurde – und wie leicht es geschah. Viele Dinge ereigneten sich da: Die Menschen wurden verrückt, sie erfanden so viele mächtige Gegenstände und hörten auf niemanden; sie lachten die spirituellen Führer aus und bekämpften einander mit vielen Mitteln, die sie erfunden hatten. Dann wurde alles völlig zerstört.

Eines Tages könnten auch wir in dasselbe Stadium kommen, denn es gab da eine Trennung zwischen den eingeborenen Völkern: Das Volk, das mit den Farben der Mutter Erde hier lebte – seine Haut ist braun oder rot –, wurde hier in der westlichen Hemisphäre gelassen, um auf den spirituellen Weg zu achten, gemäß den Gesetzen des Großen Geistes. Das andere Volk mit hellerer Gesichtsfarbe, *weißer Bruder* genannt, das abgetrennt worden war, schloss sich einer anderen Gruppe an und wanderte in östlicher Richtung über das Wasser zu einem anderen Land.

Diesen beiden Brüdern wurde gesagt: „Gebt auf diese Weise acht auf dieses Land, entsprechend dem spirituellen Weg – mit Gesang, Gebeten und Zeremonien. Aber du warte hier auf deinen Bruder, der zu einem anderen Platz gegangen sein wird. Ihm wird die Fähigkeit gegeben, Erfindungen zu machen, Aufzeichnungen durchzuführen und das Leben dort gut zu gestalten. Ganz gleich, welche Fähigkeit er haben wird, zu handeln – du gestalte dieses Leben hier gut! Dann wird er hierher zurückkommen, um nach seinem jüngeren Bruder zu sehen, der das Land noch immer gemäß dem spirituellen Weg behütet."

Wenn er mit seinen Erfindungen kommt, sollen wir vorsichtig sein – denn spirituelle und materielle Dinge waren von Anfang an miteinander verbunden – in der Weise, dass, wenn du etwas erfindest oder eine Erfindung mitbringst, wir darüber beten, meditieren; vielleicht drei oder vier Tage lang. Vielleicht kommt dann eine Kraft von außen, vielleicht eine spirituelle Kraft, und teilt mit, dass diese Erfindung nicht gut ist, du besser nichts mehr erfindest und das alles ist, was du erfinden sollst. Vielleicht ist diese Erfindung gefährlich, und es ist besser, das nicht zu ersinnen – dann ist es besser, wenn du es nicht erfindest oder ausführst.

Aber andere Dinge, die du bringst, könnten eine Zeitlang gut sein, gut genug, dass jeder sie verwenden kann, um das Leben hier besser zu gestalten. Das ist die Art und Weise, wie unser weißer Bruder und die eingeborenen Völker dieses Landes, die heute „Indianer" genannt werden, zusammenkommen sollen – gemäß den Gesetzen des Großen Geistes.

„Aber wenn der weiße Mann hierher zurückkommt und seine spirituellen Dinge zur Seite schiebt, die durch den heiligen Kreis, der kein Ende hat, repräsentiert werden, dann seid auf der Hut", sagten sie. Denn der Große Geist gab uns dieses Land und Leben, und beides wurde nie zerstört – so wie in den anderen beiden Welten zuvor. Solange wir dem Gesetz des Großen Geistes folgen, wird es kein Ende für dieses Leben geben, es ist wie ein Kreis. Die Hopi empfingen es, und auch dem weißen Mann wurde es genauso gegeben.

Der Große Geist sagte dem weißen Bruder weiter: „Geh da hinüber und wandere über das Land, bis du an einen Ort – gerade wie an das Ende der Welt – kommst. Dort ist eine Mauer. Berühre dort deine Stirn, dreh dich um und komm zurück, um deinem Bruder zu helfen. Aber wenn du dort zwei oder drei Tage verweilst, bedeutet das viele Jahre, bevor du wieder zurückkommst. Und es könnte vielleicht sein, dass du die Bedeutung des spirituellen Kreises vergisst, deinen Auftrag zu ändern wünschst."

So wussten die Hopi: Wenn der weiße Mann mit einem abweichenden Symbol kommt, mit einem anderen als dem des spirituellen Kreises, dann – so wissen wir – ist er dabei, uns viel mit seinen Erfindungen anzutun. Er ist dann dabei, auch dem Land, den Tieren und Vögeln viel anzutun. Als er kam, waren die eingeborenen Völker dieses Landes überrascht, dass er nicht den Kreis, sondern das Kreuz brachte. Das war das Symbol, das er eines Tages bringen könnte. Wenn er es bringt, dann veränderte er sich, dann verlor er dieses Wissen über sich selbst. Er würde beginnen, Gegenstände nur für sich selbst zu erfinden. So würde er kommen und vieles erfinden, was der weiße Mann tatsächlich gebracht hat.

Ich möchte nur drei Beispiele anführen, die ein 85 Jahre alter Mann erzählte, nachdem andere Älteste von der ersten, zweiten und dritten Mesa gesprochen hatten. Er fasste alles zusammen und sagte „Mein Großvater pflegte mir zu erzählen: ‚Wenn der weiße Mann kommt, mag es sein, dass er einen Wagen mit sich bringt, der von Tieren gezogen oder geschoben wird und Menschen über das Land fährt.' Und der alte Mann fügte hinzu: ‚Ich sah das, das ist ein von Tieren gezogener Wagen. Ich fuhr darin und reiste in ihm in unserem Land. Sehr bald wird diese Kutsche, dieses Vehikel – irgendeines – von selbst fahren, nicht von

Tieren gezogen, es wird ganz von selbst fahren, und wir werden damit unser Land kreuz und quer bereisen.' Ich bin darin gefahren – es ist ein Auto. Als nächstes sagte er: ‚Ich weiß nicht, was das bedeutet, wie das errichtet werden wird, aber irgend jemand von den Weißen wird etwas erfinden, so dass wir miteinander durch Spinnengewebe sprechen werden; ich weiß nicht, was das bedeutet.'" Aber viele unserer jungen Leute werden es begreifen, denn wenn man in den Himmel schaut, sieht man Telefonleitungen, die wie Spinnengewebe aussehen und sich mächtig entlang des Himmels ausdehnen. Wir sprechen miteinander über weite Entfernungen. Das ist es, was er sagte, dass es wie ein Spinnengewebe sein wird und wir dadurch miteinander sprechen werden.

Dann fuhr er fort: „Irgendwo wird jemand eine Straße am Himmel bauen, auf der viele Leute reisen werden. Ich verstehe nicht, wie jemand eine Straße dort oben bauen kann. Was wird diese Straße, wo die Menschen reisen werden, da oben festhalten?" Endlich erkannten wir, dass er über Flugzeuge sprach, die eines Tages, nachdem sie erfunden worden waren, dort oben sein und Menschen auf der Straße am Himmel tragen würden.

„Wenn diese Erfindungen für uns sichtbar werden, dann gebt acht auf all euer Leben, auch auf euer eigenes. Euer Familienleben wird zerbrechen, Eltern werden ihre Kinder irgendjemandem zuschieben und hinaushasten, um mehr Geld zu verdienen, um ein neues Auto zu bekommen. Sie werden sich um Arbeit streiten, wegen neuer Gegenstände kämpfen, mehr und mehr nach materiellen Werten streben, sich nur mehr auf ihre Kinder, ihre Familie konzentrieren und diesen Weg abseits des spirituellen Pfades fortsetzen. Das wird der Beginn von Missverständnissen unter den Menschen sein. Sogar unter Menschen mit der gleichen Sprache und der gleichen Religion wird ein Kämpfen und Streiten sein – und viel Leid wird kommen."

Es ist genauso, wie er sagte: „Es wird sein" – wie jetzt –, „dass wir von Menschen hören, die jedes Jahr Autos herstellen und dir erzählen: ‚Dieses Auto, das du hast, ist jetzt ein Jahr alt, es ist nicht sehr gut. Ich habe nun ein neues bekommen - du solltest besser etwas mehr arbeiten und dir dieses neue Auto anschaffen.' So arbeitest du hart und verbringst deine ganze Zeit damit, mehr Geld zu verdienen.

Du vernachlässigst deine Familie und deine Gemeinde, du mühst dich nur noch ab, um mehr Geld zu verdienen. Dann bekommst du endlich dieses Geld, gibst dein altes Auto auf und erwirbst ein neues." Und er sagte weiter: „Du steigst in dieses neue Auto ein, fährst die Straße entlang, und zeigst es den Leuten: ‚Jetzt habe ich ein neues Auto gekauft', und du schaust, ob es jeder betrachtet. Du bist nicht sehr vorsichtig – bevor du um die Ecke biegst, läuft jemand in das Auto, oder du fährst gegen einen Baum; oder du stürzt die Klippen hinab. Nun ist dieses Auto für nichts mehr zu gebrauchen."

Wir veränderten uns dahingehend, dass wir mehr und mehr materielle Dinge anstreben und dabei vergaßen, gemäß den Gesetzen des Großen Geistes zu leben. Wir vergaßen, was uns aufgetragen worden war, zu tun. Wir sind dabei, um alles zu kämpfen.

„Aber irgendwo entlang dieser Linie", setzte der alte Mann die Erzählung seines Großvaters weiter fort, „wird jemand etwas erfinden – ich weiß nicht, wie ihr es nennt", sagte er, „aber in der Sprache der Hopi ausgedrückt, würde es ein Kürbis voll Asche sein. Er ist sehr klein, aber es ist so mächtig, was da irgendein weißer Mann erfinden wird, dass alles zu Asche verbrannt wird, wenn wir es jemals zulassen, dass es irgendwo auf die Erde fällt. Viele Krankheiten werden dann auftreten, und viele Dinge werden für Jahre nicht mehr wachsen. Die Lebewesen unter Wasser werden an dieser Hitze sterben, da sie sehr groß ist.

Wenn dies eintritt, dann sage der Welt: ‚Macht damit nicht mehr weiter, macht es nie wieder! Denn wenn ihr damit fortfahrt, werdet ihr größere Dinge tun, die nicht nur hier Schaden anrichten, sondern vielleicht die ganze Welt zerstören.' Das ist die Warnung, die der Große Geist den Führern gegeben hatte. Erlaubt nie, dass das geschieht!"

Eine andere Sache, die sie erzählten, ist die: „Der weiße Mann wird Erfindungen bringen und sagen: ‚Nehmt das, das ist gut für euch.' Aber er wird ständig etwas anderes dafür nehmen, und er weiß, wie man liest und schreibt. So wird er das nehmen und dir ein Papier geben. Wenn du nicht weißt, was auf dem Papier steht, und unterschreibst, dann wird es dir übel gehen, du wirst in Schulden geraten und nicht wissen, wie du dich aus diesem

Griff wieder befreien sollst. So unterschreibe niemals etwas, ohne es zu verstehen! Er wird alle Mittel einsetzen: ‚Da, nimm das, komm nur, es ist gut für dich.' Aber er betrügt dich immer wieder, denn alles, was er dir gibt, gibt er nicht wirklich. Eines Tages wird er sagen: ‚Ich habe dir soviel gegeben, jetzt nehme ich dir dein Land weg.' An einem dieser Tage wird er es tun."

Nun, 1946 schuf die Regierung der USA durch ein Gesetz die Kommission für indianische Landrechte (Indian Claims Commission). Sie wurde durch den Kongress autorisiert, die Regierung im Namen aller eingeborenen Völker dieses Landes, der indianischen Nationen, anzuklagen. Und unsere Ältesten sagten weiter: „Erzähle ihnen: ‚Ihr habt uns dieses Land vor langer Zeit geraubt, aber niemals irgend etwas dafür bezahlt. Wir gingen niemals vor Gericht; wir sind nie gekommen und haben gefragt, warum ihr unser Land einfach weggenommen habt. Nun verklage ich euch, gemäß euren Vorschriften!'"

Aber der Kongress und die Kommission für indianische Landrechte schrieben diese Vorschriften, diese Verordnungen so, dass, wenn ich die Regierung gemäß ihrer eigenen Gesetze anklage, wenn ich zu Gericht gehe – bis zum obersten Gerichtshof –, dann geben sie mir nur Geld, und dann würden sie das Land besitzen. Das bedeutet, dass wir ihnen unser Land verkauft haben, sobald wir dieses Geld annehmen.

Das ist es, was die alten Leute damals, 1948, sagten:

„Nehmt dieses Geld niemals an, denn das Geld, das sich der weiße Mann von uns anhäufte, kommt von unserer Mutter Erde. Es sind unsere Dinge, aber er ist im Begriff, diese Situation zu nützen, um uns dazu zu bringen, unser Land aufzugeben, es ihm zu geben und zu verkaufen. Deshalb macht das niemals!"

1948 kam vom BIA ein Schreiben an die Hopi, und einige Führer von Hotevilla brachten mich nach Shungopavi. Sie kamen hierher und sagten: „Lass uns da zu diesem Treffen gehen, da ist eine Zusammenkunft in Shungopavi!" Als ich hinkam, trafen sich dort hohe Führer aller Dörfer, und sie sprachen über alle diese Dinge.

Sie sagten: „Aus Washington, D. C., vom Weißen Haus, wurde uns eine Nachricht geschickt, die uns veranlasste, alle Dinge zu betrachten, die wir über unsere Kultur, unsere religiösen Lehren und unsere Traditionen bezüglich dieses Landes, das wir vom

Großen Geist erhalten haben, wissen. Denn der weiße Mann, das Weiße Haus, möchte jetzt etwas mit dem Land unternehmen – deshalb müssen wir darüber nachdenken, darüber sprechen." Das ist eine der Erfüllungen der Hopi-Prophezeiung.

Aber eine andere Prophezeiung erfüllte sich auch zu dieser Zeit. Ich glaube, es war 1945, dass dieser Kürbis voll Asche, von dem die Hopi wussten, dass ihn jemand erfinden könnte, auf Hiroshima und Nagasaki in Japan abgeworfen wurde und alles zu Asche verbrannte – auch Menschen. Millionen Menschen litten darunter und viele starben.

Das und die Ereignisse von 1946 und 1948 waren eine Erfüllung der Hopi-Prophezeiung. Deshalb beriefen sie 1948 diese Versammlung ein, um der Welt zu sagen: „Macht das nie wieder! Treibt das niemals mehr voran; denn wenn ihr das macht, werdet ihr alle Menschen überall zerstören, vielleicht diese Welt!"

Sie sprachen darüber vier Tage, und nachdem sie über die Erfindungen nachgedacht hatten, sagte der alte Mann, dass, nachdem sie an einigen Plätzen eine Straße in den Himmel gebaut hätten, sie eines Tages beginnen würden, am Mond und an den Sternen herumzupfuschen. „Denn sie werden genügend Macht entwickelt haben, um das zu tun." Und er fügte hinzu:

„Wenn ihr jemals auf den Mond kommt, bringt nichts von dort auf die Erde herunter, denn mit jedem kleinen Gegenstand, den ihr von dort nehmt, beginnt ihr, alles aus dem Gleichgewicht zu bringen. Der Schöpfer hat die Natur in ein perfektes Gleichgewicht gesetzt, aber die Menschen möchten dieses oder jenes haben, und die Wissenschaft macht etwas daraus. Und genau das wird geschehen: Wenn du etwas vom Mond auf die Erde bringst, wird es mehr Erdbeben geben, mehr Flutwellen, mehr zerstörende Winde, mehr zerstörende Zyklone, mehr Krankheiten, mehr Dürre, und die Jahreszeiten werden sich verändern. Vielleicht werdet ihr eines Tages nicht mehr in der Lage sein, Mais anzubauen."

Vor all diesen Dingen wurde von den Ältesten, die die Prophezeiungen kennen, gewarnt. Deshalb sind sie darüber besorgt, dass Menschen zum Mond flogen, um etwas herunterzuholen.

Aber die letzte Sache, die der alte Mann erwähnte, war, dass vielleicht – vom Großen Geist dem Menschen anvertraut – die

Erfindung eines großen Hauses gemacht würde, das irgendwo und irgendwann in den Himmel fliegen und viele Menschen sowie viele Dinge da hinauftragen würde. Sollte die Menschheit das jemals erfinden, würden auf Erden viele Probleme auftreten. Denn von diesem Zeitpunkt an würde alles für zerstörerische Zwecke gebraucht werden: „Wenn das geschieht, werden sie etwas hinabwerfen und diese ganze Welt vernichten."

Über diese Dinge wurde 1948 gesprochen, und alles – diese Erfindungen, das Erwähnte – gibt es heute. Deshalb ist jetzt eine Zeit der Besorgnis, denn die Menschen bemühen sich, dieses Haus da hinaufzubringen – und das wird die letzte Sache sein.

Zu dieser Zeit, wenn du die Welt betrachtest, gibt es Streitigkeiten: Eine Nation bekämpft die andere, die Menschen kämpfen untereinander. Sie sind im Begriff, mehr mächtige Dinge zu bauen, zu erproben und damit fortzufahren; und sehr bald – „bäng!" – wird etwas geschehen. Wir schlittern gerade jetzt in diesen gefährlichen Abschnitt.

Daher sagen die Hopi, dass die einzige Art, zu überleben und dem zu entgehen, die spirituelle Lebensweise ist – wie sie uns der Große Geist gab: durch Meditation, Demut, Wahrheitsliebe und durch die Ausführung der Gesetze des Großen Geistes – das ist der einzige Weg! Das ist es, woher die Hopi die Befugnis haben, „Hopi" genannt zu werden.

„Hopi" bedeutet Friede, freundlich, sanft, wahrheitsliebend, standfest – und all das kannst du eine Person nennen. Wenn sie durch die Tür hereinkommt, ist diese Person wunderbar. Du weißt, sie ist sehr liebenswürdig, sanft, hilfsbereit, und sie weiß, wie sie sich selbst kontrolliert. Wenn etwas geschieht, gerät sie nicht außer sich; sie stellt sich langsam darauf ein, sie hat sich unter Kontrolle.

Das ist ein wahrer Hopi. Das ist eine wirklich friedliche Person. Und das ist der Grund, dass jeder, der dieses spirituelle Wissen erwirbt – die Anweisungen, die allen Menschen gegeben wurden –, zu diesem Verhalten zurückkehrt und es wirklich praktiziert; dass er danach lebt und die Natur da draußen respektiert: die Tiere, die Vögel und die Pflanzen, die genauso lebende Wesen sind wie wir und uns wahrnehmen, uns auf viele Weise helfen können.

Durch unsere Zeremonien beten wir für sie, sprechen mit ihnen, leben mit ihnen. Wir pflanzen unseren Mais, als wäre er ein Kind – wenn er herauskommt, gehen wir, um vor den Maistrieben zu singen; wir sprechen mit ihnen, während wir durch die Felder gehen; wir streicheln sie – genauso, wie du es mit Kindern tust. Auf diese Weise geben wir alles, damit die Pflanzenwelt kräftig und glücklich gedeiht, verstehst du? Aber wenn du sie vergisst, wachsen sie nicht so hoch und stark; vielleicht wollen sie überhaupt nicht wachsen.

Das sind einige der Beispiele, wofür die Hopi ihre Zeremonien durchführen. Sie bedeuten genaugenommen die Durchführung einer natürlichen Ordnung der Dinge, damit dieser Lebenslauf weiter bestehen kann.

Aber der Große Geist veranlasste und sagte ebenso, dass, wenn die Menschen zu streiten und zu kämpfen beginnen, wenn sie mehr und mehr zerstörerische Dinge erfinden, die Selbstkontrolle verlieren und die Unordnung nicht beseitigen können – dass man zu einem der Führer hier in der Gegend gehen und versuchen muss, ihm zu erklären, dass sie das nicht tun sollten.

Wir versuchten zum BIA zu gehen und sagten: „Macht das nicht mehr, bringt unsere Kinder nicht fort und verseht sie nicht mit einem Brandmal, indem ihr versucht, sie gemäß eurer Lebensart zu verändern. Nehmt nicht all das Land weg von uns, das wir noch immer bebauen, um unseren eigenen Lebensunterhalt zu bestreiten, und versucht nicht, unser Religionssystem zu zerstören, denn nur durch unsere Zeremonien bringen wir guten Regen hierher, und alles auf der ganzen Welt wird in Ordnung sein."

Aber sie fahren damit fort.

Dann gingen wir zum Kongress der USA, aber dort hörten sie uns nicht an. Dann errichteten sie den Stammesrat innerhalb ihres eigenen Systems, den geschriebenen Gesetzen, geschriebenen Regeln und Vorschriften, die sie „Verfassung" nennen. Wir werden unter dasselbe System gestellt wie die US-Regierung – aber für die Hopi ist das fremd: wir wählen nicht, wir folgen diesem Weg nicht; wir haben hier noch immer unsere eigenen Führer, und deshalb streben wir nicht danach. Sie akzeptieren das nicht, sie wollen diese Form der Regierung nicht, deshalb unterstützen sie sie niemals.

Immer, seitdem die Weißen kamen, kam die US-Regierung, und alle eingeborenen Völker standen vor ihrer Vernichtung. Aber an einigen Orten wurden Verträge mit ihnen unterzeichnet: „Wir werden eure Lebensart, euer Land und euch respektieren, wenn ihr das unterzeichnet." So schlossen sie diese Verträge, aber sehr bald wurde keiner davon eingehalten. Sie nehmen ihnen nur Verschiedenes weg, verwüsten ihr Land und Leben, ihre Kultur und Religion – alles geht zugrunde.

Aber die Führer der Hopi schlossen nie einen Vertrag mit der US-Regierung, daher befolgen sie das Gesetz des Großen Geistes auf ihre eigene Weise noch immer.

Und es wurde erzählt, dass die Weißen ihre eigene Regierungsform errichten werden, ihren eigenen Lebensstil, ihre eigene Religion haben werden: „Aber wenn sie damit beginnen, dann muss man ihnen sagen, dass sie das nicht tun sollen. Sie sollten verstehen, denn sie haben Wissen von hier, ihnen wurden spiritülle Unterweisungen und Warnungen gegeben: ,Macht das nicht, ihr seid hierhergekommen, um euren Brüdern zu helfen.' Aber sie begannen, unser Land und Leben, unsere Kultur und Religion zu zerstören. Dann, so verfügte der Große Geist, müssen wir zu jeder Regierung dieses Gebietes gehen.

Deshalb gehen wir zum Stammesrat, wir gehen zur BIA-Agentur in Keams Canyon, wir gehen zur Landesverwaltung in Phoenix, wir gehen zum BIA in Washington, D. C., wir gehen zum Kongress, und wir gehen zum Weißen Haus. Aber niemand von ihnen möchte das, was sie tun, beenden – sie zerstören unser Land, nehmen uns alles weg; niemand von ihnen will damit aufhören.

Dann erzählte der eine Hopi weiter: „Da wird es vielleicht eines Tages ein *Haus aus Glimmer* geben, das im östlichen Teil des Landes errichtet worden ist." Sie wussten nicht, was es war, aber Glimmer ist wie ein durchsichtiges Glas, das sie vor langer Zeit für Fenster zu verwenden pflegten.

In diesem Haus aus Glimmer würden sich die Führer aller Länder versammeln. Und wenn uns niemand zuhört, niemand uns hilft, dann müssen wir unsere Probleme, unsere Beschwerden, unsere Bitten in diese Versammlung bringen – nicht, um Mitglied davon zu sein, sondern um ihnen zu sagen: "Das ist es, was geschieht, und ihr seid da, um uns zu helfen, zu schützen, zu bewachen; um Probleme zu lösen und diese Menschen zu bestrafen, die das Falsche tun. Ihr habt die Verpflichtung, euch damit auseinanderzusetzen." Und wir müssen das tun.

Zuerst müssen wir zum Weißen Haus gehen. Sie sagten, der weiße Mann repräsentiere Reinheit, Gerechtigkeit, Ehrenhaftigkeit und Wahrheitsliebe. „Aber eines Tages kann es sein, dass die Leute da drinnen so korrupt sind, dass es wie ein schöner Apfel aussieht. Da könnte eines Tages etwas innerhalb zu nagen beginnen, und sehr bald – durch Korruption, durch Lügen, Betrügereien und Plünderungen gegenüber unserem Volk – könnte dieses Weiße Haus durch seine eigene Lebensart zusammenbrechen; weil sie die Dinge nicht in Ordnung bringen. Weil seine Politiker und Führer so gierig geworden sind, so böse und mächtig mit all ihrem Geld, mit der gesamten Entwicklung der Atomkraft; möglicherweise durch all die Macht in ihren Händen und dadurch, dass sie nicht darauf achten, was sie den Menschen antun. Sie würden so gierig werden und viele Dinge jenen Menschen verweigern, die diese unterstützt hatten, um zu helfen, und sie würden auf euch nicht hören. Dann geht zu dem Haus aus Glimmer, und gebt ihnen eine Gelegenheit, etwas zu tun.

Wenn sie nichts unternehmen, dann schaut nach Osten um Gerechtigkeit und eine ehrliche, anständige Handlungsweise; denn Hilfe, Licht, Reinheit und Gerechtigkeit werden von dorther kommen. Aber wenn die im Osten nach vielen Tagen oder Jahren, die ihr auf sie gewartet habt, nichts unternehmen, nichts in Ordnung bringen, dann blickt nach Westen. Denn irgendwo im Westen sind andere Menschen, die vielleicht kommen, um euch zu helfen. Dann müsst ihr euch an sie wenden, dass sie kommen und uns helfen: ‚Niemand hilft uns hier!'"

Das ist es, was die Hopi sagen, und das ist der Grund, weshalb wir versuchten, unsere Probleme dem Stammesrat hier vorzulegen; denn seine Mitglieder führen nur jene Dinge aus, die die Regierung von ihnen verlangt. Sie nahmen einige aus unserem Hopi-Volk, die eine Regierungsschule besucht hatten und auf deren Art und Weise ausgebildet waren.

Daher begannen sich viele an den Stammesrat der Hopi zu wenden, an ihn, der auf dem geschriebenen Gesetz der US-

-Regierung beruht – als ein Instrument der Regierung, das die Hopi veranlassen soll, Verträge zu unterzeichnen; um der Welt, den Regierungen gegenüber den Eindruck zu erwecken, dass uns Programme und Geldmittel eines Tages zu einem Wechsel zu ihrem System, zu ihrer Kultur veranlassen. Sie würden viele Dinge vorantreiben, um den Anschein zu erwecken, dass die Hopi das wollen. Aber die Mehrheit der Hopi sind Traditionalisten.

Es gibt sie noch immer, sie haben ihre eigenen Kikmongwis, ihre eigenen religiösen Bünde, die das wahre Volk darstellen, die Zeremonien und Einweihungen durchführen. Das ist die Grundlage, wie wir Hopi werden – erst, wenn wir in diese Bünde aufgenommen werden und einen Platz darin einnehmen.

Aber wenn man den Beruf eines Weißen annimmt und eine Tätigkeit beim Stammesrat, vollführt man nur den Willen der Regierung, man ist abhängig von ihren Vorschriften. Daher besteht hier zwischen dem Stammesrat und den traditionellen Führern des Volkes ein großer Unterschied.

Es gibt Hopi, die nach der Arbeit im Stammesrat wieder in die Dörfer zurückkehren und wieder wie traditionelle Hopi leben. Wir leben noch immer so, führen noch immer die Zeremonien durch, die Kachina-Tänze, und haben noch immer Kachina-Einweihungen für die jungen Menschen. Vorher dachten die Rückkehrer, sie müssten dem weißen Mann folgen und brauchen das alles nicht mehr; sie verachteten die Kultur, die Religion und sprachen nur Englisch. Aber sie hatten lediglich Jobs: tagein, tagaus gingen sie hinaus zur Arbeit, in die Städte und Großstädte.

Es ist erwiesen, dass die Hopi sagten, dass es soweit kommen könnte, dass einige aus dem Volk der Hopi diese Art des Lebens wie der weiße Mann führen möchten: mit einem Beruf, Geld und materiellen Werten. Aber sie sollten nicht versuchen, andere Menschen, das Leben und den Glauben der Hopi zu zerstören; sie sollten diesen Platz verlassen, in die Städte und Großstädte gehen und dort draußen wie der weiße Mann leben – das ist es, was sie wollen.

Und falls sie dort Fehler machen oder es zuwege bringen, zurückzukommen, können sie es noch immer, aber sie müssen, wenn sie zurückkehren, von ihren Führern wieder aufgenommen werden.

Aber jene, die dieses Leben führen wollen, sollten die Hopi-Kultur und -Religion nicht verleugnen. Sie sollen hinausgehen und so leben, dass niemand auf sie böse ist, und darauf achten, nicht hineingezogen zu werden, um bei der Zerstörung der Kultur und Religion der eigenen Leute zu helfen.

Das ist die Art, wie die Hopi das betrachten, denn viele Hopiführer in all den Pueblos sind sehr besorgt, wie die Regierung die Hopi benutzt, um sie durch Geld, das sie ihnen gibt, zu kontrollieren. Sie verwenden Geld, um Wasserleitungen und eine Kanalisation zu errichten. Auf vielen Plätzen zerstören sie ihre Heiligen Schreine. Ebenso bauen sie asphaltierte Straßen für die Dörfer und beginnen mit dem Ziehen von Zäunen.

Sie beginnen, den Stil der Häuser zu verändern – der alten Häuser, die du in den Dörfern finden kannst. An einem Ende der Mesa findest du Reihen von Wohnhäusern, die aus Lehm und Naturstein errichtet sind, vielleicht waren sie früher etwa drei bis vier Stockwerke hoch. Diese Häuser haben Familien und Clanführer um den Dorfplatz angeordnet, denn die meisten Zeremonien finden innerhalb des Dorfes oder auf dem Dorfplatz statt. Das wurde gemäß den Anweisungen des Großen Geistes und der Führer, die kamen, durchgeführt. Aber das sind die Dinge, die schrittweise vom Stammesrat zerstört werden, um des Geldes und anderer materieller Güter willen.

Sie kommen herein und sagen: „Wir verhelfen euch zu einem besseren Leben, wir verändern alles, wir verändern euren Lebensstil!" – und einiges davon mag in Ordnung sein. Die Hopi sagen: „Wenn ein traditioneller Hopi ein Pferd haben will, um damit auf dem Feld zu arbeiten, und wenn er ein Gefährt oder später ein Auto kaufen will, kann er etwas von seinem Mais, seinen Bohnen verkaufen – was auch immer auf dem Feld wächst. Wenn er einige Dinge, wie Kunstgegenstände, Handarbeiten, Mokassins oder zeremonielle Kleidungsstücke herstellt, die jeder haben muss, wenn er heranwächst und an den Zeremonien teilnimmt, kann er diese Dinge verkaufen, ein Auto anschaffen oder einen Traktor; oder er kann sich eine Stromleitung legen lassen, einen Herd kaufen oder sonst etwas, solange er selbst dafür bezahlt und bei niemandem Schulden macht."

Da gibt es kein Ende der traditionellen Lebensart, Dinge mit deiner eigenen Hände Arbeit zu verdienen, mit deinem eigenen Verstand – du bist in der Lage, alles das zu haben. Aber einige Beamte der Regierung behaupten – und trugen diese Rede in den Hopi-Stammesrat, in dem es auch einige sagen –, dass ein Hopi-Traditionalist nicht das Auto des weißen Mannes besitzen, nicht die Nahrung des weißen Mannes essen, nicht seine Kleidung oder seine Schuhe tragen sollte. Nicht einmal in die Stadt sollst du gehen, wenn du traditionell bist. Aber sie interpretieren das falsch, sie verstehen nicht. Traditionell – so, wie wir es verstehen – lehrt durch mündliche Überlieferung, dass du fähig bist, vieles zu erlangen; die Religion, Gesänge und den Anbau zu erlernen; zu lernen, wie man das macht, so dass du eine Menge Nahrung ernten kannst.

Viele Älteste haben nicht die Schulbildung des weißen Mannes, sie sprechen vielleicht nicht einmal Englisch; aber vom frühen Frühling an arbeiten sie da draußen, bebauen große Felder mit Mais, Bohnen, Melonen und anderem. Nach der Ernte ist ihr Haus voller Nahrungsmittel. Sie müssen sich wegen der Nahrung den ganzen Winter hindurch keine Sorgen machen.

Aber der Stammesrat, der gerade genug Geld hat, zahlt jeden Monat; vielleicht hat er beinahe nichts mehr am Monatsende, nachdem die Angestellten dort bezahlt worden sind. Wenn die Regierung sie hinauswirft oder die Gelder zurückzieht, werden diese jungen Leute nicht wissen, wie man überlebt; denn sie haben keinen Mais, keine Bohnen, keine Melonen in ihren Häusern gelagert. Schau, da ist ein Unterschied. Das ist der Grund, warum die Traditionalisten ihre Art des Lebens fortsetzen wollen, was für sie bedeutet, dem Gesetz des Großen Geistes zu folgen und nichts zu zerstören, sondern auf diesem Weg fortzufahren.

Für den Fall, dass die Erfindungen des weißen Mannes, seine Regierungsstruktur, sein System, das Geld zu nutzen, sein Wahlsystem oder die Polizei, das Gerichtswesen, dieses ganze System – wenn diese Macht zusammenbricht, werden sich in den Städten viele Dinge ereignen. Und wenn der Wert eures Geldes sinkt – sie sagen, dass man eines Tages nichts mehr mit Geld wird kaufen können –, wenn das alles zusammenbricht, werden Polizei, das Gerichtswesen, die ganze Regierungsstruktur durcheinandergeraten; vielleicht auch erworbene Rechte und manches, das entwickelt worden ist.

Wenn all dies zusammenbricht, wird der Hopi-Weg des Lebens, der nie auf diesen Dingen aufgebaut war, genauso weitergehen, denn diese Dörfer folgen jenem System nicht.

Wir haben noch immer unsere Führer, wir haben noch immer unseren eigenen Lebensstil; jeden Monat – während des ganzen Jahres – halten wir immer noch diese Lebensart aufrecht.

Wir wollen uns nicht zu sehr an diese modernen Dinge gewöhnen, wie zum Beispiel an einiges von dem Wohnkomfort, den die Regierung anbietet – alles ist elektrifiziert, da gibt es Gas drinnen, viele haben ein nettes Heim, fließend Wasser und alles, aber sie müssen zahlen und zahlen, um darin leben zu können; genauso wie sie zahlen müssen, wenn sie in die Stadt fahren. Sie müssen dafür zahlen, um wie ein weißer Mann leben zu können – deshalb müssen sie einen Job annehmen, um für all das bezahlen zu können. Aber wenn sie den Job verlieren, können sie für das nicht mehr bezahlen. Oder wenn die Energie ausgeht – das geschah einige Male –, können sie nicht kochen, sie können nichts tun, sie werden hilflos.

Das sind einige der Dinge, von denen die Alten sprachen, dass es uns eines Tages widerfahren könnte, wenn wir uns zu sehr an den Gebrauch dieser Dinge gewöhnt hätten.

Aber wenn das Gas und der elektrische Strom ausfällt, haben wir noch immer Holz- und Kohleöfen. Wir wissen, wie man Holz hackt, wir wissen, wie man mit so einem Ofen kocht, wir wissen, wie man im Freien kocht, verstehst du? Wir müssen fortfahren, alles das aufrechtzuerhalten, so dass, wenn irgend etwas geschieht, wir dadurch überleben können, dass wir zu diesem einfachen Leben zurückkehren.

Denn sie fanden heraus, dass das geschehen wird: Alle diese Materialien, die von der Mutter Erde kommen, könnten vielleicht eines Tages völlig zerstört werden oder erschöpft sein, und dann hätten wir nichts mehr, um etwas daraus herzustellen.

Dieses Land würde auf sehr schreckliche Weise zerstört werden, und es könnte hier vielleicht nicht mehr genug Nahrung wachsen; denn alles Wachsende muss durch etwas im Gleichgewicht gehalten werden.

In der Erde hier gibt es Kohle, Uran, Silber und Kupfer – das liegt hier, damit wir mit Verstand damit umgehen, aber sie nehmen diese Mineralien heraus, machen etwas damit, und sehr bald wird dieses Gebiet aus dem Gleichgewicht geraten.

Als die Hopi vor langer Zeit in diese Gegend kamen, kamen sie zuerst von Westen, überall gibt es Ruinen, bei den Bergen von Flagstaff, den San-Francisco-Bergen zum Beispiel, auch hier. In dieser Gegend, heißt es, trennten sich unsere Leute – einige gingen nach Osten zum ältesten Land, einige nach Westen, und einige blieben hier; andere wanderten nach Norden, nach Alaska, wo der Schnee das ganze Jahr auf dem Boden liegenbleibt. Sie gingen dorthin, und einige blieben; einige wanderten nach Süden, in die Länder Südamerikas. So strömten sie hinaus – viele Menschen waren das –, und der weiße Bruder, der das Wasser überqueren wollte, sollte eines Tages zurückkehren; und das ist es, was heute geschieht. Alle diese Dinge, von denen sie sprachen, kommen heute schnell auf uns zu.

Dieser alte Mann, der diese Versammlung einberief, stammte aus Shipaulovi, einem Dorf gegenüber von Shungopavi. Shungopavi, das ursprünglich am Fuß der zweiten Mesa stand, ist das Mutterdorf aller Dörfer auf dem Weg nach Osten, und Alt-Oraibi ist das Mutterdorf von jenen in der westlichen Richtung: von Bacabi, Hotevilla und Moencopi bei Tuba City. Sie alle kamen von diesem Dorf, haben ihren eigenen Dialekt, so dass, wenn einer aus Alt-Oraibi spricht, jeder weiß, dass er von dort herkommt. In Shungopavi sprechen sie auch einen anderen Dialekt, denselben wie in Shipaulovi.

Mishongnovi jedoch, das neben diesen beiden liegt, hat einen eigenen Dialekt. Seinen Einwohnern war es aus einem bestimmten Grund nicht gestattet, ins Dorf zu gehen, denn ihr Platz ist da drüben. Dort steht ein Felsen, steil in den Himmel ragend, den sie „Maisfelsen" nennen. Sie wurden dort angesiedelt, um für die Hopi auf den Maisfelsen achtzugeben, mit ihrem eigenen System, ihrem eigenen Lebensstil oder mit dem, was sie sonst mitgebracht hatten. Sie wurden angewiesen, dort zu bleiben und alle anderen Leute zu beobachten, um zu helfen und das Leben der Hopi zu beschützen, falls einmal irgend jemand oder irgend etwas es zu zerstören droht.

Dann wurde Walpi dort drüben errichtet, im Osten und für den Osten, auf der ersten Mesa. Walpi war sehr stark und sehr ... du magst sagen: so wie angriffslustige Menschen; sie wanderten überall herum und waren stark, als sie kamen.

Aber anstatt sie in Shungopavi einzulassen, siedelten sie sie dort oben an und gaben ihnen ein Symbol, wie das Tiponi eines Kikmongwi.

Es bedeutet Macht und Autorität, die ihnen damit zu ihrem Gebrauch verliehen wurde. Dort oben sollten sie bleiben und das Tiponi behüten. Ihre besondere Aufgabe war es, auf diese Weise die Hopi zu beschützen. Wenn irgend jemand von dort herkam, mussten sie einen von ihnen hinausschicken, der zu den Ankömmlingen gehen sollte, um mit ihnen zu sprechen oder sie zu prüfen; und diejenigen, die nichts Gutes im Schilde führten, veranlassen, wieder wegzugehen – sie hinauszuwerfen.

Aber wenn sie von guter Gesinnung waren, ebensogut wie die Dinge, die sie bringen würden, dann würden auch andere Menschen kommen, und sie sollten sie schrittweise an sich herankommen lassen, um mit ihnen zu sprechen. Das ist die Art und Weise, wie das errichtet wurde.

Ebenso sind alle anderen Leute, die nach New Mexiko wollten und jetzt ringsum die Pueblos bewohnen – wie die Zuni zum Beispiel und andere, bis nach Taos –, mit uns verwandt; sie waren hier.

Als die Hopi zuerst hier ankamen, errichteten sie den vier Himmelsrichtungen zu Ehren Heilige Schreine und gaben sehr heilige Gegenstände hinein. Für die Hopi ist dieses Land hier ein spiritueller Ring innerhalb des Four-Corners-Gebietes. Sie mussten dieses Gebiet in natürlichem Zustand belassen, durften niemals irgend jemandem erlauben, es auf irgendeine Weise zu zerstören, mussten es einfach belassen, wie es ist. „Wenn der weiße Mann kommt", sagten sie, „und um die Erlaubnis bittet, auf unserem Land leben zu dürfen, würde ihm erlaubt werden, da und dort zu siedeln, bis er zu diesem Gebiet kommt – da dürfen sie nicht hineinkommen, sondern müssen außerhalb leben."

So geschah es auch, und diese Hopi-Führer wissen, wie man die Zeremonien durchführt, wie man Gebetsfedern herstellt und alles das. Dieses Zentrum, wurde uns gesagt, ist da, um das

Leben auf der ganzen Erde im Gleichgewicht zu halten. Aber wenn jemand eindringt und beginnt, es zu zerstören, wird alles zerstört werden.

Als der Stammesrat errichtet wurde – das fanden wir jetzt heraus –, geschah es deshalb, weil die US-Regierung in diesem Gebiet Bodenschätze entdeckt hatte. Irgendwie mussten sie an alles das herankommen, und sie wussten, dass die Hopi zuerst hier gewesen waren; dass in dem gesamten Gebiet Schreine und Ruinen von uns existieren. Sie wissen das, aber um das Land zu bekommen, mussten sie einen Weg finden, um den Anschein zu erwecken, dass sie für die Hopi etwas Gutes tun.

So errichteten sie den Stammesrat und erweckten den Anschein, dass das Volk der Hopi dies wollte. Auf diese Weise hatten sie endlich den Rat, der die Verträge durch einen Anwalt unterzeichnete, der den Stammesrat repräsentiert, dem sie auch viel bezahlen.

Dann unterzeichneten sie auch einen Lizenzvertrag für die nordöstliche Ecke von Arizona, wo sie nun Kohle im Tagebau abbauen. Das geschah ohne das Wissen der Mehrheit des Volkes der Hopi, ohne das Wissen seiner traditionellen Führer, die die wirklichen Führer sind – die Regierung bediente sich einfach des Stammesrats und gab ihm keine Möglichkeit, das Volk zu informieren. Der Stammesrat sagte, dass er eingesetzt worden sei, um das Volk zu repräsentieren, aber das stimmt nicht.

Sie sagten einfach: „Da ihr die wenigen Gewählten seid, macht ihr das, was für eure Leute gut ist, ihr entscheidet für sie, ihr müsst nichts unternehmen, um das Volk zu informieren."

Das ist es, was der Anwalt John S. Boyden dem Stammesrat sagte, was ihm die Regierung mitteilte – so entschuldigen sie dieses System. Auf diese Weise wissen die meisten Traditionalisten nicht, was im Stammesrat wirklich vor sich geht. Sie sind mehr mit den Traditionalisten der Navajo beisammen. Und die wissen nicht, was in Window Rock, dem Sitz des Stammesrats der Navajo, vor sich geht. Denn diese Führer folgen dem Gesetz des Weißen Hauses oder dem der Regierung der USA und führen deren Gesetze aus, deren Vorschriften und Verfügungen. Beide üben Druck auf die Hopi aus, und jetzt sind die Bodenschätze dran. Nun sind sie diejenigen, die die Lizenzverträge für

Öl, Gas, Uran unterzeichnen. Ihnen wird erzählt: „Wenn ihr uns die Bodenschätze abbauen lässt, ist es besser für euch – ihr habt dann mehr Geld und mehr Arbeitsplätze." Der Stammesrat unterzeichnet, und die Regierung erlangt Kontrolle darüber.

So geschieht alles das, aber die spirituellen Menschen haben keinen Weg, um sich zu schützen; wir verfügen über keine Armee, über kein Geld, wir kennen die Gesetze des Weißen Hauses nicht, und wir kennen die Vorschriften nicht, die wir befolgen müssten, um uns selbst zu schützen.

Wir sagen ihnen nur: „Macht das nicht!" Aber sie hören nicht darauf. Sie antworten: „Das ist ein Gesetz – es ist vom Stammesrat unterzeichnet, ihr müsst es zulassen, wir haben die Erlaubnis."

So versuchten wir verzweifelt, dieses Gebiet zu beschützen, denn wir wissen, dass es nicht zerstört werden soll, und wir bemühen uns, von jemandem Hilfe zu erhalten.

Manchmal kommen einige Leute und helfen, die Gefühle der Traditionellen publik zu machen. Sie bemühen sich, der Welt von der Spiritualität der Hopi zu berichten – warum sie das bekämpfen –, und versuchen, es aufzuhalten. Und andere bemühen sich zu helfen, indem sie einiges vor Gericht bringen.

Als sie versuchten, den Tagebau auf Black Mesa aufzuhalten, hatten die Führer der Hopi eine schwere Zeit. Sie baten die Regierung, damit aufzuhören. Sie wussten, dass wir wohl keine Hilfe in den Gerichtshöfen der Regierung erhalten würden. Aber sie wollten es ausprobieren; sie sagten: „Wir gehen in unsere Gerichtshöfe, wir handeln entsprechend den Gesetzen." So entschlossen sie sich endlich, es zu versuchen, und daher wandten wir uns an den Innenminister, der es erlaubt hatte, dass der Stammesrat den Kohletagebau genehmigte und dass die Peabody Coal Company bereits damit begann. So wollten sie das aufhalten.

Endlich hatten wir einige Rechtsanwälte, eingeborene Rechtsanwälte, die sich bis zu diesem Punkt durchgearbeitet hatten. Das war ihr erster Fall, dass sie helfen konnten, das vor Gericht zu bringen. Sie wollten es versuchen, um zu sehen, ob die Regierung vor einem dieser Gerichte dem Volk der Hopi Gerechtigkeit widerfahren lässt; einem eingeborenen Volk dieses Landes, das keinen Vertrag mit der Regierung besitzt.

Daher kamen einige Führer zusammen, um die Regierung zu verklagen, und wir gingen vor Gericht.

Die wiesen die Klage ab, weißt du, und sagten: „Was der Stammesrat, die Regierung und die Peabody Coal Company mit ihrem Tagebau tun, das alles geschieht gemäß den Gesetzen und Vorschriften, daran besteht kein Zweifel." Auf diese Weise hörte uns das Gericht nicht an. Als nächstes wandten wir uns an das Appellationsgericht in San Francisco. Wieder kehrten sie die Sache um, denn bis zu diesem Zeitpunkt sprachen sie vom „Hopi-Stammesrat". Als wir uns jedoch an das Appellationsgericht in San Francisco wandten, bezeichneten sie plötzlich den Stammesrat als „Hopi-Stamm". Wann immer der Stammesrat etwas tat, zum Beispiel ein Papier herausgab oder Stellung bezog, dann hieß es plötzlich: „Der Stamm der Hopi will dies, der Stamm der Hopi unterzeichnet das, der Stamm der Hopi billigt das", sodass Außenstehende den Eindruck bekommen, dass der Stamm der Hopi – das gesamte Volk – damit übereinstimmt.

Aber lediglich eine Handvoll Stammesräte macht das, ohne Wissen der Ältesten oder der religiösen Führer oder der Kikmongwis; ohne dazu berechtigt zu sein.

Nachdem unsere Klage beim Appellationsgericht in San Francisco wieder abgewiesen worden war, wandten sich unsere Vertreter an den Höchsten Gerichtshof. Aber dieser sagte: „Nein. Was vor Gericht und beim Appellationsgericht entschieden wurde, greifen wir nicht wieder auf, die Sache ist hiermit erledigt."

Damit ist es für die Hopi erwiesen, dass das Regierungssystem der USA weder durch Gerichte noch durch Gesetze oder sonst etwas bereit ist, den eingeborenen Menschen dieses Landes zu helfen, sondern nur Schritte unternimmt, um sie abzuweisen. Deshalb ist das für die Ureinwohner – soweit es die Hopi-Führer betrifft – erledigt.

So wandten sie sich an das Weiße Haus, an die hohen Führer des Landes. Zu dieser Zeit hatten wir eingeborene Rechtsanwälte, die uns halfen, alles zu dokumentieren, was von der Zeit an geschah, als der weiße Mann in dieses Land gekommen war: Was sie gesagt hatten – und wie die Briefe hin und her gingen; wie die Regierungsbeamten des BIA einen Rechtsanwalt der Mormonen aus Salt Lake City stellten, der den Stammesrat der

Hopi repräsentierte, und was sie über die Hopi sagten, über die Traditionalisten – alles das ist dokumentiert. Auch, wie sie den Stammesrat aufgrund der indianischen Reorganisationsakte errichteten und alles das, was hier geschah.

Wir brachten das ins Weiße Haus, als Carter Präsident war. Letztes Jahr mussten wir es, gemäß den Anweisungen der großen Führer, zu Mittag in die Hände des Präsidenten übergeben, nachdem wir ihn gerufen und die ganze Zeit eingeladen hatten, zu kommen – aber er kam nie. So übergaben wir dort das Material am 30. April 1980. Aber Carter wollte es nicht annehmen, sondern er schickte irgend jemanden, die Dokumente, eine Gebetsfeder und eine Botschaft der Hopi-Führer entgegenzunehmen. Wir sagten ihm, er solle es sich ansehen und überlegen, ob sie alle diese Dinge korrigieren, verändern und beenden könnten.

Aber nach einer dreimonatigen Warteperiode schrieben sie endlich einen Brief, eine Anweisung des Weißen Hauses an das BIA, worin sie erklärten, dass sie nichts finden könnten, was wirklich böse oder falsch sei – oder keinen Nutzen darin sehen würden, sich mit diesen Dingen zu befassen.

Das ist die Situation – und so bleibt es. Es gibt keinen Zweifel daran, dass das Weiße Haus hier nichts ändern, korrigieren oder beenden will.

1980 wurde in Genf das gleiche Dokument der Menschenrechtskommission der UNO vorgelegt. Bei dieser Gelegenheit wandten sich andere eingeborene Völker, die dieselben Probleme haben, nach Genf und wollten das zur Sprache bringen. Im kommenden September (1981) werden diese Dinge weiter verfolgt werden, und wir werden da mehr hineinbringen, um den Leuten der UNO zu sagen, dass sie sich beeilen sollen, die Dinge zu ändern, zu beenden; sie zu korrigieren oder zu untersuchen, denn das ist ihre Pflicht und Verantwortung.

Die Regierung der USA besitzt alle diese Unterlagen, aber niemand will irgend etwas tun.

Wir erkannten, dass die Regierungsbeamten, bevor sie mit ihrer Arbeit beginnen – vom Präsidenten abwärts zu irgend jemandem, der im Dienst der Regierung steht –, dass sie alle ihre Hand immer auf die Bibel legen, die religiöse Anweisungen, Lehren und die Zehn Gebote beinhaltet, die sagen, dass man nicht stehlen und lügen soll – und alles das, was da drinnen steht. Sie legen ihre Hand auf die Bibel, als ob sie dem Gesetz des Großen Geistes folgen wollten.

Das ist es, was die Hopi taten, als sie die heiligen Steintafeln empfingen – sie haben sie noch immer bei sich –, und sie nahmen dieses Zeichen der Autorität und Macht mit dem Namen Tiponi an, das in ihren Händen ruht.

Nun, der weiße Mann hat die Bibel, und wenn er seine Hand darauf legt, dann bedeutet das, dass er dem Gesetz des Großen Geistes folgen will. Nachdem der weiße Mann seine Form der Regierung errichtet hatte, legte er eine Menge Prinzipien in der Verfassung der USA fest: Religionsfreiheit, Pressefreiheit, Freiheit des Rechtswesens, Gleichheit und das Streben nach Glück – alles das. Und jetzt gehören die USA der UNO an.

Die UNO hat eine Menschenrechtsdeklaration, in der alle Rechte aufgezählt werden. Jede Person hat individuelle Rechte: zu leben, ihre eigene Sprache zu sprechen, die eigene Religion auszuüben, eigenes Land zu besitzen, um auf ihm zu leben und den eigenen Lebensunterhalt zu bestreiten – alles das steht da drinnen.

Aber die Hopi fragen: „Was geschah mit all dem schönen Niedergeschriebenen?" Sie zitieren die Prophezeiung der Hopi, dass eines Tages diese weißen Führer oder Führer in hohen Positionen alle Ehre, Gerechtigkeit und Ehrlichkeit aus dem Fenster werfen und öffentlich etwas tun werden, von dem jeder weiß, dass es falsch ist.

Genau wie jetzt, wo sie das Land der Hopi in kleine Stücke aufteilen, diese mit Zäunen umgeben und die Navajo unsere Zustimmung wünschen, sich hier anzusiedeln. Die Weißen erklären dem Stammesrat der Hopi, dass die Navajo dabei sind, unser Land wegzunehmen, was nicht der Wahrheit entspricht. Es ist die Regierung, die die Navajo hier herum ansiedelt, indem sie Gesetze beschließt und Verwaltungsbezirke dort schafft, wo den Navajo die Erlaubnis gegeben wurde, lediglich ihr Vieh zu weiden – rund um den Verwaltungsbezirk Nummer sechs.

Und jetzt erließen sie ein anderes Gesetz, bekannt als Bundesgesetz PL 93-531, das der Regierung und dem Stammesrat die Autorität und Kontrolle verleiht, das ganze Gebiet einzuzäunen:

einen Teil der Hopi-Reservation von 1882 und den Verwaltungsbezirk Nummer sechs (die ausschließliche Hopi-Reservation seit 1936).

Jetzt wurde eine Menge Navajo da drinnen genannt, die umgesiedelt werden müssen – und die Regierung schiebt das dem Stammesrat und der Polizei zu. Sie bilden nun eine Indianerpolizei, die das für die Regierung machen soll. Zuletzt bekräftigten die Navajo, als ihnen unter dem Vorsitzenden ihres Stammesrats, Peter Mac Donald, wegen des Einzäunens ihrer Pferde und Rinder fortwährend der Lebensunterhalt verweigert wurde, dass während all dieser Jahre kein wirklicher Kampf im Lande war. Wir lebten friedlich zusammen, tauschten Nahrungsmittel, Schafe und ähnliches – und es gibt viele Mischehen zwischen Hopi und Navajo.

Aber dann begann die Regierung einzugreifen, da es da viele Bodenschätze gibt. Sie will auch die Navajo hier aussiedeln und die Gesetzgebung benutzen, um das Gebiet durch Weide-, Schürf- und andere Rechte kontrollieren zu können. Sie will, dass die Hopi durch Vertragsunterzeichnungen alle diese Rechte aufgeben und zulassen, dass das geschieht.

Viele dieser Landbewohner genossen nicht viel Bildung, sie wissen nicht, was sie da unterschreiben, sie hören jene mit süßer Zunge sprechen.

Da kommen Leute, um sie zu beeinflussen, die sagen: „Das ist gut für euch. Vorwärts, unterschreibt das." Auf diese Weise veranlassen sie jene, das zu tun. Nun ist das in den Händen der UNO. Wir hoffen, dass das etwas nützt.

Aber bevor wir uns hier verstreuten, kam der Große Geist zurück und sprach zu unseren Vorfahren. Damit dieses Land und Leben auftragsgemäß weiterbestehen und niemals – wie in den beiden Welten zuvor – völlig zerstört wird, erwählte er drei von den wenigen Menschen, die dieser anderen totalen Zerstörung entkommen konnten; und er kam hierher zu den Ältesten und spirituellen Führern der Hopi. Sie brachten diese Leute hierher, der Große Geist versammelte sie und lehrte sie alle diese Anweisungen. Eine Zeitlang ging er weg und ließ sie eine Weile weitermachen.

Später kam er zurück, versammelte sie ein zweites Mal und sagte ihnen: „Ich habe etwas sehr Wichtiges vergessen, und zwar: Damit dieses Land und dieser Lebensstil ständig in Ordnung bestehen kann und nie völlig zerstört wird, erwähle ich dich, dich und dich und will euch die Autorität und Fähigkeit verleihen, mächtige Nationen zu werden sowie mächtige Dinge zu erfinden. Ihr werdet stark werden, und eure Pflicht wird es sein, andere Völker zu beobachten."

Wenn sie beginnen, entgegen den Gesetzen des Großen Geistes etwas Falsches zu tun und Dinge ohne wirklichen Grund sinnlos zu zerstören, werden sie dieses Land des Großen Geistes, seine Kulturen und alles zerstören, was hier errichtet worden ist.

Dann wird dieser eine sich erheben, die Welt wirklich stark erschüttern und sie warnen: „Das ist es, was geschieht: Ihr folgt nicht dem Gesetz des Großen Geistes!" Dann werden sie eine Zeitlang davon ablassen, aber sehr bald werden die Menschen wieder damit beginnen. Sie werden kämpfen, streiten und Gegenstände zerstören.

Dann werden sich zwei von ihnen vereinen, sich erheben und uns sehr erschüttern, wirklich hart erschüttern diesmal; viel Leben und Besitz wird zerstört werden. Dann fahren wir wieder fort – und das ist unsere heutige Situation.

Eine Möglichkeit ist die, dass wir den dritten Weltkrieg in Gang setzen – das würde die völlige Zerstörung der Menschen und von allem bedeuten. Denn wir haben genug Macht und Kraft, alles zu vernichten, wenn ein neuer Krieg entfacht wird.

Vielleicht geschieht es hier, dass viele Menschen erkennen, dass wir auf diesem Weg nicht mehr fortschreiten können. Wir müssen unsere Basis auf spiritueller Ebene finden, wir müssen dieses Land betrachten, Tiere und Vögel verstehen, sie respektieren; wir müssen einander als menschliche Wesen respektieren.

Uns wurden spirituelle Anleitungen gegeben, aber weil wir nur Geld wollen, einen Job, weil wir materielle Güter begehren, haben wir sie vergessen – aber wir kommen in Schwierigkeiten. Jetzt drehen wir uns im Kreis – aber wir sollten uns besser beeilen, diese Unordnung zu beseitigen, und unsere Führer veranlassen, einige dieser Dinge zu korrigieren.

Wir sollten uns an deren Führer wenden und sie hinauswerfen, wenn es sein muss – damit sie in Zukunft nicht noch mehr gegen uns handeln können. Wir schlittern rasch in diese Dinge hinein!

Auch die Natur beginnt uns zu warnen. Es wird stärkere Erdbeben geben, mehr Flutkatastrophen, größere Zerstörungen durch Orkane; die Jahreszeiten werden sich mehr verändern. Ein Ort wird an Dürre leiden, ein anderer überschwemmt sein, Menschen und alles andere wird dabei zerstört werden. Blitze werden uns treffen, und dann wird vielleicht das, was der Mensch errichtete, in die Luft fliegen.

Die Natur könnte ihre Oberfläche in die Luft jagen – wie durch Vulkanausbrüche und viele andere Katastrophen; das Land könnte sinken, Flutwellen könnten das Land mehr und mehr überschwemmen; der Regen könnte mehr und mehr heftig und zerstörerisch werden.

Und diese Dinge werden eintreten: Die Tiere werden allmählich größer werden, so wird in diesen Tagen eine kleine Maus so groß wie eine Katze werden, oder diese kleinen Mücken und andere Käfer werden wachsen, denn wir haben zu viele Chemikalien, Kunstdünger und anderes verwendet. Und die Menschen werden beginnen, mehr Mittel zu erschaffen, aber die Insekten werden immun dagegen sein, und sehr bald werden sie uns angreifen. Alles wird beginnen, sich gegen uns zu wenden, denn wir haben die Gesetze des Großen Geistes missachtet, wir haben Tiere, Vögel und Bäume nicht geachtet, und alles wird beginnen, uns von allen Seiten her zu schlagen.

Wenn wir es versäumen, das in Ordnung zu bringen, werden sich diese beiden Nationen erheben und uns erschüttern, hieß es. Wir interpretieren das als den Ersten und Zweiten Weltkrieg. Nun kommen wir zur letzten der drei.

Diese Person ist die dritte Nation. Sie wartet geduldig, aber sie hat eine viel größere Macht und eine größere Bevölkerungszahl. Der alte Mann erzählte, dass sie viele äußerst mächtige Erfindungen machte, aber sie wartet und würde dieses Land hier beobachten, um zu sehen, wie weit wir in unserem Leben sind. Wenn jemand bereit ist, uns zu zerstören, und niemand uns hilft, dann muss sie sich erheben.

Und diese beiden, die uns das erstemal erschütterten, werden sich fast selbst zerstören, indem sie das tun. Aber nun erheben sie sich wieder. Sie sind mächtiger und wissen nun, welchen Auftrag sie in der Welt haben. Sie machen sich dafür bereit, bauen sich auf, und dann, sehr bald, wenn sich dieser Dritte erhebt, werden sich diese beiden mit ihm verbünden. Alle drei werden sich mit den Kräften der Natur verbinden und gemeinsam hierherkommen. Eines Tages werden sie die Herrschaft über dieses ganze Land übernehmen und alle vom Menschen gemachten Maschinen mit ihrer Macht lahmlegen. Alle Autos werden stillstehen, alle Maschinen in den Fabriken ebenso. Diese ganze Macht wird zusammengeschlagen werden, Flugzeuge werden sich nicht bewegen können. Sogar das Gewehr, zu dem du greifst, wird nicht schießen; es ist wie eingefroren.

Alles ist lahmgelegt – so groß wird diese Macht sein. Dann wird dieses Volk kommen. Der Himmel wird sich verdunkeln, und man wird nicht wissen, was diese Dunkelheit bewirkte. Dann werden Menschen vom Himmel auf die Erde regnen. Der alte Mann erzählte, dass er nicht wüsste, was das bedeutet. Aber nun sehen wir Tausende Fallschirmspringer, die auf die Erde regnen. So werden sie hierherkommen.

Dann werden sie von da und dort die Leute zusammenrufen, vielleicht kommen sie in alle diese Dörfer und bringen alle Bewohner irgendwohin zusammen. Wenn noch einige Führer in Alt-Oraibi da sind, die den spirituellen Pfad aufrechterhalten – sehr wenige werden übrig sein, vielleicht nur eine Person in diesem Land –, dann werden sich alle diese Menschen bei ihnen versammeln, und sie werden diesen Mann, den spirituellen Führer, fragen: „Was haben diese Leute mit dir gemacht, was haben sie dir angetan?" Und er wird seinen Brüdern antworten müssen: „Das haben sie mir angetan: Viele meiner Leute haben sie vernichtet, die Bäume haben sie abgeholzt, die Flüsse verschmutzt und mir alle meine Rechte, alles verweigert." – „Gabst du ihnen die Erlaubnis dazu?" – „Nein, ich gab ihnen keine Erlaubnis, sie kamen einfach und taten es."

Dann würde der weiße Bruder, der kommt, jener sein, den sie ersehnten. Wir nennen sie Reiniger, diese drei. Drei werden es sein, weisst du – drei miteinander verbündete Nationen werden kommen und fragen: „Was haben dir diese Leute angetan?" Dann müssen diese drei jene Menschen bestrafen. Sie werden sie kennen, sie werden Mittel besitzen, sie zu erkennen. – „Ihr seid böse gewesen, ihr habt alles das getan." Sie werden sie herausgreifen und vor aller Augen vernichten.

Und dann: „Was ist mit jenen hier?" Dann wird der spirituelle Führer antworten: „Nun, zumindest einige von ihnen haben mir geholfen – sie gaben mir zu essen, als ich in Schwierigkeiten war, sie führten mich her und halfen mir ein bisschen." Da wird es viele Menschen dieser Art gegeben, die versuchen, uns zu helfen. Sie werden alle diese Leute versammeln und ihnen sagen: „Ihr habt ihre Bäume gefällt, seht zu, ob ihr sie wieder neu aufforsten könnt; ihr habt die Flüsse verschmutzt, seht zu, ob ihr diese Flüsse, die Quellen wieder reinigen könnt." Sie würden an die Arbeit geschickt werden, diese Unordnung zu beseitigen. Wenn wir überleben, dann werden wir weiterbestehen, verstehst du? Das nennen wir den „Tag der Reinigung", wenn das stattfindet.

Dann werden sie um sich blicken: „Was ist mit diesen Leuten da drüben?" – „Nun, diese Menschen haben uns wirklich geholfen. Sie haben für uns gekämpft, Gefahren für uns auf sich genommen, sie wurden verhöhnt und beinahe getötet; einige von ihnen waren eingesperrt, weil sie für uns eingetreten sind." Und sie werden herausgeholt, zu dem Führer gebracht werden, an seiner Seite stehen und respektiert werden.

Auf diese Weise werden die drei kommen und die Verschmutzung beseitigen; für den Großen Geist und für die Führer, die an ihm festhalten.

Jetzt versuchen sie, uns zu zerstören, indem sie die Navajo umsiedeln, die Familien zerbrechen und aus ihrem Heimatland hinauswerfen. Sie sind dabei, uns das ganze Land durch die Gesetzgebung wegzunehmen; es zu kaufen, indem sie den Hopi durch die Kommission für indianische Landrechte fünf Millionen Dollar anbieten. Und der Stammesrat drängt, das zu akzeptieren; aber die Hopi-Traditionalisten akzeptieren das nicht.

Auch den Navajo bieten sie für ihr Gebiet Geld an: 14 Millionen Dollar. Wenn beide Stammesräte das akzeptieren, haben wir alles verkauft. Aber die Hopi-Traditionalisten wollen das nicht.

Darum brachten wir diese Angelegenheit vor die Menschenrechtskommission der UNO und gaben ihnen eine Chance, diese Dinge richtigzustellen, zu verändern und zu beenden. Aber wenn sie es nicht tun, dann müssen diese Reiniger kommen.

Bis es jedoch soweit ist, wird vielleicht in der Zwischenzeit eine unsichtbare Macht kommen, es ansehen und weggehen.

Sehr bald wird sie es dem Dritten erzählen, der das beobachtet, und sie könnte ihm sagen: „Es ist besser, wenn du schnell dort hinübergehst, denn deine Brüder stehen unmittelbar vor ihrer Zerstörung – niemand hilft ihnen." Und die beiden anderen würden sich mit ihm verbinden, gemeinsam würden sie schnell herkommen, alle diese Dinge beenden und ihm helfen.

Auf diese Weise werden sie auch das Leben ihrer eigenen Völker und das der kommenden Generation retten. So werden sie den Auftrag des Großen Geistes erfüllen, denn diese drei wurden vom Großen Geist eingesetzt, um dies im letzten Moment zu tun.

Aber wenn sie ausbleiben, wird ein anderes Volk aus dem Westen kommen. Da werden viele Leute kommen, mehr Menschen, mit mehr Erfindungen und anderem, das sie entwickelten – seit langer Zeit schon versuchen sie, herzukommen. Aber jene drei werden rasch herbeieilen, sobald sie herausgefunden haben, was vor sich geht, und diese Unordnung beseitigen. Wenn sie kommen, müssen sie nicht viel Leid anrichten. Aber wenn diese Leute versagen, gemäß dem Gesetz des Großen Geistes und der ihnen gestellten Aufgabe, korrigierend einzugreifen, dann wird dieser eine kommen:

Sie sagen, dann wird es sein, wie wenn Millionen von Ameisen auf der Westküste umherkriechen. Die ganze Westküste wird von diesen Leuten bedeckt sein. Und der alte Mann sagte: „Verlasst eure Häuser nicht, hört auf, zu beobachten, denn wenn sie aus dem Westen kommen, werden sie sehr grausam und gnadenlos sein; sie werden keine Fragen stellen, sie werden alles vor sich zerschlagen."

Von der Westküste aus werden sie auf diese Weise über das ganze Land bis zur Ostküste vorstoßen und es so wirklich gut für den Großen Geist reinigen. Wer auch immer dann überlebt – vielleicht eine Handvoll Menschen –, beginnt ab diesem Zeitpunkt ein neues, reines Leben. So wird das ganze Land und Leben gereinigt werden, und das wird auch alles auf der „anderen Seite" reinigen. Denn das ist der einzige Weg, dass der Mensch durch die Macht der großen spirituellen Führer in die nächste Welt gelangen wird.

Das ist es, was sie erzählten, als ich unter anderem diesen Mann fragte, der das Treffen in Shungopavi einberief und Bacevaya hieß. Er war einer der hohen Kachina-Führer dort. Er berief dieses Treffen mit Hilfe anderer Führer ein, und sie verbrachten dort vier Tage.

Am Ende der vier Tage wählten sie vier Interpreten aus, damit wir diese Botschaft überall mit uns trügen, um sie der Welt mitzuteilen – so gut, wie wir nur können; um die Menschen zu warnen, ihnen zu erzählen, was die Hopi wissen. Zwei der Erwählten weigerten sich, das anzunehmen. Der dritte, der von hier kam, half mir eine Zeitlang, denn als vierten setzten sie mich ein.

Die Leute von Hotevilla nahmen mich zu sich und überprüften meine Herkunft: die Eltern, die Clans und alles das, was diese Clans getan hatten. Sie überprüften alles und sagten schließlich: „Nun, du bist der Richtige, um auserwählt zu werden, obwohl du keinem hohen Bund angehörst, nicht in einen solchen eingeweiht worden und erst neulich hierhergekommen bist, um dem Volk der Hopi zu helfen. Aber das macht nichts, wir benötigen jemanden, der etwas Englisch gelernt hat, um der Welt diese Dinge mitzuteilen; über die Gefahr, von der wir wissen, dass sie kommt. Wir müssen die Menschen warnen oder versuchen, sie gemeinsam auf einen friedvollen Weg zurückzubringen – so wie wir, wenn ein Krieg uns schwer bedrängt, das durch friedliche Mittel lösen müssen.

Wenn irgendwo in einem anderen Land ein Konflikt ausbricht, erlaube es dir nicht, dorthin zu gehen und zu verursachen, dass dieses Leben hier zerstört oder deren Leben vernichtet wird, indem du ihnen etwas antust. Unsere Aufgabe ist es, den spirituellen Weg, den uns der Große Geist gegeben hat, aufrechtzuerhalten. Wir haben kein Recht, irgendwohin zu gehen, um zu verursachen, dass das Leben von jemandem zerstört wird."

Das ist der Grund, warum ich, als der letzte Weltkrieg ausbrach, viele dieser Dinge voll und ganz verstehen konnte. Ich hatte viel in der Bibel gelesen, denn in dieser Regierungsschule wurden wir gezwungen, viele der Bibelanweisungen auswendig zu lernen.

So wusste ich das, und als der Zweite Weltkrieg ausbrach, weigerte ich mich, registriert zu werden. Ich war gerade hierher

Hopi-Rassel mit rechtsläufiger Swastika, von der Sonne umschlossen

zurückgekommen, als die Registrationsbehörde der US-Regierung bekanntgab, dass wir uns morgen registrieren lassen müssten, um in die Armee einzutreten und zu helfen, gegen euer Land zu kämpfen – ich ging nicht.

Ich hatte gerade ein Buch mit dem Titel „Das ehrlose Jahrhundert" (Century of Dishonor) gelesen. Darin wurde aufgezählt, was die US-Regierung in den ersten 100 Jahren bis zu diesem Zeitpunkt unseren eingeborenen Völkern im ganzen Land angetan hatte. Ich hatte es eben zu Ende gelesen. Es ist erstaunlich, wie sich die USA von Anfang an bemühten, die eingeborenen Völker zu vernichten. Aber sie schafften es nicht ganz und sind noch immer dabei, alles zu zerstören und alles wegzunehmen.

Daher weigerte ich mich, als der Weltkrieg ausbrach, mich registrieren zu lassen und in die Armee einzutreten. Schließlich wurde ich von einem US-Marshal aufgegriffen und ins Gefängnis geworfen. Dort verbrachte ich deswegen sechs oder sieben Jahre. Ich wollte meinem Hopi-Glauben folgen, um das Gesetz des Großen Geistes aufrechtzuerhalten, wollte bei meinen Ältesten und religiösen Führern sein, und nicht irgendwo Schwierigkeiten verursachen. Unser Weg bedeutet, daran festzuhalten, denn früher oder später werden die Reiniger kommen. Es muss jemand dasein, der unseren Ältesten hilft, für sie zu sprechen – und ich bin nun der einzige noch Lebende von den vieren, der das der Welt erzählen kann.

Später ging ich zu diesem Mann namens Bacevaya, in sein Haus, und sagte ihm: „Du hast nicht den Namen der Völker genannt, die vom Großen Geist eingesetzt wurden, die Reiniger zu werden, um eines Tages dieses Durcheinander in Ordnung zu bringen." Er antwortete: „Stimmt. Ich habe es nicht erwähnt, ich freue mich, dass du gekommen bist."

Er ging zu einer Wand, nahm eine Kürbisrassel herunter, wie wir sie jedes Jahr verwenden, wie die, die dort hängt. Er schüttelte sie und sagte: „Das repräsentiert die Welt. Alle Völker, alles auf dieser Welt. Aber schau auf das Symbol, das wir jedes Jahr darauf malen. Wer auch immer das Symbol haben wird, er wird uns zweimal erschüttern."

Und dieses schwarze Symbol, das „Hakenkreuz" genannt wird, war darauf. Wir verwenden es noch immer auf der Kürbisrassel, auf der es vom Symbol der Sonne umschlossen wird.

Und plötzlich erkannte ich, dass unser deutsches Volk dieses Symbol hatte, dass es eine große Nation war, viele naturwissenschaftlich fundierte Dinge hervorgebracht hatte und viele mächtige Gegenstände erfand. Sie hatten uns wirklich sehr stark erschüttert und dabei beinahe sich selbst zerstört. Aber eine neue Generation wächst heran. Diesmal kennen sie ihre Aufgabe in dieser Welt.

Und wir fanden heraus, dass die Japaner ein Sonnensymbol verwendeten und eine große, mächtige Nation wurden. Sie wuchsen und erfanden vieles. Diese beiden erschütterten uns zweimal und zerstörten sich beinahe selbst. Aber jetzt kommen sie wieder zu Kräften.

Der Dritte jedoch wartet noch immer und beobachtet dieses Land, wie sie sagen. Er könnte kommen, um zu reinigen: mit roter Kappe, rotem Hut oder rotem Gewand. Er könnte ein Aufleuchten bringen. Es wird vielleicht kein Krieg sein, er wird einfach alles reinigen, wenn wir beginnen, dieses spirituelle Zentrum hier zu zerstören.

Viele dieser Dinge wurden lange vor dem Treffen im Jahr 1948 besprochen: von unseren Großeltern und Onkeln – in den Kivas, wo alle religiösen Aktivitäten in diesen Dörfern stattfinden und unsere Einweihungen in die religiösen Bünde durchgeführt werden. Das wird in der Kiva besonders dann erzählt, wenn die jungen Menschen in diese Bünde eingeweiht werden. Sie gehen durch all dieses Wissen, das sie ihnen erklären. Jedes dritte oder vierte Jahr gibt es eine neue Einweihung, die Wuwuchim genannt wird, wie der höchste religiöse Bund. Dieser Bund besteht noch immer in Shungopavi. Ursprünglich wurde die Einweihung in Alt-Oraibi durchgeführt, aber durch die Regierung und andere Ereignisse wurde Druck auf die Hopi in Alt-Oraibi ausgeübt, so dass sie sich hier neu ansiedelten. Die meisten der traditionellen religiösen Führer zogen aus und gründeten 1906 Hotevilla. Sie halten ihren eigenen Lebensstil weiterhin aufrecht, denn sie halten dem Wissen, das sie haben, die Treue.

In Alt-Oraibi haben unsere traditionellen religiösen Führer zwei Steintafeln, die all das Wissen enthalten. Sie sagten, dass zwei Steintafeln in den Händen der Führer von Alt-Oraibi waren und zwei ihrem weißen Bruder gegeben wurden, der sie in irgendein anderes Land trug.

Eines Tages würde er gedrängt werden, sie hierher zurückzubringen und sie zu den beiden anderen hier in Alt-Oraibi zu legen. Dann würden sie von den Hopi und dem weißen Bruder gedeutet werden. Und bevor die ganze Welt wissen wird, wer wirklich mit den Hopi verwandt ist, wird jemand von einem anderen Land kommen – eine weiße Person oder ein Bruder mit weißer Hautfarbe. Jemand, der vor langer Zeit von uns wegzog und dann mit uns endlich zusammenkommen wird.

Dieser eine würde der wirkliche Bruder sein, der den roten Bruder nicht belügen, betrügen oder vernichten, sondern ihm wirklich helfen wird, alles wieder in Ordnung zu bringen, so dass dieses Land weiterbestehen können wird. Das sind einige der Dinge, über die die Ältesten immer erzählen.

Seit dieser Zusammenkunft im Jahr 1948 traf ich mich immer wieder mit ihnen, denn es wurde gesagt, dass wir diese Botschaft der Welt bringen müssen. Zuerst hatten wir öffentliche Versammlungen in Hotevilla, Alt-Oraibi, Shungopavi, Mishongnovi und auf der ersten Mesa.

Wir hielten diese Treffen zu verschiedenen Zeiten, und ich beteiligte mich daran, um diese Dinge bekanntzumachen. Später erklärte ich sie auch an anderen Orten und traf dabei Vertreter der Navajo und anderer eingeborener Völker. Dann riefen wir die spirituellen Führer dieses Landes zusammen, so dass Menschen aus verschiedenen Religionen kamen. Wir erklärten diese Dinge, und ich musste sie ins Englische übersetzen und interpretieren. Schließlich schrieb ich einiges in dieser Richtung.

Als der Zweite Weltkrieg begann, brachten wir, nachdem alle eingeborenen Völker in diesen Krieg eingezogen worden waren, die ursprüngliche Hopi-Version heraus, dass das gegen die Religion der eingeborenen Völker gerichtet war: Sie nahmen zwar daran teil, aber sie wurden dazu gezwungen. Einige kamen nicht mehr zurück, und einige von denen, die zurückkamen, hatten eine harte Zeit, denn die Regierung half ihnen in keiner Weise. Von all dem wussten die Hopi, dass es geschehen könnte. Das Problem ist jetzt, dass wir gedrängt werden, zuerst den spirituellen Weg aufzugeben, der vom Großen Geist eingesetzt wurde, denn die Regierung setzt alle diese Programme und Projekte fort. Ihre Politik ist, zu spekulieren, wie sie uns dieses Land wegnehmen kann. Das war ihre Absicht.

Deshalb versuchten wir verzweifelt, diese Botschaft nach außen zu bringen. Aber es ist sehr schwer, denn wir haben eine begrenzte Schulbildung, und wir können uns selbst nicht klar genug ausdrücken. Und bei den Verhandlungen mit den USA fanden wir heraus, dass sie auch in ihrer Regierung das haben, was sie die Trennung von Kirche und Staat nennen – deshalb hören sie nicht wirklich auf die traditionellen religiösen Dinge.

Sie trachten mehr nach materiellen Werten und nach mehr Macht dieser Art. Sie haben eine so große militärische Macht errichtet, besitzen jetzt auch Uranbergwerke und entwickeln ihre nukleare Macht weiter. Sie bauen mehr und mehr Macht auf, wie die Hopi voraussagten, dass es geschehen könnte. Aber wir dürfen diesen Weg nicht mehr weitergehen, denn wir – und alles Leben – sind in Gefahr: wenn wir damit fortfahren, könnte das jemand eines Tages für zerstörerische Zwecke benützen. Aber damit das nicht über uns kommen möge und weil wir das wussten, wurden unsere spirituellen Anweisungen in alle vier Himmelsrichtungen verbreitet.

Eines Tages sind viele Menschen mit diesen Problemen konfrontiert, und wir alle beginnen aufeinander zu schauen, ob es irgendwo einige Leute gibt, die noch immer ihrem spirituellen Weg folgen – und ihren Anweisungen, die sie hochhalten, so dass man schließlich jene zusammenbringen kann. Deshalb drängen die Hopi-Führer zu dieser Zeit nachdrücklich darauf, dass wir mit allen spirituellen Führern dieses Landes zusammenkommen sollten. Wenige sind in diesem Land noch übrig.

Sobald ich durch das Land reiste, traf ich in dieser Art und Weise mit Vertretern anderer Nationen zusammen, mit eingeborenen Völkern. So verbrachte ich gerade letzte Woche vier Tage mit Vertretern der Sechs-Nationen-Konföderation der Irokesen. Seit ich 1948 zurückkehrte, trafen wir einander, um über alle diese Dinge zu sprechen, und wir reisten in andere Gebiete, um einander zu treffen – in South Dakota, in Utah, Nevada, im Staat Washington, in Kalifornien, in Oklahoma.

Alle Führer, die wir bisher zusammenbringen konnten – wir verbrachten manchmal eine ganze Woche, um über alle diese Dinge zu sprechen –, wissen etwas in dieser Richtung, und vor kurzem kamen einige Leute aus Kanada und Alaska, die uns dasselbe erzählten.

Im letzten April (1981) hatten wir in El Salvador in Zentral amerika eine spirituelle Versammlung. Dort waren Vertreter aus Peru, Ecuador, Kolumbien, Guatemala und anderen Staaten um El Salvador. Wir sprachen über diese Dinge, und wir wissen, dass wir da hineinschlittern. Sie sagen dasselbe wie die Hopi: dass wir vielleicht nur noch drei oder vier Jahre Zeit haben, um zu versuchen, die Menschen auf spiritueller Ebene zusammenzubringen, damit wir das überleben.

Sie beschlossen, nächstes Jahr (1982) in Mexiko ein anderes Treffen abzuhalten. Die Hopi bemühen sich auch, spirituelle Führer nicht nur dieses Kontinents, sondern auch von der gesamten Welt zusammenzubringen. Ich sprach darüber mit verschiedenen Führern, so auch letzte Woche auf der Harvard-Universität bei Boston mit dem Dalai Lama, bevor ich zu den Sechs Nationen reiste. Ich verbrachte den Sonntagvormittag mit ihm und erzählte ihm von unserem Plan, die spirituellen Führer zusammenzubringen; und dass wir auch ihn gerne dabei hätten sowie andere spirituelle Führer, die wissen, wie man eine Zeremonie durchführt. Wir würden auch gerne einige Zeit mit japanischen Mönchen verbringen, mit ihnen herumreisen. Etwa 35 von ihnen verbrachten eine Woche mit uns. Wir teilten dieses Wissen, und sie luden mich ebenfalls in ihr Land ein, aber ich war noch nicht dort. Sie hatten auch so ein spirituelles Treffen in Japan, vor drei Monaten, glaube ich. Sie luden mich ein, zu kommen, aber ich konnte mein Visum nicht bekommen, und so konnte ich nicht hinreisen.

Dann sprach ich mit Leuten aus Indien, und sie sagten, dass sie ebenfalls prophezeit hätten, dass bei ihnen ein Welttreffen der spirituellen Führer stattfinden würde. Ich erzählte ihnen, dass unsere Leute wüssten, dass eines Tages ein Treffen hier zustande kommen würde. Einer antwortete: „Vielleicht werden wir eines bei uns veranstalten – und danach lasst uns hier bei euch zusammenkommen." Ich antwortete, dass die Zeit kurz wird und wir unsere Leute jetzt zusammenbringen müssen.

Dieses Jahr reiste ich herum, um zu sehen, ob ich genügend Gelder und Hilfe bekommen und spirituelle Führer anderer Nationen interessieren könnte. Ich wollte sehen, ob vielleicht jeder von uns unsere Führer in Amerika unterstützen könnte, so dass sie vielleicht hierherkommen und unsere Ältesten im Hopi-Land treffen könnten.

Das ist es, was die Hopi sagen – dass die Hopi-Führer hier noch immer am spirituellen Weg festhalten. Die Kikmongwis gibt es noch immer, und unsere spirituellen Führer helfen ihnen noch immer, die Zeremonien durchzuführen. Deshalb wollen wir – wenn es uns gelingt, diese Botschaft hinauszutragen und Hilfe dafür zu erhalten – spirituelle Führer von der ganzen Welt zusammenbringen.

Es müssten nicht viele sein, vielleicht drei oder vier aus jedem Gebiet. Wir würden vielleicht eine ganze Woche zusammen verbringen; unsere Gebete und Zeremonien, Meditationen verrichten, darüber sprechen und vielleicht alle diese weltweiten Probleme durch das spirituelle Auge betrachten. Anstelle von Macht, militärischer Macht, sollten wir mit dem Spirit eines jeden einzelnen arbeiten und damit beginnen, die Probleme zu lösen.

„Wir müssen nicht in den Krieg ziehen, wir benötigen keine Gewalt", sagten unsere Ältesten, „wir könnten einander verstehen, denn wir alle sind menschliche Wesen, wir alle sind Brüder."

Wir trennten uns und verstreuten uns vor vielen Jahren über die Welt, und nun scheint es, dass wir einander nicht verstehen. Wir kämpfen mehr und mehr um materielle Dinge und beenden das nicht. Wir hören nicht auf, mehr Macht anzuhäufen, indem wir versuchen, durch Überfälle das Leben und den Besitz anderer Menschen unter unsere Kontrolle zu bringen. Aber das wird keinen Frieden bringen, keine Harmonie, wird unserer Welt kein Gleichgewicht bringen. Wenn das Gleichgewicht der Natur, das großartig ist, zerstört wird, dann wird soviel geschehen, werden sich die Dinge sehr rasch ereignen.

Eine andere Sache, die sie erwähnten, ist die: Wenn wir alle uns vom spirituellen Weg abwenden, dann müssen unsere Führer, die noch immer daran festhalten – vielleicht nur eine Person ... er wird in die Kiva hinabsteigen müssen, um ein Gebet und Zeremonien zu verrichten und die vier Himmelsrichtungen anzurufen, oben und unten. Er wird die Gebetsfedern niederlegen und sagen: „Gut, Großer Geist, übernimm du wieder die Gewalt, denn niemand folgt mir mehr, niemand hört zu; komm, übernimm du wieder die Gewalt."

Und vielleicht werden sich dann Wolken in den vier Himmels-richtungen zusammenballen, und sehr bald werden Blitze alles in diesem Land zerstören, auf der ganzen Welt – alles flammt auf. Vielleicht werden einige überleben; und die müssen weiter-machen.

Oder vielleicht, wenn das niemand abwendet, wenn niemand hört, dann wird dieses Land, von dem sie sagen, dass es wie ein Boot auf dem Wasser sei, wieder sinken, das Wasser wird alles bedecken, und alles Leben wird wieder völlig zerstört werden.

Aber sie sagen, dass sich vielleicht danach nur mehr Ameisen erneut vermehren werden. Das war alles, was sie sagten, aber sie wussten, dass das vieles bedeutet – vielleicht werden Ameisen wieder neue Menschen erschaffen, denn da wird es nur mehr die Ameisen geben, die die Erde wieder bevölkern, nachdem sich die Flut zurückgezogen hat.

Und dann erwähnte dieser Mann, dass diese Menschen, die aus dem Westen kommen, keine Gnade kennen, sehr grausam sein und alles auf ihrem Weg zur Ostküste niederstrecken werden. Das ist die Art, wie hier die Unordnung beseitigt werden wird.

Aber er erzählte auch, dass sie hierherkommen, um nach Lang-haarigen Ausschau zu halten, und er fügte hinzu: „Ich weiß nicht, was das bedeutet, aber das war es, was meine alten Großeltern, meine alten Führer mir erzählten: Unsere Alten pflegten lange Haare zu tragen, alle von ihnen, wie du weißt – das ist natürlich; die Art, wie es sein soll. Vielleicht würden sie herkommen, um ihnen zu helfen, um sie zu schützen. So sollten wir uns nicht wie der weiße Mann die Haare kurz schneiden, sondern unser Haar wachsen lassen, und wir sollten eine Art Kennzeichen für uns haben.“

So machten wir es schon einmal, als wir den Großen Geist trafen und ihm sagten, dass wir seinem Gesetz und seinem Pfad folgten. Denn falls wir uns irgendwie veränderten, würde uns der Große Geist nicht verstehen, sobald er nach der Reinigung zu-rückkehrt. Er wird zu uns in unserer Sprache sprechen, und wenn wir unsere Sprache verloren hätten, würde er nicht verstehen.

Ich kann zum Beispiel in Hopi sagen: „Mein Name ist Banyacya“, würde ich aber sagen: „Mein Name ist Thomas“, würde er antworten: „Ich kenne dich nicht.“ Von mir wird erwartet, meine eigene Sprache zu sprechen, und in der habe ich den Namen Banyacya. Das ist ein Name, der mir vom Clan meines Vaters gegeben wurde. Er hat mit dem Mais und dem Regen, den Wasserwolken oder Flussquellen zu tun. Wenn es regnet, wird das Maisfeld von Wasser bedeckt – der Mais steht im Wasser –, dann sagen sie statt „Mais im Wasser" lediglich „im Wasser", in Hopi Banyacya. Das ist die Bedeutung des Namens meines Vaters.

Aber ich gehöre zur Linie meiner Mutter, das sind der Wolf-, Fuchs- und Coyote-Clan. Wir sind so eine Art Leute an der Basis, das einfache Volk. Die Führer stehen an der Spitze der Leiter, aber wir sind zuunterst – mein Clan -, wir können niemals Kikmongwi, spiritueller Führer oder Medizinmann werden – ah, einige unserer Führer waren das schon ... Ich selbst jedoch bin nur ein gewöhnlicher Mensch, aber ich wurde 1948 von hohen religiösen, traditionellen Hopi-Führern auserwählt, für sie diese Botschaft hinauszutragen. So gaben sie mir die Autorität, in die Welt hinauszugehen und den Menschen über diese Dinge zu erzählen. Und vielleicht wird es durch meine Anstrengungen möglich, dass sich irgendwer irgendwo noch daran erinnert, irgendeine Nation, irgendwelche Leute einer Nation oder spirituelle Führer, die davon erfahren, dass sie dann kommen, um die Führer der Hopi zu treffen.

Ich traf einen Mann aus Afrika, ich weiß nicht aus welchem Land, der kam nach Kalifornien und erzählte uns: „Ich bin hierhergekommen, um zu sehen, ob ich hier einige Ureinwohner finden kann. Mir wurde gesagt, dass ich darauf achten soll, ob sie noch immer ihre Sprachen sprechen, ihre Gesänge singen, ihre Zeremonien abhalten, ihre Kennzeichen haben, so dass wir sie erkennen können, wenn wir kommen. Ich hielt mich bereits zwei Monate hier auf, aber ich fand keinen Indianer, bis auf einen in Hollywood, der noch wie ein Indianer gekleidet war." Er dachte, er hätte da einen wirklichen Indianer gefunden, aber es war einer, der lediglich eine Rolle in dem Stadion dort spielte. Jener sagte ihm, dass er in den Norden Kaliforniens hinauffahren soll, wo sich noch indianische Gemeinschaften befinden. Dort traf ich ihn.

Er erzählte uns das und fügte hinzu: „Unsere Prophezeiungen

in Afrika sagen ebenfalls, dass wir eines Tages hierherkommen würden, um nach euch zu sehen. Wenn ihr eure Sprache verloren habt, würden wir euch nicht finden, aber wenn ihr euch noch immer an eure Kultur und Religion, euren Lebensstil, eure Gesänge und Gebete erinnert, werden wir euch finden. Und wenn die Leute, die kamen, um mit euch zu leben, nun Schwierigkeiten verursachen, werden wir es sein, die es für euch bereinigen - das ist auch unsere Mission."

Auch in anderen Gegenden fanden wir dieselbe Art von Prophezeiungen, daher muss das ein allgemeines Wissen sein, das verbreitet wurde und jetzt zusammenkommt. Ich fühle, dass ich die Welt darauf aufmerksam machen muss – jetzt, zu dieser Zeit –, weil wir sehr rasch möglicherweise der völligen Zerstörung der Menschheit und jedes lebenden Wesens auf dieser Erde entgegeneilen.

Unsere Anweisungen von den Ältesten besagen, dass wir das veröffentlichen müssen, wo immer wir können – indem ich mich, sobald ich dazu in der Lage bin, mit dem Stammesrat zusammensetze, mit dem BIA; indem ich ins Weiße Haus zum Präsidenten gehe und zur UNO, um den Weltführern dort diese Botschaft zu erzählen. „Unternimm alles, was du kannst", sagten die Hopi-Führer, „um sie alle zu informieren. Wenn sie etwas unternehmen wollen, ist es fein, wenn nicht, ist es auch in Ordnung. Aber du erfülle die Mission der Hopi. Lass es die Welt wissen, damit, wenn in Zukunft irgend etwas geschieht, sie dir nicht sagen können: ‚Warum hast du es uns nicht wissen lassen, warum hast du uns keine Chance gegeben, etwas zu tun?' Damit sie das nicht sagen, musst du alles unternehmen, um die Welt darauf aufmerksam zu machen."

Nun ist die Botschaft bei der Menschenrechtskommission der UNO, und wenn die sie vor die UNO bringt – einige eurer Nationen haben da Vertreter drinnen –, dann wird es eure Verantwortung sein, sie den Vertretern Deutschlands, Österreichs, Italiens, Frankreichs und anderer Staaten zu bringen und ihnen davon zu erzählen, so dass die Hopi vielleicht eines Tages die Erlaubnis erhalten werden, sie in der UNO vor die Weltöffentlichkeit zu bringen.

Vor zwei Jahren traf ich dort den Vorsitzenden der Menschenrechtskommission. Er sagte, dass er viel über die Probleme und

Prophezeiungen der Hopi und anderer eingeborener Völker wüsste, denn ich erzählte ihm diese wenigen Dinge und zeigte ihm die Darstellung der Hopi-Prophezeiung. Ich erzählte auch, dass da ein Haus aus Glimmer, ein Glashaus sein würde und dass meine Ältesten, die ich 1948 hinbegleitete, sehr erstaunt waren, dass dieses Haus aus Glas errichtet worden war. Der alte Mann, der nun schon gestorben ist, der das wusste und erzählte, dass da eines Tages ein Haus aus Glimmer stehen würde, in dem die Weltführer zusammenkommen, meinte dazu: „Ich verstehe nicht, woher das meine alten Führer wussten; woher bekamen sie dieses Wissen, über das sie sprachen, dass da eines Tages ein Haus wie dieses stehen würde?"

In derselben Weise waren sie sehr erstaunt, als sie dort waren. Aber sie sagten: „Diese Leute werden uns möglicherweise nicht erlauben, mit ihnen zu sprechen – aber fahrt trotzdem fort, anzuklopfen, denn eines Tages könnten sie öffnen. Wenn nicht, dann haben wir alles versucht, um sie zu warnen, aber sie wollten nicht hören. Macht daher weiter!"

Wir versuchten es dreimal und noch einmal: Drei ist eine heilige Zahl, aber Vier ist die Zahl des unwiderruflichen Endes, der Vollendung. So ist es jetzt (im September 1981) das letztemal, dass der UNO eine Chance gegeben wird, etwas zu tun.

Ich gab unsere Botschaft schon vorher weiter, verfasste ein Dokument mit der Botschaft der Hopi und präsentierte sie vor fünf Jahren (1976) in Vancouver. Ich hatte sie mir für diese UNO-Konferenz zurechtgelegt, wo Vertreter aus aller Welt zusammengekommen waren. Ich kam ohne Einladung – gerade so – und versuchte, die Botschaft vorzutragen. Aber es war der letzte Tag, und so übergab ich sie dem Vorsitzenden dieser Zusammenkunft, und er verteilte dieses Dokument an alle Vertreter jener Nationen, deren Mitglieder damals anwesend waren: die Botschaft der Hopi mit der Bitte um ein Treffen bzw. um Hilfe von der US-Regierung, von den Völkern der UNO, um eine Zusammenkunft aller religiösen Führer der Welt mit den Hopi-Führern im Land der Hopi zustande zu bringen – so bald wie möglich. Das stand in dem Papier, das ich dort übergab.

Die Hopi-Führer warten noch immer, um zu sehen, ob die UNO helfen wird. Wenn wir nun im kommenden September nach Genf reisen ..., sollte ich es wieder tun, werde ich noch einmal um diese spirituelle Versammlung hier bei den Hopi bitten. Vielleicht erhalten wir so eine Chance, die spirituellen Führer aus allen Ecken der Welt zusammenzubringen, um diese Dinge durch das spirituelle Auge zu betrachten und keinen Krieg, keine Revolution oder Gewalt zu verursachen.

Friedlich können wir alle diese Dinge regeln. Und sie sagen: „Gerade so – mit einer guten Gesinnung – könnten wir und unsere Führer die Gefahr verstehen und beginnen, sie abzuwenden. Wir könnten wieder ein Volk werden, wie es war, und die Unordnung beseitigen; denn die Reinigung könnte sonst kommen, oder der Große Geist kommt."

Aber er wird nicht eher kommen, bis wir diese Unordnung beseitigt haben, die von uns verursacht worden ist. Wer auch immer dann hier ist, wenn er kommt, er wird von ihm willkommen geheißen werden.

Von dieser Zeit an wird es immer auf einer sauberen, klaren Grundlage weitergehen, alles wird in Ordnung gebracht sein; ein sanfter Regen wird kommen, überall werden Blumen blühen.

Es wird keine Grenzen mehr geben, wir brauchen für Reisen in andere Länder keine Pässe mehr, wir werden weit geöffnet sein, keine Zäune mehr brauchen, werden unser Land miteinander teilen, und du reist, wohin auch immer du willst.

Wenn du etwas erfindest, muss ich nicht kämpfen, dass ich es bekomme – ich gehe einfach und bekomme es. Und wenn ich etwas erfinde, kommst du und bekommst es.

Alles wird in einer natürlichen Ordnung sein, denke ich, so wie die Apfelbäume jedes Jahr Früchte tragen und wir dem Baum nichts bezahlen müssen: wir gehen einfach hin und essen; Tiere und Vögel kommen und essen.

So werden wir die Dinge teilen, und jede Erfindung, die du machst, die du entwickelst, wird auf diese Art zugänglich werden. Alles das ist bekannt, darüber wurde gesprochen, und ich dachte, das sollte der UNO vorgelegt werden.

Ich erwähnte das gegenüber dem Vorsitzenden der Menschenrechtskommission, und er antwortete: „Es ist wahr, dass seit Bestehen der Regierung der USA im Weißen Haus keine Möglichkeit geschaffen wurde, damit der Präsident die wahren spirituellen Führer treffen kann." Sie haben Stammesräte, die dem Gesetz und den Vorschriften der Regierung folgen – die Regierungsvertreter treffen sich mit ihnen –, das sind aber nicht die wahren Sprecher der traditionellen, wirklich ersten Bewohner dieses Landes, die dieses Wissen haben. Mit diesen kommen sie nicht zusammen, um vom wahren Volk der Hopi zu lernen, von den wahren eingeborenen Völkern. Die Vereinten Nationen errichteten eine eigene Form der Verwaltung und Zusammenarbeit, errichteten ihre Zentrale in New York und ließen die Vertreter all dieser Nationen von so großen Entfernungen herkommen, um sie zu ihnen sprechen zu lassen: von Russland, Kuba und anderen Ländern – aber niemals wurde es den eingeborenen Völkern erlaubt, in das Weiße Haus oder in die UNO hineinzugehen, um etwas von den wahren Ureinwohnern zu präsentieren, die die spirituellen, religiösen Dinge, Warnungen und Prophezeiungen kennen. Das wurde nicht getan.

Daher fragen wir den weißen Mann mit all der Bildung, all den schriftlichen Dokumenten, mit all den Erfindungen, die sein großartiges Wissen zeigen: Warum ist es so, dass er das den eingeborenen Völkern antut? Wir verursachen keine Schwierigkeiten, wir behindern niemanden auf dem Land, auf dem er lebt; wir versuchen nicht, irgend jemandes Wege zu verändern, wir versuchen nicht, Krieg oder Probleme zu bringen. Wir leben einfach auf diesem Land – gemäß dem Gesetz des Großen Geistes; aber alles widerfährt uns, niemand scheint sich darum zu kümmern, niemand scheint helfen zu wollen.

Wir sind wirklich friedliche Menschen, aber wenn wir es erzählen, hört uns niemand zu. Wenn jedoch jemand lügt, wenn jemand Propaganda macht, dann hören sie zu, aber auf die Wahrheit wird niemals gehört.

Deshalb versuchen wir, das vor die UNO zu bringen, diese Botschaft zu allen Menschen in fremden Ländern zu bringen – denn es betrifft nicht nur die Hopi oder die eingeborenen Völker dieses Landes, sondern alle Rassen auf der gesamten Erde. Denn darin haben wir unseren gemeinsamen Ausgangspunkt, wie die Hopi sagen.

Nun kehren wir zurück, aber es scheint, dass wir einander nicht erkennen können. Deshalb kämpfen wir noch immer, um einander durch Gewalt, gesetzliche Tricks, Armeen oder Kriege zu übertrumpfen. Das wird niemals Frieden oder Glück bringen noch das Leben fortführen, das vom Großen Geist gegeben wurde.

Aus diesem Grund ist es notwendig, dass wir die Welt auf diese Botschaft aufmerksam machen. Schau, ob Menschen aus deinem Land, Älteste, religiöse Führer, die etwas darüber wissen könnten, Deutsche oder Leute aus England, Irland, Italien und aus anderen Nationen da drüben; schau, ob da welche etwas in der Art wissen - die sollten zusammenkommen. Vielleicht gibt es welche - dann lass es uns wissen, ob sie ihre spirituellen Führer herschicken wollen. Wir würden gerne beginnen, daran zu arbeiten, vielleicht im nächsten Frühling oder Sommer (1982). Wir haben ein Gebiet, wo wir uns alle auf spiritueller Ebene treffen können. Und das ist es, von dem die Hopi gerne hätten, dass es geschieht – so bald wie möglich.

Wir hoffen, dass hier kein Unheil ausbrechen wird, denn es ist auch prophezeit, dass die Menschen in Verwirrung geraten und immer hilfloser sein werden, wenn wir den Weg, auf dem wir sind, weitergehen; auf dem wir es uns gegenseitig verweigern, Land, Nahrung und andere Dinge zu teilen. So viele Menschen verhungern, so viele Menschen haben überhaupt keine Annehmlichkeiten, sie leben so recht und schlecht, und niemand sorgt sich darum, indem er ihnen hilft.

Andererseits werden immer mächtigere Dinge entwickelt, und es könnte sein, dass die Leute in den USA verwirrt werden, dass hier oder in den Städten und Großstädten ein Bürgerkrieg ausbricht und sich ein großes Durcheinander entwickelt. Wir wollen nicht, dass das geschieht. Die Hopi Führer betrachten alle Menschen als gut, mit einem guten Bewusstsein, mit einem guten Spirit, und sie sollten diese Dinge verstehen: Sie sollten als menschliche Wesen zusammenkommen und darüber sprechen; sich nicht gegenseitig angreifen, sondern das wirklich betrachten.

Ich erwähne das bei vielen Ältesten im ganzen Land, und sie alle wissen, dass das getan werden sollte. Ich hoffe, dass wir vielleicht in der Lage sein werden, diese Botschaft der UNO zu bringen. Ich würde mich gerne mit dem Präsidenten der USA zusammensetzen und ihm diese Dinge erzählen, ich würde gerne zur UNO gehen und das erzählen. Dann habe ich das getan, was unsere Ältesten von uns wollen – es würde ihre Botschaft sein.

Als sie mich als einen Interpreten einsetzten, sagten sie: „Du bist vom Wolf-, Fuchs- und Coyote-Clan." Damals gehörte der Kikmongwi von Mishongnovi dem Coyote-Clan an, und er führte aus: „Du bist mein Bruder – ich gehöre zu diesem Clan. Unsere Verantwortung ist es, darauf zu achten, dass das ausgeführt wird, gemäß dem Gesetz des Großen Geistes. Es ist deine Pflicht, jeden hohen Führer, der vorprescht, in die Schranken zu weisen, und wenn er davoneilen möchte, musst du versuchen, ihn zurückzuhalten und zu warnen. Aber wenn sie weitermachen, wenn jemand anderer seinen Platz einnimmt, muss du diesem folgen, ihn führen, ihm helfen; denn das muss getan werden, das ist unsere Pflicht. Und es ist unsere Pflicht, die Menschen überall zu warnen – wie ein Coyote, den du manchmal hörst, wenn er sich draußen bemerkbar macht: Er warnt die Menschen – etwas steht bevor, etwas kommt. Wir müssen es die Welt wissen lassen – das ist unsere Aufgabe, unsere Pflicht.

So habe keine Angst, darüber überall zu sprechen. Du magst zwar nicht alles wissen, aber was du sagst, ist das, was wir dir erzählt haben, worüber wir gesprochen haben. Deshalb bring jeden, der von dir mehr darüber wissen will, hierher zurück, und wir werden ihm mehr erzählen. Denn du sollst nicht deine eigenen Ideen oder Gedanken aufgreifen, wenn du über etwas sprichst, das dir unsere Führer erzählt haben. Deshalb gehe hinaus und verbreite es, soweit du kannst. Wir wissen nicht, wie wir dazu in der Lage sein werden, aber wir wissen, dass es gute Menschen gibt. Zuerst wird es ziemlich hoffnungslos sein: Niemand wird dir zuhören, sie lachen über dich, verspotten dich, nennen dich alles Mögliche; aber gib nicht auf, denn was wir dir erzählt haben, ist die Wahrheit.

Eines Tages wird jemand kommen und dir helfen, es auf eine viel breitere Art zu veröffentlichen, so dass du gehört wirst. Es ist wie bei einem Coyoten", sagte er, „der um Hilfe ruft." Es ist wie das, was in einem Buch beschrieben wird, das ich las, wie „die Stimme eines Rufenden in der Wüste" oder etwas in der Art, das ist es.

Wir brauchen Hilfe, komm und hilf uns – wer auch immer du bist, wo auch immer du bist, komm und hilf! Wir brauchen Hilfe, um die Aufmerksamkeit der Welt auf diese Probleme zu richten, so dass wir gemeinsam den spirituellen Kreis schließen und helfen können, einige dieser Dinge zu korrigieren, zu verändern und zu beenden – ohne Gewalt. Das ist es, was die Alten betonen.

Ich würde das gerne geschehen sehen, so bald wie möglich,

denn alles, was auf Erden geschieht, gerät jetzt in eine viel schwierigere Phase; die Probleme sind so groß, so viel ereignet sich. Und die Alten erzählten, dass es ebenso war, bevor die vorhergehende Welt ganz zerstört wurde – es war genauso. „Aber da soll es irgendwo einige Menschen geben, die hören und zusammenkommen – mache daher weiter!"

Ich bemerke, dass in den letzten fünf, sechs Jahren junge Menschen aller Rassen zu erkennen beginnen, dass da wirklich etwas geschieht. Sie brauchen die spirituelle Botschaft, daher wurde ich zum Beispiel gerufen, zum Volk der Sechs Nationen der Irokesen zu gehen, um die Botschaft zu präsentieren, und in dieser Woche werde ich deshalb im Staat Washington bei einem anderen Treffen sein. Ich hoffe, dass ich vielleicht in der letzten Septemberwoche eine Zusammenkunft mit anderen Leuten hier bei den Hopi haben werde. Danach können wir uns wirklich an die spirituellen Führer wenden – im nächsten Frühling oder Sommer (1982).

Wir wollen das machen, und wenn uns irgend jemand helfen möchte, mit Geldunterstützung oder wie auch immer, so soll er es tun. Auch durch Benachrichtigung kann uns geholfen werden, so dass wir wissen, wer nach deren Beschluss eingeladen werden soll, zu kommen. Vielleicht werden zu dieser Zeit die Völker der Welt die Notwendigkeit dafür erkennen, jedem zu helfen.

Das ist es, von dem die Hopi vorhersagen, dass es geschehen könnte. Ich möchte das für meine Ältesten durchführen.

Haben wir noch viel oder wenig Zeit - wieviel?

So wie ich die Prophezeiung sehe, haben wir noch drei oder vier Jahre Zeit, um das zu tun. Aber die Hopi setzen keine Zeit fest, wann etwas geschehen wird – es hängt jetzt von den Menschen ab. Vielleicht beginnen die Menschen zu erkennen, vielleicht kommen allmählich die spirituellen Führer – das würde ein gutes Zeichen sein, dass alles das uns nicht widerfahren mag.

Wir trafen Leute in Zentralamerika, in Guatemala. Einer der Führer interpretierte die alten Tempel. Da gehen Stufen hinauf, und wir haben bereits die letzten drei oder vier Stufen erreicht. Die Spitze würde die vierte sein, aber da sind noch drei Stufen. Wir sind gerade dort, wo die Ereignisse eintreten. Von jetzt an wird uns auch die Natur schlagen. Viel stärker, damit wir zu erkennen beginnen, dass wir sehr nahe an die letzten Stufen gelangt sind. Das ist es, wodurch die Leute klar sehen werden. Es könnte sein, dass vielleicht eines dieser Atomkraftwerke in die Luft fliegt, und in wenigen Minuten sterben Millionen Menschen an seiner Strahlung oder an dem, was auch immer herausfliegt. Vielleicht könnte ein Schlag dieser Art erfolgen, bevor die Menschen die Gefahr, in der sie sind, erkennen.

Oder vielleicht drückt jemand auf den Knopf, und ein Kürbis voll Asche ergießt sich über die Städte und Großstädte.

„Deshalb müssen wir dieses Gebiet in einem natürlichen Zustand belassen", sagten sie. Wir müssen das tun, wir müssen das Four-Corners-Gebiet in einem natürlichen Zustand belassen, so dass zuletzt ein Gebiet der westlichen Hemisphäre im Naturzustand erhalten bleibt; damit, wenn etwas Derartiges anderswo geschieht – falls dort jemand überlebt –, er zumindest einen Platz hat, wohin er gehen kann. Das würde der Zufluchtsort für alle Überlebenden sein. Sogar Tiere und Vögel werden hierherkommen.

Deshalb werden wir es niemandem erlauben, jetzt weitere Bodenschätze herauszunehmen, denn es beginnen sich zerstörerische Absichten abzuzeichnen. Und genauso dürfen wir es keiner Industrie erlauben, sich in diesem Gebiet anzusiedeln, um nicht ein Bombardement hierher einzuladen – oder einen Kürbis voll Asche, der auf dieses Gebiet geworfen wird.

Wir müssen das in einem natürlichen Zustand erhalten und die Welt wissen lassen, dass das ein spirituelles Zentrum ist, das wir nicht zerstören dürfen. Wir müssen das vielen Menschen gegenüber betonen, so dass es in diesem Land vielleicht viele Leute verstehen; damit wir sicherstellen können, dass das nicht zerstört wird.

Aber die US-Regierung erklärte dieses Gebiet zur nationalen Opferungszone, denn sie beuten alle Bodenschätze aus und verschmutzen alles in einem so großen Ausmaß, dass viele eingeborene Menschen sterben. Sie sagen, es ist ein nationales Opferungsgebiet, aber es sollte eines Tages ein nationales Zufluchtsgebiet für alle Überlebenden außerhalb dieses Gebietes sein. Das muss getan werden, in diesem Moment, sagen die Ältesten, das muss beschützt werden – mit allen Mitteln.

Wer auch immer das tut, er wird es für sich und für die nachfolgenden Generationen tun, wenn sie den Führern helfen, die die Kräfte für hier und für alles aufrechterhalten. Deshalb sollte, wer auch immer davon hört, wer das weiß – er sollte besser kommen, um die kulturellen oder anderen Führer zu befragen. Er sollte sich direkt an die Führer wenden, an den Kikmongwi. Denn auf der ersten Mesa meinen sie, einen Kikmongwi zu haben; in Mishongnovi, in Shungopavi, in Alt-Oraibi ebenso. Aber der in Shungopavi ist der einzige, der auf ordnungsgemäße religiöse Weise eingesetzt wurde – dort sind sie noch immer nicht vom Ursprung abgewichen. Er ist der einzige, der auf diese Weise sein Amt innehat. Die anderen übernahmen lediglich den Platz von jemand anderem oder wurden von anderen Leuten eingesetzt. Sie wurden nicht auf ordnungsgemäße Weise eingesetzt, aber der Führer in Shungopavi ist der einzige Kikmongwi, der sein Amt in dieser Weise erhielt und innehat.

Dieser und die religiösen Führer der Hopi sind diejenigen, die den Präsidenten der USA und andere Regierungsvertreter zu einer Zusammenkunft einluden, auch die Mitglieder des Stammesrats – aber sie hatten nie eine Möglichkeit, sie zu treffen.

Niemand hört auf die Ältesten der Hopi, die dieses Wissen besitzen. Nun bringen wir es vor die Weltöffentlichkeit, und wir hoffen, dass es jemand hört und kommt, nach diesen Führern sucht und sich mit ihnen trifft.

Wir hoffen, dass wir hier mit den Hopi-Führern ein Treffen der spirituellen Führer der Welt durchführen können.

11 Die Hopi-Felszeichnung über die zwei Lebenswege der Menschheit

> „Diese Erde ist ein lebendes Ding,
> und sie liebt uns wie eine Mutter.
> Deshalb beginnt sie,
> wenn wir nicht achtgeben,
> uns wirklich hart wachzurütteln -
> wie eine Mutter."
>
> *Thomas Banyacya Sr.*

In der Nähe von Alt-Oraibi befindet sich auf der dritten Mesa eine Felszeichnung, die beide Lebenswege der Menschheit darstellt: vom Beginn dieser Welt bis zur nächsten.

Mit dieser Darstellung, deren Entstehung Thomas Tarbet Jr. zumindest im 19. Jahrhundert, wenn nicht früher, vermutet, ist die Prophezeiung der Hopi gemeint, die drei welterschütternde Ereignisse vorhersagt. Thomas Banyacya Sr. malte ein Ölbild auf ein Leinenstück, um es auf seinen Vortragsreisen mitzunehmen und über dessen Inhalt sprechen zu können. Auf diesem Bild gibt es einige Ergänzungen, so dass die Botschaft klarer wird. Denn auf der Felszeichnung ist nur ein Bruchteil dieser Prophezeiung zu sehen.

Thomas zeigte seine Darstellung bereits auf Vortragsreisen in Amerika, in der Schweiz, in Frankreich, Italien, der BRD und Österreich. Er erzählte mir ganz spontan das Wichtigste davon, nachdem er mit der Botschaft der Hopi geendet hatte. Er stand auf, entfaltete plötzlich sein Ölbild und begann darüber zu sprechen (zum besseren Verständnis sind im Text und in der Nachzeichnung S. 204 Ziffern eingefügt).

Ich darf noch darauf hinweisen, dass die Botschaft der Hopi ausführlich auf diese Darstellung eingeht. Thomas bestätigte mir, dass das dritte Symbol (20), das gemeinsam mit dem ersten und zweiten (18 und 19) auftauchen wird (15), sehr dem illyrischen und germanischen Tatzenkreuz (S. 205) ähnelt, wie es auch beim deutschen Militär verwendet wird.

Die militärische Verwendung dieses Symbols lässt zweifellos den Schluss zu, dass das betreffende Land in einen Krieg verwickelt werden könnte, der Teil vom Tag der Reinigung ist und

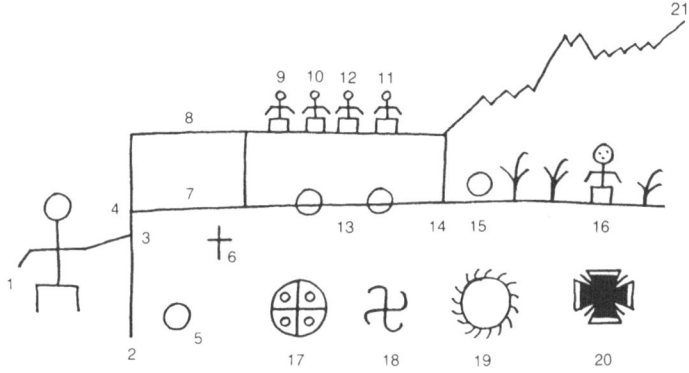

Vereinfachte Darstellung der zwei Lebenswege der Menschheit
(nach Thomas Banyacya Sr.)
Die Farben des Tatzenkreuzes der Hopi (20), Rot, Weiß und Schwarz, stehen
auch für die Erde, den Himmel und das Mysterium der Verbindung von beiden
Kräften (vgl. S. 242 ff.). 18 + 19: Symbole auf der Kürbisrassel

möglicherweise in eine alles vernichtende Katastrophe mündet.
Das entspräche aber nicht den Hoffnungen der Hopi auf eine
friedliche, spirituelle Lösung unserer Situation. Es ist wichtig zu
verstehen, dass jede Art von Gewaltanwendung niemals ein positiver Beitrag dazu sein kann und dass die wahre Lösung nur in
einer spirituellen Lebensweise liegt. Eine solche Lösungsmög-
lichkeit rückt zum Beispiel durch die wachsende Umweltschutz-,
Friedens- und Alternativbewegung durchaus in greifbare Nähe -
vorausgesetzt, deren Mitglieder wollen das (vgl. die Seiten 128,
142 und 223f.).

Vielleicht weist auch die uralte Bedeutung des Tatzenkreuzes
auf diesen Sachverhalt hin: Denn unter den Runen gilt es als das
„Mal der Weihe", auch als „Sühnkreuz", wie Walther Blachetta
im „Buch der deutschen Sinnzeichen" ausführt. Die Hopi vergleichen es auch mit Truthahnfedern, die laut Thomas Banyacya
Sr. das Geheimnis oder Mysterium der Schöpfung symbolisieren; das Weiß entspricht der Farbe der Reinigung (Norden). Die
roten Strahlen könnten – so Thomas – sowohl Menstruationsblut
als auch den Osten oder schlicht den Reiniger mit der roten Kappe, rotem Hut oder rotem Gewand darstellen. „Erst wenn diese
Zeichen in Verbindung mit dem angekündigten Ereignis aufgetaucht sind, werden wir Klarheit darüber haben", erzählte er mir
(vgl. Kapitel 9).

Das Tatzenkreuz der Germanen und Illyrer

Die beiden Lebenswege der Menschheit

„Das repräsentiert den Großen Geist und dass wir ihn hier trafen, als wir von einer anderen Welt kamen (1). Er zeigte diesen Weg, damit ihm gefolgt werde (2). Es ist der Weg des Großen Geistes, der für diesen Kontinent bestimmt wurde.

Hier verließ er uns (3), und dann traf er uns ein zweites Mal. Das stellt die Trennung von unserem weißen Bruder dar, der zu einem anderen Ort ging (4). Und sie gaben ihm dieses Symbol (5), beiden Brüdern gaben sie es. Aber wenn er zurückkommt, sagen sie, könnte er es verändert, es zu etwas anderem gemacht haben (6).

Wir folgen die ganze Zeit diesem Pfad (7). Aber wenn der weiße Bruder mit Erfindungen und neuen Ideen kommt, mit einer neuen Religion, anderen Wegen und einem anderen Symbol (6), könnten einige unserer Leute seinem Weg folgen. Es handelt sich mehr um menschliche Ideen, vom Menschen gemachte Erfindungen, um den materialistischen Weg (8). Aber das ist ein spiritueller Weg ohne Ende (7), er ist wie ein Kreis, solange du dem Gesetz des Großen Geistes folgst. Diesen Geist (8) interpretieren wir als Fortschritt, Wachstum in bezug auf Erfindungen und wissenschaftliche Dinge, verstehst du?
Dieser eine (9) brachte Fahrzeuge und viele andere Dinge. Der da (10) verbesserte sie – es wurde das Auto daraus, das Menschen befördert, und dieser eine (11) ritt in den Himmel er erfand die Atombombe –, ritt in den Himmel, ging auf den Mond, zu den

Sternen, unter das Wasser; all diese Erfindungen, die du kennst. Und dieser eine (12) repräsentiert unsere eigenen Leute, die sich ihnen anschließen, wie der Stammesrat. Sie wollen wie der weiße Mann leben, wollen Arbeit wie der weiße Mann haben, denselben Lebensstil und sagen den Traditionellen: ‚Vergesst eure Kultur und Religion und kommt auf unsere Seite. Wir haben alle diese neuen Dinge: neue Autos, neue Wohnungen, Fließwasser, Elektrizität und alles das – so komm, und wir werden eine gute Zeit haben.'

Aber die in wissenschaftlichen Dingen entwickelten Menschen – wir versuchen dies und das, schreiten höher und höher mit Macht – aber wir haben keine Grundlage, wir haben uns davon völlig abgewandt. Irgendwo werden wir uns selbst mit dem, was wir erfanden, verbrennen, das wird das Ende des Lebens hier sein (21).

Wir eilen in diesen Ungeist hinein, und wir haben es nötig, spirituelle Menschen zu fördern, wachsen zu lassen und sie hierher zurückzubringen (14). Da gibt es nur wenige Menschen, die daran festhalten. Wenn wir zurückkehren, müssen wir keinen neuen Weltkrieg erleiden, sondern eine Reinigung (15). Diese beiden da (13) sind bereits geschehen – sie erschütterten uns zweimal: einmal, das zweitemal.

Dieser Dritte (15) könnte dazu dienen – es hängt von den Menschen ab –, dass sie sich selbst berichtigen, reinigen. Dann wird derjenige, wer auch immer übrigbleibt, den Großen Geist wieder treffen (16): ‚Denn ich bin der eine, der dieses Land besaß. Ich gab es dir, ich ließ dich auf deinem Weg gehen, ich verschwand eine Zeitlang. Wenn du meinen Anweisungen folgst – wer auch immer hierherkommt, ich werde ihn auf dieser Seite treffen. Dann werde ich ihn wieder treffen und alle Menschen willkommen heißen, die miteinander weitermachen wollen.' In dieser Zeit wird der Große Geist mit uns sein, gerade hier, so dass wir ihm für immer folgen können.

Das ist es, was die Hopi sagen, was wir zu tun haben.

Und dieses Symbol repräsentiert dieses spirituelle Zentrum (17), das wir nicht zerstören dürfen, das wir in natürlichem Zustand belassen müssen; damit von diesem Zentrum aus die spirituellen Menschen ihre Zeremonien durchführen, damit dieses Land und Leben im Gleichgewicht bleibt. Aber wenn wir es zerstören – einen dieser Plätze –, dann wird etwas beginnen, uns heftig zu rütteln, vielleicht wird es zu einem Polsprung oder etwas anderem kommen. Das sind einige der Dinge, die hier bekannt sind. Und das ist ein Symbol, das wir auf der Kürbisrassel haben (18); ich erwähnte, dass derjenige dieses Symbol hat, der uns zweimal erschüttern wird. Aber der Dritte könnte kommen, um zu reinigen (15): mit roter Kappe, rotem Hut oder rotem Gewand; er könnte ein Aufleuchten bringen. Es wird vielleicht kein Krieg sein, er wird einfach alles reinigen, wenn wir beginnen, dieses spirituelle Zentrum zu zerstören.

Das ist für die Hopi ein uraltes Symbol, für männlich (18) und das für weiblich (20). Das könnte bedeuten, dass Menschen wissenschaftliche Wege gehen, Erfindungen machen und mehr Macht bekommen, wie sie es in anderen Welten taten. Sie könnten die Samen aller lebenden Wesen nehmen – männlich und weiblich – und beginnen, die Dinge besser zu machen: bessere Blumen, mehr Nahrung, größere Dinge, und sie haltbarer zu machen. Aber dann stören wir die natürliche Entwicklung. So beginnen wir herumzupfuschen, und sehr bald nehmen sie männliche und weibliche Samen, werden selbst Kinder herstellen. Wenn wir soweit gekommen sind, wissen wir, dass wir nahe an die letzten Stufen gekommen sind.

Wenn sie ein Haus da oben errichten, das am Himmel fliegt, dann haben wir die allerletzten Stufen erreicht, dann wird etwas geschehen. Vieles, was hier erzählt wurde, wird dann geschehen: Jeder hier wird herumhetzen, und die Menschen werden erkennen, dass sie gegeneinander in Wallung geraten. Da werden viele Probleme sein. Menschen mit derselben Sprache und Religion werden einander bekämpfen; jeder, der eine hohe Position in der Regierung innehat, wird so gierig sein; sie werden keine Gefühle mehr für die Menschen haben, sie werden alles machen, was sie wollen; sie werden Macht haben und sie genießen, und – bäng! – gehen sie morgen in die Luft.

Das könnte geschehen, daher müssen wir unsere Leute auf einer spirituellen Ebene zusammenbringen. Da gäbe es noch viel zu sagen. Vier Tage hindurch versuchten sie alles mitzuteilen, aber sie enthüllten nicht alles. Die Hopi wissen vieles: über Vergangenes, woher wir kamen, über die gegenwärtigen Tage und was in Zukunft geschehen wird. Sogar über Erfindungen, die wir später genießen werden, viel größer als die, die wir heute besitzen: Denn es werden neue Erfindungen gemacht werden, mit mehr spiritueller Kraft. Durch die größere spirituelle Kraft werden wir viel bessere Erfindungen aller Art haben und nicht mehr zu viele Bodenschätze benötigen.

Das sind einige der Dinge, über die sie sprachen. Ich zeige das die ganze Zeit."

12 Der vierte und letzte Versuch

„Die Vereinten Nationen werden
niemals imstande sein,
ihr Ziel zu erreichen,
nämlich Frieden und Harmonie
unter alle Völker
jetzt oder in Zukunft zu bringen,
wenn sie nicht zuletzt die Hopi
und die anderen ersten Völker
dieses Landes
in ihrem Kampf um weltweite
Anerkennung
und Respektierung unterstützen.“

Thomas Banyacya Sr.

Diese Worte verfasste Thomas für ein Dokument, das er 1976 dem Vorsitzenden und über ihn den Mitgliedern der UNO-Habitat-Konferenz in Vancouver überreichte. Das war der dritte Versuch, vor den Führern der Welt im Rahmen der UNO zu sprechen. Der vierte und bis zum Juni 1982 letzte Versuch fand im September 1981 in Genf statt. Damals tagte die „Internationale Konferenz der nichtstaatlichen Organisationen über eingeborene Völker und Länder" im Palais der UNO, dem ehemaligen Völkerbundpalast.

Die „nichtstaatlichen Organisationen" sind eine ständige Einrichtung innerhalb der UN-Menschenrechtskommission. In ihr können jene Völker ihre Stimme erheben, die sich von der Regierung des Staates, in dem sie leben, nicht ausreichend vertreten fühlen: zum Beispiel die Sami im Norden Norwegens, Schwedens und Finnlands, die – ähnlich wie die nordamerikanischen Indianer – gegen die Zerstörung ihrer traditionellen Lebensräume – (etwa durch Staudammprojekte) kämpfen. Auch eine schottische Delegation sprach dort: Ihre Vertreter protestierten gegen die hohe Konzentration von Atomkraftwerken, Wiederaufbereitungsanlagen und Basen für atombetriebene Polaris-Unterseeboote (die mit Atomraketen bestückt sind) in ihrer Heimat. Ebenso schickten süd- und nordamerikanische Indianer, aus-

Einzug der indianischen Delegation in das Palais der Nationen anlässlich der Schlusssitzung der NGO-Konferenz im September 1981 in Genf. Rechts außen: Thomas Banyacya Sr., Mitte: Edith Ballantyne von der „Women's Intl. League For Peace And Freedom"; neben Thomas Sr.: Hopi Elder Earl Pela.

tralische und philippinische Ureinwohner sowie andere Völker ihre Vertreter. Sie alle fühlen sich von der Vorgangsweise ihrer Regierungen bedroht, ähnlich wie die Hopi, für die diese Konferenz der erste bedeutende Schritt zu einer engen Zusammenarbeit mit UNO-Stellen war.

Eine erste Frucht dieser Arbeit war im März 1982 die Errichtung einer Arbeitsgruppe für indigene Bevölkerungen innerhalb der damaligen UN-Menschenrechtskommission, die sich ausschließlich mit den Rechten eingeborener Völker befasste. Am 24. Juni 1982 schienen die traditionellen Hopi sogar am ersten Ziel ihrer Bemühungen zu sein, als Mitglieder der amerikanischen Organisation „Freunde der Erde" Thomas Banyacya Sr. eine fünfminütige Redezeit vor der zweiten Sondertagung der

UN-Generalversammlung über Abrüstung in New York vermitteln wollten.

Das persönliche Vortragen dieser Erklärung scheiterte zwar an den starren Regeln der UNO-Bürokratie, sie konnte aber gemeinsam mit einer Petition vom 17. 5. 1982 in schriftlicher Form vom Präsidenten der „Freunde der Erde", *David Brower,* an die Delegierten verteilt werden (siehe Seite 214ff.). Vertreter der UNESCO und anderer Organisationen begannen sich daraufhin verstärkt für die Anliegen der Indianer und speziell für die der Hopi zu interessieren. Schließlich konnte einige Tage später mit dem amtierenden Generalsekretär der UNO, *Perez de Cuellar,* ein Gespräch geführt werden, bei dem es sich aber herausstellte, dass selbst er während dieser Sondertagung keinen persönlichen Auftritt von Thomas Banyacya Sr. vermitteln konnte.

Immerhin gab Thomas am 25. Juni 1982 der internationalen Nachrichtenagentur UPI und der BBC-London ein Interview, von dem jedoch in die österreichischen, schweizer und bundesdeutschen Medien nichts durchsickerte – ein Umstand, der ein bezeichnendes Licht auf die Nachrichtenpolitik in diesen Ländern wirft. Er zeigt um so deutlicher, wie nötig die Hopi unsere Unterstützung gerade auch auf publizistischem Gebiet haben.

Thomas erklärte mir noch am 1. Juli 1982 bei einem weiteren Telefonat, dass aufgrund des Vorstoßes der „Freunde der Erde" Vorgespräche eingeleitet wurden, um mit Hilfe der UNO Vertreter von Kirchen, religiösen Organisationen und des US-Kongresses im Herbst 1982 ins Land der Hopi zu bringen. Damals war er nicht sicher, ob das bereits die geplante Weltkonferenz der spirituellen Führer werden könnte. Wer tatsächlich kam, war der stellvertretende Generalsekretär des UN-Wirtschafts- und Sozialrates, *Robert Muller.* Ein erster, bedeutsamer Schritt.

Was bis zur ersten Endredaktion dieses Buches ebenfalls nicht gelang, betrifft die Mobilisierung der UN-Missionen mehrerer Staaten, damit sich diese für eine Redemöglichkeit von Thomas Banyacya Sr. vor der UN-Generalversammlung einsetzen und die Anliegen der Hopi in den entsprechenden Gremien vorantreiben. Eine Aktion dieser Art, die auch die Vertreter der Kirchen betrifft, versuchte ich mit meinen Freunden vom „Arbeitskreis Hopi" bereits im Mai und Oktober 1982 einzuleiten (mehr darüber im Kapitel 13: *Freiheit ist freiwillig;* dazu Aktuelles auf S. 315f).

Einen weiteren Vorstoß, zumindest eine schriftliche Botschaft an die 37. UN-Generalversammlung in New York zu richten, unternahm David Monongye anlässlich ihrer Eröffnung am 21. September 1982. Im Namen der traditionellen Ältesten von Hotevilla verfasste er ein Schreiben, das allerdings sein Ziel nicht erreichte. Eine Übersetzung davon zitiere ich nach der Erklärung vom Juni 1982 (Seite 217).

Zur selben Zeit wurde auch vom traditionellen Ältestenrat, der im August 1982 bei den Hopi und Navajo in Big Mountain tagte, ein warnendes Schreiben an dieselbe Adresse verfasst (siehe Abschnitt *Überleben ins 21. Jahrhundert*, Kapitel 19, *Zwei Briefe des indianischen Ältestenrats*).

Im Rahmen der UN-Konferenz der nichtstaatlichen Organisationen (14.-17.9.1981) in Genf verlas Thomas Banyacya Sr. „eine Darstellung der souveränen, unabhängigen Hopi-Nation", die sich auf den Vertrag von Guadelupe Hidalgo bezieht, den die USA und Mexiko 1848 in Santa Fe ohne Beteiligung der betroffenen Ureinwohner abgeschlossen haben.

Der Vertrag anerkennt lt. der beiliegenden „Disturnell's Map oft the United States of Mejico" die Unabhängigkeit der Hopi seit 1680, insofern indirekt deren Doppelstaatsbürgerschaft (Hopi und Mexiko oder USA), infolgedessen deren volle Eigentums- und Erbrechte. Auch das Recht der freien Religionsausübung wird darin garantiert. Im UN-Dokument beklagen sich die traditionellen Hopi jedoch unter anderem über „die Belagerung durch fremde Missionare" und deren die Hopi einschränkendes Wirken. Zuletzt verpflichten sich die USA, dass die indianischen Einwohner „nicht in die Zwangslage gebracht werden, sich neue Heime suchen zu müssen, indem jenes Eindringen verübt wird, dem Einhalt zu gebieten die USA sich selbst feierlich verpflichtet haben". Alle diese Punkte wurden und werden von den USA nicht eingehalten. Trotz der Bitte, diese Angelegenheit zu untersuchen, und der Einladung der traditionellen Hopi-Führer und Ältesten, zu ihnen zu kommen, gab es keine Reaktion der UNO darauf. Die folgenden Seiten bringen die Übersetzungen weiterer Versuche, die UNO zu aktivieren.

PETITION

WIR, DIE UNTERZEICHNETEN EINGEWEIHTEN FÜHRER DER HOPI
UND MITGLIEDER DER SOUVERÄNEN HOPI-NATION PRÄSENTIE-
REN IHNEN HIERMIT IM AUFTRAG UNSERER HÖCHSTEN ERBLICH
BESTIMMTEN KIKMONGWIS UND ALLER TRADITIONELLEN HOPI
UNSERE ÄUSSERST DRINGLICHE BITTE, INDEM WIR SIE ALLE AUF-
RUFEN, UNVERZÜGLICH ALLE FORMEN DER INSTRUMENTE DER
KRIEGSFÜHRUNG WEGZUGEBEN, EINSCHLIESSLICH DER ENT-
WICKLUNG DER ATOMENERGIE FÜR ZERSTÖRERISCHE ZWECKE.

ALS SPIRITUELLE FÜHRER, DIE WIR UNSERE URALTEN HOPI-
PROPHEZEIUNGEN, WARNUNGEN UND RELIGIÖSEN ANWEISUN-
GEN KENNEN, DIE UNS, DEN URSPRÜNGLICHEN EINGEBORENEN
VÖLKERN IN DIESER WESTLICHEN HEMISPHÄRE, GEGEBEN WUR-
DEN, SIND WIR FEST DAVON ÜBERZEUGT, DASS FÜR UNS DIE ZEIT
GEKOMMEN IST, SIE ALLE DARAN ZU ERINNERN, DASS WIR NUR
DURCH DEMUT, GÜTE UND WAHRE LIEBE FÜR ALLE LEBENDEN
DINGE AUF DIESER MUTTER ERDE DIE WELTPROBLEME LÖSEN
KÖNNEN.

DER GROSSE GEIST MASSAU'U WARNTE UNS DAVOR, EINEN
„KÜRBIS VOLL ASCHE", ATOMBOMBEN ODER ATOMAR BESTÜCKTE
RAKETEN ZU ENTWICKELN UND SIE AUF UNSERE MUTTER ERDE
ZU WERFEN. WER IMMER DAS TUT, WIRD ZWEIFELLOS EINE SICH
ALS FOLGE ERGEBENDE BESTRAFUNG GEWÄRTIGEN MÜSSEN, DIE
GROSS SEIN WIRD.

WIR BESITZEN VIELE URALTE PROPHEZEIUNGEN, RELIGIÖSE
ANWEISUNGEN UND WARNUNGEN, DIE WIR MIT ALLEN UNSEREN
WEISSEN BRÜDERN UND SCHWESTERN TEILEN WOLLEN: ABER
NUR DURCH MÜNDLICHE ÜBERLIEFERUNG IN UNSEREN PUEBLOS
UND DURCH UNSERE SPIRITUELLEN KIKMONGWIS.

DESHALB RUFEN WIR SIE AUFRICHTIG AUF, MIT DER WEITEREN
ENTWICKLUNG DIESER TÖDLICHEN INSTRUMENTE DER KRIEGS-
FÜHRUNG AUFZUHÖREN, ZU KOMMEN UND UNSERE HÖCHSTEN
SPIRITUELLEN HOPI-FÜHRER SO BALD WIE MÖGLICH ZU TREFFEN.

Shungopavi, 17. Mai 1982

Acht eingeweihte spirituelle Führer der Hopi aus Shungopavi,
Mishongnovi und Hotevilla, darunter David Monongye

DIE BOTSCHAFT DER HOPI AN DIE DELEGIERTEN DER ZWEITEN UNO-ABRÜSTUNGSKONFERENZ AM 24. JUNI 1982 IN NEW YORK

Mein Hopi-Name ist Banyacya vom Wolf-, Fuchs- und Coyote-Clan, und ich bin ein Mitglied der unabhängigen Hopi-Nation. Seit 1948 bin ich ein Interpret für die erblich bestimmten Kikmongwis und die hohen religiösen Führer der Hopi. Unsere Gegenwart hier, die den Sinn hat, diese bedeutende Botschaft der UNO und den Völkern der Welt zu überbringen, ist eine Erfüllung einer unserer uralten Prophezeiungen.

Wir wurden angewiesen, sobald wir mit vielen ungelösten Problemen konfrontiert wären, zuerst zum Weißen Haus zu gehen, das, wie unsere Ältesten sagen, Reinheit und Gerechtigkeit verkörpern sollte. Wenn es sich abwenden würde, wurden wir angewiesen, zum „Haus aus Glas" zu gehen, das im östlichen Teil unseres Heimatlandes stünde, wo die Weltführer aller Nationen versammelt sein würden.

Die Hopi unternahmen drei Versuche, ihre Worte an das „Haus aus Glas" zu richten, aber die Türen wurden weder uns noch den ursprünglichen eingeborenen Völkern dieses Landes geöffnet. Wir fragten: Warum wurden, seitdem die UNO auf unserem Land existiert, die Türen der UNO nicht für die eingeborenen Völker geöffnet?

Die ältesten, ständig bewohnten Dörfer dieses Kontinents befinden sich im Land der Hopi, und wir sind die Nachfahren derjenigen, die vor langer Zeit die letzte Zerstörung der Welt durch eine große Flut überlebt haben. Unsere Aufgabe ist es, das Wissen über das Überleben in der Hoffnung weiterzugeben, eine andere globale Katastrophe, aufgrund der Erfindung eines Kürbis voll Asche, der Atombombe, zu verhindern.

Wir fragten uns, wer bei unserem vierten und letzten Versuch helfen würde, die Türen der Vereinten Nationen zu öffnen. Da Hopi soviel wie „Volk des Friedens" bedeutet und wir alle Kinder der Erdenmutter sind, scheint es angemessen, dass die Türen durch eine Gruppe namens „Freunde der Erde" geöffnet wurden. Wir möchten ihrem Präsidenten, David Brower, unsere warmherzige Anerkennung aussprechen.

Die traditionellen Hopi folgen dem spirituellen Weg, der uns von Massau'u, dem Großen Geist, gegeben wurde. Wir schlossen einen heiligen Bund, seinem Lebensplan zu allen Zeiten zu folgen, was die Verantwortung miteinschließt, dieses Land und Leben für seinen göttlichen Zweck zu behüten. Wir schlossen nie irgendwelche andere Verträge mit irgendeiner fremden Nation, auch nicht mit den USA, sondern viele Jahrhunderte hindurch haben wir dieses heilige Übereinkommen in Ehren gehalten. Unsere Ziele sind nicht, politische Kontrolle, finanziellen Reichtum oder militärische Macht zu erlangen, sondern wir fahren vielmehr fort, um das Wohlergehen aller lebenden Dinge zu bitten und es zu fördern. Unser Ziel ist es, die Welt in einer natürlichen Weise zu erhalten. Jetzt ist die Zeit, wenn die Sonne ihr Sommerhaus betritt, dass unsere Kachinas Zeremonien durchführen, um sanften Regen für die Pflanzen, die Tiere, die Vögel und alle Formen des Lebens zu bringen. Im Gegensatz dazu erfuhren wir, dass die USA, die UdSSR und andere Nuklearmächte ein teuflisches Ritual durchführen, das einen Feuerregen niederzubringen droht, der jede Form von Leben zerstören würde.

Massau'u sagte, dass viele sterben und das Ende des materialistischen Lebensweges nahe sein würde, wenn ein Kürbis voll Asche auf die Erde abgeworfen wird. Wir interpretieren das als die Atombombenabwürfe auf Hiroshima und Nagasaki. Wenn das wieder mit den gegenwärtigen mächtigen Waffen geschieht, könnte diese Welt zu Ende gehen.

Deshalb möchten die Hopi die Völker der Welt daran erinnern, dass ihr Land ein heiliges, treuhänderisch verwaltetes Gut ist, dass es vom Schöpfer als Zufluchtsort aller lebenden Wesen bestimmt wurde. Deshalb muss alle und jede Entweihung dieses Landes aufhören.

Gemäß den uralten Traditionen wurde die letzte Welt zerstört, als die Menschen gierig und korrupt wurden und den spirituellen Weg verließen. Bei seinem Erscheinen in dieser Welt gab uns der Große Geist einen Lebensplan; die Geheimnisse, um zu überleben. Unser weißer Bruder wurde angewiesen, ostwärts zu wandern, und er bekam eine besondere Aufgabe: in ein anderes Land zu gehen, in dem bemerkenswerte Erfindungen entwickelt würden.

Wir wussten, dass unser weißer Bruder eines Tages zurück kehren würde, und er sollte die Erfindungen dazu benutzen, um seinem jüngeren Bruder zu helfen, die Schönheit und das Gleichgewicht dieses Landes zu bewahren. Aber seitdem die Weißen zurückkehrten, wurden viele durch die Gier nach Reichtum und Macht blind und verließen wieder einmal den spirituellen Weg. So wie wir heute vor Ihnen stehen, suchen wir immer noch unseren weißen Bruder. Wo ist diese treue und redliche Person?

Wir, das Volk der Hopi, haben beobachtet, wie der Mensch im Namen des Fortschritts die Erde, die Luft und das Wasser zerstört. Uran für Atombomben wird jetzt auf dem Gebiet unseres Hopi-Landes ohne unsere Einwilligung und ohne die Zustimmung der traditionellen Führer der Hopi abgebaut. Das Land der Hopi wird als ein spirituelles Zentrum des Kontinents anerkannt. Die Ausbeutung unseres Landes stellt nicht nur eine Verletzung des Vertrags von Guadelupe Hidalgo dar, sie ist ein Sakrileg, das nicht ungestraft bleiben wird.

Die Hopi haben einen realistischen Plan für den Weltfrieden, aber er ist zu kompliziert, um ihn in fünf Minuten darzustellen. Wir ersuchen, dass mindestens drei oder vier Beauftragte in das Land der Hopi kommen. Wir laden genauso die spirituellen Führer der Welt ein, so bald wie möglich mit ihnen zu kommen. Unsere weisen Ältesten warten in ihren geweihten Kivas geduldig auf sie, um die uralten Geheimnisse des Überlebens zu enthüllen. Es soll drei oder vier Nationen geben, die bereit sind, unser Angebot anzunehmen. Wir wollen nicht, dass die Welt in einem nuklearen Holocaust zerstört wird.

Die Hopi tun alles, was sie können, um die Völker der Erde zu warnen, eine positive Handlung zu setzen, um eine Nuklear- oder Naturkatastrophe abzuwenden. Wenn diese positive Handlung nicht von den Nationen der Welt durchgeführt wird, werden die Hopi ihr Flehen um Hilfe an eine spirituelle Macht richten, die vom Westen kommen wird.

Wir betreten einen kritischen Abschnitt in der Existenz der Menschheit.

Wir erwarten Ihre Antwort.

Neu-Oraibi, 24. Juni 1982

Thomas Banyacya Sr., Interpret, Neu-Oraibi;
vier religiöse bzw. spirituelle Führer der souveränen Hopi-Nation, darunter David Monongye

*Aus Anlass der Eröffnung der Sitzungsperiode der 37. Gene-
ralversammlung der UNO in New York verfasste David
Monongye im Namen der traditionellen Hopi von Hotevilla die
folgende Botschaft, die am 21. September 1982 vervielfältigt an
die Delegierten verteilt werden sollte – was aber nicht gelang.
Dass 1982 insgesamt dreimal versucht wurde, die UNO-Dele-
gierten anzusprechen, zeigt offenbar, dass wir tatsächlich „die
letzte Phase" erreicht haben.*

AN DIE GENERALVERSAMMLUNG DER VEREINTEN
NATIONEN

Wir haben viele Zeitalter erlebt, und manchmal verirrten wir
uns auf den falschen Weg. Die unzählbaren Millionen, die von
den Kriegen in diesem Jahrhundert brutal getötet wurden, zeigen deutlich, dass wir unseren Weg verloren haben. Etwas ist
zutiefst falsch an unserem gegenwärtigen Lebensweg. Deshalb
ist jetzt die Zeit, in der die Führer der Welt beispielhaft den harmonischen, arglosen Lebensweg veranschaulichen müssen, wie
er vom Weltenschöpfer beabsichtigt war.

Die Prophezeiung der Hopi hat vor langem vorausgesagt,
dass eines Tages am östlichen Rand unseres Landes ein „Haus
aus Glas" (die Vereinten Nationen) stehen würde, wohin Führer der Welt kämen, um ihre Probleme zu diskutieren. In
Übereinstimmung mit unseren prophetischen Anleitungen unternahmen wir in den letzten dreißig Jahren vier Versuche, das
„Haus aus Glas" anzusprechen, doch die Türen wurden unseren spirituellen Führern nicht geöffnet. Wir wurden angewiesen,
sobald die Türen geöffnet werden, einiges von unserem uralten
Wissen preiszugeben, das vom Großen Geist unseren Vorfahren
mitgeteilt wurde. Die Prophezeiung sagt, dass mindestens ein
oder zwei Führer im „Haus aus Glas" die Bedeutung des spirituellen Weges der Hopi erkennen und damit reagieren würden, uns
in unserem Heimatland zu besuchen.

Eine Erfüllung dieser alten Prophezeiung erkennen wir in
dem vor kurzem erfolgten Besuch des Stellvertretenden Generalsekretärs des UN-Wirtschafts- und Sozialrates (Robert
Muller, der Verf.). Wir möchten ihm unsere aufrichtige Anerkennung ausdrücken und hoffen, dass andere seinem mutigen

Beispiel folgen, indem sie zu weiteren Gesprächen kommen, um zu diskutieren, wie die tödliche Gefahr zu bannen ist, die unsere Welt bedroht. Wir befinden uns jetzt – seit der Zerstörung einer vorangegangenen Welt – in der kritischsten Periode der menschlichen Existenz. Wenn wir nicht rasch zu einem spirituellen Lebensweg zurückkehren, wird bald auch diese Welt zerstört sein.

Die Hopi wissen jedoch, dass noch Hoffnung für den Frieden der Welt besteht, wenn unsere friedfertige, traditionelle Lebensart aufrechterhalten werden kann. *Hopi* bedeutet „die Friedfertigen", und der traditionelle Weg, unser Lebensplan, der uns vom Großen Geist gegeben wurde, ist ein Modell für alle Menschen. Lebendige Praxis dieser Anweisungen wird eine friedvolle und harmonische Welt erhalten. Andererseits wird die Zerstörung des traditionellen Hopi-Weges, des uns vom Großen Geist anvertrauten Heiligen Landes, wiederum die Zerstörung der gesamten Welt auslösen. Wir geben zu, dass viele Völker in den Vereinten Nationen vertreten sind; jedes ausgestattet mit seiner eigenen, einzigartigen Kultur und Tradition – aber die ursprünglichen Anweisungen des Schöpfers sind weltweit und zu allen Zeiten gültig. Die Kernaussage dieser Anweisungen ist Erbarmen mit allem Leben und Liebe für die gesamte Schöpfung. Wir müssen begreifen, dass wir nicht in einer Welt toter Materie leben, sondern in einem Universum lebendigen Geistes *(Spirit)*. Lasst uns unsere Augen für die Heiligkeit von Mutter Erde öffnen, oder unsere Augen werden für uns geöffnet werden.

Die Prophezeiung der Hopi sah den Ersten und Zweiten Weltkrieg voraus; jetzt warnt sie vor einem dritten Weltkrieg, ausgefochten mit einem „Kürbis voll Asche", dem Ausdruck der uralten Prophezeiung für die Atom- und Wasserstoffbombe. Dieser letzte, schrecklichste Krieg wird sich bald ereignen, wenn der Rüstungswettlauf weiter betrieben wird. Jede Nation auf der Erde muss sich selbst fragen, ob sie zur drohenden Zerstörung der Menschheit beiträgt: entweder durch Gleichgültigkeit oder durch irregeleiteten Nationalismus. Lasst uns den Schöpfer nicht versuchen, uns mit genau den Waffen zu strafen, die wir in so perverser Weise erfunden haben. Die Zeit ist jetzt kurz, es ist sehr spät. Ziehen wir uns von dem zurück, was nicht dringend benötigt wird. Lasst uns aufwachen, Brüder und Schwestern, denn wir stehen am Rand eines Abgrunds von Tod – Tod von solchen Ausmaßen, wie es sich der menschliche Verstand nicht vorstellen kann.

Unsere prophetischen Anweisungen beauftragten uns, wenn es irgendwie möglich ist, die im „Haus aus Glas" vertretenen Nationen persönlich anzusprechen. Wenn die Delegierten der Generalversammlung es so wollen, werden spirituelle Führer der Hopi zu den Vereinten Nationen kommen, um von unseren Prophezeiungen und dem göttlich geoffenbarten Lebensweg zu sprechen. In Erwiderung dafür laden wir Führer der UNO ein, uns in dem Land, das uns der Große Geist anvertraute, zu besuchen. Weil Er offenbarte, dass dieses Land ein spirituelles Zentrum ist, müssen wir alle die Verantwortung teilen, es als Heiligtum für alles Leben zu behüten.

Wir erwarten Ihre Antwort. Wir schließen unser Schreiben mit Segnungen und Hoffnung für die Zukunft. Lasst uns beginnen, uns selber und unsere Mutter Erde zu heilen.

Im Namen der traditionellen Gemeinschaft der souveränen, unabhängigen Hopi-Nation des Dorfes Hotevilla,

Hotevilla. 21. September 1982
David Monongye, acht religiöse bzw. spirituelle Führer von Hotevilla, unter ihnen Carolyn Tawangyawma

Es erfolgte keine Antwort.

Im Oktober 1983 fand lediglich ein Treffen bei einer UN-Sonderkonferenz statt. Im März 1984 besuchte Thomas Banyacya Sr. das erste Mal Österreich und die BRD, wobei es zu einem ausführlichen Gespräch im österreichischen Außenamt in Wien und mit *Petra Kelly* in Bonn kam. Gemeinsam mit Thomas verfasste damals der Arbeitskreis Hopi-Österreich eine Resolution, die an rund 50 Staaten verschickt und mit einer europaweiten Kampagne verbunden wurde. Leider ohne Erfolg (vgl. S. 232). Ziel: die Redemöglichkeit eines hohen Hopi-Eingeweihten vor der UNO. Eine kleine Anfrage, von Petra Kelly diesbezüglich im November 1984 an die deutsche Bundesregierung gerichtet, erntete Ablehnung.

Ein weiterer UN-Versuch im September 1985 scheiterte ebenso; 1992 und insbesondere 1993 jedoch wurden die Tore der UNO endlich geöffnet, wenn auch nicht ganz im Sinne der Hopi (vgl. die Seiten 313f und 315f).

13 Freiheit ist freiwillig

„Ihr Tod durch die Hände unserer
Kultur drückt unsere Unfähigkeit aus,
Freiheit zu tolerieren
und damit die Unfähigkeit,
die kommende Weltveränderung
zu überleben."

Thomas Tarbet Jr.

Bei meinen Diavorträgen über die Hopi und bei Diskussionen im kleinen Kreis werde ich immer wieder darauf angesprochen, dass ihre Botschaft letztlich düster und beängstigend klinge, und es steht immer wieder die Frage im Raum, ob man überhaupt etwas – und wenn, *was* man tun könnte.

Ich bin weit davon entfernt, Panikmache oder fatalistische Weltuntergangsstimmung verbreiten zu wollen, denn ich bin mit den Hopi der Überzeugung, dass jeder einzelne von uns tagtäglich viel dazu beitragen kann, unser Leben *hier und jetzt* zu verbessern, es wieder in Einklang mit den Gesetzen der Schöpfung zu bringen. Die prophetischen Lehren der Hopi sollen – wie andere Prophezeiungen auch – uns dazu helfen.

Der weiße US-Journalist *Thomas Tarbet Jr.,* der als enger Vertrauter der traditionellen Hopi einige Zeit bei einem deren bedeutendsten spirituellen und religiösen Führer von Hotevilla, David Monongye, lebte, bestätigte mir in einem Gespräch dazu folgendes:

"Ich fand heraus, dass die Prophezeiungen der Hopi nicht unmittelbare Vorhersagen, sondern *Erklärungen für die Ursachen der Ereignisse* sind, so dass wir verstehen können, was vor sich geht und was wir tun müssen. Das ist das wichtigste bezüglich einer Prophezeiung. Es handelt sich nicht um eine absolute Vorhersage, dass dieses und jenes geschehen wird. Es ist vielmehr eine Erklärung darüber, dass wir in dieser Welt eine Rolle zu spielen haben: wenn wir diesen Weg gehen, wird das geschehen, wenn wir einen anderen gehen, etwas anderes. Und wir können daraus schließen, was wir tun."

Die Wahl liegt bei uns – das meinen die traditionellen Hopi wie Thomas Banyacya Sr., wenn sie ihre Botschaft an die Welt weitergeben. Es ist aber wichtig, nicht zu vergessen, dass *der Schneeball rollt,* wie es Weißer Bär ausdrückte, und dass der Erde und uns eine Reinigung oder Läuterung nicht erspart bleibt.

Das bedeutet nichts anderes, als dass unser Aktionsspielraum von Tag zu Tag kleiner wird, was die dramatischen Ereignisse in der Welt bestätigen. Es wäre jedoch falsch, das Handtuch zu werfen.

> "Als Hüter des Lebens beeinflussen wir das Gleichgewicht der Natur in solchem Maße, dass unsere eigenen Handlungen bestimmen, ob die großen Kreisläufe der Natur Gedeihen oder Verderben bringen. Unsere gegenwärtige Welt ist die Entfaltung eines Plans, den wir selber in Bewegung gesetzt haben."
> *Thomas Tarbet Jr. in:*
> *"Die Kernaussagen der Hopi-Prophezeiung"*

Es geht darum, *was* wir noch in Bewegung setzen oder zum Stillstand bringen wollen: in uns und um uns.

Angesichts der bestürzenden Ungerechtigkeiten, die den traditionellen Hopi widerfahren, scheint es mir zunächst unumgänglich, zu überlegen, wie ihnen und damit uns geholfen werden kann: materiell, politisch und spirituell. Dabei möchte ich aber die folgenden Zeilen lediglich als Einladung zum Nachdenken verstanden wissen, basierend auf den persönlichen Erfahrungen, die ich gemacht habe. Denn ich bin davon überzeugt, dass jeder einzelne seinen persönlichen Zugang zur Bewältigung unserer Situation finden kann und muss – sobald er dazu bereit ist.

Zweifellos benötigen die Hopi *finanzielle Hilfe:* Zunächst, damit ihr offizieller Sprecher und Interpret, Thomas Banyacya Sr., seiner Aufgabe nachkommen konnte. Sie bedeutete ein Zurückstellen der Arbeit, die für den eigenen Haushalt getan werden musste; eine steigende Abhängigkeit von dem System, das die Hopi zwar ablehnen, dessen Möglichkeiten sie aber ausschöpfen müssen, um die Welt zu informieren. Reisen, Telefonate und Veröffentlichungen waren dazu nötig.

Ich konnte mich persönlich davon überzeugen, dass diese Menschen sehr einfach und bescheiden leben, dass sie die Geldmittel sinnvoll einsetzen. Rechenschaft oder Kontrolle im weißen Sinn zu verlangen hieße, sie in ihrer Eigenart nicht zu respektieren. Es könnte dazu führen, ihnen vorzuschreiben, was sie mit dem Geld jeweils tun sollten. Auf diese Weise würden wir die bestehende Bevormundung durch die Weißen lediglich auf einer anderen Ebene fortsetzen.

Seit dem Weltenwechsel von Banyacya Sr. und seiner Witwe Fermina (2015) verdienen insbesondere deren Sohn Tom Jr. und weiterhin mir persönlich bekannte traditionelle Elders finanzielle Unterstützung (siehe S. 298 und S. 308).

Auf diese Weise kann sowohl die Kommunikation über Telefon und Internet aufrecht erhalten als auch bei der Reparatur des Hauses z.B. oder in einem harten Winter geholfen werden.

Da die traditionellen Hopi insbesondere durch politische Maßnahmen der US-Regierung bedroht sind, ist es nötig, auch hier etwas zu tun. *Bittschriften und Protestschreiben* an die zuständigen Stellen haben bereits einen Umdenkprozess und einen vorläufigen Stillstand der Zwangsdeportation in Big Mountain bewirkt. Ivan Sidney, Vorsitzender vom Hopi-Stammesrat, und Ross Swimmer vom Bundes-BIA erklärten jedoch schon am 11. Juli 1986 bei einem Gespräch, dass die Umsiedlung stattfinden müsse. Swimmer: "Es gibt keine Alternative!" (vgl. die Seiten 64 und 70) – was mittlerweile relativiert sein dürfte (vgl. S. 316).

Der *Arbeitskreis Hopi* ließ jedenfalls nicht locker, gegen alle Maßnahmen zu protestieren, die die Hopi in ihrer Freiheit und Unabhängigkeit bedrohen. Thomas Tarbet Jr.:

"Die wichtigste Investition, die wir machen können, ist jene: die Tricks, die Fehler, die Ungerechtigkeiten der US-Regierung gegenüber den Hopi öffentlich zu machen. Wir müssen sie ans Licht bringen und durch die Macht der öffentlichen Meinung Druck auf die USA ausüben lassen."

Thomas Tarbet Jr. gehört zu jenen, die sich seit Jahren vorbehaltlos für die Hopi engagieren. Sein Engagement geht sogar so weit, dass er seinen eigenen Lebensstil völlig änderte, seither sehr bedürfnislos lebt und die traditionellen Hopi vor allem publizistisch zu unterstützen versucht. Eine dieser Bemühungen ist ein geplantes Buch über ihre Lehren, an dem er seit 1975 mit großen Unterbrechungen schreibt.

1980 begleitete er gemeinsam mit Joan Price auf eigene Kosten James Kootshongsie, Carolyn Tawangyawma und Titus Lamson aus Hotevilla zum vierten Russell-Tribunal nach Rotterdam, um bei der Veröffentlichung ihrer Anliegen zu helfen, später beriet er beim Kinofilm *Koyaanisqatsi*.

In einem Gespräch, das ich mit ihm am 28. August 1981 in Santa Fe führte, und in einem 1981 in den USA veröffentlichten Aufsatz weist er darauf hin, "dass wir sicherstellen müssen, den Hopi weder durch List noch durch Gewalt unseren Willen aufzuzwingen". Und weiter:

„So wie ein wahrer Hopi die Verantwortung für alle lebenden Dinge nicht nur in Gedanken, sondern auch im Handeln übernimmt, müssen auch wir die Verantwortung für das, was den Hopi angetan wird, übernehmen. Es ist leicht, mit ihnen zu sympathisieren, aber nicht so leicht, unsere eigene Verstricktheit zu lösen. Denn alles, was ihre Notlage ausdrückt, ist die Botschaft, dass *Freiheit freiwillig* ist.

Sie kann weder erzwungen noch durch Gewaltandrohung gesichert werden. Und sie kann nicht erhalten werden, wenn sie anderen verweigert wird. So werden uns die Hopi nicht nötigen, ihnen das Recht zu gewähren, ihre unabhängige, auf Mais basierende Wirtschaft zu behalten. Sie überlassen es uns, uns selbst zu berichtigen. Freiheit auf jeder anderen Grundlage wäre eine Illusion, weil damit das Grundgesetz der Natur verletzt und schließlich sein Sinn zunichte gemacht würde."

In diesem Zusammenhang war eine der wichtigsten Maßnahmen, die Außenminister der UN-Mitgliedsstaaten Österreich und BRD über die Situation und Lehren der Hopi zu informieren und zu ersuchen, sich für die traditionellen Hopi innerhalb der UNO einzusetzen. Hauptziel: die Redemöglichkeit eines ihrer Eingeweihten vor der UN Generalversammlung und persönliche Kontakte zwischen Beauftragten der Regierung und Thomas Banyacya Sr.. In Österreich wurde ein erster Schritt bereits am 25. November 1982 getan, als der österreichische Außenminister *Dr. Willibald Pahr* Thomas Banyacya Jr., der damals seinen Vater vertrat, gemeinsam mit dem indianischen Medizinmann *Phillip Deere* und Mitgliedern vom Arbeitskreis Hopi zu einem dreiviertelstündigen Gespräch in Wien empfing. Der Außenminister sicherte eine Überprüfung aller Möglichkeiten eines Engagements der österreichischen UN-Delegation zu und zeigte sich darüber hinaus an weiteren Kontakten, besonders mit Thomas Banyacya Sr. und einigen Hopi Ältesten, sehr interessiert.

Dieses Gespräch kam u. a. aufgrund der Unterstützung des österreichischen Ministers für Gesundheit und Umweltschutz, *Dr. Kurt Steyrer,* zustande, mit dem durch die Vermittlung eines Freundes Mitglieder vom Arbeitskreis Hopi im Oktober zuvor Kontakt aufgenommen hatten. Auch er empfing unsere Delegation mit Thomas Jr. und Phillip Deere. Dasselbe hätte auch anderswo geschehen können ...

Ein weiterer Bereich war die Vermittlung von Kontakten zu kirchlichen und anderen spirituellen Vertretern, um eine *spirituelle Weltkonferenz* zu ermöglichen. Auf sie gehe ich noch später ein.

Schließlich ist die Mitarbeit in der *Umweltschutz-, Friedens-, Alternativ- und Ökobewegung* nicht zu unterschätzen: Deren Aktivitäten, insbesondere die Beseitigung und Verhütung von Umweltschäden – Demonstrationen, Öffentlichkeitsarbeit, Aufzeigen und Praktizieren von Alternativen –, können lebensbejahende, harmonieschaffende Gedanken und Kräfte freisetzen, die der drohenden Zerstörung entgegenwirken. Voraussetzung ist allerdings, dass diese Bewegungen und deren Aktionen von der Liebe getragen und damit auch gewaltfrei sind (vgl. S. 143). Dies ist ein Standpunkt, den übrigens der Dalai Lama am 9. Oktober 1982 in Frankfurt am Main vertrat, als er vor rund 2000 Gästen mit Carolyn Tawangyawma öffentlich Botschaften austauschte.

Für Hopi und buddhistische Mönche zum Beispiel ist die Lauterkeit der Gedanken und des Herzens unabdingbare Voraussetzung für das Gelingen ihrer Zeremonien, mit denen die Hopi die Kräfte von Erde und Kosmos im Gleichgewicht halten. Nicht zufällig beglückwünschte Thomas Sr. die Teilnehmer des Weltfriedensmarsches am 27.10.1981 in Los Angeles und vermittelte einige Zeit später im Land der Hopi ein Treffen mit jenen japanischen buddhistischen Mönchen, die im August 1982 an dem Marsch bis nach Wien teilnahmen.

Aber nicht jeder kann und will solche Aktivitäten durchführen. Sie sind eine Möglichkeit, die allerdings stark gemindert wird, wenn ihr eine entscheidende Grundlage fehlt: die eigene, innere

Umkehr und das daraus resultierende tägliche, bewusste, positive Leben. Ohne dieses ständige Bemühen werden alle Aktivitäten früher oder später zum Scheitern verurteilt sein. David Monongye in einem Schreiben anlässlich der Begegnung zwischen dem Dalai Lama und Carolyn in Frankfurt:

„Wir hörten von den Protesten gegen das Wettrüsten: auf entfernten Plätzen wie unter Gruppen eingeborener Amerikaner. Wir begrüßen dieses wachsende Bewusstsein, aber wir müssen ausdrücklich betonen, dass Protest allein ebensowenig den Krieg aufhalten wird, wie es die Waffen tun werden. Einzig das Leben, das auf der Grundlage der natürlichen Ordnung des Schöpfers gelebt wird, die keine Person ändern kann, ist imstande, den dritten Krieg im Muster der Ereignisse abzuwenden, die wir durch die Jahrhunderte hindurch gewollt haben."

Das sind klare Worte, die uns auf uns selbst verweisen, wie es auch Thomas Tarbet Jr. mir gegenüber formulierte:

„Wir müssen unsere Einmischung in das Leben anderer, einschließlich der Hopi, beenden und zu unseren eigenen Wurzeln zurückkehren. Wenn das unmöglich erscheint, so zeigt es nur, dass unsere Zeit kurz ist. Solange die Hopi den Bedingungen unserer gegenwärtigen Kultur ausgesetzt sind, ist es sicher, dass es ihnen nicht möglich sein wird, weiterzubestehen; es sei denn, es gibt Menschen, die sich für sie einsetzen, deren Gewissen es ihnen gebietet, diesen Zusammenhängen in Verantwortung für die künftigen Generationen mutig entgegenzutreten. Der Sinn für Verantwortung allen lebenden Dingen gegenüber ist die absolute Voraussetzung für eine wahrhaftige Harmonie mit den Kräften der Natur."

Damit sind konkret *wir* angesprochen: jeder, der will, kann hier mitmachen. Unsere eigene Haltung, unser tägliches Leben entscheiden mit, ob und wie die Hopi und wir selbst mit der gesamten Erde überleben. Letztlich ist das unsere eigene Chance, den *Tag der Reinigung* nicht nur gemeinsam zu bestehen, sondern auch danach ein neues Leben auf einer neuen Erde zu beginnen. Damit verbunden ist eine *spirituelle Lebensweise,* wie die Hopi sagen – und wie sie, so hoffe ich, in diesem Buch mit ihren vielfältigen Aspekten angedeutet wird. Erst sie ermöglicht es uns, Kontakt mit den Lebenskräften, den Spirits, aufzunehmen und wahrzunehmen, was da ist und was nötig ist, um ins Gleichgewicht zu kommen und darin zu bleiben.

> „Unser Abweichen vom natürlichen Gleichgewicht lässt sich bis zu einem Punkt verfolgen, der der Existenz unserer gegenwärtigen körperlichen Form vorausging. Wir waren einst in der Lage, nach freiem Willen zu erscheinen oder zu verschwinden, aber in unserer eigenen Überheblichkeit nahmen wir unsere schöpferischen Kräfte für selbstverständlich und missachteten den Schöpfungsplan. Als Folge davon wurden wir an unsere körperliche Form gebunden, die von einem ständigen Kampf zwischen unserer linken und rechten Seite beherrscht wird. Die linke ist weise, aber unbeholfen; die rechte schlau und mächtig, aber ohne Einsicht und unsere eigentliche Bestimmung vergessend."
>
> *Thomas Tarbet, Jr., in:*
> *"Die Kernaussagen der Hopi-Prophezeiung"*

Obwohl es, wie es heißt, so viele Wege wie Menschen gibt, lässt sich doch eine Art Grundmuster erkennen, das alle, die den spirituellen Weg gehen, gemeinsam haben. Die folgenden Zeilen sind ein Versuch, ihn – neben den für sich stehenden Aussagen der Sprecher in diesem Buch – aus europäischer Sicht und aus eigener Erfahrung zu skizzieren.

Der spirituelle Weg ist der Weg des Herzens, nicht des Verstandes

Es geht um eine ausgeglichene und friedfertige Beziehung zu uns selbst und von diesem anzustrebenden inneren Gleichgewicht aus zur Mitwelt: zu den Mitmenschen, den Tieren, den Pflanzen, der Erde, dem Kosmos. Es gibt keine Grenzen für uns, denn wir sind als Geistwesen Teil dieses belebten kosmischen Ganzen, das sich auch im Stein manifestiert.

Leben ermöglichen, erhalten und weitergeben schließt Hass, Neid, Gier und Angriffslust aus. Es fordert nur eines: *Liebe zum Leben.* Und Leben ist fortschreitende Entwicklung; ein ständiges, fließendes Gleichgewicht zwischen einander ergänzenden Kräften, die an sich weder gut noch böse sind. Als Menschen haben wir die Wahl, ob wir Leben samt seinen Bedingungen und damit die Ordnung des Schöpfers zerstören oder erhalten wollen. Dazu gehören Aufmerksamkeit, Respekt und Ehrfurcht vor allem, was existiert – weil wir lediglich als ein Teil dieses großen Ganzen keine Vorrechte haben. „Nicht den Meister spielen", wie die Indianer sagen. Behutsam miteinander und mit allem, was ist, umgehen. Nicht die Konfliktvermeidung um jeden Preis scheint mir dabei wichtig, sondern *wie* wir unsere Konflikte austragen: aufbauend und gewaltfrei oder verletzend und zerstörend. Nicht mehr nehmen, als für ein einfaches, bescheidenes Leben nötig ist – und selber etwas dafür geben.

Leben heißt: ständig austauschen, ständig bewusst miteinander in Beziehung treten und bleiben, bewusst im Hier und Jetzt sein. Angefüllt mit Vertrauen in die Schöpfung. Ohne dauerndes Zurück- und Vorwärtsschauen: „Wo gab oder gibt es noch mehr Befriedigung oder Erfüllung?" Ohne die zerstörerische Gier, alles bis zur totalen Neige verbrauchen oder auskosten zu müssen: etwas übriglassen können und an die denken, die nach einem kommen. Andererseits akzeptieren und sich dessen bewusst sein, dass die Fähigkeit, höchstes Glück zu erleben, in dieser vierten Welt auch die Fähigkeit, höchstes Leid zu erleiden, mit einschließt. Das erleichtert, macht frei von nach trügerischer Sicherheit suchenden Fixierungen, frei für das bewusste Erleben des Augenblicks, der nicht fixierbar ist. Nicht ständig auf der Suche nach neuen Möglichkeiten von Aktivität sein, auch jemanden oder etwas auf sich zukommen lassen; einfach (los-)lassen können, nicht alles unter Kontrolle bringen wollen.

Leben ist unkontrollierbar, ein undurchschaubares, immer wieder neu faszinierendes und beglückendes Geheimnis. Es bedeutet: *Sich einfach fallen lassen können – im Vertrauen auf die Kraft, die uns alle trägt.* Die Hopi und viele andere traditionelle

Ureinwohner können das noch, auch manche Weise bei uns und in allen Teilen der Erde.

Der Schlüssel dazu liegt in uns, denn unsere Vorfahren waren einst genauso, gingen auf dem spirituellen Pfad des Lebens, wie ihn der Große Geist vorgab. Wenn wir still werden, uns Zeit nehmen, dem Materialismus den Rücken kehren; *vom Haben zum Sein* kommen, wie es der Europäer Erich Fromm ausdrückte und früher schon der Orientale Jesus von Nazareth oft und oft radikal forderte, dann werden wir die Antwort *in uns* – und jeder für sich – finden. Nicht bei Gurus, großen Führern oder sonstigen Schwätzern. Jeder ist sein eigener Lehrmeister, wenn er nur sich selbst und alles Leben genügend ernst nimmt: Dann kommt die Um- oder Mitwelt als Lehrmeister dazu.

Wenn wir den Hopi und uns wirklich helfen wollen, werden wir nicht darum herumkommen, diesen Kampf zuerst in uns und dann auch äußerlich auszufechten. Wir werden nicht darum herumkommen, unser aufwendiges, hektisches und umweltzerstörendes Leben radikal zu ändern: jeder auf seine Weise, an seinem Platz.

Die bereits im Kapitel 9 zitierte „höhere Intelligenz" *Gildas* sprach zu Ruth White davon, dass es nötig sei, „viele Orte des Lichtes und der Heilung" vorzubereiten und entsprechende Menschen dafür zu finden. "Die wichtigste Vorkehrung ist, eine Haltung der Liebe und inneren Stille zu erreichen, zu der eine stete Arbeit an sich selbst gehört ... *Inseln der Ruhe inmitten einer geschäftigen und ängstlichen Welt* zu sein. Alles, was einen selbst und die Umwelt harmonischer macht, ist dafür willkommen."

Diese „Lichtzentren" sollten miteinander in Verbindung treten und „dabei größte Toleranz und Spontaneität walten lassen. Ihre Mit- und Zusammenarbeit ist wichtig, nicht ... ob die Verbindung durch persönliche Gegenwart oder Briefe erfolgt, denn der unsichtbare Prozess des Verbindens ist wichtiger als der sichtbare." Dabei spielt die Größe der Gruppe keine Rolle – schon zwei oder drei aufrichtig Bemühte genügen (wie auch der Nazarener bereits feststellte), um einen weiteren Dauerimpuls lebensbejahender Kraft auszulösen, der der Zerstörung entgegenwirkt.

Vielleicht beginnen mehr Leute aufs Land zu ziehen, um dort als einfache Bauern oder Gärtner eine spirituelle Beziehung zur

Erde und zu allem, was ist, aufzubauen. Aber bis dorthin ist es ein weiter Weg: das bloße Hinausziehen genügt nicht. Es genügt auch nicht, einfach zu meditieren, biologisch gesund und weitgehend vegetarisch zu essen sowie zu fasten, sich um sein eigenes Gleichgewicht zu kümmern und die Kraft von positiven, aufbauenden Gedanken freizusetzen. Das ist sicherlich wichtig und wird noch viel zuwenig getan. Aber wir leben in einer Welt, die auch politisches Handeln benötigt, einen bewussten Austausch mit Menschen, Gütern, unserer Erde und ihren Wesen. Schöne Worte oder gute, wohlmeinende Gedanken allein können zu einer Flucht vor dieser Realität führen, wenn sie nicht durch entsprechende Handlungen ergänzt werden.

Und das Sich-Zurückziehen in eine meditative oder ländliche Idylle mag zwar manchem eine Zeitlang helfen, aber es nützt den Hopi und uns allen ebensowenig, wenn damit auf die Dauer die Verantwortung, die wir für diesen Planeten und füreinander haben, beiseite geschoben wird. Es ist keine Zeit für Idyllen, Freaks und Einsiedler. Es ist aber auch keine Zeit für totale Aktivisten und sogenannte Macher.

Was not tut, ist, bewusst innezuhalten und wahrzunehmen, wann der richtige Zeitpunkt und der richtige Ort für das da ist, was wir sein, wollen, tun und lassen sollen: gemäß dem Plan des Schöpfers, den jeder für sich weiß und erfährt – in Träumen, Visionen, Eingebungen, Empfindungen und Begegnungen.

Und es ist Zeit, sich mit Gleichgesinnten zusammenzutun. Meine Freunde und meine Frau Angela, die mir beim Übersetzen der englischen Originale und beim Werden dieses Buches auf viele Weise sehr geholfen haben, sind da der gleichen Meinung. Wir wollen als spirituelle Großfamilie zusammenwachsen. Die Indianer und unsere Urahnen nennen so etwas *Stamm.*

Wir versuchen etwas, ohne zu glauben, dass es andere auch so tun müssen: *Wir* sind zu diesem Ergebnis gekommen. Vielleicht wird es bald neue Stämme auf dieser Grundlage geben (wie es sie in den USA zum Teil schon gibt). Wir wissen es nicht. Aber wir haben bereits – wie andere auch – die Erfahrung gemacht, dass sich unsere Gesellschaft schwer tut, Menschen zu akzeptieren und zu unterstützen, die ernsthaft Land suchen, um es zu behüten und zum Blühen zu bringen.

Das beginnt mit der Suche nach einem zu mietenden oder zu

pachtenden Haus mit Garten – vielleicht sogar einem Bauern-hof – und endet in der Auseinandersetzung mit profitorientierten Mitmenschen, die nicht genug bekommen können; die unsere Erde als ein Ding betrachten, aus dem man möglichst viel her-ausholen kann und muss – auch um den Preis ihrer Zerstörung. Dass diese Haltung letztlich uns selbst zerstört, dürfte sich bereits herumzusprechen beginnen.

Wenn die westliche Zivilisation wirklich überleben und nicht dahinvegetieren und schließlich zerstört werden will, dann werden sich ihre Menschen bescheiden müssen und nicht um-hinkönnen, die Erde als ein lebendiges Wesen zu behandeln: als ihre Mutter, die sie nährt, aber auch der Aufmerksamkeit und Liebe ihrer Kinder bedarf. Schließlich brauchen wir Menschen diese Erde samt ihren Wesen, um leben zu können – aber jene brauchen uns nicht unbedingt.

Wenn diese Gesellschaft nicht in der Lage ist, Menschen zu schützen oder zu fördern, die wieder oder noch immer Land und Leben mitsamt seinen Kraftzentren behüten statt ausbeuten wol-len, dann wird ihre Überlebenschance gleich Null sein.

Weil wir aber mit lebensbejahenden Menschen rechnen, ver-fassten wir gemeinsam einen *Aufruf zur Unterstützung der sou-veränen Hopi-Nation.* Er wurde als Flugblatt bereits an interessierte Hörer meiner im April 1982 ausgestrahlten ORF-Hörfunkrei-he „Wir können überleben" gesandt und zum Beispiel bei der großen Friedensdemonstration am 15. Mai 1982 (mit etwa 70000 Teilnehmern) in Wien sowie beim Friedenscamp im August des-selben Jahres ebendort am Informationsstand der *Arbeitsgruppe Indianer heute* aufgelegt. Auch das Einfügen in eine Broschüre über die Hopi und die Veröffentlichung in zahlreichen Alternativ-zeitschriften sowie ein Hinweis in der österreichischen Tagesze-tung *Kurier* trugen wesentlich zu seiner Verbreitung bei. Darüber hinaus versendeten wir gegen Spesenersatz seit 1985 neue Infor-mationen an Interessierte (vgl. S. 14 und S. 298).

Nach langen Gesprächen entschlossen wir uns, jenen Aufruf an den österreichischen Bundeskanzler Kreisky, den Wiener Kardi-nal König, an Verteter der evangelischen Kirche in Österreich und in der BRD sowie an die Vertretung des Weltkirchenrats in Wien zu senden. Ergänzt wurde der Aufruf durch detaillierte Un-terlagen über die Hopi.

Der Zweck: vielleicht so mithelfen zu können, dass die Hopi nicht nur vor der UNO-Generalversammlung sprechen, sondern auch ihre geplante spirituelle Weltkonferenz und ihre Begegnungen mit Repräsentanten von Regierungen durchführen können (was bisher nicht gelang).

Während – wie beschrieben – die österreichische Bundesregierung im Oktober und November 1982 über zwei ihrer Minister nicht nur Interesse, sondern auch Einsatz bewies, blieb eine auch nur annähernde Reaktion der kirchlichen Stellen aus. Einzig der Wiener Erzbischof, Kardinal Franz König, ließ uns durch seinen Sekretär, Franz Grabenwöger, in einem Brief vom 1. Juni 1982 u. a. mitteilen:

„Der Herr Kardinal hat die von Ihnen geplanten Hilfsmaßnahmen für dieses Volk gerne zur Kenntnis genommen. Ich darf aber darauf aufmerksam machen, dass der Herr Kardinal derzeit von sich aus keine Möglichkeit einer Unterstützung in Ihrem Sinn sieht."

Durch Vermittlung eines Freundes konnten wir schließlich erwirken, dass der Kardinal die Texte tatsächlich persönlich las – aber seine Reaktion blieb aus.

Wir starteten einen dritten Versuch, als Thomas Banyacya Jr. stellvertretend für seinen Vater nach Wien kam und bekannt wurde, dass in Wien von Kardinal König aus eine Konferenz „der bedeutendsten Führer der Weltreligionen" geplant sei, um ein Papier für die Abrüstung und gegen den Einsatz atomarer Waffen auszuarbeiten. Eine Teilnahme der traditionellen Hopi schien uns durchaus angemessen, da sie als Repräsentanten der vermutlich ältesten noch bestehenden „Urreligion" beider Amerikas eine Art „Weltreligion" schlechthin vertreten. Allerdings nicht im Sinn der etablierten Kirchen und Staaten, obwohl Thomas Sr. zugleich den indianischen Ältestenrat beider Amerikas vertritt. In einem Telefonat und einem anschließenden Schreiben vom 27.10.1982 bekamen wir die ablehnende Auskunft, dass dieses Treffen „nur die großen Weltreligionen betreffen wird". Die Hopi und die von ihnen vertretenen Indianer waren nicht „groß" genug und zu unbedeutend, wie ich hören musste.

Es fand sich nach wie vor keine Möglichkeit einer persönlichen Begegnung, auch nicht mit Vertretern von uns. Selbst dann nicht, als ein Beamter des österreichischen Außenministeriums eine Aussprache mit Thomas Jr. zu vermitteln suchte. Wie es uns bereits vorher in oben genanntem Schreiben angedeutet worden war, verhinderten „kirchliche Pflichten" den Kardinal an einer möglichen Begegnung. Ebenso im März 1984, als Thomas Banyacya Sr. erstmals in Wien war. Nicht anders reagierte die Deutsche Bischofskonferenz.

Leider kam es danach unter den österreichischen Außenministern Lanc und Gratz außer zu großem Wohlwollen zu keiner Intervention, und der frühere UN-Generalsekretär Waldheim verwies uns 1984 an die UN-Menschenrechtskommission; 1986 Bundespräsident, antwortete er ablehnend.

Wir lassen uns aber deshalb nicht ins Bockshorn jagen, sondern nehmen es, wie's kommt: denn diese Dinge lassen sich nicht erzwingen oder durch Tricks beeinflussen. Jedes Mittel, das der Gesinnung der Hopi zuwiderliefe, würde der Sache letztlich schaden.

Das Verhalten des Wiener Erzbischofs und der anderen angeschriebenen kirchlichen Stellen wirft jedoch die Frage auf, *wo* wohl jene Menschen zu suchen sind, die noch an den religiösen und spirituellen Werten festhalten und an einem Austausch darüber – wie die Hopi und gemeinsam mit ihnen – interessiert sind. David Monongye geht darauf in seinem bereits erwähnten Schreiben ein und berichtet über unsere Zeit, die in den Prophezeiungen der Hopi als jene vorhergesagt wurde,

„in der die Ureinwohner von ihrem ursprünglichen Pfad abirren, indem sie fremde Vorstellungen annehmen. Deren religiöse und spirituelle Werte würden zerstört werden, einschließlich des Fundaments. Deren Sprache, deren Identität wird aufhören zu existieren. Wenn das geschieht, werden einige wenige übrigbleiben, die von althergebrachter Weisheit und Wissen erfüllt sind. Unter genügend glücklichen Umständen werden diese wenigen zusammenkommen, das uralte Wissen, an das sie sich erinnern, zusammentun und auf der Suche nach den Wurzeln, die die Hopi ausgelegt haben, voranschreiten, bis sie die Hauptwurzel finden. Was dann geschieht, wird eine Quelle großer Freude für alle sein . . . Aber wenn diese letzten noch übrigen des uralten Weges umgekippt sind, wird eine sehr große Reinigung durch die Kräfte der Natur gefordert werden, um den Plan des Schöpfers wiederherzustellen."

14 Kachinas und UFOs

> „Das sind Kräfte,
> die zu unserer Erde,
> zu unserem Planetensystem gehören
> und uns immer beobachten –
> das war schon immer so.
> Möglicherweise greifen sie ein,
> wenn hier das Gleichgewicht
> verlorengeht."
>
> *Thomas Banyacya Sr.*

Eine Beschreibung und Selbstdarstellung der Hopi wäre ohne die vielen, rätselhaft scheinenden Kachinas unvollständig: jene Wesen, die in den zahlreichen Kachina-Tänzen dargestellt werden, wobei der Tänzer eins mit ihnen wird und so deren Hilfe erfleht. Wurden die Vorbereitung und die Zeremonie ordnungsgemäß durchgeführt, dann folgen ein guter, sanfter Regen, Fruchtbarkeit und ein glückliches Leben, wie die Hopi sagen. Alljährlich, nach einer 16tägigen Zeremonie, die nach der Sommersonnenwende beginnt, kehren sie nach Hause zurück; zu den San-Francisco-Bergen, von wo sie zum Beispiel als regenbringende Wolken zu den Hopi zurückkommen.

Kachinas waren die ständigen Begleiter der Hopi durch alle Welten hindurch bis zum Fall von Palatquapi, der geheimnisvollen *Roten Stadt,* die Weißer Bär mit Palenque im mexikanischen Staat Chiapas gleichsetzt. Dort hätten die Kachinas in der Großen Schule der Gelehrsamkeit die Vorfahren der Hopi unterrichtet: über ihre Geschichte, die Natur, die Öffnung und Benützung des dritten Auges der Menschen (durch das sie ohne Grenzen sehen und erkennen können, was war und sein wird), über den Einklang mit dem Weltall und dem Schöpfer, seinen Plan und die neun Welten, von denen die achte eine Art Zwischenwelt und die neunte die vollendete Welt des Schöpfers darstellt. Offenbar wurde dort auch die Bedeutung der sieben Chakren und deren bewußter Gebrauch gelehrt – als Parallele zu den sieben Welten, die die Menschheit gemeinsam mit der Erde und dem Kosmos durchwandern muss.

Als Palatquapi durch Streitigkeiten zerfiel und schließlich Kriege geführt wurden, verließen die Kachinas die Hopi in ihrer

Sonnenkachina *(nach einer Darstellung von Weißer Bär)*

leiblichen Gestalt. Von nun an, so heißt es, wurden sie nur mehr von Kachinas in geistiger Gestalt geleitet. In „Kasskara und die sieben Welten" stellt Weißer Bär sie unzweifelhaft nicht nur als körperliche und als Geistwesen, sondern auch als außerirdische, körperliche Wesen dar, die von einem Planetensystem stammen, das erst in der siebenten Welt entdeckt werden soll. Dann würden wir auch vom „Bund der zwölf Planeten" erfahren. Selbstverständlich benützen sie sogenannte "fliegende Untertassen", also Raumschiffe, und sie tun es heute noch.

Auch Carolyn Tawangyawma sprach auf ihrer Europareise im Oktober 1982 davon. Sie verwies u. a. auf ein Schreiben, das sie 1970 als Interpretin gemeinsam mit Dan Katchongva verfasst hatte. Danach hat von den Gruppen, die vor langer Zeit die Wanderung der Hopi machten, nur eine sie vollendet: die aus dem Norden. Sie wurde von einem großen Stern geleitet, der über ihren Köpfen anhielt. Er brachte sie schließlich nach Alt-Oraibi, dem Ausgangspunkt der Wanderungen der Hopi, wo sie sich später ansiedelten und vierstöckige Häuser errichteten. Auf einer Felszeichnung nahe von Mishongnovi auf der zweiten Mesa gibt es, so Carolyn, die uralte Darstellung einer fliegenden Untertasse. Es handelt sich um einen Pfeil, auf dem ein kuppelförmiger Gegenstand ruht. Der Pfeil symbolisiert die Bewegung durch das Weltall. Auf der Kuppelform sitzt ein Hopi-Mädchen, das Reinheit verkörpert. Carolyn: „Jene Hopi, die den Tag der Reinigung überleben, werden zu anderen Planeten reisen." Und sie bestätigte, dass solche Raumschiffe auch in der jüngsten Vergangenheit von wahren, treuen Hopi, die noch am spirituellen Weg festhalten, gesehen wurden: von Titus Quomayumtewa, der sogar den Kachina sah, der das Raumschiff steuerte, und von Paul

Links: Fliegende Untertasse; Nachzeichnung einer Felsritzung auf der zweiten Mesa bei Mishongnovi, wie sie Carolyn 1982 in Europa zeigte.
Rechts: Darstellung einer fliegenden Untertasse, wie sie Carolyn aufgrund eines Schreibens von Dan Katchongva aus dem Jahr 1970 zeigte.

Sewaema, der eine ähnliche Beobachtung schon Jahre zuvor machte, nachdem er seine Gebetszeremonien durchgeführt hatte.

Aus Carolyns und Dans Schreiben geht auch hervor, dass die Hopi wussten, dass sie insgesamt dreimal geteilt würden: es sei bereits zweimal geschehen; 1906 bei der gewaltsamen Vertreibung der Traditionellen aus Alt-Oraibi und 1969, als Paul Solem, ein Weißer, sie kontaktierte und vorgab, eine Botschaft von Außerirdischen zu übermitteln. Die dritte Teilung dürfte durch das Gesetz zur Umsiedlung aus dem gemeinsamen Nutzungsgebiet mit den Navajo erfolgt sein.

In dem Schreiben aus dem Jahr 1970 erwähnen Carolyn und Dan auch, dass die Ponyfrisur der Hopi ein Fenster darstelle, durch das sie ständig nach dem treuen weißen Bruder Ausschau halten, wobei von einer „Macht aus dem Süden" die Rede ist.

Mag sein, dass das manchem sehr merkwürdig und fremdartig vorkommt, aber das folgende Gespräch mit Weißer Bär ist eine weitere Bestätigung und Erweiterung dieser Angaben, die übrigens Josef Blumrich in „Kasskara und die sieben Welten" durch eigene Forschungen eindrucksvoll untermauert.

Nicht zuletzt konnte ich selbst bei den Hopi, im Staat New York und in Europa Erfahrungen sammeln, die alles das bestätigen, womit die Hopi seit unzähligen Generationen leben – was bei uns offenbar verschüttet ist. Denn die Kachinas dürften auch mit den *Engeln* der Heiligen Schrift identisch sein:

Ar-Rune

Boten des Lichts, des Schöpfers, die uns helfen, richtig zu leben und zu ihm zu finden; die, wie die Schriften der Essener zeigen, auch Lebens- oder Naturkräfte (Devas) darstellen.

Ich möchte nicht versäumen, in diesem Zusammenhang Baird Spalding aus seinem Buch „Leben und Lehren der Meister im Fernen Osten" zu zitieren: Er lässt darin einen Meister erzählen, dass die Menschheit „von einer reinen Lichtrasse" abstamme, von der sich die anderen ableiteten. Deren Heimatland sei Amerika gewesen, das Mutterland jedoch das legendäre *MU,* das offensichtlich dem Kasskara der Hopi entspricht.

Auch der verstorbene Dan Katchongva berichtete davon, dass der rote und der weiße Bruder „Kinder der Sonne" seien (vgl. Kapitel 9). Und in der Runenkunde gilt die Rune *Ar* als Licht- oder Sonnenrune, die den Adler, den Lichtträger und Eingeweihten, versinnbildlicht. Nach Edred Thorssons Buch „Futhark" entspricht sie außerdem dem *Nakwach* der Hopi (vgl. S. 298) und steht für das Sonnenjahr, die zyklische Natur des ewigen Werdens, die Hochzeit zwischen Himmel und Erde, für Fruchtbarkeit, Ernte und Belohnung. Für Karl Spiesberger („Runenmagie") ist sie „Symbol des aus der Verstrickung der Materie sich erhebenden, zu seiner Lichtheimat zurückkehrenden Sonnensohns", die Rune der Gewissheit, die jeden Zweifel löst, „in ihr ruht das Urgesetz" – Bezüge zum weißen Bruder?

Bevor ich das Gespräch mit Weißer Bär wiedergebe, möchte ich eine Stelle aus dem Buch „Die Prophezeiungen von Papst Johannes XXIII." (1982 von Pier Carpi herausgegeben) zitieren. Diese Prophezeiungen seien – so der Herausgeber – 1935 vom späteren Papst ausgesprochen worden, als der damalige Apostolische Delegat in der Türkei, Angelo Roncalli, in eine Geheimgesellschaft eingeführt wurde. Diese Stelle bezieht sich offenbar auf Atlantis und die Kachinas, die laut Weißer Bär auch dort gewesen sein sollen:

„Zu sieht aus Griechenland in die Welt, nach der Vision. Und neue Worte werden die Erde erobern. Von Christus wiederholt. Von seinen neuen Kindern wiederholt. Das wird der Augenblick des Erwachens und der großen Gesänge sein. Die Rollen werden in den Azoren gefunden und von alten Kulturen sprechen, die die Menschen alte, ihnen unbekannte Dinge lehren werden. Der Tod wird fern und der Schmerz gering sein. Die Dinge von der Erde, aus den Rollen, werden zu den Menschen von den Dingen des Himmels sprechen. Die Zeichen mehren sich. Die Lichter am Himmel werden rot, blau, grün, schnell. Sie werden wachsen. Jemand kommt von weit und will den Menschen der Erde begegnen. Begegnungen haben schon stattgefunden. Aber wer wirklich sah, hat geschwiegen. Wenn ein Stern verlischt, ist er schon tot. Aber das Licht, das sich nähert, ist jemand, der tot ist und der zurückkehrt …"

Wir haben einen Fuß bereits in der fünften Welt

Weißer Bär, können Sie ein wenig über die Kachinas, über ihre Bedeutung erzählen?

"*Kachina* bedeutet in meiner Interpretation des Hopi Wortes *hochgeachtete Spirit-Leute* (‚high respected spirit people'). Sie kommen aus dem Weltall. Im ‚Buch der Hopi' erzählen die Hopi über die Zeit, als die erste Welt zerstört wurde, nur die Geschichte, dass uns Ameisen retten. Erinnern Sie sich? Aber wenn ich in ‚Kasskara und die sieben Welten' immer erzählte, dass die Leute aus dem Weltall uns schon in der ersten Welt retteten, so muss ich hinzufügen, dass sie unsere Rettung auch in den restlichen Welten fortführen können. Wir (die Hopi) kennen ihr gesamtes Planetensystem: Es ist der ‚Bund der zwölf Planeten'.

Sie erinnern sich an die Geschichte mit den Atlantern, die in der dritten Welt versuchten, unsere Vorfahren, die in Kasskara lebten, zu unterwerfen? Als die dritte Welt dabei war, zu versinken, und nur mehr wenige Fluchtwege übrig waren, kamen die Kachinas zu meinem Volk, das ehrenhaft geblieben war, und sagten: ‚Gut, ihr habt weder an der Zerstörung der ersten Welt teilgenommen noch an der von der zweiten und nicht an der Zerstörung der dritten Welt. Wir werden ein neues Land schaffen und euch dorthin versetzen.' So nahmen sie uns und brachten uns nach Titicaca. Das war das erste Land, das emporkam, und wir nennen es *Táotoóma*. Táotoóma heißt: ,Wo der Arm der Sonne zuerst den Horizont eines neuen Landes in Amerika berührte'. Ich sagte Amerika, denn dorthin brachten sie uns.

Das ist der Grund, warum die Kachinas erschienen."

In Zusammenhang mit den zitierten Ameisen möchte ich auf die Botschaft der Hopi verweisen, in der es heisst, dass vielleicht „nur noch Ameisen überleben werden". Dazu fällt mir ein, dass Ameisen besonders widerstandsfähig gegen Radioaktivität sein sollen (auch Thomas Tarbet Jr. erwähnte es mir gegenüber) und dass sie ein Symbol für die Instinktwesen darstellen. Das würde auch darauf hindeuten, dass die kommende Weltveränderung nur von jenen überlebt werden kann, die imstande sind, auf ihre Eingebungen, ihre innere Stimme und den Instinkt zu hören. Der Instinkt stellt praktisch die direkte Verbindung zwischen uns, der Erde und allem, was ist, her (vgl. das Buch von J. C. Pearce im Literaturverzeichnis).

Im weiteren Verlauf des Gesprächs erzählt Weißer Bär, dass es in Mexiko Hinweise auf die Existenz der Kachinas vom „Bund der zwölf Planeten" gibt. Sie seien meist in alten Pyramiden zu finden, die die Vorfahren der Hopi errichtet hätten, und sie haben immer mit der Zahl *zwölf* zu tun.

„Wie in Teotihuacan. Da gibt es zwölf Schlangen auf einer Pyramide: sechs auf der einen und sechs auf der anderen Seite. Die auf der linken sind alle weiblich, und rechts sind alle männlich.

Erst vor wenigen Tagen führte unser Volk die *Schlangenzeremonie* durch, die auch damit in Zusammenhang steht. Wir haben sechs Hauptrichtungen: West, Süd, Nord, Ost, oben und unten - und entsprechende Bedeutung haben diese Schlangen dort. Aber ich werde es nicht verraten."

Und dann fährt Weißer Bär mit einer grundsätzlichen Erklärung der Bedeutung von den Kachinas fort:

„Der, der allen Meistern dieser Welt vorsteht, ist *Taiowa*. Er ist der Schöpfer aller Dinge. Und als er diese Welt erschuf, sagte er: ,Ich brauche Arbeiter, die sich um die anderen Lebewesen küm-

mern. Aber ich bin der Höchste.' Und diese Meister – ich weiß
es –, diese Leute leiten uns. Ich habe meinen, der mir zur Zeit
der Geburt in der ersten Welt gegeben wurde.

Das sind die Meister, die dein Schicksal leiten und das der verschiedenen Clans. Darum gehören diese Kachinas zu den verschiedenen Clans, die Sie im Buch der Hopi finden. Sie sind nur
die Führer für die Zeit der Wanderung der Hopi, um sie zu unterrichten, was sie tun sollten. Diese Kachinas sind also die Meister, die jedem Individuum gegeben wurden, ebenso wie es einen
Meister gibt, der über das ganze Tierreich wacht, einen Meister
für das gesamte Vogelreich, die Bäume, die Meere. Jedes lebende
Wesen beschützen sie. Sie erschließen uns die Quelle großer
Schönheit auf dieser Erde. Denn einst haben wir nichts anderes
als Gras und Körner gegessen. Wir benötigten kein Fleisch. Jetzt
sind wir Kannibalen geworden, Sie und ich! Und so sagten diese
Wesen: ,Da ihr durch das Essen von Tieren von unserem Gesetz
abgewichen seid, müsst ihr die Reinigung über euch ergehen lassen. Aber weil ihr nicht an der Zerstörung der drei Welten teilgenommen habt und weil ich hoffe, dass ihr das auch in der vierten
Welt nicht tun werdet, werdet ihr überleben.' Das ist es, was die
Hopi versuchen zu tun; zerstört sie nicht, unsere Mutter Erde!
Das ist das einzige, worüber die Hopi klagen. Aber wir werden
es nicht aufhalten.

Darum tanzt ein Hopi den Kachina-Tanz mit dem rechten Fuß.
Er hat den rechten Fuß schon in der fünften Welt. Er muss nur
noch sagen: ,Gut, ihr Meister, wir sind müde geworden. Kommt
und räumt auf hier, dann wird unser linker Fuß auch in der fünften Welt sein, denn unser rechter ist bereits dort.'

Also, was machen wir uns Sorgen? Es geht nur darum, euch
die Warnung zu geben. Das sind also die Wesen, und vor langer
Zeit waren einige sogar gegenwärtig.

Diese Kachinas gaben Anweisungen, und die *Nimankachinas*
waren die letzten, die uns verließen, als unsere Vorfahren nach
Palenque, Palatquapi, der Roten Stadt, kamen: ,Wir lassen euch
hier, wir geben euch die gesamte Herrschaft über diese Welt; ihr
seid überallhin gereist, dieses Land gehört jetzt euch. Lasst es
euch von niemandem wegnehmen. Aber wenn es jemand tut,
werden wir kommen und zu Gericht über ihn sitzen. So werden
eure Hände wieder rein sein.' Wie auf dem Bild dort. Als ich

diese Welt verließ, traf ich diese zweihörnigen Kachinas. ‚Geh zurück und sage den anderen Leuten, sie sollen geradeaus gehen‘, sagten sie. Und ich kam wieder zurück. Das habe ich die letzten vier Welten hindurch getan. Ich weiß, dass Sie das nicht glauben werden.”

Zweifellos gibt Weißer Bär mit diesen Angaben eine weitere Interpretationshilfe für die Botschaft der Hopi — besonders was den *Tag der Reinigung* betrifft. Nach dieser Darstellung sieht es ganz so aus, als ob Außerirdische bzw. „höhere Intelligenzen” eingreifen und allen Hopi (auf der ganzen Welt), helfen werden (vgl. die Ausführungen über *Gildas* in den vorangegangenen Kapiteln). Ich möchte aber niemanden zu Spekulationen verleiten, denn die Botschaft, das gesamte Wissen der Hopi ist so komplex und für einen nicht Eingeweihten so dunkel, dass wir mit großer Wahrscheinlichkeit immer nur einen kleinen Teil begreifen werden können. Wichtig scheint mir, den Umstand zu akzeptieren, dass die Hopi ein uraltes Wissen besitzen und imstande sind, mit den Kräften des Lebens, wozu offenbar auch außerirdische, körperliche Wesen gehören, umzugehen. Sie verdienen deshalb unseren uneingeschränkten Respekt und brauchen unsere Hilfe, da sie sich nicht mit Gewalt verteidigen dürfen, wenn ihnen die Möglichkeit genommen wird, ihrer Lebensweise nachzugehen: Freiheit ist freiwillig.

Wir sind nicht allein auf dieser Welt

Sonntag, 23. August 1981. Meine letzte Nacht bei den Hopi. Gegen 22 Uhr treffe ich mich mit zwei Amerikanerinnen, die ebenfalls in der Reservation auf Besuch sind, auf dem Besucher-Rastplatz der dritten Mesa, oberhalb von Alt-Oraibi. Beide hatten Visionen und Träume und sind von der Bedeutung der Hopi – so wie ich – überzeugt. Wir reden über diese Dinge. Der Himmel ist sternenklar, der Mond im Abnehmen.

Plötzlich – es ist etwa 23 Uhr – hören wir von der nahe gelegenen Felswand ein lautes, hohes und langanhaltendes Lachen.
Hobbit, eine meiner Begleiterinnen, meint, dass es Kojoten seien, die vor etwas warnen, etwas ankündigen. Ich höre das zum

erstenmal und habe den Eindruck, dass es sehr künstlich klang. Darin stimmen die beiden mit mir überein.

Da entdecken wir im Norden einen Stern, der regelrecht tanzt, sich sehr rasch hin und her bewegt. Ich denke zunächst an eine Täuschung meiner Augen; dann aber, als ich bemerke, dass es keine ist, an ein Raumschiff. Obwohl ich so etwas bisher nie für möglich hielt – bei allem Respekt vor den Aussagen von Weißer Bär und im „Buch der Hopi".

Als wir in seine Richtung gehen, trauen wir uns an einem Platz, an dem es aus dem Boden heraus eigenartig summt, nicht mehr weiter. Es ist auch zu unübersichtlich, zu dunkel, und wir fürchten mögliche Klapperschlangen oder Skorpione. Aber ich spüre erstmals in meinem Leben ein schauerartiges Prickeln im Hinterkopf, nahe dem Scheitel.

Es ist, als ob von dem tanzenden Stern Energie ausgeht und mit uns Kontakt aufnimmt. Jean und Hobbit spüren auch etwas: starken Druck an den Hüften, in der Lendengegend. Zugleich sehen sie, wie dieser Stern die Farben wechselt: rot, blau, grün. Wir fühlen uns ausgesprochen wohl, haben keine Angst und sind völlig offen: bereit für das, was jetzt geschieht. Als wir das Gefühl haben, dass der Stern nichts mehr von uns will, drehen wir uns um, gehen nach Süden, etwa in Richtung Alt-Oraibi zurück.

Plötzlich – es ist schon etwa ein Uhr früh – sehen wir, wie ringsum im Osten einige kleine Lichter auftauchen und mit einer s-förmigen Bewegung auf uns zukommen, dann aber verschwinden. Wir sind verwirrt und wissen nicht, ob es Autoscheinwerfer sind, aber sie bewegen sich so, wie es ein Auto nicht könnte. Da taucht ein kleines Licht im Süden, in der Nähe des Stammesratsgebäudes von Neu-Oraibi auf. Es gleitet herunter und bewegt sich rasch hin und her, so, als versuchte es zu landen. Dann hebt es leicht ab, kommt näher und wird zu einem großen, mächtigen, kaltweißen Licht, wie ein Kristall, der Licht bricht und es nach allen Seiten wieder gibt, mit einer Struktur ähnlich der einer Schneeflocke. Rundherum ist ein großer Lichthof.

Wir fühlen intensiv seine energetische Ausstrahlung – wie vorher – , uns verschlägt es den Atem, weil es so nah und so unbeschreiblich groß ist: vielleicht mehrere zehn Meter hoch, aber es ist einfach nicht abzuschätzen, auch nicht, wie weit es genau ist.

Da taucht auf dieselbe Weise ein zweites Licht unterhalb von Alt-Oraibi auf, bereits außerhalb des Dorfes, vermutlich an der Felsklippe.

Aber die Orte sind nie genau feststellbar. Wir sind voller Erwartung, Ruhe, Demut und völlig offen. Vielleicht kann man es auch Hingabe nennen. Keiner von uns weiß, wie diese Lichter verschwanden – erst als sie nicht mehr zu sehen sind wird uns bewusst, dass es bereits drei Uhr früh geworden ist. Beim Stammesratsgebäude glimmt noch schwach die Straßenbeleuchtung, aber bei Alt-Oraibi ist es stockfinster, denn dort gibt es weder eine Beleuchtung noch eine Straße. Wir sind verwirrt und doch glücklich, weil wir wissen, etwas Außerordentliches erlebt zu haben, etwas das für die Hopi selbstverständlich ist und mein Leben wesentlich veränderte.

Als ich am 24. August vormittags mit Thomas Jr. darüber spreche, erzählt er mir: "Ja, das sind Kräfte, die zu unserer Erde, zu unserem Planetensystem gehören und uns immer beobachten - das war schon immer so. Möglicherweise greifen sie ein, wenn hier das Gleichgewicht verlorengeht." Auch Weißer Bär bestätigt unsere Erfahrung und erklärt auf mein Fragen, dass dort oben, wo wir uns nachts nicht weiterzugehen trauten und ich vormittags ein heiliges Gebiet in Gestalt eines Fünfecks entdeckte, ein „Rastplatz" für den *Zerstörer-Kachina* sei. Dieser Kachina sei so mächtig, dass er bei den Tänzen nicht dargestellt werden könne. Der Tänzer, der diesen Kachina repräsentieren wollte, würde vor lauter Kraft oder Gewalt wie unter einem Krampf förmlich zusammengezogen werden.

Später, im folgenden September, habe ich endlich Gelegenheit, in Genf auch mit Thomas Banyacya Sr. anlässlich der internationalen Konferenz der nichtstaatlichen Organisationen darüber zu sprechen (vgl. Seite 244). Und ich werde mich noch oft daran erinnern, denn mit meiner Rückkehr nach Europa sind diese Begegnungen nicht zu Ende.

Mehr als ein Jahr danach, als ich dieses Buch schreibe, finde ich eine verblüffende Parallele im bereits erwähnten Buch „Runenmagie": die Beschreibung der *Hagal-Rune*. Sie hat die Form eines Kristalls und bedeutet „das All-Umhegende, die Erhaltung des Weltalls, ewiger Wechsel". Sie offenbart „den geistigen Führer", den Vermittler zwischen Mensch und Weltall;

Hagal-Rune   Christussymbol   Gegenteil der Hagal-Rune
(nach Spiesberger)

die Vereinigung von Geist und Stoff, wie Spiesberger ausführt. „Sie verleiht ein Gefühl der Verbundenheit mit den erhaltenden Kräften des Alls, des Umhegt- und Beschütztseins." Ihr Gegenteil bedeutet Unwetter, Zerstörung, Tod. Edred Thorsson nennt sie deshalb die „Runenmutter", von der alle Runen ableitbar sind, die Nummer der Vollendung (9), das Rahmengefüge der Welt: jenes "vollendete Muster, welches die latente Energie der neutralen Kraft in den Seinszuständen oder Welten beherbergt" – deren „ursprüngliche Erscheinungsform".

Ich spüre, dass jene Begegnung bei den Hopi mit dieser Hagal-Rune etwas zu tun hat. Sie dürfte eine Bezeichnung für Kachinas sein und findet sich nicht zufällig als *Christussymbol* wieder: Auch Christus war ein „Bote", ein Lehrer der Menschheit. Jener Heilige Platz bei den Hopi ist ein Ort des Energieaustauschs zwischen Himmel und Erde, ein Kraftplatz, der offenbar jener Macht geweiht ist, die in unserer Kultur durch die Hagal-Rune beschrieben wird.

Ich glaube, dass Kachinas jedem begegnen können, wenn man sich nur dem öffnet, was an schöpferischen und lebensspendenden Kräften da ist. Meine Freunde und ich sind der Überzeugung, dass sie auch mit uns – hier in Europa – Kontakt aufnehmen und den Tag der Reinigung vorbereiten helfen. Aber es ist unsere Entscheidung, ob sie die Möglichkeit dazu bekommen, denn sie greifen nicht in unseren freien Willen ein. Die *tanzenden Sterne* kann jeder beobachten – je später in der Nacht, desto besser – aber es gibt da keine starren Regeln. Es hilft auch nicht, sie zu suchen. Sie kommen, wann sie wollen. Aber wir können sie um ihre Hilfe bitten, wie uns Carolyn Tawangyawma im Oktober 1982 in Frankfurt und München erzählte. Genauso ist es mit den Kachinas, die jede Gestalt annehmen können.

Denn alles ist belebt, alles hat einen Geist oder Spirit.

Wenn du sie siehst, weißt du, wer sie sind

Ein Gespräch mit Thomas Banyacya Sr. 1981 in Genf

Thomas, kannst du erklären, was "Kachina" bedeutet? Einige Leute sagen, dass Kachinas Kräfte sind, andere meinen, es sind Menschen von anderen Planeten, von einem anderen Planetensystem. Es könnte auch sein, dass sie mit Raumschiffen kommen, so dass wir sie sehen und treffen können.

In jeder spirituellen Welt kommen hin und wieder einige Kräfte. Das ist die Art und Weise, wie es in der Zeit geschah, als alles noch in Ordnung war, als Kachinas Personen waren, die auf unsere Leute achtgaben. Sie können in jeder Gestalt kommen, wie etwa Tiere oder Vögel hier herum, und sie helfen uns, sind ein Teil dieses Lebenssystems. Die Hopi sahen sie und lernten eine Menge von ihnen, übernahmen einiges von ihnen.

Nachdem sie weggegangen waren, begannen die Hopi Zeremonien durchzuführen so, wie *sie* es getan hatten – um Glück zu bringen. Durch ihr Gebet kommen guter Regen, gute Ernten und ein schönes, sauberes Leben. Denn alles ist auf die Natur angewiesen – und das ist es, was *Kachina* bedeutet. Es ist ein Wesen, das die Menschen glücklich macht und ebenso gute Ernten und gute Nahrung bringt. Wenn sie eine Zeremonie ausführen, ist es eine gute Zeit, denn das bedeutet *Kachi:* ein glückliches, gutes Leben, ein wunderschönes Leben. *Kachi* bedeutet wundervoll, alles ist in guter Ordnung.

Was wir in dieser Weise tun, ist ein Hinweis auf die Kachinas, die Erinnerung an die Tatsache, dass da andere Kräfte, Elemente existieren. Denn diese Kachinas können jede Art von Vögeln, Pflanzen, Blitz, Donner oder andere Kräfte wie die Sonne repräsentieren.

Alle Arten von Kachinas kommen im ersten Teil des Januar, Februar, März und während der Nachttänze. Im Sommer führen sie ihre Zeremonien im Freien aus. Die Zeremonien eröffnen jeden Monat des ganzen Jahres. Das sind sehr geheime Zeremonien für die Hopi.

Ist es möglich, Kachinas zu treffen – dass die Hopi Kachinas treffen, vielleicht dass sie ein Kikmongwi trifft?

Es ist ein Bund, der diese Zeremonien ausführt. Jeder religiöse Bund hat seine besonderen Zeremonien mit Tänzen – und die Kachinas sind ein Teil davon.

Sie sind Repräsentanten des menschlichen Geistes. Jeder Bund hat etwas mit der Bewahrung dieses Lebens zu tun. Sie fragen vorher die Kikmongwis. Wenn du zum Beispiel der Führer des Schlangen-Bundes bist und eine Zeremonie an einem bestimmten Tag ausführen willst, gehst du zum Kikmongwi und sagst ihm, dass du deine Zeremonie an den nächsten Tagen ausführen möchtest. Er kommt und segnet dich, ermutigt dich, raucht vielleicht die Pfeife mit dir und überlässt dir die Durchführung. Nachdem das beendet ist, kommt im nächsten Monat ein anderer Mann, eine andere Person und tut das gleiche. Jeder von ihnen lässt den Kikmongwi wissen, dass er die Zeremonie ausführen will. Auf diese Weise wird in den Dörfern alles, was getan wird, für den Kikmongwi weitergeführt.

Kann es sein, dass es sich bei den Kachinas auch um Leute von einem anderen Planetensystem handelt, die mit Raumschiffen kommen, so dass wir ihnen vielleicht begegnen, sie sehen können?

Es ist ein *Geistwesen,* das für uns überall existiert. Aber es gibt bestimmte Gebiete für die verschiedenen Kachinas, deren Herkunft uns bekannt ist. Als Geistwesen kannst du sie nicht wirklich sehen; aber wenn die Hopi diese Art von Zeremonien ausführen, kannst du sie sehen. Ich weiß nicht, ob du sie gesehen hast, aber jeder könnte sie sehen: an den Tagen, an denen sie im Sommer etwa tanzen – diese Art der Kachinas zum Beispiel.

Zu der Zeit, als ich bei dir in Neu-Oraibi zu Gast war, sah ich mit zwei Studentinnen aus den USA in einer Nacht "Tanzende Sterne". Nach einiger Zeit kamen die Sterne zu uns herunter. Es war ein sehr schönes, großes Licht, es blieb sehr lange, und wir hatten ein sehr gutes Gefühl dabei. Es sah aus wie die Reflexion von Licht durch einen Kristall. Es hatte die Struktur einer Schneeflocke. Weißer Bär und dein Sohn sagten zu mir: "Ja, das bedeutet das Wort Kachina, das waren welche." Ist das richtig?

Wie ich bereits erwähnte, repräsentieren Kachinas verschiedene Kräfte, so wie ich auch sagte, dass sie verschiedene Wesen und verschiedene Spirits darstellen. Sie haben verschiedene

Arten von Gewohnheiten und Symbolen. Du siehst: Das eine repräsentiert einen Stern, das andere die Sonne, Blitze, Tiere und ähnliches. Wenn du sie siehst, weißt du, wer sie sind – das ist die einzige Art, wie du sagen kannst, dass sie Repräsentanten dieser Dinge sind.

Im selben Gebiet, oberhalb des Hauses von Weißer Bär, ist auf der dritten Mesa ein heiliger Platz, dort sind fünf kleine Steinmonumente, die ein Gebiet begrenzen. Bei diesem Platz bekamen wir in der Nacht ein sehr starkes Gefühl hoher Energie. Am folgenden Tag erforschte ich diese Stelle und bemerkte, dass daneben ein heiliges Gebiet war – und ich begegnete zuerst einem Adler im Osten, dann, als ich es betrat, dem Blitz, dem Donner und einem sanften Regen, nachdem ich eine kleine Opfergabe dargebracht hatte. Weißer Bär erzählte mir, dass es ein Rastplatz eines „Zerstörer-Kachinas" ist.

Nun, ich weiß nicht, wo das ist, was du gefunden hast, aber es gibt dort verschiedene Gebiete, die den Hopi heilig sind. Das ist eine der Ursachen dafür, dass wir derzeit nicht mehr davon sprechen. Als die Weißen kamen, fragten sie danach, und wir erzählten ihnen davon. Das erste, was sie tun, wenn sie dort hingehen, ist, ein Durcheinander anzurichten, Gegenstände auszugraben, eine Menge davon wegzunehmen. Deshalb hörten wir auf, dem weißen Mann zu sagen, wo diese Plätze sind und was sie bedeuten, denn immer zerstören sie etwas. Darum wollen wir das nicht mehr tun.

Gibt es da eine tiefere Bedeutung dieses Platzes und dieser Begegnung?

Das einzige, was wir den Menschen sagen können, ist, dass das ein spirituelles Zentrum für die Hopi ist – das ist alles, was ich erzählen kann. Was immer du fühlst oder spürst, das ist dein Verstehen. Wir können dir nur sagen, dass das ein spirituelles Zentrum ist, das wir in einem natürlichen Zustand belassen und nicht zerstören sollen. Diese Dinge werden möglicherweise erzählt werden, wenn wir in ein anderes Stadium gekommen sind – aber das haben wir jetzt noch nicht erreicht.

Gibt es so etwas wie "Zerstörer-Kachinas", genauso wie schöpferische, lebenserhaltende Kachinas? Die anderen sind lebensspendend, aber an diesem Platz war ein Zerstörer-Kachina, erzählte mir Weißer Bär.

Sie repräsentieren praktisch alles, sie sind *Wächter* oder *Wesen,* die Dinge in verschiedenen Gebieten beschützen. Du kannst sie mit Elementen vergleichen, die uns immer beobachten. Ihr Erscheinen hängt vom Herz der Menschen ab, was die Menschen tun, wie sie handeln oder ob sie zuviel zerstören – dann wird die Natur genauso reagieren.

Es gibt Wächter, *Beschützer* jedes heiligen Gegenstandes. Es kann sein, dass du sie nicht wahrnimmst, aber etwas kann dich verletzen, dich zu Fall bringen, dir den Fuß brechen. Du kannst die Ursache dafür nicht erkennen, aber etwas verursacht es, weil du dort etwas zerstört hast. Das ist etwas von dem, was den Menschen bei uns sehr bekannt ist, deshalb zerstören wir nichts.

In diesem Zusammenhang ist bemerkenswert, was Thomas Banyacya Sr. im März 1984 dem Arbeitskreis Hopi-Österreich gegenüber erklärte. Um beispielsweise zerstörende Kräfte abzuwehren, ist es vor allem wichtig, mit den aufbauenden, lebenserhaltenden zu kommunizieren: Sie wehren die anderen Kräfte ab und halten sie fern. Diese Praxis, die einer harmonischen, natürlichen und einfachen Lebensweise entspricht, hilft uns dann auch, geeignete Maßnahmen gegen die Bedrohung zu finden und sie einzusetzen. Nicht erst seit Tschernobyl von Bedeutung ...

Thomas Banyacya Sr. erwähnte auch die Möglichkeit, dass Außerirdische weltweit mit den Menschen Kontakt aufnehmen und im entscheidenden Moment – ohne unseren freien Willen zu beschneiden – helfend eingreifen (vgl. dazu die Seiten 122, 237 und 239 f.). Voraussetzung dafür ist allerdings die konsequente Rückkehr zu einer Lebensweise, die im Einklang mit der Natur steht, das kompromisslose Leben in Verwandtschaft mit ihr, dem Land und miteinander (vgl. S. 261 f.).

Überleben ins 21. Jahrhundert

15 Akwesasne: Viel Eigeninitiative und die größte Eingeborenenzeitung der Welt

> „Die Situation der indianischen Völker
> war niemals beunruhigender als jetzt."
> *John Mohawk, Seneca*

Ihre Heimat ist die einzige Reservation Nordamerikas, die seit 1783 durch die Grenze zwischen den USA und Kanada politisch geteilt wird. Seit 1959 ist die Teilung vollständig: damals wurde der St.-Lorenz-Seeweg eröffnet und damit ihr traditionelles Fischfanggebiet zerstört. Betroffen sind die Mohawks in *Akwesasne,* nahe bei Massena (USA) und Cornwall (Kanada), deren Proteste – wie anderswo in den USA und Kanada – nicht beachtet wurden.

Deren Vorfahren bekämpften eine Zeitlang ihre indianischen Nachbarn, bis sie sich mit ihnen unter Deganawida, der ihnen das „Große Gesetz des Friedens" brachte, zur *Irokesen-Konföderation* zusammenschlossen. Dieses „Große Gesetz des Friedens" wurde zum Vorbild der US-Verfassung und beeinflusste die Theorien von Karl Marx.

Um 1710 kam eine weitere indianische Nation hinzu, und seit damals nennen sie sich die *Sechs Nationen,* bestehend aus Angehörigen der Mohawks, Seneca, Cayuga, Oneida, Onondaga und Tuscarora. Ihren Sitz haben sie in Onondaga bei Syracuse im Staat New York.

Kaum hatten sie sich friedlich vereint, mussten sie sich erbittert

---

Die Grafik am Kopf dieser Seite zeigt das Radkreuz, wie es auch die Kelten, Germanen und Illyrer verwendeten. Es ist eines der ältesten Zeichen für die göttliche Ordnung, des Sonnenlaufs, der Jahreszeiten (vgl. S. 84f.)

gegen die weißen Eindringlinge wehren. Ein Großteil der Mohawks ging seitdem im Assimilationsprozess der Weißen unter: 100 Jahre später als waghalsige Reiter in „Buffalos Wild West Show" oder als hochqualifizierte, schwindelfreie Stahlarbeiter für Brückenbauten und Hochhäuser. Das tun sie zum Teil heute noch: Sie arbeiten bis zu mehreren Jahrzehnten außerhalb der ihren Vorfahren aufgezwungenen Reservationsgrenzen, meist in New York, Chicago oder Kalifornien. Und noch eines sind sie geblieben: Kämpfer, Krieger, die sich rasch bemerkbar machen – im Gegensatz zu den eher zurückgezogenen und duldsamen Hopi. Zwei gegensätzliche Indianernationen, aber beide im Kampf um ihr Land.

Ihr rasches Reagieren hat die traditionellen Mohawks offenbar vor dem möglichen Untergang bewahrt, denn sie sind bis heute ununterbrochen dem Druck der Weißen und ihrer eigenen Landsleute ausgesetzt, die mit jenen zusammenarbeiten. Zitat von Rudy Hart, 28, der 1981 im Stammesrat von Akwesasne („St. Regis Indian Reservation") für die Planung von Wohnbauvorhaben verantwortlich zeichnet: "Lasst uns die drei bis vier Millionen Dollar, die uns die US-Regierung jährlich für verschiedene Programme gibt, ‚Miete für verlorenes Land' nennen – warum nicht? "

Für ihn ist der Verlust von über vier Millionen Hektar Land selbstverständlich – jenem Land, das den Mohawks vom Staat New York, in dem auch der Wintersportort Lake Placid liegt, seit dem Eindringen der Weißen Schritt für Schritt genommen wurde. Für diese Mitglieder des Stammesrats ist aber auch die Abgeltung des Landanspruchs der 4000-Seelen-Gemeinde offenbar selbstverständlich, die zu deutsch „Wo das Rebhuhn balzt" heißt. Doch die Rebhühner sind selten geworden, denn auf etwa 5600 Hektar Gemeindegebiet erstrecken sich inzwischen nicht nur der aufgezwungene St.-Lorenz-Seeweg, sondern auch einige Fabriken, die die Umwelt schwer belasten: Reynolds Aluminium (inzwischen *Alcoa*) vergiftet u.a. mit Fluorid-Abgasen Luft, Boden und Wasser, General Motors und eine Papierfabrik tun ein übriges.

Es stinkt oft, als ich dort bin, und die ständigen Versuche der traditionellen Mohawks, wieder zur Selbstversorgung durch die Landwirtschaft zurückzukehren, scheitern allein schon an der starken Umweltverschmutzung. Höhepunkt des Umweltdramas: der sehr stark säurehaltige Regen, der die umliegenden Wälder und Böden völlig zerstört und die Ulmen bereits ausrottete. Dazu kommt das geringe Einkommen: Die Mohawks leben sozusagen im Armenhaus des Staates New York.

Trotzdem lassen sie nicht locker und versuchen, das Beste aus ihrer Situation zu machen. Zu ihnen gehört das Team der *Akwesasne Notes* und der "Akwesasne Freiheitsschule", die Mohawk Nation Council Chief Tom Porter mitgegründet und geleitet hat (http://www.freedom-school.org.).

Computer, Petroleumlampen und Selbstversorgung

Als die kanadische Verwaltung 1968 nach der Errichtung einer neuen Brücke über den St.-Lorenz-Seeweg (innerhalb der Reservation) von den Mohawks einen Brücken- und Grenzzoll verlangte, riss einigen hundert Traditionellen die Geduld: Sie errichteten eine Blockade. Aus der Dokumentation dieser Aktion in Form eines spontanen Protestblattes entstand die englischsprachige Zeitung *Akwesasne Notes,* die sich zu einem Sprachrohr des indianischen Widerstands entwickelte.

Seit 1981 ist sie jedoch trotz vieler Spenden aus der Bundesrepublik in eine schwierige finanzielle Lage geraten: nachdem die alte Setzmaschine durch einen unbehebbaren Schaden unbrauchbar geworden war, entschied man sich in Übereinstimmung mit den traditionellen Chiefs von Akwesasne, denen das Team der *Notes* verantwortlich ist, für einen Setzcomputer, der auch die Adressen der Abonnenten ausdrucken kann.

Damit begann in dem barackenartigen, einstöckigen Holzhaus am Raquette Point – so benannt nach dem gleichnamigen Fluss, der dort in den St.-Lorenz-Seeweg einmündet – das Computerzeitalter. Beinahe gleichzeitig mit dem Projekt der Akwesasne-Freiheitsschule: Hier werden etwa 80 heranwachsende Indianer im Alter von drei bis 13 Jahren auf die Auseinandersetzung mit der weißen Kultur und auf das Überleben als Indianer vorbereitet. Neben den Fächern der weißen Schulen gibt es Unterricht in ihrer eigenen Sprache, dazu kommen eigene Zeremonien und der Aufbau einer Selbstversorgung: alles in enger Zusammenarbeit mit den Eltern der Schüler.

Martina Kothe beschreibt sie übrigens sehr eindrucksvoll in ihrem Buch „Akwesasne Freedom School". Claus Biegert geht in seinem Taschenbuch „Überlebensschulen" nicht nur auf sie, sondern auch allgemein auf die indianischen Überlebensschulen in den USA und Kanada ein.

Ums Überleben geht es auch den Mitarbeitern der *Notes*. Im Oktober 1980 brannten Haus und Stall des traditionellen Chiefs Tom Porter nieder, nachdem sie offensichtlich von feindlich gesinnten, nicht traditionellen Mohawks in einer Phase starker Spannungen angezündet worden waren. Beide waren Symbol des Neubeginns, da dort ein Selbstversorgungsprojekt geplant war und im Haus nicht nur die Familie Tom Porters, sondern auch des Chefredakteurs der Notes, John Mohawk, gewohnt hatte. Das und der Umstand, dass die benachbarten Fabriken Luft und Boden verseuchen, veranlassten John Mohawk, der in seiner Sprache *Sotsisowah* heißt, sein Selbstversorgungsprojekt woandershin zu verlegen: Gemeinsam mit zwei weiteren Mitarbeitern der *Notes* und deren Familien ist er dabei, sich in der Seneca-Reservation, nahe von Buffalo am Ontariosee, einzurichten.

Geplant sind dort die Selbstversorgung durch eigenen Anbau und Viehhaltung sowie mehrere Blockhäuser ohne Fließwasser und elektrischen Strom – ähnlich wie in Owls Head im Staat New York, wo die *Akwesasne Notes* bis 1980 in einem Wohnwagen hergestellt worden waren und die Redaktion in einem Blockhaus wohnte. In Zukunft sollen die Notes wieder im Wohnwagen redigiert werden. Ein Generator wird Strom liefern.

„Solange es Dieselöl gibt, werden die *Notes* nötig sein und gemacht werden können. Gibt es das nicht mehr, dann brauchen wir auch unsere Zeitung nicht mehr", erklärt mir dazu John Mohawk, als ich ihn im August 1981 besuche. Der ehemalige Universitätsdozent für indianische Philosophie und Geschichte setzt sich seit rund zehn Jahren mit Fragen der Selbstversorgung und des Überlebens auseinander. So ist es kein Zufall, dass dieser Seneca-Indianer Chefredakteur der *Akwesasne Notes* geworden ist.

Wir sind eine Kommunikationsorganisation

Am 4. August komme ich zu Mittag in Akwesasne an. Hinter mir eine Tagesreise durch die wald- und seenreichen, hügeligen Adirondacks. Es dauert etwas, bis ich Raquette Point finde, so versteckt ist das. Endlich erblicke ich am Ende einer schmalen Teerstraße zwei Baracken: eine langgezogen, mit der Freiheitsschule, die zweite das Redaktionsgebäude der *Notes*. Im Hintergrund die Brücke über den St.-Lorenz-Seeweg. Zu ebener Erde der Notes-Baracke wurde eine Wasch-und Kochstelle für Gäste und ein Platz zum Sitzen eingerichtet. Ich gehe ins Obergeschoß und werde freundlich begrüßt. "Gib mir fünfzehn Minuten Zeit!" ruft John Mohawk; ich schaue mich etwas um. Dann fahren wir zu seiner Familie: zu Carol und den drei Kindern, um zu essen. Carol hat ihren Säugling immer bei sich – sogar beim Arbeiten im Büro der *Notes*. Wir sprechen noch wenig miteinander – und das wird sich eine Woche lang nicht ändern. Erst nachdem ich mich auf der Reservation ein wenig umgesehen und einige zaghafte Kontakte geknüpft habe, bricht das Eis. Aber da mache ich mich bereits zu den Hopi nach Arizona auf und bin erschüttert, als ich unterwegs am Ostrand der Adirondacks große Flächen völlig abgestorbener Laub- und Nadelbäume erblicke. Dasselbe erlebe ich später noch an der Ostküste auf der Fahrt von New York City zur Bundeshauptstadt Washington. Erst in Arizona werden diese gespenstischen Flächen toter Bäume geringer, aber einzelne abgestorbene Bäume und Baumgruppen gibt es auch dort.

Meine ersten Eindrücke in Akwesasne: offenbar ist hier kein Indianer ohne Fernseher, keiner ohne Auto. Aber ich spüre bereits, dass sie davon nicht innerlich abhängig sind – etwas, das mir die Hopi später voll bestätigen.

Am dritten September kehre ich wieder nach Akwesasne zurück: Alle freuen sich, dass ich wiedergekommen bin, und Carol lädt mich ein, bei ihnen zu wohnen. Es werden außerordentlich schöne Tage, und ich danke an dieser Stelle Carol, John, ihren Kindern, dem Team der *Notes* und der Freiheitsschule nochmals dafür.

Das Verständnis füreinander wächst, und es gelingt mir, ein Telefonat zwischen Thomas Banyacya Sr. und John Mohawk über

John Mohawk (Seneca) am Setzcomputer der *Akwesasne Notes*

eine künftige Zusammenarbeit mit den *Notes* zu vermitteln. Am Tag meiner Abreise, dem 7. September, hat John endlich Zeit für ein Interview. Auch mir geht es nicht anders: Erst jetzt bin ich ausreichend informiert, um ein längeres Gespräch sinnvoll zu führen. Nach einem Frühstück mit Pancakes (eine Art Pfannkuchen), Ahornsirup, Spiegeleiern und Kaffee sprechen wir zunächst über die Aufgabe der *Notes*.

Wir schreiben vom Kampf ums Überleben

John, was ist die Aufgabe und die Absicht der Notes?
Wir sind eine Kommunikationsorganisation. Was wir der Welt mitteilen, kann im wesentlichen in einige große Teilbereiche gegliedert werden. Einer davon ist der, dass wir über die Situation jener Leute berichten, die vom Land leben; hauptsächlich in

Amerika, aber nicht ausschließlich. Wir haben auch Artikel über die *Aborigines* in Australien geschrieben, über die Sami oder Lappen in Norwegen und über andere Völker, die alle "eingeboren" in dem Sinn sind, dass ihre Kulturen zugrunde gerichtet werden – überall, auf der ganzen Welt.

Darüber schreiben wir, und so berichten wir über den Überlebenskampf der vom Land lebenden Völker.

Außerdem schreiben wir noch ziemlich viel über die Situation in der Ökologie und über den Überlebenskampf der natürlichen Welt, besonders in der westlichen Hemisphäre. Wir machen uns eine ganze Menge Arbeit, indem wir versuchen, mit der Welt als Ganzes zu kommunizieren: über die Arten der Veränderungen, die durch die Politik der Regierungen und durch das Handeln von Staaten und Völkern verursacht werden.

Aber ich glaube, dass jeder versteht, dass die Dinge, über die wir reden, was ökologische Katastrophen und das alles angeht, genausogut Europa, Asien und jeden anderen Teil der Welt betreffen. Wir sehen, dass es momentan einen Angriff auf die natürliche Welt und deren Völker gibt, und wir versuchen, darüber zu schreiben. Soweit ich informiert bin, berichten nur sehr wenige Zeitungen über diese Themen in der Art, wie wir es tun.

Wir behandeln diese Themen so, dass wir eines davon von verschiedenen Seiten beleuchten, und wir betonen, dass die Mächte, die die Naturvölker und die natürliche Umwelt zerstören, auch das gesamte Lebenspotential zerstören, auch das der zivilisierten Menschheit.

Wie sieht die finanzielle Situation der Notes *aus?*

Wir sind die größte Eingeborenenzeitung, weil wir die letzte sind, die überlebt hat. Alle anderen sind pleite gegangen. Und ich glaube, dass unsere Abonnenten Leute sind, die eher zufällig über unsere Arbeit stolpern. Wir haben keine gute Marketing- oder Werbekampagne laufen, und so wissen nicht sehr viele Leute von unserer Existenz. Folglich stehen wir immer am Rand der finanziellen Katastrophe. Wir arbeiten ziemlich kurzfristig – einfach, um eine Ausgabe herauszubringen. Und wir bringen eine heraus.

Am Ende ist der Computer ein Spielzeug

Die Auflage ist inzwischen auf 20 000 gesunken, und jetzt habt ihr ein Computersystem installiert. Für einen Europäer sieht das wie ein großer Widerspruch aus: Ihr wollt zu einer natürlichen Lebensweise zurückkehren, aber trotzdem habt ihr einen Computer, vielleicht einen sehr teuren – eine hochentwickelte, komplizierte Technologie, die euch noch abhängiger von Energie macht.

Darauf gibt es zwei Antworten. Erstens: Wir haben notwendigerweise einen Computer. Er ist ein mittelgroßer unter den kleinen. Er hat weniger als die Hälfte unserer alten Setzmaschine gekostet und macht eine ganze Menge mehr als sie.

Es stimmt, dass wir über Hausbau, Gesundheit, Nahrung usw. schreiben, und es ist wahr, dass wir auf eine Nahrungsmittelselbstversorgung hinarbeiten; gleichzeitig senden wir eine Botschaft an die Welt, dass es notwendig ist, dass die Menschen in diese Richtung arbeiten.

Der Grund, dass wir uns den Computer anschafften, war der, dass wir mehr Zeit für diese Dinge haben werden, anstatt uns mit der Setzmaschine, mit der Adressenliste und mit der Buchführung herumzuplagen.

Der Computer ist sozusagen dazu da, uns zu helfen, aus dieser notwendigen, zeitraubenden Arbeit herauszukommen. Diese Zeitersparnis kommt jetzt der anderen Arbeit zugute. Ich glaube, dass wir mit der Realität konfrontiert sind, dass die achtziger Jahre eine Ära von größtem Wachstum in der Elektronik und Computertechnologie sein werden, und sie werden wahrscheinlich auch das Ende der westlichen Wirtschaftssysteme, wie wir sie kennen, anzeigen. Und ich glaube, dass beide Dinge im gleichen Jahrzehnt geschehen werden. Wir versuchen aber, ein *Kommunikationsorgan* zu betreiben – in eben diesem Zeitraum –, und wir benützen, was wir benützen können, um das zu schaffen; um trotzdem diese Art von Themen zu bringen und diese Art von Arbeit zu leisten, die wir tun. So bot uns eigentlich der Computer eine sinnvollere Lösung als alles andere, was wir probierten. Der Computer ist nicht Teil unserer Ideologie, er ist lediglich ein Werkzeug, um die Zeitung herauszubringen.

Ich glaube, dass es bald so weit kommen wird, dass sich die Menschheit spalten wird, weil im Grunde ein Computer den Menschen noch mehr von seiner Umwelt isoliert. Er gibt ihm ein Gefühl der Kontrolle über seine Umwelt, noch mehr als er es bisher hatte. Wir hingegen benützen den Computer grundsätzlich dazu, der Welt zu sagen, dass das verrückt ist, dass es ein Fehler ist, sich von seiner Umwelt zu isolieren – möglicherweise ein tödlicher Fehler. Es ist wahr, der Computer ist das Spielzeug, das die Gedanken eines jeden beherrschen wird, während die Welt zusammenbricht.

Es ist, als ob man Computermodelle schaffen könnte, die die Realität ungeschehen machen. Das ist es, wo wir gegenwärtig stehen und leben. Ich war sehr beeindruckt von Alvin Tofflers Buch "Die dritte Welle", in dem er eine vom Computer geschaffene Klasse voraussieht. Er sagt voraus, dass der Computer eine Klasse von Menschen schaffen wird, die hauptsächlich davon lebt, Material und Informationen zu manipulieren.

Meine eigene Ansicht zur Zukunft der Welt ist, dass dieser Computer ein sehr interessantes Spielzeug ist, das vielleicht einen Nutzen haben könnte – während einer kurzen Zeit –, aber auf lange Sicht glaube ich, dass wir uns nicht einfach von der Realität isolieren können, und die Realität ist die Natur. Letztendlich, glaube ich, ist das Computerzeitalter ein Wahn, eine Täuschung.

Wir sind hier Fremde in vieler Hinsicht

0 ja, dieser Computer! Er hat uns 7500 Dollar gekostet. Die Setzmaschine, die das gleiche macht, kostet 14.000 Dollar, darum schafften wir wir den Computer an. Er ist billiger und effizienter in der Arbeit. Vielleicht werden wir eines Tages keinen Computer mehr brauchen.

Unsere Situation ist die: Obwohl wir über Menschen, die vom Land leben, berichten, kannst du sehen, dass wir, die Leute von den *Akwesasne Notes,* in diesem Sommer 1981 kein Land haben. Wir leben nicht so, wie wir leben würden, wenn wir unser eigenes Land, unsere eigenen Gärten gleich hier nebenan hätten. Wir haben Gärten, aber sie sind alle in der Gegend verstreut, so dass wir von Autos abhängig sind. Wir sind wirklich von dem System abhängig, das wir nicht schätzen – wie jeder hier diesen Sommer.

Das hat teilweise mit der jüngsten Vergangenheit hier zu tun, mit dem Kampf am Raquette Point (vgl. S. 250) und teilweise mit der Realität, der wir gegenüberstehen: Land zu erwerben und für das Überleben vorzubereiten ist für manche Schichten an bestimmten Plätzen unmöglich.

Für uns zum Beispiel, für unsere Belegschaft ist es unmöglich, hier ein Grundstück zu erwerben. Es ist für uns illegal, hier Land zu besitzen. Das ist der Widerspruch, dem wir uns gegenübergestellt sehen. Wir sind hier sozusagen Fremde in mancherlei Hinsicht – hier in Akwesasne. Wir können kein Grundstück besitzen und diese Dinge tun, jedenfalls nicht hier. Und wo wir vorher waren, konnten wir das auch nicht, denn das gehörte uns ebensowenig. Und das Wetter dort war echt subarktisch. Einer der kältesten Orte in Nordamerika. Daher war es dort teilweise unmöglich, eine Ernte einzubringen. Das ist so etwas, das uns in die Situation bringt, dass wir Technologien verwenden, die nicht mit unserer Ideologie vereinbar sind, aber, wie ich glaube, mit unserer Arbeit.

Man soll seine Ideologie nicht durch seine ganze Arbeit durcheinanderbringen lassen, aber im Grunde müssen wir das tun. Um die Zeitung zu drucken, müssen wir sie in die Druckerei bringen, auf die Post tragen und verschicken. Das ist es, was wir tun. Ich glaube, wenn du vielleicht in ein oder zwei Jahren wiederkommst, wirst du eine andere Situation vorfinden. Denn wir versuchen wirklich, aus dieser speziellen Lage herauszukommen. Und wir versuchen, andere Leute dazu zu ermutigen, aus dieser Situation der echten Abhängigkeit herauszukommen. Der Abhängigkeit vom Geldsystem, von der ganzen Weltwirtschaft, von der Marktwirtschaft.

Die Regierung kaufte jeden, den sie kaufen konnte

Es gibt einen Unterschied zwischen dem Ideal des Lebens, der Lebensweise, die du gerade vorhin beschrieben hast, und deren Realisierung – denn viele Indianer sind an den Weg des weißen Mannes angepasst. Gibt es eine Möglichkeit, zurückzukehren? Ist es besser, an die Wurzeln zurückzukehren? Wie denkst du darüber?

Ich möchte klarstellen, dass es nicht meine Ideologie ist, „zurückzukehren" in dem Sinn, wie das Wort allgemein verstanden wird. Das indianische Volk als Ganzes ist den Entscheidungen und der Politik von Washington und anderen Hauptstädten der Welt unterworfen, und die Indianer haben nicht die Macht, ihr Schicksal selbst zu bestimmen. Es ist eminent wichtig, zu verstehen, dass die Indianer nicht aufgrund ihrer eigenen Entscheidung angepasst wurden, sondern aufgrund einer öffentlichen Politik. Alle diese Dinge, die zum Beispiel aufgrund der Laune der Bundesregierung der USA geschehen, um auf den Reservationen soziale Veränderungen herbeizuführen, sind einfach überwältigend! Wo sonst kannst du einen Ort finden, an dem riesige Geldmengen in bestimmte Gebiete gepumpt werden, um vor allem Klassen von Menschen zu formen? Das gesamte Ausbildungs- und College-Programm des Büros für indianische Angelegenheiten zielt darauf ab, eine Klasse von Bürokraten-Indianern zu schaffen, die wiederum all diese Programme zur Zivilisierung der Indianer durchführen soll: zum Beispiel Wohnungsbau, Ernährung und alles mögliche – das alles wurde dort geplant, auch die Elektrifizierungsprogramme, alles nur Erdenkliche. Hunderte Millionen Dollar sind in diesen Prozess gesteckt worden, um die Indianer anzupassen.

Aber die Indianer sind nicht wirklich angepasst worden, statt dessen wurden sie abhängig. Nicht durch ihre eigenen Fehler. Sie wurden von diesen Programmen und von diesem Geld abhängig, um zu überleben. Und wie du dir wahrscheinlich vorstellen kannst, sieht die gegenwärtige Lage so aus, dass die Reagan-Verwaltung jetzt alle diese Gelder kürzt, die vor 20 Jahren zugestanden worden sind. Indianer, die vor 20 Jahren in einer Hütte lebten, die sie mit Holz beheizten, und ungefähr das lebten, was manche den „indianischen Lebensstil" nennen – mehr oder weniger –, bekamen seit dieser Zeit ein Haus von der Regierung: mit elektrischem Strom, elektrischer Heizung, Fernseher usw. Sie gewöhnten sich an die Schecks der Regierungsprogramme und daran, ihre Nahrung im Lebensmittelgeschäft zu kaufen, statt sie auf dem Hof selbst anzubauen und zu züchten. Und Menschen, die einst Bauern und Viehzüchter waren, sind heute Schreiberlinge und Bürokraten. Dieses Jahr sieht es so aus, als ob die Reagan-Verwaltung die Ära der Schreiberlinge und Bürokraten beenden wird.

Und so wird es Leute geben, die in Häusern mit elektrischer Heizung wohnen. Aber sie haben nun kein Einkommen mehr und brauchen Nahrung. Sie werden die Fähigkeit verlernt haben, sich selbst zu versorgen, und keinen Ersatz dafür haben. Diese Menschen brauchten 1959 keinen Strom, aber sie brauchen ihn 1982! Und so glauben sie, dass sie wirtschaftlich absteigen, dass ihnen große Härten durch die Streichung der Regierungsprogramme aufgezwungen werden.

Ich höre die Leute oft sagen: „Ihr Indianer, ihr seid ja alle assimiliert." Ich wuchs in dieser Gemeinschaft auf, wo es keine Wahl gab, ob man assimiliert werden wollte oder nicht – es gab nur enorm starken Druck im Indianerland. Und dieser Druck radierte alles aus, was in dieser Gemeinschaft existierte, und ersetzte es durch so eine Mittelklassenvorstellung von Leben, wie es sein sollte: Man braucht ein Auto, man braucht Konsumgüter und all den Unsinn.

Jetzt sehen wir, dass wir an eine Weggabelung kommen, wenn nicht sogar an einen Wendepunkt, und die Menschen kommen allmählich darauf, was sie tun müssen. Hier geht es wirklich um Selbstbestimmung, um den ersten Schritt dorthin: „Kannst du selbst für dich sorgen oder nicht? Wirst du darauf warten, dass Washington dir sagt, wie du leben sollst, welchen Lebensstil du haben sollst, was du anziehen sollst, wie du reden sollst, wie du denken sollst, wo du deine Kinder zur Schule schicken sollst – oder wirst du die Entscheidung in deine eigenen Hände nehmen, welche Lebenssituation du für dein eigenes Volk schaffen wirst?"

Ich glaube, dass das für jede Gesellschaft im Westen gilt, nicht ausschließlich für die Indianer. Ich glaube, dass weiße Gesellschaften derselben Realität gegenüberstehen; auch ihnen wird der Boden unter den Füßen weggezogen – ebenso schwarze Gesellschaften –, *jeder* steht vor dieser Realität.

Bei den Indianern ist das Ganze wegen des langjährigen Widerstands gegen die Idee, dass wir uns anpassen müssen, artikulierter. Die Traditionellen sagten das schon lange. Aber sie wurden natürlich von Millionen staatlicher Dollar einfach überschwemmt. Die Regierung kam einfach mit Geld und kaufte jeden, den sie kaufen konnte. Das gilt zum Beispiel auch für das Land der Hopi. Sie graben dort alles wegen Kohle auf. Das ist es, was die Regierung wollte – und das ist es, was sie bekam. Und du fragst, warum die Indianer assimiliert sind. Denke daran, dass sie sich nicht assimiliert haben, sondern von jemandem assimiliert wurden: von diesen staatlichen Programmen.

Das ist das Ergebnis von zwanzigjährigen staatlichen Bemühungen und Planungen, dass die Indianer jetzt Kuchen essen, Diabetes bekommen und sich nicht um sich selbst kümmern. Wenn du auf Indianerland kommst, hat niemand mehr einen Garten. Vor 30 Jahren hatte jeder hier einen Garten. Das ist Politik! Kann man das rückgängig machen? Wir müssen! Es gibt keine Wahl. Ich glaube, die meisten Leute müssen.

Ich glaube, wir sind am Ende der Ära der Marktwirtschaft, wir sind die letzte Generation, deren Wohlbefinden von ihr abhängt.

Wer 1990 keinen Garten haben wird, wird nicht essen können.

Rückkehr zur Spiritualität

Welche Möglichkeiten siehst du für die Zukunft?

Die Indianer haben das prophezeit – das Kommen einer Zeit des Zusammenbruchs des Westens, und ich glaube, dass ihre Prophezeiungen derzeit von Bankiers der Wall-Street und von Londoner Wirtschaftsexperten geteilt werden. Die Zukunft – auf lange Sicht gesehen – sieht sehr erschreckend aus.

Die Indianer schlugen vor, zur Spiritualität zurückzukehren. Nun, das ist ein sehr mystisches Wort in Europa: *Spiritualität.* In Europa glauben sehr viele Leute, dass sie eine Art Stimmung ist, ein Gefühl, besonders das Gefühl über Gott usw.. Das ist sehr abgelöst, ein entfremdetes Wort. Aus gutem Grund sah die europäische Linke dieses Wort als sehr negativ an. Sie dachte, dass das nur dazu gut war, die Leute von ihrer materiellen Situation abzulenken. Aber die Indianer wiesen darauf hin, dass es ebengerade die materielle Situation ist, über die wir besorgt sind.

Es ist nicht unmöglich, dass Leute leiden werden, weil die Sozialprogramme scheitern, weil die Wirtschaftsprogramme scheitern, weil vielleicht das ganze Wirtschaftssystem scheitert. Und eine Alternative dazu, die *einzige* Alternative, die jemals von Menschen erfolgreich durchgeführt wurde, ist, dass Gesellschaften geschaffen werden, die viel weniger Energie, viel weniger von allen Dingen verbrauchen.

Aber sie müssen auf einer Reihe von Glaubenshaltungen und Voraussetzungen gegründet werden, auf menschliche Gemeinschaften, die nur mit dem indianischen Begriff von Spiritualität definiert werden können. Über Spiritualität zu sprechen ist ein Werkzeug, um ein sozioökonomisches System zu schaffen.

Wir sprechen hier nicht über das Christentum des 4. Jahrhunderts oder des 15.. Wir sprechen nicht über ein System, das Feudalismus oder Kapitalismus aufrechterhält, wie wir es kennen. Wir sprechen über *einen Weg für Menschen, in Verwandtschaft mit der Natur, mit dem Land und in gegenseitiger Verwandtschaft miteinander zu leben.*

Diesen Weg beschreiben die Indianer als spirituell, weil sie diesen Weg perfekt vorgezeichnet haben, basierend auf einem Muster von Vorstellungen über die Beziehung zwischen Mensch und Natur, das sie in der Gesellschaft verwirklichen.

Spiritualität ist eine Gesellschaftsform

Wenn man die Indianer über eine spirituelle Beziehung sprechen hört, eine Spiritualität, dann meinen sie nicht, in die Kirche zu gehen, niederzuknien und zu beten, sondern sie reden davon, eine echte Beziehung zur Nahrung, die sie essen, zu haben, zum Wasser, das sie trinken, und zum Haus, in dem sie leben, zu den Leuten um sie herum.

Sie sprechen von einer *sozialen Struktur.* Das ist derzeit wirklich im Kommen, denn Europa hat diese Sozialstruktur vor langer Zeit verloren. Ich glaube, die Europäer hatten sie einmal, aber sie schafften vor langer Zeit ihre soziale Struktur ab, von der die Hopi als „spiritueller Weg" sprechen. Der spirituelle Weg der Hopi ist eine *Gesellschaftsform,* nicht ein gedanklicher Zustand; er ist gesellschaftliche Realität. Sie sagen: „Wir müssen zum Weg der *Spirits* zurückkehren." Für einen Hopi heißt das etwas anderes als für den Durchschnittsbürger auf einer Münchner Straße. Für die Hopi sind die Spirits sehr real, für den Menschen in München sind die Ziegelsteine real, den Hopi sind Sonne und Wind real. Realität ist dort etwas anderes.

Aber einige wenige Europäer waren fähig, die Oberfläche der Hopi-Realität zu berühren, und diese Realität ist – in der Tat – *wirklich,* wirklicher als die Ziegelsteine. Die Ziegelsteine sind statisch, von Menschen gemacht. Die Hopi-Vorstellung von den wirklichen Dingen ist die der nicht von Menschen geschaffenen, natürlichen Dinge. Das sind sehr unterschiedliche Anschauungen, auch wirtschaftlich gesehen. Marx zum Beispiel spricht über die Wirtschaft als die vom Menschen nutzbringend veränderte Natur, während die Hopi die Wirtschaft als Teil der ungestörten Natur ansehen und den Menschen als Teil dieser Ungestörtheit. Das sind sehr unterschiedliche Anschauungen; die eine, die manipuliert, und die andere, die an der Natur wirklich teilnimmt. Der Marxist ist der Manipulator, der Techniker. Er stellt sich außerhalb, geht zur Natur, um die Güter zu bekommen, bringt sie zurück, verändert sie und baut seine Welt daraus.

Die logische Schlussfolgerung für den Westen ist, dass er eine selbstmörderische Kultur darstellt. Denn wenn wir sie einmal als gegeben ansehen und uns fragen, wohin sie sich entwickelt, kommen wir darauf, dass ihre beste Antwort ist, diesen Planeten zu verlassen und zu einem anderen Planeten zu gehen. Das ist ihre beste Antwort! Sich selbst von diesem Planeten zu trennen, das macht sie schon seit Jahrhunderten. Ihre beste Antwort, nachdem sie sich jetzt von der Natur getrennt hat, ist es, sich auch noch von der Realität zu trennen, die sie selbst schuf. Das ist wirklich die logische Schlussfolgerung des Westens. Und die logische Schlussfolgerung der Hopi – wenn wir ihren Gedankengängen folgen – geht genau in die entgegengesetzte Richtung. Nämlich, dass es letzten Endes die Natur sein wird, die uns am Leben erhält, und dass wir innerhalb der Natur und ihrer Systeme leben werden.

Ich merke, dass eine ganze Menge Europäer jetzt beginnen, ein bisschen besser den Hopi zuzuhören, der Hopi-Ansicht darüber, wohin wir von hier aus gehen werden.

Wir müssen unser Schicksal selber in die Hand nehmen

Inwieweit siehst du wirtschaftliche Lösungen für Europa?
Das Zeitalter des Kolonialismus geht zu Ende. Aber wir können eine Welt schaffen, in der man keinen Kolonialismus mehr braucht, das wäre sowieso eine bessere Welt. Wir können Wirtschaftsformen schaffen, die das alles nicht brauchen. Aber das muss an der untersten Basis beginnen, nicht auf Regierungsebene.

Die Menschen müssen Nahrung anbauen, sie müssen Europa in ein Selbstversorgerland umwandeln. Das fängt dort an, wo die Menschen ihr Schicksal selbst in die Hand nehmen und für sich selbst erzeugen. Aber dann werden wir eine andere Wirtschaftsform haben. Wir können nicht mit einer Geldwirtschaft arbeiten, weil die Menschen an der untersten Basis das nicht kontrollieren können.

Soweit ich informiert bin, müssen sich jetzt die Leute in Europa darüber Gedanken machen und in dieser Richtung arbeiten. Und in mancherlei Hinsicht müssen sie versuchen, die Regierungen herauszufordern. Damit diese merken, dass es da eine große, breite Masse von Leuten gibt, die das tun wollen.

Europa tut gut daran, mehr Selbstversorgung und Eigenständigkeit zu erreichen, denn die Europäer haben mindestens die gleichen Probleme wie die Indianer – nur wissen sie es nicht.

Ich glaube, die Menschen in Europa fangen langsam an, darüber nachzudenken, und ihre Vorstellungen über die Zukunft Europas werden sich erfüllen. Es gibt entsprechende Technologien für das Heizen der Häuser ohne Gas, Öl und dergleichen – in Deutschland, in Österreich, in Ungarn; vielleicht nicht in Skandinavien, aber in den südlichen Gebieten. Und mit Hilfe dieser Technologien, die zur Verfügung stehen, kann man eine ganze Menge mehr Nahrung erzeugen als jetzt. Es gibt dafür genug Platz. Und wir müssen es tun, ziemlich bald.

Im Frühjahr 1983 verließ John Mohawk die Notes. Er wurde Lektor der University of N.Y. in Buffalo, widmete sich dem Aufbau einer Mais-Saatgutbank, verfasste Artikel und Bücher. Die Notes erschienen im April 1996 das letzte Mal.

Als 1990 in *Oka* (Quebec, Kanada) durch die geplante Erweiterung eines Golfplatzes ein umstrittenes Waldstück und eine uralte Begräbnisstätte der Mohawks bedroht waren, errichteten kanadische Mohawks dagegen Straßensperren. Nach einem gescheiterten Polizeiangriff drohte ein Militäreinsatz. John Mohawk, Oren Lyons (Onondaga) und Harvey Longboat (Cayuga) trugen damals als Repräsentanten der Irokesenföderation durch Verhandlungen mit der kanadischen Regierung wesentlich zu einem unblutigen Ausgang bei.

John Mohawk wechselte im Dezember 2006 die Welten.

16 Ganienkeh: Ein Beispiel für alle Menschen

„Hier können wir
in Harmonie mit der Natur
und ohne weiße Bevormundung leben."
Paul aus Ganienkeh

Es geschah nicht oft im 20. Jahrhundert, dass Indianer ihre Reservation verließen, um Land zu besetzen, das ihnen eigentlich zustand. Der spektakulärste und zweifellos bisher erfolgreichste Versuch gelang ehemaligen Angehörigen der Mohawk-Reservationen in den USA und Kanada, darunter viele aus Akwesasne. 1974 war es soweit: Einige beherzte Männer und Frauen verließen nach länger dauernden Unstimmigkeiten innerhalb der Reservation ihr Land. In ihrem Flugblatt *Ganienkeh Indian Project* (gefunden in Uwe Stillers Buch "Naestsan - Mutter Erde") heißt es dazu:

"Nach den Vereinten Nationen hat jeder Mensch das Recht auf eine Nationalität. Niemandem darf gegen seinen Willen eine andere Nationalität aufgezwungen werden. Wir gehören der Mohawk-Nation an, und niemand darf uns zu einer anderen Staatsangehörigkeit zwingen.

Unsere Nation hat das Recht zu existieren, wie es jede andere Nation der Erde hat. Unsere Nation hat ein Recht auf ein eigenes Territorium, wie es jede andere Nation für sich beansprucht. Jede Nation hat den Anspruch auf eine eigene Regierung. Daraus folgt, dass auch wir dieses Recht haben."

Ziel der Gruppe war ein Pfadfindercamp im US-Bundesstaat New York, nahe bei Lake Placid, dem Austragungsort der olympischen Winterspiele 1980. Drei Jahre dauerten die Auseinandersetzungen zwischen diesen zunächst aggressiven Indianern, die nicht mehr auf ihren Reservationen eingesperrt leben wollten, und den Behörden des Staates New York: Über 250 Verhandlungen zeugen von der Unnachgiebigkeit dieser Mohawks, die lediglich einen kleinen Teil des Landes ihrer Vorväter beanspruchten: Etwa vier Millionen Hektar wurden ihnen von den Weißen weggenommen, die Reservationen sind der kümmerliche Rest.

Die *Ganienkehaga,* zu deutsch etwa "Bewohner des Feuersteinlandes", wollen lediglich soviel Land, dass sie sich selbst versorgen können. Und sie wollen auch politisch unabhängig sein: von der Regierung der USA, dem Büro für indianische Angelegenheiten und dem ihm unterstellten Stammesrat, der sich meist der Welt der Weißen anpasst.

Dieses Recht wurde 1924 allen Indianern in den USA abgesprochen, indem man sie – ohne dass man sie um ihr Einverständnis fragte – durch die Bürgerschaftsakte zu amerikanischen Staatsbürgern erklärte und damit zu Steuerzahlern, die auch für ihr Grundstück zu zahlen haben. Die Folge: Das durch die Salamitaktik der Weißen ohnehin stark geschrumpfte Land der Indianer schmolz um die Hälfte, weil die meisten Indianer nicht zahlen konnten und so ihr Land verkaufen mussten.

Hier knüpften offenbar diese Ganienkehaga an und nahmen eine bewaffnete, blutige Auseinandersetzung in Kauf. Und das Wunder gelang: Durch Vermittlung des örtlichen Polizeichefs, der noch immer dem *Turtle Island Trust* vorsteht – einer privaten Vereinigung, die die Ganienkehaga unterstützt –, kam es zu einer friedlichen Lösung. Der Staat New York bot ein Waldstück am Miner Lake, nahe bei Altona an der kanadischen Grenze, zur Nutzung an; der Turtle Island Trust kaufte Ackerland dazu – und die Gruppe begann ab August 1977 in Etappen dorthin zu übersiedeln.

Erst von diesem Zeitpunkt an bekam das eigentliche Projekt Gestalt: Völlige Selbstversorgung und naturverbundenes Leben im ursprünglichen indianischen Sinn konnten ohne weiße Bevormundung angestrebt werden.

Heute wohnen sie, die man als "aktive Aussteiger" bezeichnen könnte, in selbstgebauten Blockhäusern ohne elektrischen Strom, ohne fließend Wasser, Bad und Toiletten im Stil des weißen Mannes. Sie heizen mit Holz vom eigenen Wald, betreiben am Rand der Siedlung eine kleine Sägemühle und eine Ahornsirupkocherei; halten Kühe, Büffel, Hasen, Hühner, Bienen, starke Zugpferde und versorgen sich zum Großteil selbst mit Nahrungsmitteln, planen den Einsatz von Alternativenergien.

Ihr Problem: der säurehaltige Regen und der steinige Boden, auf dem kein Weißer mehr anbauen würde. Ein Steinzertrümmerer soll deshalb zumindest teilweise Abhilfe schaffen und die

Steine aus dem Ackerboden zu Material für befestigte Straßen und Hausfundamente umwandeln. Außerdem will der Turtle Island Trust, dem auch Harry Belafontes Frau und verschiedene kirchliche Organisationen angehören, noch besseres Ackerland dazukaufen.

1981 wohnen über 30 Familien in etwa 50 Quadratmeter großen Blockhütten; es gibt ein Langhaus, das typische Versammlungs- und Zeremonienhaus der Irokesen, und eine gemeinsame Küche. Täglich kocht eine andere Gruppe für alle. Privatbesitz sind nur persönliche Dinge, Entscheidungen werden einstimmig getroffen. Unterrichtet wird individuell in Gruppen oder einzeln, das Schulhaus dient zugleich als Wäscherei.

Die Sache ist die: Wir existieren

Als ich im August 1981 *Ganienkeh* kennenlernen möchte, reicht mein erster Besuch nur für eine kurze Vorstellung: Der Eintritt ist Außenstehenden streng verboten, ein massives Holzgatter versperrt den Weg. Irgendwo hinter dem dichten Wald liegt das Dorf, neugierigen Blicken verborgen.

Das ist gut so, denn ein US-Highway führt direkt am Tor vorbei, und neugierige Touristen könnten da drinnen das Leben zur Hölle machen. Und nicht nur die: Weiße Bauern, die mit der Niederlassung der Indianer nicht einverstanden waren, beschossen den Eingang vom fahrenden Auto aus. Nachdem die Ganienkehaga sofort zurückschossen, war der lebensgefährliche Spuk bald zu Ende.

Ich komme drei Wochen später wieder, um mich bei Paul Delaronde, in Mohawk *Tekarontakeh,* einem der Sprecher des Dorfes, anzumelden. Paul ist 28, ehemaliger High-School-Lehrer und seit einem Jahr verheiratet. Eine Woche danach, 6. September 1981: Wir sitzen einander bei einer Schale Kaffee gegenüber. Mit dabei sind noch zwei weitere Dorfbewohner und mein Freund Hermann Kopf aus Freiburg (BRD). Er hat eine Spende der dortigen Regionalgruppe der „Gesellschaft für bedrohte Völker" mitgebracht – und ich Kaffee. Das lockert sofort die Atmosphäre auf. Ort: ein Nebenraum in jenem der beiden Blockhäuser beim Eingangstor, wo indianischer Schmuck und Literatur verkauft werden.

Meine erste Frage:

Paul, warum wurde dieses Land wieder in Besitz genommen?

Seitdem die Europäer in dieses Land gekommen sind, haben sie versucht, unsere Leute zu verändern, uns etwas aufzuschwatzen, was wir nicht anstrebten. Das hatte schlechte Folgen für die Menschen hier. Viele wurden Alkoholiker, Drogenabhängige, und unsere Leute haben die höchste Selbstmordrate der Welt. Wir waren nicht in der Lage, in den Reservationen, in den Städten oder sonstwo das Volk zu sein, zu dem uns der Schöpfer bestimmt hat. Und so beschlossen wir, weil wir nicht unser eigenes Leben leben konnten, die Reservationen zu verlassen und in unser ursprüngliches Heimatland zurückzukehren; um dieses Gebiet wieder in Besitz zu nehmen, das als „Parkland" des Staates New York bekannt ist.

Niemand lebte hier, es war kein Privatbesitz irgendeines US-Bürgers, sondern wurde lediglich als Gebiet der Verwaltung des Staates New York betrachtet. So besetzten wir dieses Land wieder.

Wir leben hier und versuchen, den Grundsätzen und Gesetzen unserer Großmütter und Großväter zu folgen.

Heute können wir das Leben unserer Vorfahren nicht mehr genauso führen, weil wir im 20. Jahrhundert leben. Denn viele der Dinge, die in Gebrauch waren, bevor die Europäer kamen, gibt es nicht mehr. Und so müssen wir mit dem arbeiten, was wir heute haben. Aber wir folgen noch immer den alten Gesetzen und Grundsätzen, und wir haben wieder eine stolze Regierung.

Wir sind nicht so mächtig wie die USA, die Sowjetunion oder alle die kleinen Länder – weder in militärischer, finanzieller, wirtschaftlicher noch in sonstiger Hinsicht. Aber die Tatsache ist die: Wir existieren. Ob die USA oder irgendwer dieses Faktum anerkennen wollen oder nicht – das ist ohne Bedeutung, denn es ist eine Tatsache, dass wir existieren. Wir existieren als ein Volk, und viele Menschen erkennen das an, obwohl nur wenig über uns berichtet wird.

Ein Beispiel für die Welt

Die Tatsache ist die: Wir sind glücklich, weil wir endlich imstande sind, so zu leben, wie wir wollen – und wir arbeiten.

Es sind die Leute *gemeinsam,* Männer und Frauen mit den alten und jungen Menschen gemeinsam, die diese Arbeit verrichten. Und deshalb existieren wir noch immer – seit acht Jahren.

Wir werden weiterhin existieren und fortfahren zu wachsen und wieder imstande sein, den Völkern der Welt zu zeigen, dass wir, wenn uns dazu die Möglichkeit gegeben wird, der Welt ein Beispiel geben können. Ein Beispiel für eine Art zu leben, der alle Völker der Erde folgen können. Denn vor uns brachten es unsere Großväter fertig, den Menschen in westlichen Demokratien und denen in sozialistischen Staaten zu zeigen, dass wir eine Art zu leben hatten, die jene in ihrer Lebensweise nachgestalten konnten.

Wir haben das alles zu lehren, denn Staaten wie die USA oder die Sowjetunion haben niemals das Gesetz oder den Lebensweg befolgt, wie er vorgesehen war. Sie hatten eine neue Regierung errichtet, um ihren eigenen Bedürfnissen nachzugehen, den Bedürfnissen der Mächtigen. Sie hatten keine Regierung aufgestellt, die bemüht war, den Bedürfnissen des Volkes nachzukommen.

Und das ist es, was wichtig ist: Wenn du Menschen hast, die unglücklich sind, die fühlen, dass sie nicht gleiche Möglichkeiten bezüglich all der Güter haben, die sie brauchen, dann wirst du Probleme haben, Kriege, Revolutionen und Morde.

In einer Welt wie die der Vereinigten Staaten finden wir eine hohe Kriminalität, viele unglückliche Menschen – hier gibt es nicht sehr viel Frieden.

Und heute sind die Völker wegen ihrer Nahrung besorgt: Woher erhalten sie Nahrung für die alten Menschen, für die jungen? Die Menschen müssen essen und sich wohl fühlen. Wenn sich eure Völker nicht wohl fühlen, werdet ihr Probleme haben.

Hier in Ganienkeh sind wir alle gleich. Wir haben alle dieselbe Menge zu essen; wir teilen alles, was es hier gibt. Alles gehört den Leuten gemeinsam. Da gibt es kein Geschäftsleben oder Ähnliches. Was gewöhnlich nur einem gehört, ist bei uns Gemeinschaftseigentum. Und alle haben Nutzen davon.

„Die Männer beraten und fassen Beschlüsse, die Frauen sind erste und letzte Instanz, denn sie nominieren die Häuptlinge und haben das Recht, diese bei wiederholt falschen Beschlüssen aus dem Amt zu entlassen."

Aus der Irokesen-Verfassung, zitiert nach
Uwe Stillers „Naestsan – Mutter Erde"

Warum habt ihr nicht versucht, dasselbe System innerhalb einer der Mohawk-Reservationen aufzubauen, vielleicht in Akwesasne oder in Kahnawake in Kanada?
Wir versuchten, in den Reservationen diesen Weg zu gehen. Aber es war sehr schwer, denn wir verbrachten mehr Zeit damit, untereinander zu kämpfen, als an der Entwicklung unserer Gemeinschaft zu arbeiten. Die Ursache dafür war die, dass Vertreter der kanadischen oder amerikanischen Regierung von außen in unsere Reservationen eindrangen und eine Spaltung zwischen unsere Leute brachten. Sie gaben einer Menge von ihnen Geld, um sie unfähig zu machen, so zu leben, wie sie selber leben wollten. Sie konfrontierten unsere Leute mit allen möglichen materiellen Gütern, denn einige von uns wollten diese Gegenstände haben. Aber die spirituellen Menschen unseres Volkes waren nicht zufrieden, das tägliche Leben war nicht befriedigend. Und daran kannst du erkennen, dass dieses System nicht gut war, denn es begünstigte lediglich eine kleine Zahl von Leuten, nicht alle.

Deshalb kämpften wir auf unseren Reservationen, dass es allen Einwohnern gut gehe. Aber als wir das versuchten, sandten die Regierungsvertreter die Polizei, um unsere Leute zu überfallen, sie zu teilen. Sie taten alles, um uns ins Gefängnis zu stecken oder uns zu drohen, dass wir ins Gefängnis kämen oder getötet würden.

So konnten wir nicht friedlich in der Reservation leben, weil es immer Probleme geben wird: Du kannst mit deinem Vater kämpfen, deinem Bruder, deiner Großmutter – das ist nicht gut. Du wirst niemals Frieden finden, wenn du so lebst.

Wir verließen deshalb die Reservation, damit wir allen Menschen ein Beispiel geben können. Wir haben nicht viel an Materiellem hier, aber spirituell gesehen sind wir sehr glückliche

Menschen. Wir sind sehr stark, wir haben unsere eigene Regierung und unsere Zeremonien, die wir genauso durchführen, wie es unsere Großväter und Großmütter getan haben.

Die Positionen unserer Leute werden respektiert: Wenn eine Frau eine Clanmutter geworden ist, ein Mann zum Häuptling, das wird respektiert. Und wenn jemand Entscheidungen fällt, so wird ihnen Geltung verschafft. Es ist eine wahre Demokratie. Es gibt niemanden in der Welt, der sagen kann, er hätte so eine. Denn es gibt sonst keine in der Welt. Gäbe es sie, dann gäbe es nicht diese Probleme, die gegenwärtig existieren.

Ein Volk leidet, weil es sich selbst erlaubt zu leiden

Vorher erzähltest du uns über die größten Probleme der Indianer in den USA und in Kanada. Du sagtest, sie seien von der Regierung abhängig, von ihren Wohlfahrtsprogrammen, von deren Geld; weil sie den Stammesrat haben. Gibt es aus deiner Sicht eine Lösung für Indianer, die sich in dieser Situation befinden?

Die Lösung für die Leute heißt, dass sie etwas tun müssen. Wenn sie sehen, dass da einiges falsch gemacht wird, dass es Korruption in ihren Gemeinden gibt, dann sollten sie die Initiative ergreifen und handeln, damit es beendet wird. Ohne Rücksicht auf die Konsequenzen haben sie es zu tun. Denn wenn ein Volk überleben will, hat es sofort zu handeln, um solches zu beenden – egal, welche Abhängigkeiten unter den Leuten bestehen.

Ich meine damit folgendes: Es gibt Regierungen in den Reservationen – bekannt als *Stammesräte* oder *Gruppenräte* –, die nicht deren Einwohner vertreten, sondern die Interessen der amerikanischen oder kanadischen Regierung, um die Indianer zu kontrollieren; um zu erfahren, was täglich auf den Reservationen geschieht.

Wenn die Indianer zum Beispiel eine Revolution vorhaben oder eine Veränderung dessen planen, was die amerikanische oder kanadische Regierung für sie bestimmt hat, dann können die Vertreter des Stammes- oder Gruppenrates den Staatsregierungen darüber berichten. Und so wissen jene, welche Schritte sie zu unternehmen haben, um das zu unterbinden. Daraus ziehen diese Leute, die das für die Staatsregierungen tun, ihren persönlichen Nutzen. Aber sie geben nichts davon an das Volk weiter. Sie kommen zu schönen Häusern, Autos, fließend Wasser in ihren Heimen, Taschengeld und Geld auf der Bank. Aber das Volk hat diese Dinge nicht.

Wenn das indianische Volk wirklich aus dieser Situation herauskommen will, darf es von niemandem abhängig sein, um das zu tun – außer von sich selbst. Genauso ist es, wenn du hungrig bist und essen musst: Du wirst niemals zufriedengestellt sein, wenn irgend jemand für dich isst. Du musst deine Nahrung selber essen. So ist es nun einmal. Wenn du krank bist und Medizin benötigst … genauso ist es mit den indianischen Reservationen, sie sind krank – und die indianischen Völker müssen Medizin zu sich nehmen. Sie haben die Medizin! Das einzige, was sie tun müssen, ist, dass sie sich selbst dorthin bringen.

Der Schöpfer tut es nicht für sie. Er hat diese Welt vollkommen gemacht, alles hat er vollkommen gemacht, was existiert. Wenn diese Pflanzen, Vögel oder Insekten sich auf den Schöpfer verließen, würden sie sterben. Sie müssen sich auf sich selbst verlassen. So, wie es die Bibel der Europäer sagt: „Gott hilft jenen, die sich selber helfen." Es ist wie mit dem Atmen. Wenn du es willst, kannst du die Luft anhalten, vielleicht gibst du auch ein Tuch auf dein Gesicht und hältst damit die Luft ab. Du wirst sterben. Wenn du es aber wegnimmst und wieder durch die Nase oder den Mund atmest, wirst du überleben.

Ein Volk leidet, weil es sich selbst erlaubt zu leiden.
Der Schöpfer hat jedem lebenden Wesen in dieser Welt den Instinkt zum Überleben gegeben. Wenn du ihn nicht benützt, nicht alle Sinne benützt, die du hast, wenn du deinen Verstand nicht einsetzt, wirst du nicht überleben.

Du musst diese Gaben benützen – du hast sie alle erhalten –, und das ist Macht. Dir ist alle diese Macht gegeben worden – wenn du sie nicht nützt, wirst du nicht überleben.

Es stimmt, es gibt andere Menschen mit Verstand, so groß wie deiner; mit Händen, so groß wie deine, mit Augen, und Ohren - so gut wie deine. Sie haben das und du auch. Sie mögen manche materiellen Güter besitzen, so ist es nun einmal. Aber du weißt selbst: Nicht alle Reichen sind glücklich und nicht alle Armen traurig. Das heißt: Gebrauche deinen Kopf, und du wirst eine Lösung für alle Probleme finden, die du hast. Wenn du nur deinen Kopf benützt und lediglich das tust, was dir dein Instinkt eingibt. Wenn du dein Kind hungern siehst, wirst du arbeiten, deinen Kopf und deine Hände gebrauchen und alle Fähigkeiten, die du hast, um sicherzustellen, dass dein Kind essen und überleben kann. Aber wenn du von irgend jemandem abhängst, der dir einen Scheck gibt, damit du Essen für dein Kind kaufen kannst – da kommt ein Tag, an dem er beschließen kann, dass er dir nicht mehr diesen Scheck geben will. Was geschieht dann? Verstehst du dann noch zu arbeiten, hast du dein Kind gelehrt zu arbeiten, oder können deine Kinder nur Bücher lesen? Denn deine Kinder werden nicht leben, indem sie Bücher essen.

Die Menschen müssen wieder wahre Glaubende werden

Hast du eine Idee, wie nicht nur indianische Völker, sondern auch andere, die überleben wollen, es tun können? Was ist der richtige Weg – wie können sie es?

Da gibt es so etwas wie den gesunden Menschenverstand oder eine innere Stimme. Das ist etwas, das nicht nur jeder Mensch hat, sondern auch Tiere haben es, Pflanzen, jedes Lebewesen hat es. Einiges, so wissen sie, ist nicht gut, einiges nicht schlecht.

Es spricht von innen, jedes Lebewesen hat es, und es sagt ihm, was gut und was schlecht ist.

Die Sache ist, dass heute alles leichter geworden ist, denn man kann alles niederschreiben. Es gibt verschiedene Lehren bei allen Völkern, die aber alle sagen: "Töte nicht, lüge nicht, stehle nicht, liebe deinen Nächsten!" Das sind wunderschöne Worte, aber heute stehen sie nur noch auf dem Papier. Die Frage ist: können wir das in das Denken und in das Leben der Völker einpflanzen? Das ist von Bedeutung.

Das muss erreicht werden; dass die Menschen wieder *wahre* Christen und wahre Glaubende werden, welchen Glauben auch immer sie haben. Denn es gibt keine Religion, keine Lehre von irgendeinem Botschafter, der auf diese Erde kam und gesagt hätte: „zerstöre!" Alle, die kamen, sprachen vom Frieden. Und wenn die Menschen innehalten und sich das in Erinnerung rufen könnten – sich einfach daran erinnern – und diese Art des Lebens versuchen, dann wäre es soweit. Wenn sie aufhörten, habgierig zu sein, zu stehlen, zu lügen und unverfroren zu sein; denn so lange das dauert, wird es keinen Frieden geben. Denn wegen der Habgier und des Egoismus wirst du die Bäume zerstören, die Luft – du wirst mehr und mehr zerstören, weil du habgierig bist – du willst mehr und mehr.

Im Bestreben, mehr Geld zu besitzen, musst du mehr Umwelt verschmutzen, mehr stehlen und lügen. Du musst unverfroren und zerstörerisch sein. Das ist es, was jeden tötet: die Habsucht, der Egoismus und der Neid. Denn wenn du einen Staat wie die USA oder die Sowjetunion oder viele der anderen sogenannten fortschrittlichen Staaten ansiehst: die Leute essen dort dreimal täglich. Sie essen gut. Aber wenn du andere Staaten betrachtest, wie Indien, solche in Afrika, Südamerika usw., wo Menschen nur einmal am Tag essen können, dann weißt du, dass manches wirklich falsch läuft. Wie können daher Vertreter dieser sogenannten fortschrittlichen Staaten sagen: "Wir sind freundlich, wir sind gut, wir handeln recht und wir sind Christen", wenn in dieser Welt so viele Menschen hungern und an Hunger sterben?

Ich kann keinen Sinn in der Propaganda dieser Staaten sehen, denn das ist es: Propaganda, um dich blind zu halten und das ist es, was zerstört.

> „Jeder hat das Recht, seine Meinung, so kontrovers sie auch sein mag, vorzutragen. Einstimmigkeit bedeutet nicht den Zwang zur Konformität, sondern das Recht auf eine abweichende Meinung."
> *Aus der Irokesen-Verfassung,*
> *zitiert nach Uwe Stiller*

Wenn ich das alles höre, fällt mir das System des Marxismus oder Sozialismus und das der Demokratie ein. Jemand könnte sagen: „Ja, das ist vielleicht ein besseres System als die genannten – aber es ist doch Marxismus, Sozialismus oder Demokratie!" Inwieweit gibt es da einen Unterschied?

Ich denke, da gibt es einen großen Unterschied zwischen der Art der Konstitution sowie dem Gesetz, dem wir folgen, im Vergleich zum Sozialismus oder einem anderen demokratischen System, dem Nordamerika zu folgen glaubt und ebenso viele Staaten in Europa.

Unser Volk lebte hier Tausende Jahre – und es lebte unter dem, was als das „Große Gesetz des Friedens" bekannt ist. Bei dieser Art der Regierung hatten alle Menschen die Freiheit der Wahl der Rede usw.. Es gab Frieden hier, und unter den Menschen herrschte Gelassenheit. Es war eine wahre Demokratie und wahrer Sozialismus. Es war beides, denn es war kooperativ; es war Sozialismus, den sie mit Kommunismus verbanden. Was bedeutet Kommunismus? Er bedeutet Gemeinschaft, gemeinsam den Menschen gehören. Und Demokratie ist dort, wo alle Menschen gleiche Rechte haben, gleiche Macht und so fort. Es ist schwer zu sagen, was es ist, weil beide eins sind.

Und es geschah, dass Leute wie Thomas Jefferson, Benjamin Franklin, George Washington und so viele andere die Konstitution der Irokesen-Konföderation der sechs Nationen kopierten. Aber sie akzeptierten nicht alle Grundsätze und nicht alles, woran jene Menschen glaubten, die wahre Menschen waren. Sie trennten das System in das, was ihnen selbst und einigen wenigen nützte. Aber die Menschen haben keinen Nutzen davon, weil sie immer jemanden haben mussten, der der Vorgesetzte von allen war. Irgend jemand musste immer der Führer sein. Sie konnten das Volk nicht den Herrscher sein oder es dazu werden lassen. Und was sie noch falsch machten:

Sie gaben darin den Frauen keine gleiche Macht oder gleiche Rechte. Sie behandelten ihre Frauen wie ihre Hunde und Pferde. Sie waren ein Besitz, nicht in der gleichen Position. So wie sie das Land in Besitz nahmen, ein Pferd, einen Hund, eine Kuh – so nahmen sie ihre Frauen in Besitz. Das ist ihre Art, Dinge für untauglich zu erklären, was sehr falsch war. Denn bei uns war die Frau dem Mann immer gleichgestellt. Und in vielen Fällen hatte die Frau mehr Macht als der Mann. Allein schon dadurch, dass die Clanmütter die Männer vorschlugen, die Häuptlinge werden sollten. Und der Häuptling war der Vollstrecker dessen, was das Volk wollte, kein Vorgesetzter.

Nun zum Sozialismus, Marxismus usw.: Es gab einen Mann namens Louis Henry Morgan, der für eine kurze Zeit unter den Irokesen lebte. Er übersetzte die Konstitution der Irokesen-Konföderation ins Englische. Karl Marx studierte dieses Werk, Lenin ebenso viel davon. Aber sie akzeptierten genausowenig *alles* aus unserer Konstitution, weil sie wiederum Menschen veranlassten, Vorgesetzter oder Führer zu sein und die Zukunft der Menschen festzulegen. Die Menschen können nicht ihre eigene Zukunft bestimmen. In vielen Fällen werden Menschen genötigt, so zu leben, wie sie es eigentlich nicht möchten. Aber ihre Regierung, ihr Gesetz, ihr System tut ihnen das an, was sie nicht wollen.

In unserer Gemeinschaft leben wir ein einfaches Leben, aber wir sind diejenigen, die wir sein wollen. Und so hoffen wir, dass wir uns selber soweit aufbauen, dass die Völker der gesamten Erde sagen können: „Schau! Diese Leute tun einiges. Vielleicht, wenn wir innehalten, zuhören und schauen – vielleicht können sie uns wieder etwas lehren …"

Nur wenige Jahre nach meinem Besuch wurden am Rand von Ganienkeh beim *Mohawk Nation Office* an der Devils Den Road Bingo-Hallen für spielfreudige Touristen gebaut, wovon seither ein Teil der Einkünfte kommt. Bingo und Glücksspielautomaten wurden gegen den Willen der traditionellen Chiefs, von Akwesasne ausgehend, bei den Irokesen seit 1984 errichtet, wobei auch Großinvestoren aus Las Vegas und Atlantic City beteiligt sind.

Gleichzeitig hat sich Ganienkeh zu einem – auch vom Turtle Island Trust – anerkannt vorbildlichen Projekt der Selbstversorgung entwickelt: mit einem ganzheitlich orientierten Gesundheitszentrum, das auch ihren Nachbarn, die keine Mohawks sind, offen steht; einer Autowerkstatt und einer Tankstelle, seit 2005 sogar mit einer eigenen Schule, in der auch mulitmediale Technik zum Erlernen der traditionellen Mohawk-Sprache genützt wird. Das Areal, das südlich von Altona/N.Y. liegt, wurde zur absolut alkohol- und drogenfreien Zone erklärt. Die Ganienkehaga arbeiten wieder eng mit dem Mohawk-Zweig der Irokesen-Nation zusammen.

Ihre Website: *http://www.ganienkeh.net*

17 Dem Recht zum Recht verhelfen

> „Beginne, wo du bist, aber beginne – war-
> te nicht auf die vollkommene Situation!"
> *Peter Gillingham im Nachwort zu*
> *E. F. Schumachers Buch "Good Work"*

Robert Tim Coulter ist selbst Potawatomi-Indianer und war
eine Zeitlang Bergbauingenieur in den USA. Er ist Leiter des
Indian Law Resource Center, das seit 1978 in der US-Bundes-
hauptstadt Washington existiert. Die dort arbeitenden Rechtsanwälte vertreten die juristischen Interessen der traditionellen
Regierungen der Hopi, Irokesen, Lakota (Sioux), Seminole und
Western Shoshone in den USA sowie der Mic Mac in Kanada.
Für die Hopi veröffentlichten sie 1979 einen 199 Seiten starken
„Report an die Hopi-Kikmongwis und andere traditionelle Führer der Hopi bezüglich der Gerichtsakte 196 *(Docket 196)* und
der anhaltenden Bedrohung des Landes der Hopi und ihrer Sou-
veränität".

Er setzt sich mit dem juristischen und politischen Hintergrund
der Entstehung sowohl der Hopi-Reservation seit 1882 als auch
der Einsetzung des Stammesrats der Hopi, seiner Rolle bis in
die Gegenwart und mit der Entwicklung der Gerichtsakte 196
sowie ihrer Folgen auseinander. Dabei wird auch deutlich, wie es
zur Vergabe der Lizenzen zum Abbau der Bodenschätze auf dem
Land der Hopi kommen konnte.

Die „Gerichtsakte 196" stellt die Entscheidung der Kommission für indianische Landrechte von 1946 dar, den Hopi fünf
Millionen US-Dollar als Ersatz für jenes Land zu geben, das sie
1882, als erstmals Reservationsgrenzen festgesetzt wurden, be-
wohnt bzw. beansprucht hatten. Bis auf kleine Grenzstreifen im
Südwesten entspricht es beinahe zur Gänze dem Gebiet der heutigen Navajo-Reservation.

Dieselbe Kommission ignorierte jedoch die von traditionellen
Führern aus Shungopavi 1951 eingereichte Petition, in der die
„volle Rückgabe des Landes an uns und die Freiheit, seine Verwendung zu bestimmen", verlangt wird. Sie bezog sich auf den
Bereich von Docket 196 und führte weiter aus: „Wir können

aufgrund unserer Tradition weder Münzen noch Geld für dieses Land annehmen, sondern wir müssen unbeirrt an unseren Gebeten und Worten für die Wiederbesetzung des Landes selbst festhalten, um das Leben der Hopi zu bewahren."

Diese Petition, bekannt unter dem Titel „Gerichtsakte 210 *(Docket 210)",* wurde vermutlich deshalb nicht beantwortet, weil die Kommission für indianische Landrechte von vornherein kein Recht hatte, Indianern von den USA gestohlenes Land zurückzugeben, sondern lediglich ihre Landansprüche festzustellen und sie dafür finanziell endgültig abzufinden, was zumindest mitteilenswert gewesen wäre.

Schon früher wurde der Protest aller traditionellen Hopi-Führer der Dörfer Hotevilla, Shungopavi und Mishongnovi, der aufgrund eines viertägigen Treffens 1948 in Shungopavi beschlossen wurde, ignoriert. Am 28. 3. 1949 wurde er als Brief an den damaligen US-Präsidenten Harry S. Truman gesandt. Er richtete sich gegen die Vergabe von Lizenzen auf ihrem Land; dagegen, dort Bodenschätze (damals nur Erdöl) zu fördern:

„Dieses Land ist weder zu verpachten noch zu verkaufen. Das ist unsere heilige Erde. Jede Erforschung, Erbohrung und Verpachtung unseres Landes, die gerade durchgeführt wird, geschieht ohne unser Wissen und ohne unsere Einwilligung. Wir wollen nicht dafür verantwortlich gemacht werden."

Zugleich richtete sich dieses Schreiben auch ausdrücklich gegen die Gerichtsakte 196; dagegen, dass die Hopi überhaupt um Ersatz für "verlorenes Land" bitten mussten:

„Wir als erblich bestimmte Führer des Hopi-Stammes können und wollen nicht irgendwelche Ansprüche entsprechend den Vorschriften einreichen, die die Kommission für indianische Landrechte aufgestellt hat, weil wir niemals hinsichtlich der Erstellung dieser Vorschriften befragt wurden. Außerdem hatten wir bereits Anspruch auf diese ganze westliche Hemisphäre, lange bevor Columbus' Ur-Urgroßmutter geboren wurde. Wir werden nicht Sie, einen weißen Mann, fragen, der erst vor kurzem zu uns wegen eines Stückes Land kam, das bereits unseres ist. Wir meinen, dass weiße Leute lieber daran denken sollten, um Erlaubnis zu fragen, wenn sie ihre Heime auf unserem Land errichten."

Trotz zahlreicher weiterer Proteste, die sich auch gegen die Wiedererrichtung des 1943 aufgelösten Stammesrates richteten, wurde der Mormonen-Anwalt John S. Boyden 1951 als Beauftragter vom BIA eingesetzt und am 9. Mai 1951 erstmals von neun sogenannten „fortschrittlichen" Hopi aus Shipaulovi im Rahmen eines Treffens als „Vertreter der Hopi" anerkannt. Im selben Jahr folgten auf ähnliche Weise Zusammenkünfte mit seit den dreißiger Jahren als „fortschrittlich" geltenden Hopi der Dörfer auf der ersten Mesa, Neu-Oraibi, Ober-Moencopi und Bacabi. Die Elders der fünf überwiegend traditionellen Dörfer Hotevilla, Alt-Oraibi, Shungopavi, Mishongnovi und Unter-Moencopi wollten – und wollen – nichts damit zu tun haben.

Eine Woche nachdem John S. Boyden am 3. August 1951 die Landersatzansprüche entsprechend Docket 196 geltend gemacht hatte, protestierte Dan Katchongva aus Hotevilla schriftlich dagegen und wies darauf hin, dass dieser Akt „ohne Wissen und Einwilligung der traditionellen Hopi" vollzogen wurde, genauso wie die „Bestellung" von John S. Boyden als Anwalt aller Hopi. Die Kommission für indianische Landrechte ignorierte diesen Protest ebenso wie den bereits erwähnten Anspruch der traditionellen Ältesten aus Shungopavi, der unter dem Titel „Docket 210" am 6. August 1951 eingereicht worden war.

Schließlich wurden auch Proteste der Traditionellen gegen die seit Dezember 1955 erfolgte Wiedereinsetzung des Stammesrats der Hopi nicht beachtet oder abgelehnt; jenes Stammesrats, dessen bedeutendste Aufgabe mit Hilfe John S. Boydens darin bestand, die Rechte an den Bodenschätzen innerhalb der Hopi-Reservation von 1882 gegenüber den Navajo abzusichern. Der Verlauf der Dinge ist bereits bekannt: Der Stammesrat der Hopi bekam unter Boyden das, was er wollte, denn die Teilung des seit 1936 gemeinsamen Nutzungsgebietes für Hopi und Navajo wurde 1974 als Höhepunkt der Auseinandersetzung vom US-Kongress beschlossen. Die Rechte über die Bodenschätze liegen seit damals aufgrund des Bundesgesetzes PL 93-531 je zur Hälfte beim Navajo- und Hopi-Stammesrat.

Als am 11.11.1976 vor der Kommission für indianische Landrechte Vertreter des Hopi-Stammesrats und deren Anwalt John S. Boyden angehört wurden, kam auch ein Protesttelegramm des weiblichen Kikmongwi von Alt-Oraibi, *Mina Lansa*, zur Sprache, das sie gemeinsam mit anderen traditionellen Führern an die Kommission abgeschickt hatte. Im Gegensatz zum Stammesrat wurden ihnen keine Gelder für die Reise nach Washington, D. C., zur Verfügung gestellt, um dort ihre Stellungnahme zur vorgesehenen Landablösungssumme abzugeben. Eines der Kommissionsmitglieder bezeichnete – laut Protokoll – dieses Telegramm als eines, das „vom linken Flügel" komme und "nichts als ein rotes Ablenkungsmanöver" sei … „das ist einfach Propaganda". Und das, obwohl darin schwerwiegende Anschuldigungen gegen die Vorgangsweise des Stammesrats, seines Anwalts Boyden und die Kommission für indianische Landrechte erhoben wurden.

Am 13. 12. 1976 wurde ein weiteres Protestschreiben mit den Unterschriften von 1047 traditionellen Hopi nachgereicht. Damit wurde gegen die Anerkennung von lediglich 250 „Stimmen" jener assimilierten Hopi votiert, die am 30. Oktober 1976 bei einem vom BIA improvisierten Treffen für den Landverkauf laut Docket 196 gestimmt hatten. Für die Kommission und den Kongress jedoch blieben trotzdem jene 250 "Stimmen" ausschlaggebend, die 1047 Protestunterschriften wurden nicht einmal erwähnt.

Am 28. Februar 1977 unterbreitete US-Präsident Jimmy Carter dem Kongress die Vorlage zur Annahme der Fünf -Millionen-Dollar-Abfertigung laut Docket 196, die dort als „Kompensation für Land" bezeichnet wurde. Alle diese Vorgänge sind in dem vorhin genannten Dokument des Indian Law Resource Center ausführlich dargestellt. Es dient als Basis für Eingaben bei der UNO-Menschenrechtskommission und für Proteste bei der US-Regierung bzw. beim Stammesrat der Hopi.

„Die Hopi haben einen sehr schweren Kampf vor sich, denn sie haben auch eine Art Kolonialregierung, die durch die US-Regierung errichtet wurde", erläutert mir Robert Coulter deren Situation im August 1981. Und er fährt fort: „Die meisten Hopi haben damit nichts zu tun. Es ist für die spirituellen Führer der Hopi äußerst schwierig, ihre Rechte tatsächlich zu schützen, da die Macht des Stammesrats wirklich erschütternd ist. Wie du weißt, sind die Hopi furchtbar arm – sie haben ein mittleres Familieneinkommen von unter 5000 Dollar im Jahr –, eine sehr arme Gemeinschaft, und deshalb können die USA viele Hopi durch Geld manipulieren.

Der Hopi-Stammesrat benutzte von den USA bezahlte Anwälte, um Land zurückzubekommen, das ursprünglich Hopi-Land war, das jedoch etwa in den letzten 100 Jahren von Navajo verwendet wurde. Der Grund für diese Anstrengung ist nicht klar, außer dass es dazu dienen soll, den Stammesrat der Hopi reich und mächtig zu machen – und die Anwälte, die den Fall bearbeiten; sie sind sehr mächtig! Der Hopi-Stammesrat hofft, dieses Gebiet als Viehweide für eine Rinderzucht benützen zu können, um Geld zu verdienen. Von vielen wird angenommen, dass das Land wegen der Bodenschätze beansprucht wird, um dort Kohle abzubauen oder die Ölquellen zu erschließen. Das sei wohl der Grund für die Umsiedlung der Navajo.

Obwohl die Gründe nicht klar sind, ist es erschreckend klar, dass die Navajo vom Stammesrat der Hopi fürchterlich missbraucht werden; es ist für sie nicht notwendig, umgesiedelt zu werden. Die Traditionalisten der Hopi wollen die Umsiedlung der Navajo nicht, und sie sind vollkommen damit einverstanden, so lange als nötig mit den Navajo als Nachbarn zu leben."

Gibt es eine reale Chance für die traditionellen Hopi, zu einer Lösung zu kommen, ihr Land von früher vielleicht zurückzuerhalten?

„Natürlich gibt es diese Chance, aber sie verlangt viel Arbeit, viele Kämpfe, und sie verlangt Unterstützung, vielleicht Unterstützung aus der ganzen Welt. Es ist wohl günstig, dass die US-Regierung das Geld, das sie den Stammesräten zahlt, kürzt. In vielen Gebieten verursacht das eine große Belastung, aber es reduziert auch die Möglichkeit der USA, indianische Völker zu manipulieren und zu kontrollieren.

Vielleicht wird die Kürzung der Gelder es für die Hopi einfacher machen, ihre eigenen Angelegenheiten zu kontrollieren und einige der unfairen und falschen Dinge zu stoppen, die der Stammesrat der Hopi durchführt. Voraussetzung ist genügend Hilfe für die Hopi – aus der ganzen Welt. Denn wir haben in den US-Gerichten keine echte Erfolgschance, da das Recht der USA diskriminierend ist. Das mag erstaunlich sein, aber es ist wahr: Das Recht der USA ist überaus diskriminierend gegen Indianer.

Das ist einer der Gründe, warum es für uns so wichtig ist, der Welt diese Probleme zu erzählen und sie als Menschenrechtsprobleme unter internationalem Recht zu behandeln."

Ein Beispiel für die Wirksamkeit internationaler Hilfe ist Akwesasne. Dort wurde ohne gesetzliche Grundlage vom Staat New York und der US-Verwaltung eine Indianerpolizei installiert.

Im Auftrag des Staates New York sollten im Sommer 1980 weiße Arbeiter einen Zaun um die Reservation der Mohawks in Akwesasne ziehen. Als sie ohne Erlaubnis auf dem Grundstück des traditionellen Häuptlings Loran Thompson Bäume fällten, beschlagnahmte dieser die Werkzeuge der Holzarbeiter und verlangte eine Klärung und Entschädigung der Angelegenheit. Daraufhin wurde er mit einem seiner Nachbarn von der neu aufgestellten Indianerpolizei verhaftet. Wenig später kam es vor und im Polizeigebäude zu einem Handgemenge zwischen der Indianerpolizei und mehreren Traditionellen, die sich anschließend am Raquette Point, wo sich jetzt die *Akwesasne Notes* befinden, verschanzten. Mit dieser Aktion wollten sie 23 ihrer Landsleute vor einer angeordneten willkürlichen Verhaftung schützen. Auf dem Höhepunkt, als es durch eine Belagerung mittels Indianerpolizei und mehreren hundert Mann Staatspolizei beinahe zu einer blutigen Konfrontation gekommen wäre, konnte das Indian Law Resource Center Hilfe von außen mobilisieren und so das Ärgste verhüten: Aufgrund einer Menschenrechtsbeschwerde bei der UNO kamen ein Anruf vom britischen Außenministerium, einer vom kanadischen Botschafter und diverse andere an das Büro des Gouverneurs vom Staat New York in Albany. Daneben gab es zahlreiche weitere Proteste aus Europa. Schließlich wurde die Polizeiaktion beendet, die Indianerpolizei wurde als illegal aufgelöst, und noch 1981 wurden die Haftbefehle aufgehoben. Ich frage Robert, welche Unterstützungsaktionen er für sinnvoll hält:

„Es gibt viele wichtige Arten der Unterstützung: zum Beispiel das Auftreiben von Geldern, um die Aktionen der Hopi zu fördern – das ist immer sehr wichtig. Aber das ist nicht das einzige. Tatsächlich ist es ebenso bedeutsam, dass Menschen in Europa und anderswo in der Welt ihre eigenen Regierungen kontaktieren und sie ersuchen, Schritte zu unternehmen, um den indianischen Völkern in ihren Auseinandersetzungen zu helfen. So waren Leute in den Niederlanden erfolgreich, und auch Bewohner Norwegens – sie überzeugten ihre Regierung, positive Schritte zur Unterstützung indianischer Rechte zu unternehmen.

Für Regierungen aller Länder ist es wichtig, zum Beispiel in den USA die Anstrengungen zur Errichtung einer Arbeitsgruppe für die Angelegenheiten "Eingeborener", d. h. für die Probleme der Indianer und eingeborenen Völker auf der ganzen Welt, zu unterstützen.

Die Menschen könnten ihren guten Willen auch dadurch zeigen, dass sie nicht nur mit ihren eigenen Regierungen Kontakt aufnehmen und sie um Maßnahmen ersuchen, sondern auch mit den Botschaften, Gesandtschaften oder Konsulaten der USA, indem sie dort ihre Besorgnis über die Situation indianischer Völker ausdrücken. Es könnte zum Beispiel möglich sein – und das wäre sehr wünschenswert –, Briefe an die Botschafter der USA zu schreiben, wo auch immer in der Welt sie sind, und sie um Antwort zu ersuchen:

Auskunft darüber zu verlangen, warum deren Regierung auf dem Recht besteht, indianisches Land wegzunehmen – ohne Prozess und ohne Entschädigung. Warum ist das so?

Warum erhebt die Regierung der USA den Anspruch, ein Rechtsverwalter der Indianer zu sein, obwohl die traditionellen Indianer dem nicht zustimmen?

Warum etablieren die USA vorgetäuschte Regierungen, die dann indianische Angelegenheiten kontrollieren?

Warum ist es notwendig, dass die USA versuchen, diese Regierungen durch den Einsatz von Millionen Dollar und von Programmen zu kontrollieren? Diese Fragen können direkt an die USA gerichtet werden. Indem man das tut, wird den USA bewusst, dass der Rest der Welt sie beobachtet. Und es wird ihnen bewusst, dass sie nicht mehr länger fortfahren können, die Rassendiskriminierung der eingeborenen Völker und die Missachtung ihrer Rechte zu betreiben."

Wie wichtig diese Hilfe ist, zeigen auch die Krisenherde der Lakota (Oglala Sioux) mit den Black Hills und der Mohawks. Gerade letztere waren durch eine vom republikanischen Abgeordneten Gary Lee (New York) ausgearbeitete Gesetzesvorlage extrem bedroht. Sie wurde im Februar 1982 von den republikanischen Senatoren Alphonse D'Amato (New York) und Strom Thurmond (South Carolina) dem Kongress und Ende Juni 1982 dem Repräsentantenhaus vorgelegt.

„Das Gesetz sieht vor, alle indianischen Ansprüche auf Land durch Löschung sämtlicher indianischer Landrechte aufzuheben. In der jetzigen Fassung würde das nur die Staaten New York und South Carolina betreffen, aber andere 'interessierte' Staaten könnten durch einen Zusatz miteinbezogen werden", schreibt dazu die Zeitschrift *Vierte Welt Aktuell* im Juni 1982, die damals von der „Gesellschaft für bedrohte Völker" herausgegeben wurde. Dieses Nachrichtenblatt wandte sich in erster Linie an jene, die sich an Protestaktionen – auch für andere unterdrückte Minderheiten – beteiligen wollen und wurde mittlerweile durch die Zeitschrift *FÜR VIELFALT* ersetzt. Die Bezugsadresse: Gesellschaft für bedrohte Völker, Postfach 2024, D 37010 Göttingen (www.gfbv.de / Tel.: +49-551- 49 90 60).

Erfreulicherweise wurde die Gesetzesvorlage nicht angenommen. Der Vorgang zeigt jedoch, was jederzeit geschehen kann. Ich schließe mich daher den Aussagen von Robert Tim Coulter gerne an, denn ich bin davon überzeugt, dass wir (trotz unserer eigenen brisanten Situation zum Beispiel in Sachen Klimawandel, Umwelt- und Energieproblematik, Atom- und Kohlekraftwerke, Bodenversiegelung, Bodenerosion und Landfrage) – noch – mehr Mittel zur Verfügung haben als die von der Ausrottung bedrohten Indianer und dass es uns – noch – besser als ihnen geht. Darüber hinaus betrachte ich solche Unterstützungsarbeit (unter anderem auch Spenden für traditionelle Hopi, Lakota oder Mohawk und für Protestaktionen wie 2016/17 gegen den Bau der *Dakota Access Pipeline*, die das Trinkwasser und heilige Stätten der Lakota bedroht) als einen Akt der internationalen Solidarität, der hilft, den eigenen Horizont wesentlich zu erweitern und gemeinsam die Erde mit ihren Bewohnern zu heilen. Allerdings sollten diese Aktivitäten freiwillig erfolgen und weder zum Selbstzweck noch zu einer Einbahnstraße werden – darauf versuche ich noch im nächsten Kapitel einzugehen (vgl. auch S. 250, *Akwesasne Freedom School* und S. 298, *Kontakte und mehr ...*).

18 Indianische Medizinmänner und Unterstützungsgruppen in Europa

Phillip Deere, Muskogee-Medizinmann aus Oklahoma in den USA, gehörte zu den profiliertesten nordamerikanischen Indianern, die seit Jahren regelmäßig Europa besuchen und hier Veranstaltungen durchführen. In seiner Heimat errichtete er eine „Schule des indianischen Weges", von der Claus Biegert in seinem Buch „Indianerschulen" schreibt: Sie „soll Wissen liefern, wenn das Wissen anderer versagt und Energiequellen sowie Errungenschaften der Zivilisation nicht mehr einsatzfähig sind".

Nicht zuletzt deshalb versuchte Phillip gemeinsam mit seiner Familie etwa 100 Hektar Land für eine künftige Selbstversorgung zu bebauen. In einer ersten Phase sollen damit vor allem die jungen Teilnehmer der Schule versorgt werden, die jedes Jahr im Sommer einige Wochen zusammenkommen. Seit 16. August 1985 führt dieses Projekt Phillips Familie allein weiter. Ein schweres Krebsleiden zwang ihn zum Verlassen unserer sichtbaren Welt.

Phillip Deere war 1972 dabei, als Indianer der amerikanischen Indianerbewegung *(American Indian Movement)* das Büro für indianische Angelegenheiten in Washington stürmten. Seither wurde er oft als Mitglied des AIM betrachtet; er selbst bezeichnete sich auf seiner Europareise im November 1982 als „spiritueller Ratgeber" des AIM. Zu dieser Bewegung gehört, so Phillip, wer sich in seinem Sinn engagiert.

„Wir haben keine Mitgliedskarte, es ist keine Organisation, wie man erwarten würde, sondern eine Bewegung, die im Bewusstsein der Menschen wohnt", erzählt er mir 1981 im UNO-Palast in Genf. „Ob Indianer zu AIM gehören, ob sie nun gewissen Traditionalisten anhängen – solange sie für ihre Rechte kämpfen, sind sie ein Teil dieser Bewegung. Es sieht so aus, als gäbe es eine Trennung, aber wenn wir das Ziel betrachten, das wir zu erreichen versuchen, ist es dasselbe, die Ideen sind immer noch dieselben."

Das sind versöhnliche Worte, an die Adresse der Europäer gerichtet, die über Meinungsverschiedenheiten zwischen offiziellen Vertretern des AIM und Traditionalisten überrascht sind. Konkret nur soviel: Nachdem die Hopi seit 1948 mehr im stillen

Der Muskogee-Medizinmann Phillip Deere beim österreichischen Außenminister Willibald Pahr, 1982 in Wien

und insbesondere unter Hippies und Alternativen Vorarbeit geleistet hatten, begannen Aktivisten des AIM seit 1968 durch spektaktuläre Aktionen das indianische Bewusstsein auf einer breiten Basis wieder zu wecken – durch Aktionen, die mancherorts als „militant" bezeichnet werden. Dass Männer wie Phillip Deere und Richard Erdoes samt Familie daran teilnahmen, zeigt, dass nicht so heiß gegessen wie gekocht wird.

In der Folge eröffnete AIM in New York ein Büro des "Internationalen Indianischen Vertragsrates" *(International Indian Treaty Council),* das versuchte, verschiedenen kleinen Stämmen mittels Rechtsanwälten zu ihrem Recht zu verhelfen. Schließlich konnte 1977 die erste Indianerkonferenz im Rahmen der nichtstaatlichen Organisationen der UNO in Genf vermittelt werden. Allmählich jedoch kam es zu einer gewissen Verselbständigung von festbezahlten AIM-Mitarbeitern des New Yorker Büros, so dass die Vertreter einiger traditionell orientierten Indianernationen gemeinsam mit indianischen Rechtsanwälten eine neue Organisation gründeten: das *Indian Law Resource Center* in Washington, D. C. (vgl. voriges Kapitel). Seither scheint es eine Art Spaltung zu geben, die sich auch auf europäische Unterstützungsgruppen zu übertragen droht, vor allem durch die Frage, wem man denn jetzt Geld schicken soll.

Zweifellos ist der direkte Weg über persönliche Kontakte (zum Beispiel über Thomas Banyacya Jr.) der beste. Eine weitere Möglichkeit eröffnete sich im September 1981 anlässlich der Genfer Konferenz der nichtstaatlichen Organisationen innerhalb der Menschenrechtskommission der UNO. Phillip Deere und Thomas Banyacya Sr. stellten sich dort als Repräsentanten des indianischen „Ältestenrats" *(Elders Circle)* vor, der die spirituellen Vertreter, Medizinmänner und Sprecher bedeutender Indianernationen beider Amerikas in regelmäßigen Zusammenkünften vereint. Über ihn sollten – so Phillip – in Zukunft jene Gelder kontrolliert und zum Teil auch verteilt werden, die europäische Unterstützungsgruppen sammeln. Das mag vor allem dann von Nutzen sein, wenn nicht klar ist, wem das Geld zugute kommen soll. Als geeignete amerikanische Vermittlungsstelle des *Elders Circle* hat sich inzwischen das *American Indian Institute* in Montana bewährt (vgl. S. 298).

Seit 1983 gibt es darüber hinaus noch den „Rat der vier Himmelsrichtungen" *(Four Directions Council),* der – im Gegensatz zum *Elders Circle* – seit dem Frühjahr 1983 einen Beobachterstatus bei der UNO hat. Ihm gehören die traditionellen Lakota (Sioux), Southern Cheyenne, die Innu und die Mic Mac in Kanada an. Sein juristischer Vertreter ist der Anwalt Russell Barsh, der am 8. März 1983 vom österreichischen Bundeskanzler Dr. Bruno Kreisky und seinem Außenminister Dr. Willibald Pahr zu ausführlichen Gesprächen empfangen wurde.

Ich traf Phillip Deere das erstemal im September 1981 im Palais der Vereinten Nationen in Genf und danke ihm für das folgende Gespräch.

Von den Ältesten lernen

Phillip, wie denkst du über die Unterstützungsgruppen in Europa, was können sie für Indianer tun — vielleicht machen sie etwas falsch. Wie denkst du darüber?

Sie sind für uns sehr wichtig, denn ohne ihre Hilfe können die Indianer nur sehr wenig erreichen. Aber im Moment scheint unter unseren eigenen Leuten eine gewisse Uneinigkeit, eine Verwirrung zu bestehen, die sich auf Europa überträgt.

Es sollte geklärt und gut verstanden werden, dass es überall Probleme gibt, die wir „die wahren Brandherde" *(hot spots)* nennen: die Probleme der Black Hills, die die Sioux betreffen, die der Hopi und Navajo in Big Mountain. Es sind Gebiete, um die wir uns sofort kümmern müssen — das reicht bis Zentral- und Südamerika. Wir wissen, dass jeder einzelne dieser Brandherde Unterstützung braucht, aber einige benötigen wirklich sofortige und rasche Hilfe.

Gibt es Hinweise, wie wir in Europa besser arbeiten können?

In unseren Ländern konnten wir zusammenkommen, obwohl es viele verschiedene Organisationen gibt, und oft geschieht es unter der Leitung unserer spirituellen Führer und Medizinmänner, die die meisten der Organisationen respektieren müssen. Sie sind fähig, Rat zu geben und den jüngeren Menschen Anleitungen zu vermitteln — denn unsere Jungen scharen sich jetzt mehr denn je um ihre Ältesten, Medizinmänner und spirituellen Führer.

Ich glaube, dass die Europäer ebenfalls diesem Beispiel folgen sollten, dieser Art von Ratsuche, damit sie sicher wissen, mit wem sie es zu tun haben und wen sie unterstützen. Denn die meisten unserer Ältesten kennen einander — wir wissen, wer ist wer, und wir wissen, wo die Problemgebiete liegen, und fast alle Organisationen schauen auf die Ältesten, denn das ist die Tradition unseres Volkes.

Einige Medizinmänner und Heiler reisen in letzter Zeit durch Europa, und es sieht so aus, als wäre Religion käuflich; Geheimnisse des Heilens werden in Form von „Heiltechniken" gegen Entgelt angeboten, Zeremonien wie die Schwitzhütte und ähnliches ebenso — man kann an einer solchen Zeremonie teilnehmen, wenn man dafür bezahlt, zum Beispiel sind 75 US-Dollar ein typischer Preis dafür. Wie denkst du darüber?

Ich habe das bereits einige Male in Europa erwähnt, und in den USA publizierten die *Akwesasne Notes* einige Stellungnahmen des „Ältestenrats" *(Elders Circle),* der sich aus Ältesten vieler Teile der USA, Kanadas und manchesmal auch Südamerikas zusammensetzt. Wir gruppieren uns nicht als Organisation, die Zahl der Ältesten ist gemäß der Tradition nicht beschränkt. Wir kommen zusammen und diskutieren die Ereignisse, die heute in Europa und in den USA geschehen. Wir haben Leute, die sich über Nacht als Medizinmänner ausgeben, die förmlich aus dem Nichts kommen. Nicht einmal auf ihren eigenen Reservationen sind sie bekannt; ihre eigenen Leute kennen nicht einmal ihre Herkunft. Aber noch immer gibt es welche, die Medizinmänner für Universitäten werden, da die meisten Menschen nicht wissen, was ein Medizinmann eigentlich ist – und dort wird er einer. Er beginnt zum Beispiel über Kräuter zu sprechen und macht den Studenten weis, dass das indianisch sei. Genauso wurden welche Medizinmänner für Hippiecamps, und auch hier in Europa geschieht es ähnlich. Aber auf ihren eigenen Reservationen werden sie als solche nicht anerkannt. Wir erfuhren davon. Es kommen Leute, die Pfeifen verkaufen – was bei uns völlig unmöglich ist – und hier in Europa Schwitzhütten durchführen.

Ich weiß, dass hier einige Leute Schwitzhütten praktizieren, und vielleicht gab es früher einmal in einigen Teilen Europas eine Art Schwitzhaus. Vielleicht kommt daher die Sauna. Das kann schon sein. Bei uns jedoch werden die indianischen Schwitzhütten noch immer wie vor Hunderten von Jahren geleitet, daran hat sich nichts geändert. Es kommen jedoch Leute hierher, die Schwitzhütten gegen einen bestimmten Geldbetrag leiten und für die Teilnahme Geld verlangen.

Der Verkauf von Pfeifen, der Verkauf einer Schwitzhütte oder einer Zeremonie ist gegen die Traditionen unserer Völker; so etwas ist nicht käuflich. Deshalb ist es gegen unsere Religion, und wir sprachen uns im Ältestenrat dagegen aus. Wir verfassten Rundschreiben an unsere Freunde, um sie wissen zu lassen, dass sie vorsichtig sein müssen mit all den heiligen Dingen, die wir immer hatten, dass man damit nicht herumspielen und sie nicht verkaufen darf. Denn am Anfang wurde es uns nicht verkauft, sondern geschenkt. Deshalb sind wir völlig gegen jene, die hierherkommen und Eintritt für die Teilnahme an einer Schwitzhütte zum Beispiel verlangen. Ich selbst habe manchmal in Europa Schwitzhütten geleitet, aber die kosteten nichts: Ich bin nicht da, um die Menschen gegen Entgelt zu lehren, wie man an einer Schwitzhütte teilnimmt.

Das Ganze an dieser Religion ist, dass sie verstanden werden muss, nicht einfach praktiziert werden darf, nichts zum Experimentieren ist. Immer wieder weise ich in meinen Vorträgen und Gesprächen hier in Europa und anderswo darauf hin: Verstehe, finde heraus, warum und woher es kommt, was es bedeutet; welche Rolle spielt die Spiritualität dabei? Das muss vor der Teilnahme an einer Zeremonie verstanden werden. Solche Lehren werden hier in Europa für jene benötigt, die verwirrt sind, die indianische Religion nicht verstehen. Sie müssen das durch die rechtmäßigen und nicht durch plötzlich auftretende Medizinmänner und sogenannte spirituelle Führer lernen; von jemandem, der in seinem eigenen Land anerkannt wird, von seinem eigenen Stamm.

Man kann etwas erschaffen, um eine Person, die haltlos geworden ist, zufriedenzustellen. Du kannst irgend etwas zurechtmachen – und sie ist damit glücklich. Für sie wird es eine Religion, aber Tradition und traditionelle Religion ist etwas anderes. Wir machen uns nichts zurecht; wir folgen dem alten Pfad, auf dem unsere Völker seit Jahrtausenden gewandelt sind, und die meisten Indianer weisen die Vorstellung einer Veränderung zurück. Man kann den Pfad nicht verändern.

Man kann die Europäer zufriedenstellen, weil sie den Unterschied nicht kennen. Aber in unseren Reservationen geht das nicht.

Grenzen für Nichtindianer

Ist es für Weiße überhaupt möglich, wirklich ein Mitglied dieser Zeremonien zu sein, denn wir haben eine andere Kultur, wir sind keine Indianer. Einige von uns wollen daran teilnehmen, vielleicht auch an einer Schwitzhütte, vielleicht ein Medizinmann oder eine Medizinfrau werden, und alles das – ist das möglich, oder kann man nur ein Gast sein, kein eingeweihtes Mitglied wie ein Indianer?

Es gibt einige Zeremonien, die der weiße Mann unmöglich verstehen kann. Es ist für ihn unmöglich, in sie einzudringen, denn sie sind strikt für Indianer reserviert, und selbst in unseren eigenen verschiedenen Stämmen gibt es Zeremonien, an denen unsere eigenen Leute nicht teilnehmen können – das ist nur gewissen Clanen, gewissen Bünden möglich.

Aber es gibt gewisse Dinge, die wir vielleicht teilen können, wie zum Beispiel ein Gebet; das Verstehen der Heiligkeit der Mutter Erde und das Verbrennen von Tabak, das wiederum aus Achtung vor Mutter Erde geschieht. Durch Erklärungen können die Europäer vielleicht imstande sein, darüber zu lernen, aber eine vollständige, ganze Zeremonie der Ureinwohner würde nie von Europäern verstanden werden, nicht einmal während eines ganzen Lebens.

So werden Europäer niemals Indianer und nie imstande sein, Zeremonien dieser Art zu leiten. Aber einige Dinge können sie von den Indianern lernen: etwa die Achtung der Geschöpfe vor dem Schöpfer und ihre Hingabe an ihn – das könnte von den Europäern verstanden werden.

Du bist, der du bist

Ich habe bemerkt, dass jetzt viele Europäer, die in unser Land kommen, Indianer sein wollen; Federn tragen, Kleidungsstücke in indianischer Art – das sind nur Kleider, das ist wie bei mir: Ich trage europäisches Gewand, aber das macht mich nicht zum Europäer. Ich betrachte das genauso: Sie können jede indianische Aufmachung tragen, die sie wollen, aber das macht sie nicht zu Indianern, denn für uns Indianer ist das *Bewusstsein* bedeutend. Die Taten, die wir unternommen, die Dinge, die wir getan haben – alles geschah aufgrund unseres indianischen Bewusstseins, nicht aufgrund unserer Kleidung. So sagen viele Leute, man sollte als Nichtindianer keine Federn tragen, kein Büffelleder. Dasselbe lässt sich auf mich anwenden: Die Leute könnten sagen, ich sollte keine europäischen Hosen tragen, kein Hemd dieser Art. Aber das Hemd macht mich nicht zum Europäer.

Meine Kleidung macht mich nicht zum Europäer, denn mein indianisches Bewusstsein ist in meinem Herzen. Dasselbe lässt sich auf Europäer anwenden, wenn sie in einem *Tipi* (einem indianischen Zelt, der Verf.) leben wollen – schön, das geht in Ordnung. Aber es muss verstanden werden, dass jemand kein Indianer wird, indem er in einem Tipi lebt. Es gibt Leute, die das nicht mögen, denn sie sagen: "Dieser junge Mann versucht, ein Indianer zu sein", aber ich kenne sein Bewusstsein nicht. Ob er wirklich darum bemüht ist, ein Indianer zu sein, oder ob er aus Bequemlichkeit Mokassins trägt – ich weiß es nicht.

Ist es nicht falsch, wenn Europäer euch kopieren?

Da gibt es welche, die das nicht wollen. Ich möchte es so ausdrücken: Es gibt viele Indianer, die es nicht gerne sehen, wenn die Europäer das tun. Ich selbst richte mich nicht nach ihrem Äußeren, ich richte mich nach ihrem Bewusstsein.

Ich habe darüber nicht viel zu sagen, denn für mich ist es nur ein Gewand, eine Art, sich zu kleiden. Wenn es etwa aus Bequemlichkeitsgründen geschieht, oder was auch immer es für sie bedeutet – gut, sie haben ihr eigenes Bewusstsein, ihr eigenes Gefühl. Wenn sie sich dabei gut oder angenehm fühlen, ist es für mich in Ordnung. Aber wir müssen daran festhalten, dass der indianische Lebensstil allein dich nicht zum Indianer macht, genauso wie diese Zeremonien, etwa Schwitzhütten – oder was auch immer –, dich nie zu einem Indianer machen können. Du bist, der du bist.

Mit diesen Worten weist Phillip Deere unmissverständlich darauf hin, dass die Lösung unserer Probleme nicht im Kopieren der Indianer oder irgendeiner Kultur liegt, sondern *in uns selbst.*

Zweifellos haben wir mit den Indianern und allen Menschen einen Ausgangspunkt: das Gesetz des Großen Geistes, den spirituellen Pfad des Einklangs mit den Naturgesetzen und den Kräften, die sich in ihnen manifestieren; getragen von dem, was wir den Schöpfer (die Schöpfungsmacht), *das Große Geheimnis* oder schlicht *die Kraft* nennen.

Wie die Hopi sagen, geht es darum, zu diesem einfachen Weg wieder zurückzukehren. Die Lebensweise und Einstellung der traditionellen Hopi sowie anderer traditioneller Indianer können dafür ein Vorbild oder Impuls sein, weil diese Menschen den spirituellen Pfad seit unzähligen Generationen gehen oder wieder zu gehen versuchen, wie auch das Beispiel von Ganienkeh beweist.

Die Frage scheint mir jedoch die zu sein, wie *wir* diesen spirituellen Weg bei uns in einer uns gemäßen Art und Weise verwirklichen können: Dabei wird es so viele Möglichkeiten geben, wie es Menschen und Gemeinschaften gibt.

Die Kultur der Kelten, der Germanen und Illyrer mag ein Schlüssel dazu sein, die Schriften der Essener mit ihren durch offizielle Kirchenstellen vermutlich noch am wenigsten verfälschten Aussagen ebenfalls. Hier werden auch dieselben Bezüge wie bei den indianischen Kulturen deutlich: die Erdenmutter, der Vater des Himmels und deren Engel, mit denen wir leben und in Beziehung treten sollen.

Wenn es uns gelingt, diese Wurzeln in uns zu beleben, sie in unserem täglichen Leben zu verwirklichen – und wenn wir nicht mehr, wie heute, Religion in eine sonntägliche Privatsphäre abdrängen –, dann schließt sich wieder der Kreis des Lebens, und wir können in ihm gleichberechtigt neben jenen unserer eingeborenen Brüder und Schwestern Platz nehmen, die sich ebenso darum bemühen. Auf dieser Basis könnte eine neue, weltweite Familie entstehen, die unter dem Gesetz der Schöpfungsmacht und ihrer sich offenbarenden oder manifestierenden Kräfte steht.

Zugleich erschüttert mich jedoch der Missbrauch dieser elementaren Bedürfnisse, insbesondere durch die New-Age Bewegung. Der darin bekannte Halbindianer Harley Reagan *Swift Deer* z. B., ein ordinierter Mormonenpriester, verdient damit als Schamane und Heiler viel Geld in Europa und den USA. Im Magazin *Unicorn* 8/1984 bezeichnet er sich als Magier, dem der Missbrauch seiner durch ihn vermittelten Kenntnisse gleichgültig ist. Zitat: Die Schwitzhütte ist „der Schlüssel für meinen Erfolg in Europa". Die Kritik der traditionellen Indianer (vgl. S. 293 f.) weist er oberflächlich als „Rassenvorurteil" zurück.

Irritierend auch die Entwicklung seines Freundes *Sun Bear,* der noch in den *Akwesasne Notes* vom Frühling 1984 entrüstet einen Missbrauch indianischer Zeremonien und dgl. zurückweist: Zu Pfingsten 1985 gab er in Hamburg ein 12-Tage-Seminar für 1200,-DM (etwa 8400 öS/613,55 Euro), nach dem man als „Lehrling" angenommen werden (und weitere kostenpflichtige Seminare besuchen) konnte …

19 Zwei Briefe des indianischen Ältestenrats

Das 6. Treffen des Traditionellen Ältestenrats
9. - 14. August 1981
Onondaga Nation
via Nedrow, New York

Kommuniqué Nr. 3

Seit dem Erscheinen von Kommuniqué Nr. 1, das sich auf indianische Medizinmänner und deren Aktivitäten im In und Ausland bezog, haben wir Beschwerden über Missbrauch durch einzelne Personen und Organisationen erhalten, wie:

a. Medizinbeutel werden an Nichtindianer und Indianer verkauft.

b. Schwitzhütten werden von Indianern für Nichtindianer abgehalten (speziell, aber nicht ausschließlich in Europa).

c. Dafür werden extrem hohe Preise – bis zu 250 US-Dollar pro Person und Zeremonie – berechnet.

d. Anweisungen für den Gebrauch der heiligen Pfeife werden an Nichtindianer gegen Bezahlung weitergegeben.

e. Sonnentänze werden in der Bundesrepublik Deutschland von einem Lakota geleitet.

f. Seminare über indianische Medizin werden von Indianern und Nichtindianern gegen Bezahlung geleitet.

g. Ausbeutung und Missbrauch von heiliger Medizin mit großer Macht – mit dem Ergebnis, dass die Teilnehmer geistigen und körperlichen Schaden davontragen.

h. Kommerzialisierung indianischer Zeremonien durch Bücher, Filme, Seminare, Anweisungen und den Verkauf heiliger Symbole.

i. Ausbeutung von Indianern und Nichtindianern, die durch indianische Zeremonien spirituelle Klarheit suchen.

j. Nichtindianer geben durch Kleidung und Gebaren vor, Indianer zu sein.

k. Im Namen der traditionellen Ältesten und von Stämmen werden Stiftungen gegründet, ohne dass darüber Rechenschaft gegenüber den Ältesten abgelegt wird.

l. Die heilige Trommel wird von Gesangsgruppen missbraucht,

die Alkohol und Drogen zu sich nehmen, während sie die Trommel verwenden.

Außerdem gibt es Missbrauch durch das Singen heiliger Lieder in der Öffentlichkeit und das Verwenden von Liedern verschiedener Nationen mit der falschen Trommel sowie durch das Auftreten gegen hohe Bezahlung in der Öffentlichkeit. Die Trommel ist heilig und muss mit Respekt behandelt werden.

Diese Liste über Missbrauch und Ausbeutung der heiligen Zeremonien, Symbole der Ureinwohner dieser Schildkröteninsel, ist belegt, und weitere Überprüfungen sind im Gang, um diese Anschuldigungen unter Beweis zu stellen.

Der Ältestenrat ist tief besorgt, da das Allgemeinwohl der Menschen und ihre Zukunft durch diese Aktivitäten, die dem persönlichen Vorteil dienen, bedroht wird.

Wir bitten alle, die glauben, dass sie solchen Praktiken zum Opfer gefallen sind, uns darüber zu berichten.

Die Macht der Medizin der Ureinwohner kommt durch die spirituelle Reinheit der Zeremonie zur Wirkung, die von einem Ureinwohner geleitet wird, der von der Medizin auserwählt wurde, das zu tun.

Man kann das nicht – zu keinem Preis – kaufen, und jeder, der solches, vor allem Nichtindianern, gegen Bezahlung anbietet, betrügt nicht nur das Opfer, sondern auch sich selbst.

Die davon Betroffenen werden kontaktiert und die Ergebnisse bekannt gemacht werden.

Daw Nay Toh,
Der traditionelle Ältestenrat, Onondaga Nation

Dieser Text und das Gespräch mit Phillip Deere sprechen eine deutliche Sprache. Wie mir Phillip im November 1982 in Wien versicherte, will man damit nicht Misstrauen säen, sondern lediglich die falsche und folglich gefährlich werdende Anwendung indianischer Medizin verhindern.

So begann der Sioux-Medizinmann Arcbie Fire Lame Deer beispielsweise damit, die heiligen Pfeifen, die er an Europäer weitergegeben hatte, wieder einzusammeln. Während Rolling Thunder und andere noch nicht auf diese Vorwürfe reagierten, sind von Swift Deer und Sun Bear 1984 Stellungnahmen aufgetaucht, die nachdenklich stimmen.

Das 7. Treffen des Traditionellen Ältestenrats
27. - 29. August 1982
Gemeinsames Nutzungsgebiet von
Navajo und Hopi
Dove Waterflow, Arizona

An die Generalversammlung der Vereinten Nationen, New York

Brüder und Schwestern,

das Naturgesetz ist die letzte und absolute Autorität, die *E Te No Ha,* diese Erde, die wir unsere Mutter nennen, regiert.

Dieses Gesetz vergilt uneingeschränkt, in direktem Verhältnis zu den Überschreitungen.

Dieses Gesetz ist nicht barmherzig. Es will genau das, was nötig ist, um das Gleichgewicht des Lebens aufrechtzuerhalten.

Dieses Gesetz ist zeitlos und kann nicht nach den Normen der Menschheit festgelegt werden.

Alles Leben ist dieser Autorität uneingeschränkt unterworfen.

Wasser ist unser Körper, Wasser ist Leben. Frisches Wasser wird durch die donnernden Großväter erhalten, die Regenbringer; um die Quellen, Ströme, Flüsse, Seen und Ozeane zu erneuern.

Wir werden durch unsere Mutter Erde ernährt, von der alles Leben entspringt.

Wir müssen unsere Abhängigkeit von ihr verstehen und sie mit unserer Liebe, mit Respekt und Zeremonien beschützen.

Die Gesichter unser künftigen Generationen blicken von der Erde zu uns auf, und wir schreiten mit großer Sorgfalt, um unsere Enkel nicht zu stören.

Wir sind ein Teil des großen Kreislaufs des Lebens mit vier Jahreszeiten und endloser Erneuerung, solange wir an diesem absoluten Gesetz festhalten.

Sobald wir diesen Kreislauf behindern, indem wir die Elemente stören, indem wir verändern oder Arten von Leben zerstören, können die Wirkungen unmittelbar sein oder auf unsere Kinder fallen, die für unsere Ignoranz und Gier leiden und zahlen werden.

Das Naturgesetz besagt, dass die Erde unseren Kindern – sieben künftigen Generationen – gehört, und wir sind die Hüter, die *E Te No Ha* um allen Lebens willen verstehen, respektieren und beschützen müssen.

Das Gesetz lautet, dass alles Leben in der Großen Schöpfung gleich ist, und wir, die menschlichen Wesen, sind mit der Verantwortung beauftragt – jeder in unserer Generation –, für den Fortbestand des Lebens zu arbeiten.

Uns, den menschlichen Wesen, wurden die ursprünglichen Anweisungen gegeben, wie man mit dem Naturgesetz in Harmonie lebt.

Es scheint so zu sein, dass die Völker der natürlichen, ungekünstelten Welt die einzigen sind, die an diesem Gesetz festgehalten haben.

Der Ältestenrat der eingeborenen Völker der Großen Schildkröteninsel, damit beauftragt, das erste Gesetz des Lebens und der Spiritualität zu bewahren, ist besorgt, dass die Gültigkeit dieses Gesetzes nicht länger im heutigen Leben anerkannt wird.

Wir sind besorgt, dass die Grundsätze des Gesetzes nicht länger an die nächste Generation weitergegeben werden. Das könnte verhängnisvoll für das Leben sein, wie wir es kennen.

Das Naturgesetz wird sich ohne Rücksicht auf von Menschen geschaffene Gesetze, Gerichte und Regierungen durchsetzen.

Völker und Nationen, die das Naturgesetz verstehen, regieren sich selbst, indem sie den Grundsätzen der Liebe und des Respekts folgen – das sichert Freiheit und Frieden.

Wir sind zusammengekommen, weil wir durch die Zerstörung von Strukturen des Lebens alarmiert sind; unser Schicksal ist miteinander verflochten – was uns betrifft, betrifft alle.

Wasser ist grundlegend für das Leben und Getreide ist das nächste. Vergiftetes Wasser wird alles Leben vergiften, Fehlen von Wasser verursacht Trockenheit, Wüsten und Tod. Die Nationen, die in der Großen Ratsversammlung der UNO sitzen, müssen wieder das Naturgesetz lernen und sich selbst entsprechend regieren oder die Folgen ihrer Taten tragen.

Es gibt Menschen und Nationen unter Ihnen, die diese Botschaft verstehen; und wir bitten Sie, mit uns zu sein und unsere Gesänge und Zeremonien zur Verteidigung von *E Te No Ha,* Mutter Erde, zu unterstützen.

Der Traditionelle Ältestenrat

Die Teilnehmer des siebenten Treffens:

Larry Anderson (Navajo), Thomas Banyacya Sr. (Hopi), Herman Bear Comes Out (Northern Cheyenne), Raymond Begay (Navajo), Herb Blatchford (Navajo), Frank Cardinal (Cree), Harry Chonkolay (Cree), Coyote (Wailaki), Sam Danny (Navajo), Percy Deal (Navajo), Phillip Deere (Muskogee), Bruce Elijah (Oneida), Louis Farmer (Onondaga), Chief Fools Crow (Lakota), Corbin Harney (Shoshone), Bahe Kadinehe (Navajo), Jose Lucero (Santa Clara Pueblo), Lee Lyons (Onondaga), Oren Lyons (Onondaga), Janet McCloud (Tulalip), David Monongye (Hopi), Loretta Nez (Navajo), Earl Pela (Hopi), Larry Red Shirt (Lakota), Lois Risling (Hoopa), Kee Shay (Navajo), Tadodaho (Haudenosaunee), Isadore Tom (Lummi), Austin Two Moons (Northern Cheyenne), Tom Yellowtail (Crow), Dan R. Yazzi (Navajo).

Nach dem Weggang von Larry Red Shirt im Dezember 1982 (vgl. S. 33) ist 1985 der Ältestenrat um zwei weitere Persönlichkeiten ärmer geworden: Im August wechselte Phillip Deere, im Dezember Lee Lyons die Welten. Es handelt sich um jene Menschen, die besonders unter den Qualen von Mutter Erde und ihren Kindern gelitten haben. 1985 und in den Folgejahren haben darüber hinaus viele Ältesten ihren physischen Körper verlassen, und es gibt ernst zu nehmende Stimmen, die darauf hinweisen, dass es sich um eine Gegenkraft handelt, die sich genauso in der Zerstörung von Mutter Erde und den menschlichen Beziehungen auswirkt (vgl. S. 292).

Zu ihnen gehört Don McCloud, der im April 1985 seinen irdischen Körper verließ. Don unterstützte sowohl den indianischen Ältestenrat als auch insbesondere den „Kreis indianischer Frauen des Nordwestens", welchen seine Frau, Janet McCloud, gegründet hatte. Janet wechselte im November 2003 die Welten.

Kontakte & mehr …

Einige Informations- und Kontaktstellen

Verein iMPULS Aussee, **www.impuls-aussee.at**, Infos, Links und Downloads
Obersdorf 35, A 8983 Bad Mitterndorf · *office@impuls-aussee.at*

Traditional Hopi of Shungopavi, **http://traditionalhopi.org**
P.O. Box 226, Second Mesa, AZ 86043, USA · *elders@traditionalhopi.org*

Hopi Tribal Government, **http://www.hopi-nsn.gov**
Hopi Tribal Council mit *Hopi Tutuveni* Newspaper · phone: + 1 (928) 734-3132

Black Mesa Indigenous Support, **http://supportblackmesa.org**
P.O. Box 23501, Flagstaff, AZ 86002, USA · *blackmesais@gmail.com*

American Indian Institute, **https://www.americanindianinstitute.org**
502 West Mendenhall Street, Bozeman, MT 59715, USA
phone: + 1 (406) 587-1002
Support of TheTraditional Circle of Indian Elders and Youth; Communiqués

Indian Law Resource Center, **www.indianlaw.org**
602 North Ewing Street, Helena, MT 59601, USA
phone: + 1 (406) 449-2006 · *mt@indianlaw.org*

Lakota People's Law Project, **http://lakotalaw.org** (USA)
phone: + 1 (605) 299-5261 · *info@lakotalaw.org*

Indigenous Environmental Network, **http://www.ienearth.org**

Incomindios Schweiz, **http://incomindios.ch**
Wehntalerstraße 124, CH 8057 Zürich · Tel.: + 41 (0) 44 383 03 35
mail@incomindios.ch · Zeitschrift MAGACINC, Arbgr. Black Mesa und Uran

Arbeitskreis Indianer Nordamerikas (AKIN), www.arbeitskreis-indianer.at
Hernalser Hauptstr. 92/8, A 1170 Wien · Tel: + 43 680 11 55 444
office@arbeitskreis-indianer.at · *News, Aktionen,* u.a. Lakotakontakte

Gesellschaft für bedrohte Völker Österreich, **www.gfbv.at**

Aktionsgruppe Indianer und Menschenrechte e.V. (AGIM)
Froschammerstraße 14, D 80807 München, **www.aktionsgruppe.de**
post@aktionsgruppe.de · Tel.: + 49 89 356 51 836, Zeitschrift „Coyote"

Nuclear Free Future Foundation, *www.nuclear-free.com*
Ganghoferstr. 52, D 80339 München · Tel: + 49 89 286 59 714
info@nuclear-free.com · NFF-Award, Uranatlas (Download)

Die Grafik am Kopf dieser Seite zeigt das Verbrüderungszeichen (Nakwach) der
Hopi in runder Form als weibliches Symbol der wahren Bruderschaft.

Empfehlenswerte und verwendete Literatur

BÜCHER ÜBER DIE HOPI

Josef F. Blumrich, Kasskara und die sieben Welten; Knaur Tb 4135 (1985)
Alexander Buschenreiter, Mit der Erde - für das Leben; Der Hopi-Weg der
  Hoffnung; Edition Pax, Bauer (1989)
-, Spuren des Großen Geistes; Indianische Weisheit der Gegenwart;
  Lamuv TB 121, 2. Auflage (1995)
-, Menschen sind wie Bäume; Indigenes Wissen – Ein Weg aus der Krise;
  aktualisierte und erweiterte Neuausgabe; Authal (2022)
Harold Courlander und Stephan Dömpke (Hrsg.), Hopi - Stimmen eines Volkes;
  Diederichs (1986)
Stephan Dömpke (Hrsg.), Tod unter dem kurzen Regenbogen; Das Colorado
  Plateau als Heiliges Land - Indianische Traditionen, Energieentwicklung und
  neue Physik; Dianus-Trikont (1982)
Der Völkermord geht weiter, Russell-Tribunal; rororo Tb 4839 (1982)
Hanna Johansen, Zurück nach Oraibi; Roman; Nagel & Kimche (1986)
Albert Kunze (Hrsg.), Hopi und Kachina; Trickster (1988)
Susanne & Jake Page, Hopi; Rio Nuevo Publishers (2009)
Frank Waters, Das Buch der Hopi; Diederichs (1980)
-, Pumpkin Seed Point; Meine Zeit bei den Hopi; Im Waldgut (1986)
Don C. Talayeswa, Die Sonne der Hopi; Sun Chief - eine Autobiographie;
  Dianus-Trikont (1985); Erstdruck Erich Röth Verlag (1964)

INDIANISCHES DENKEN, LEBEN UND GESCHICHTE

Harvey Arden/Steve Wall, Hüter der Erde; Begegnungen mit Indianern Nord-
  amerikas; Frederking & Thaler (1992)
Akwesasne, Texte aus dem indianischen Widerstand; Dianus-Trikont (1978)
José Barreiro, Thinking in Indian, A John Mohawk Reader;
  Fulcrum Publishing (2010)
Claus Biegert, lndianerschulen; rororo Tb 7278 (1979)
-, Die Wunden der Freiheit; Lamuv Tb 155 (1995)
Claus Biegert und Elke Stolhofer (Hrsg.), Der Tod, der aus der Erde kommt;
  Zeugnisse nuklearer Zerstörung - Ureinwohner der Erde beim World Uranium
  Hearing; Anton Pustet (1993)
Doug Boyd, Rolling Thunder; Erfahrungen mit einem indianischen Medizin-
  mann; mit einem Vorwort von Claus Biegert; Maro (2001)
Carlos Castaneda, Die Lehren des Don Juan; Fischer Tb 1457 (1980)
Mary Crow Dog, Lakota Woman; dtv Tb 30399 (1994)
Lame Deer/Richard Erdoes, Tahca Ushte; Lamuv TB 86, 3. Auflage (1992)
Vine Deloria, Nur Stämme werden überleben; Lamuv Tb 187 (1995)
-, Gott ist rot; Eine indianische Provokation; Lamuv Tb 201 (1995)
Ein Ruf zur Einsicht, Die Botschaft der Irokesen an die westliche Welt;
  Mammut Presse (1984)
Roxanne Dunbar-Ortiz, An Indigenous Peoples' History of the United States;
  Revisioning American History; Beacon Press (2014)
Richard Erdoes and Alfonso Ortiz (Hrsg), American Indian Myths and Legends;
  Pantheon Books (1984)
Alan Ereira, Die großen Brüder; rororo Sachbuch 9933 (1995)
Sandy Johnson/Dan Budnik, The Book of Elders; The Life Stories & Wisdom
  of Great American Indians; Harper Collins (1994)
Martina Kothe, Akwesasne Freedom School; Selbstverlag (1982)
Jorge Miranda Luizaga, Das Sonnentor; Vom Überleben der archaischen Anden-
  kultur; Dianus-Trikont (1985)
Werner Müller, Indianische Welterfahrung; Ullstein Tb 39016 (1981)

Carolyn Niethammer, Töchter der Erde; Lamuv Tb 38 (1985)
Native American, Council of New York City, Voice of Indigenous Peoples;
    Native People adress the United Nations; Clear Light Publishers (1994)
Judie Popp u.a., Der heilige Baum; Ein indianisches Weisheitsbuch;
    Patmos (2002)
Tom Porter, And Grandma said …; Iroquois Teachings; Xlibris (2008)
Daniel C. Rohr (Hrsg.), Phillip Deere; Brennesselverlag (1986)
Joe S. Sando, Pueblo Nations; Eight Centuries of Pueblo Indian History;
    Clear Light Publishers (1991)
Holger Schumann u.a., Das Uran und die Hüter der Erde; Quell (1990)
Schwarzer Hirsch, Ich rufe mein Volk; Lamuv Tb 13, 10. Auflage (1993)
-, Die heilige Pfeife; Lamuv Tb 19, 7. Auflage (1992)
Stan Steiner, Der Untergang des Weißen Mannes?; Trikont (1980)
Uwe Stiller, Das Recht, anders zu sein; Jakobsohn (1977)
-, Naestsan-Mutter Erde; Jakobsohn (1980)
Helga Frank und Waltraud Wagner (Hrsg.), Gaianerekowa; Das große Friedens-
    gesetz des Langhausvolkes (Irokesenbund); Neue Erde (1987)
Steve Wall, Töchter der Weisheit, Gespräche mit indianischen Frauen;
    Diederichs (1995)
Frank Waters, Tapfer ist mein Volk; Unsterbliche Indianerhäuptlinge;
    Diederichs (1996)
Jonathan White, Talking on the Water, Conversation about Nature and Creativity,
    darin: Janet McCloud, On the Trail; Sierra Club Books (1994)
Ursula Wolf, Mein Name ist »Ich lebe«; Indianische Frauen in Nordamerika;
    Lamuv Tb 174 (1995)

ALTERNATIVEN UND ANDERES

Olof Alexandersson; Lebendes Wasser; Viktor Schauberger und das Geheimnis
    natürlicher Energie; W. Ennsthaler Verlag, 13. Aufl. (2013)
Johannes Huber, Der holistische Mensch; edition a (2017)
Murray Bookchin, Die Ökologie der Freiheit; Wir brauchen keine Hierarchien;
    Beltz (1985)
Ulrich Brand, Markus Wissen, Imperiale Lebensweise; Zur Ausbeutung von
    Mensch und Natur im globalen Kapitalismus; oekom (2017)
Bruckmoser, Pfeffer (Hrsg.), Leopold Kohr Fibel; Tauriska (2019)
Masaru Emoto, Wasserkristalle; Was das Wasser zu sagen hat; Koha (2002)
Charles Eisenstein, Klima; Eine neue Perspektive; Europaverlag (2019)
Masanobu Fukuoka, Der große Weg hat kein Tor; Nahrung, Anbau Leben;
    Pala; Neuauflage (2013)
Eduard Gugenberger, Roman Schweidlenka, Mutter Erde, Magie und Politik;
    Zwischen Faschismus und neuer Gesellschaft; Verlag für Gesellschaftskritik (1987)
-, (Hrsg.), Mißbrauchte Sehnsüchte; Esoterische Wege zum Heil;
    Kritik und Alternativen; Verlag für Gesellschaftskritik (1992)
Sepp Holzer, Wüste oder Paradies: Holzer`sche Permakultur jetzt!
    Von der Renaturierung bedrohter Landschaften über Aqua-Kultur und Biotop-
    Aufbau bis zum Urban Gardening; Stocker (2013)
Hans Holzinger, Von nichts zu viel - für alle genug: Perspektiven eines neuen
    Wohlstands; ekom (2016)
Robert Jungk, Das Sonnenbuch; Bericht vom Anfang einer neuen Zukunft;
    Otto Müller (2013)
Helen und Scott Nearing, Ein gutes Leben leben; Pala-Verlag (1981)
Gert v. Paczensky, Verbrechen im Namen Christi; Mission und Kolonialismus;
    Albrecht Knaus (1991), Sonderausgabe Orbis (2000)
Niko Paech, Befreiung vom Überfluss; oekom, 10. Aufl. (2018)
Herbert Pietschmann, Das Ende des naturwissenschaftlichen Zeitalters;
    Paul Zsolnay (1980)
E. F.Schumacher, Die Rückkehr zum menschlichen Maß; Rowohlt (1989)

Alwin Seifert, Gärtnern, Ackern - ohne Gift; Biederstein (1982)
Gary Snyder, Lektionen der Wildnis; Matthes & Seitz (2011)
Rüdiger Sünner, Wildes Denken; Europa im Dialog mit spirituellen Kulturen der
    Welt; Europaverlag (2020)
Dr. Ha Vinh Tho, Grundrecht auf Glück; Bhutans Vorbild für ein gelingendes
    Miteinander; Nymphenburger (2014)
Peter Tompkins / Christopher Bird, Das geheime Leben der Pflanzen; 29. Aufl.,
    Fischer Tb 1977 (2017)
Voitl/Guggenberger/Willi, Das große Buch vom biologischen Land- und Gartenbau;
    Orac Pietsch (1980)
Hermann Vogt, Europas Ankunft am Pazifik: Kulturphänomenologische Streifzüge
    im Südwesten der Vereinigten Staaten; Wissenschaftliche Buchgesellschaft
    Darmstadt (1992)
Andreas Weber, Indigenialität; Nicolai, 3. Aufl. (2019)
Peter Wohlleben, Das geheime Leben der Bäume, 9. Aufl.; Ludwig (2015)

ARBEIT AN SICH SELBST

Ken Dychtwald, Körperbewußtsein; eine Synthese der östlichen und westlichen
    Wege zu Selbst-Wahrnehmung, Gesundheit und persönlichem Wachstum;
    Synthesis-Verlag (1981)
Erich Fromm, Haben oder Sein; dtv Tb 1490 (1980)
-, Die Kunst des Liebens; Ullstein Tb 35258 (1979)
Joseph Chilton Pearce, Die eigene Welt des Kindes; Aufwachsen nach innerem
    Antrieb; rororo Tb 7370 (1980)
Frederick S. Perls u. a., Gestalt-Therapie; Wiederbelebung des Selbst;
    KlettCotta (1979)
Alan W. Watts, Weisheit des ungesicherten Lebens; Scherz (1981)

FAKTEN, PROGNOSEN UND PROPHEZEIUNGEN

Pier Carpi, Die Prophezeiungen von Papst Johannes XXIII; Touraco AG (1982)
Global 2000; Der Bericht an den Präsidenten; Zweitausendeins (1981)
Rudolf Putzien, Nostradamus; Weissagungen (...); Drei Eichen (1981)
So stirbt der Wald; Schadenbilder und Krankheitsverlauf; BLV (1983)

GEOMANTIE

Marco Bischof, Unsere Seele kann fliegen; Im Waldgut (1985)
Günter Kantilli, Natur Heiligtümer in Europa; Eigenverlag
    www.geomantie.at (2010)
John Michell, Die vergessene Kraft der Erde; Ihre Zentren, Strömungen und
    Wirkungsweisen; Mutter Erde Verlag (1981)-,
    Die Geomantie von Atlantis; Wissenschaft und Mythos der Erdenergien;
    Goldmann Tb. 11780 (1986)
Nigel Pennick, die alte Wissenschaft der Geomantie; Der Mensch im Einklang
    mit der Erde; Trikont-Dianus (1982)-,
    Das kleine Handbuch der angewandten Geomantie; Neue Erde (1985)
Stephen Skinner, Chinesische Geomantie; Goldmann Tb. 11786 (1987)
W. Y. Evans-Wentz, Cuchama; Heilige Berge der Welt; Sphinx (1984)

GESUNDHEIT / RADIOAKTIVITÄT
(siehe auch INDIANISCHES DENKEN UND LEBEN)

Tägliches Atom; Ein Ratgeber für die Zeit nach Tschernobyl; Falter (1986)
Rosalie Bertell, Keine akute Gefahr? Die radioaktive Verseuchung der Erde;

Goldmann Tb 11424 (1987)
Eduard A. Brecht, Deine Ernährung ist dein Schicksal; Brecht (1976)
Pierre Derlon, Die geheime Heilkunst der Zigeuner; Sphinx (1981)
Richard Willfort, Gesundheit durch Heilkräuter; Rudolf Trauner (1979)
Gert Hensel, „Strahlende" Opfer; Amerikas Uranindustrie, Indianer und weltweiter
    Überlebenskampf; Focus (1987)
Klaus Traube u.a., Nach dem Super-GAU; Tschernobyl und die Konsequenzen;
    rororo Tb 5921 (1986)

KELTEN UND ANDERE UREINWOHNER

Eduard Gugenberger, Kelten, Krieger, Kulte: Österreichs Urvölker von den Rätern
    bis zu den Slawen; Ueberreuter (2004)
Peter Kisser, 7000 Jahre Vergangenheit; Paul Zsolnay (1981)
Jean Markale, Die Keltische Frau; Mythos, Geschichte, soziale Stellung;
    Goldmann Tb 14023 (1986)
Bruno Moser, Die verschüttete Weisheit der Druiden; Sendemanuskript des ORF-
    Hörfunks vom 2. 1. 1981, Österreich l; ORF, A 1136 Wien
Georg Rohrecker, Die Kelten Österreichs; Auf den Spuren unseres versteckten
    Erbes; Pichler (2003)
Martha Sills-Fuchs, Wiederkehr der Kelten; Knaur Tb. (1983)
Starhawk, Der Hexenkult als Ur-Religion der Großen Göttin; Bauer (1983)

RELIGION

Paul Hengge, Die Bibelkorrektur; Auch Adam hatte eine Mutter;
    Orac Pietsch (1979)
G. f. Ouseley (Hrsg.), Das Evangelium des vollkommenen Lebens; Humata (1974)
Baird Spalding, Leben und Lehren der Meister im Fernen Osten, Band 1-3;
    Drei Eichen (1979)
Edmond Bordeaux Szekely, Das Evangelium der Essener; Gesamtausgabe
    Buch 1- 4; Bruno Martin (1988)

SYMBOLE, RUNEN UND WEISSAGUNG

Wolfgang Bauer u.a. (Hrsg.), Bildlexikon der Symbole, Trikont-dianus (1980)
Heinrich E. Benedikt, Die Kabbala als jüdisch-christlicher Einweihungsweg;
    Farbe, Zahl, Ton und Wort als Tor zu Seele und Geist; Bauer (1985)
Walther Blachetta, Das Buch der deutschen Sinnzeichen, Widukind (1941);
    Faksimile-Verlag (1982)
Pierre Derlon, Die Gärten der Einweihung; Die geheimen Traditionen der
    Zigeuner; Sphinx (1978)
György Doczi, Die Kraft der Grenzen; Proportionen und Harmonie in Natur,
    Kunst und Architektur; Dianus-Trikont (1984)
Luisa Francia, Hexentarot; Traktat gegen Macht und Ohnmacht; New Age (1981)
Karl Spiesberger, Runenmagie; Handbuch der Runenkunde; Schikowski (1968)
Edred Thorsson, Handbuch der Runen-Magie; Urania (1987)
Hermann Wirth, Die Heilige Urschrift der Menschheit; Symbolgeschichtliche
    Untersuchungen diesseits und jenseits des Nordatlantik; Band 1, Nachdruck
    Mutter Erde und Eccestan Verlag (1979)

UFOS UND AUSSERIRDISCHE

Gloria Lee, Warum wir hier sind; Hans Jacob, CH 8623 Wetzikon
Illobrand von Ludwiger, Ergebnisse aus 40 Jahren UFO-Forschung; Kopp (2015)
Robert K. G. Temple, Das Sirius-Rätsel; Umschau (1977)

Don`t worry be Hopi!

Zur aktualisierten Neuausgabe

Gleich eines vorweg: Wer zu den Hopi-Dörfern im Nordosten Arizonas reist, muss sich auf völlige Alkoholabstinenz und einen langen, einsamen Anfahrtsweg ohne Tankstellen und Einkaufsmöglichkeiten einstellen.

In der sogenannten Reservation herrscht striktes Alkoholverbot und wer vom Westen über den Navajo-Einkaufsort Tuba City kommt, fährt etwa eine Stunde die 90 km bis zur dritten Mesa mit Alt Oraibi, der ältesten ständig bewohnten Siedlung Nordamerikas. Locker eineinhalb Stunden dauert es vom südlich gelegenen Flagstaff über Leupp zur zweiten Mesa mit dem *Hopi Cultural Center und Motel*. Und wer vom Osten in Keams Canyon noch etwa 16 km vor der ersten Mesa eintrifft, der hat bereits rund zwei Stunden Anfahrtszeit von Window Rock, dem Hauptort der Navajo hinter sich. Ein Wasser- bzw. Getränkevorrat ist Pflicht, denn eine Panne oder ein Sandsturm kann einen unvorhergesehenen längeren Aufenthalt mitten in der Halbwüste und Trockensteppe bewirken ...

Ende Mai 2011
komme ich zum siebenten Mal seit 1981 bei den Hopi an und bin überrascht über den starken Wind samt Sturmböen, die mich noch drei Tage lang begleiten werden. Schon am dritten Tag wird ein Sandsturm daraus, der die Mesas und das Colorado-Hochplateau bis zu 100 km weit zwei Tage lang nebelgleich einhüllt. Später erfahre ich, dass der starke, kalte Wind bereits den ganzen Mai gedauert und das Land ausgedörrt hat. Der Mais, das Hauptnahrungsmittel der Hopi, wächst daher kaum, ist nur halb so groß wie üblich um diese Jahreszeit. 2010 war es umgekehrt: Die Halbwüste ergrünte, weil so viel Regen fiel. Dafür war der folgende Winter so kalt, dass es Tote durch Erfrieren gab, sogar Wasserboiler froren ein. Die Hopi sind dafür nicht gerüstet, denn egal, ob sie in ihren traditionellen Sandsteinhäusern mit Flachdach oder in modernen, dünnwandigen Satteldachhäusern wohnen: Ihre Behausungen sind großteils kaum isoliert, oft undicht.

Da wärmt selbst der kleine gusseiserne Ofen nicht genug, beheizt mit Klaubholz und kostenloser Steinkohle von Black Mesa, in den

Neubauten elektrischer Strom oder Butangas. In der ersten Juniwoche sind die Mesas wieder in Sandstaub eingehüllt, immerhin nur einen halben Tag lang.

Klimawandel? Ja, aber auch Hausgemachtes

Zum Beispiel der größte Kohletagebau der USA im Norden der Black Mesa, auf deren südlichen Ausläufern die Hopi wohnen. Hochwertige Steinkohle wurde da seit 1970 gegen den Willen der Traditionellen abgebaut, eingefädelt von einem mormonischen Anwalt aus Utah, der zugleich für *Peabody Coal* arbeitete, seit 2017 *Peabody*. Jenem weltgrößten Kohleabbaukonzern, der auf eine offizielle Erlaubnis (!) und Erweiterung des Abbaus dort drängte: zusammen mit der Kayenta-Mine zum *Kayenta Mine Complex*, nachdem er bis 2005 dank einer provisorischen Genehmigung auch in der Black Mesa Mine geschürft hat. *Peabody* erstrebte dafür eine Lizenz bis 2044, musste aber 2019 auch die Kayenta-Mine schließen.

Bis dorthin pumpt Peabody kostbares Trinkwasser aus dem N-Aquifer, um die Navajo Generating Station (NGS) in Page bis November 2019 noch mit Kohle der Kayenta- Mine zu versorgen. Dann wurde die NGS aus wirtschaftlichen Gründen stillgelegt. Dieses Kohlekraftwerk erzeugte Strom u.a. für das *Central Arizona Waterproject*, durch dessen Pipeline Wasser vom Colorado River aus dem Lake Havasu in den Süden Arizonas u.a. nach Phoenix und Tucson gepumpt wird. Bis 2005 wurde noch mehr Wasser für die Kohlepipeline zum *Mohave-Kraftwerk* nach Bullhead City an der Grenze zu Nevada benötigt: Es musste geschlossen werden, weil seine Abgase sogar die Sicht im Grand Canyon beeinträchtigten und ebenfalls die Luft mit Quecksilber, Schwefel-, Kohlen- und Stickstoffdioxid enorm belasteten. Auch waren die Rohre aufgrund der sich bildenden Schwefelsäure leck geworden – samt Filterauflagen war das zu teuer für die Betreiberfirma.

Die extreme Luft- und Bodenbelastung blieb jedoch durch zwei Kohlekraftwerke bei Farmington, nordöstlich der Black Mesa bestehen. Beide wurden zum US-weiten Methan-Hot Spot: Während das Four Cornes Power Plant bis 2024 auf erneuerbare Energien umgerüstet werden soll und in Kayenta eine 27 Megawatt Solarfarm gebaut wurde, ist die San Juan Generating Station 2022 stillgelegt worden. Die Navajo-Kohlenmine bleibt aber bis 2024. Ebenfalls auf Navajoland war südlich davon das Desert Rock Energy Project in Planung. Dagegen wehrten sich Diné-Elders und Umweltorganisationen erfolgreich. Es sollte gemeinsam mit 130 in der Region bereits genehmigten Anlagen für Erdöl-Fracking in Betrieb gehen. Die hohe Wasserentnahme durch *Peabody* hat zu einem dramatischen Rückgang des Wasserspiegels der Quellen und Brunnen im Land der Hopi und Navajo geführt: Er ist von 1990 bis 2004 um 6 bis 21 m gesunken. Die Folgen: weniger Verdunstung, weniger Niederschlag, zunehmende Dürre, auch durch den Kohletagbau selbst ausgelöst, dem unzählige Wacholderbüsche und Pinien weichen mussten. Einer Leasingfläche von über 300 km^2 steht die sog. „Restoration" mit Gestrüpp und Gräsern auf etwa 61 km^2 gegenüber. Kaputter Boden, aussterbende Pflanzenarten, zerstörte Schreine und Grabstätten, belastete Luft und z. T. durch Abbaurückstände vergiftete Brunnen sind die Begleiterscheinung. Die Zwangsabsiedelung von dort lebenden rund 14.000 Navajo bis 2015 und 60 Hopi seit 1974 eine weitere, um ungehindert an die Kohle – im doppelten Wortsinn – zu kommen. So weit, so schlecht und ich wundere mich nicht mehr über meine Beobachtungen seit den 90ern: Seit damals beobachte ich bei meinen Besuchen einen ständigen, kalten Wind und eine Zunahme der Dürrephasen.

Ein schwacher Trost,

dass die traditionellen Hopi seit 1948 vor einer Zeit warnen, in der alles Leben aus dem Gleichgewicht gerät, KOYAANISQATSI, wie sie es nennen. Da helfen auch so genannte „grüne" Alternativtechnologien im großen Maßstab wenig, für die traditionelle Hopi die Zeit noch nicht gekommen sehen, wie mir Manuel Hoyungowa aus Hotevilla erläutert: Sie helfen lediglich, die Verschwendung und die kommerzielle Nutzung, somit den Missbrauch von Energieträgern mit anderen Mitteln fortzusetzen.

Weil immer weniger Menschen ihre Verantwortung für Land und Leben wahrnehmen, immer mehr Menschen korrupt werden, nur mehr an die eigene Tasche denken und nicht genug bekommen können, geraten wir, so die Hopi, immer schneller in das nächste Stadium: POWAQQATSI, eine (schwarzmagische) Lebensart, die die Lebenskräfte anderer Wesen aufbraucht, um ihr eigenes Leben zu unterstützen.

NAQOYQATSI heißt das dritte und letzte Stadium vor der „Großen Läuterung" – Leben im Kriegszustand, in einer Welt ständiger Gewalt und Zerstörung, im blinden Glauben an Technik und Machbarkeit – kommt uns das nicht bekannt vor?

Wenn ich an den brutalen Kohle- und Wasserabbau auf Black Mesa denke, an all das, was im Namen des Fortschritts weltweit geschieht, ohne Rücksicht auf kommende Generationen – was dürfen wir da noch erwarten? Thomas Banyacya Sr., Sprecher und Dolmetscher der traditionellen Hopi seit 1948, hat mir 1981 im Namen seiner Elders von diesem letzten Stadium, das die Menschen durch ihre Habgier herbeiführen könnten, berichtet. Die Elders warnen vor einem atomaren Supergau, wie wir ihn inzwischen in Tschernobyl und Fukushima erlitten haben, vor dramatischen Erdbeben, Überflutungen, zerstörerischen Winden und Blitzen, vor Dürre und überraschend ausbrechenden Feuern. Eines davon erlebe ich im Juni 2011, als es an der Grenze zu Neu Mexiko ausbricht, sich zum größten in der Geschichte Arizonas ausweitet und sogar von den Hopidörfern als mächtige Rauchwand zu sehen ist. Es hat über einen Monat lang gewütet. Thomas Sr. hat 1999 die Welten gewechselt und ich bin ihm dankbar, dass er mir, wie später andere traditionelle Hopi, die Möglichkeit gegeben hat, ihre Warnungen weiterzugeben. Und ihr Wissen, was wir tun können, um die Auswirkungen unseres Tuns und Lassens zu minimieren.

Auch 2011

drehen sich die Gespräche, die ich mit Hopi von allen drei Mesas und dem aus Kansas eingeheirateten Joseph Day führe, um ihre Situation, die jene der Welt insgesamt widerspiegelt – und um die Frage: „Was tun?". Beten für alles Land und Leben, Danksagungs-Zeremonien durchführen, anbauen, mit Gleichgesinnten zusammenarbeiten und Vorräte anlegen, bekomme ich immer wieder zu hören. Die Mitwelt wieder herstellen, „uns gegen die Zerstörung stemmen, so wenig wie möglich abhängig sein", wie Bucky Preston von der ersten Mesa betont. Andere respektieren, wie sie sind, ergänzt Joseph Day vom originellsten und bestsortiertesten Arts- and Craftshop TSAKURSHOVI („Spitz zulaufender Hügel") am Highway 264.

Seit über 30 Jahren führt er mit seiner Frau Janice, einer Hopi, diesen allseits beliebten Laden unweit von Shungopavi, wo es noch den einzigen traditionellen Kikmongwi als höchste Autorität des Dorfes gibt. Joseph steht selber täglich früh auf, um sein etwa 3.700 m^2 großes Maisfeld händisch zu bearbeiten, ohne Traktor, wie es noch wirklich traditionelle Hopi tun. „PLANT TO LIVE", anpflanzen, um zu leben, lautet die Devise, die mir auch der Silberschmied Thomas Banyacya Jr. aus Kykotsmovi ans Herz legt. Auch wenn noch so viele Jugendliche zu bequem seien, früh aufzustehen, und lieber stundenlang vor dem Computer oder Fernseher sitzen (und so manche/r davon ordentlich zunimmt).

Dieses Problem kennen wir auch, denke ich, und ebenso die Ghetto-bildung durch Siedlungen ohne zentralen Platz, mitten in der Pampa so-zusagen. Sie breiten sich mit schmucken Einfamilienhäusern unterhalb der Mesas immer mehr aus im Hopiland, neben neuen Ganztagsschulen zum Beispiel, für die Lehrkräfte dort. Auch für die Angestellten des sogenannten Hopi-Stammesrats, des Gerichts und der Hopi-Polizei, für das Personal des Spitals, das ebenso aus den Lizenzgebühren des Koh-letagebaus samt Hubschrauber und Notarztfahrzeugen finanziert wird.

Paradoxe Extreme

tun sich mir hier als Nicht-Hopi auf: Von der schönen, neuen Welt mit High-Speed Internet dank einer brandneuen Glasfaserleitung über das allgegenwärtige Handy, fashionable Neubauten, glitzernde PKWs und Pick Ups, zu verhandelnde neue Kohleabbaulizenzen mit smarten, sehr geschäftstüchtigen Tribal Council Members bis zu neuen Visitor Cen-ters samt Tour Guides auf der einen und auf der anderen Seite einfa-che, nahezu steinzeitartige Sandsteinhäuser mit ein, zwei Räumchen und bescheiden lebenden Hopifarmern und Elders, die noch nach den ursprünglichen Anweisungen ohne Wasserleitung und elektrischen Strom leben, unbeirrt von der Ressourcen verschlingenden Mentalität der meisten ihrer Zeitgenossen.

Dazwischen *Kachinatänze* auf den drei Mesas, extrem unterschied-lich in ihrer Intensität und ihrer Wirkung auf mich, aber offenbar auch auf die Regenwolken, die diesmal ausbleiben. Erst im August, nach dem berühmten Schlangentanz, regnet es ordentlich, wie mir Tho-mas Banyacya Jr. später mailt, von dem ein Neffe erstmals darin in Mishongnovi tanzt. Ja, das Leben geht weiter, auch wenn der gesamte Zeremonienzyklus nur mehr in Shungopavi auf der zweiten Mesa auf-recht erhalten wird, weil es immer weniger Elders gibt, die das nötige Wissen in Hopi weitergeben können. Und es sind mittlerweile wieder mehr Hopi – insbesondere Jugendliche – die ihr Bestes geben, hin- und hergerissen in einer Welt, die ihnen von fortschrittsgläubigen Mitmen-schen seit der Eroberung durch die Spanier im 16. Jh. mehr oder weni-ger aufgezwungen wird.

Das verbindet sie mit uns, die wir genauso mit dem Scherbenhaufen unserer technikverliebten Zivilisation leben müssen.

Es gibt eine Alternative und Joseph Day kreierte dazu auf T-Shirts, die bei ihm erhältlich sind, den Spruch „Don't worry, be Hopi!", was wohl so viel bedeutet wie „Mach dir nichts draus, sei rechtschaffen und friedfertig!". Sei jemand, der weiß, wie er sich zu benehmen und was er zu tun hat, damit Land und Leben so viel gutes Leben hervorbringen können wie möglich, wie mir der Irokese und Hopi-Vertraute Craig Carpenter einmal erläuterte. Das ist nämlich eine der tieferen Bedeutungen von „HOPI" – und sie gilt für jeden, der so lebt. Die Entscheidung liegt bei uns, „It's up to you!", „pi-u-mi", wie die Hopi sagen – wir haben die Wahl.

PS.: 2014, als ich dabei bin, dieses Buch zu aktualisieren, erfahre ich von Thomas Banyacya Jr. wieder einige Neuigkeiten. So wütete im April einige Tage lang ein Sandsturm mit Spitzen bis zu 130 km/h, beschädigte auch das Dach seines Hauses und riss vom Stammesratsgebäude einen Teil des Blechdachs weg. Nicht nur die Wucht der Böen, sondern auch der aufgewirbelte Staub waren so mächtig, dass die Straßen auf und rund um die Mesas bis ins etwa 90 Minuten entfernte Flagstaff tagelang nicht befahren werden konnten. Und im August lässt ein Dauerregen alles ergrünen.

Gemäß den Aussagen der Elders, so Thomas Jr., befindet sich der Klimawandel in einem neuen Zyklus, „wieder zurück zum Normalzustand". Das waren allerdings die Jahre zwischen 850 und 1300, als im SW bis zu 200 Jahre lang extreme Dürreperioden herrschten.

Positiv hingegen ist die Entwicklung des Zeremonienzyklus in Shungopavi, wo mittlerweile 700 (!) Kachinatänzer mitwirken und 200 Mudhead-Kachinas singen. „Das Hopi-System erstarkt wieder", versichert mir Thomas Jr. voller Zuversicht.

Ich teile sie gerne und freue mich über das dort wachsende Engagement jener Hopi, die sich von all den Wirrungen rund um sie nicht beirren lassen. Auch nicht von den Plänen des Hopi- und Navajo-Stammesrats, quer durch die Reservationen eine Wasserleitung zu errichten, wofür beide Nationen aber ihre Wasserrechte am Little Colorado aufgeben müssten.

Nicht nur das: „The Navajo-Hopi Water Rights Settlement Act of 2012", als Senate Bill 2109 von den republikanischen US-Senatoren Kyl und McCain aus Arizona im Kongress eingebracht, würde u.a. auch den Verzicht auf Schadenersatz für vorhandene und neu entstehende Schäden durch Abpumpen des Navajo Aquifers – z.B. für den Kohletagebau und Kohlekraftwerke – mit sich bringen.

Das Gesetz würde Hopi und Navajo von den Betreibern der Wasserleitung anstelle vom Regen, ihrer Quellen und Brunnen abhängig machen und so die traditionelle Lebensweise der Hopi beenden. Aber noch ist es nicht so weit: Auf Druck der Bevölkerung haben beide Stammesräte bisher ihre Zustimmung zurückgestellt.

Anstelle eines Nachworts ...

1492   **Kolumbus** **landet in Mittelamerika** und schreibt an den König und die Königin von Spanien über seine Begegnung mit den Indianern: "So fügsam und so friedlich sind diese Menschen, dass ich euren Majestäten schwöre, es gibt auf der Welt kein besseres Volk. Sie lieben ihre Nächsten wie sich selbst, und ihre Sprache ist stets sanft und freundlich und von einem Lächeln begleitet. Und obwohl sie nackt sind, ist ihr Betragen dennoch anständig und lobenswert."

1500- Unter *Cabral* (Portugal), *Cortez* und *Pizarro* (Spanien) beginnt die
1532   Ausrottung der mittel- und südamerikanischen Indianer.

1540   Unter **Pedro de Tovar** erreicht eine spanische Expedition im Auftrag von **Francisco Vasquez de Coronado** erstmals die Hopi-Dörfer.

1607   Jamestown wird erste, ständige englische Siedlung in Nordamerika; die systematische Verdrängung und Bekämpfung der nordamerikanischen Indianer durch die weißen Eindringlinge beginnt.

1641   Die „Neuen Niederlande" setzen als erste Prämien für Indianerskalps aus (1814: 50 Dollar, 1876: 200 Dollar).

1680   **Pueblo-Aufstand** der Hopi gemeinsam mit den Pueblos bis zum Rio Grande gegen die spanischen Besatzer und ihre Franziskanermönche.

1775   Anerkennung der Rechte der Indianernationen auf von ihnen bewohnte Länder durch den zweiten Kontinentalkongress der weißen Siedler in Nordamerika.

1776   Unabhängigkeitserklärung der dreizehn „Vereinigten Staaten".

1787   Die USA erhalten eine föderalistische Verfassung mit dem verankerten Recht auf Freiheit und Menschenwürde; trotzdem werden die Kämpfe um Indianerland systematisch ausgeweitet.

1830   *Removal Act:* Beginn von Zwangsumsiedlungen der US-Indianer.

1848   **Vertrag von** *Guadelupe Hidalgo*: **das Land der Hopi und Navajo fällt nach der Niederlage Mexikos an die USA.**

1868   Den Navajo wird eine Reservation im Nordosten Arizonas zugeteilt.

1871   Der US-Kongress beschließt, keine Verträge mehr mit Indianernationen unter Anerkennung als souveräne Nationen abzuschließen.

1882   **Das US-Innenministerium beschließt gegen den Willen der Hopi die Grenzen einer Reservation** *„für die Hopi ... und jene anderen Indianer, die der Innenminister als geeignet erachtet, dort zu siedeln".* Damals leben dort etwa 1800 Hopi und 300 Navajo.

1887   *Dawes-Act*: Alle Indianerreservationen werden zugunsten der Zuweisung von Parzellen an Einzelpersonen aufgelöst. Der Rest geht an weiße Siedler. Dadurch verlieren die Indianer über Nacht zwei Drittel ihres Landes.

1906   Unter dem Kikmongwi *Wilson Tewaquaptewa* vom Bären-Clan kommt es im heutigen Alt-Oraibi zur Spaltung zwischen ihm und den traditionellen Hopi unter dem Führer des Feuer-Clans, *Yukiuma*. Schließlich trennen sich die Traditionellen unter Yukiumas Führung und gründen Hotevilla. **Alt-Oraibi ist nicht mehr spirituelles Zentrum der Hopi.** Tewaquaptewa stirbt 1960.

1914   Der Erste Weltkrieg beginnt.

1923   Vertreter der nichttraditionellen Navajo vergeben im Bereich des ursprünglichen Hopi-Landes in Zusammenarbeit mit dem BIA ***Bohrlizenzen für Öl*** **an Standard Oil.**

1924   *Bürgerschaftsakte*: Indianer werden ohne Befragung zu US-Bürgern erklärt. Als Folge müssen sie ihr Land versteuern; viele, die kein Geld dafür haben, müssen ihr Land ganz oder teilweise verkaufen.

1934   *Indian Reorganization Act*: Indianer können ihr parzelliertes Land (1887 per Gesetz verordnet) wieder zu Reservationen zusammenlegen; eine „Stammesselbstverwaltung" nach Washingtoner Muster - der „Stammesrat" - wird Bedingung für finanzielle Zuschüsse („Wohlfahrtsprogramme") und Verhandlungen.

1936   Der *Hopi-Stammesrat* wird gegen den erklärten Willen der Traditionalisten eingesetzt; die Navajo-BIA-Agentur beschließt gegen deren Willen die kleinere, ausschließliche Hopi-Reservation *Verwaltungsbezirk Nr.6* („District No. 6"); die restlichen zwei Drittel bleiben Hopi und Navajo zur gemeinsamen Nutzung („Joint Use Area").

1937   Das BIA erlässt in der *Joint Use Area* Viehweidedistrikte und gestattet es den Navajo erstmals, in diesem Gebiet auch zu siedeln.

1939   Der Zweite Weltkrieg bricht aus, **die traditionellen Hopi verweigern den Militärdienst** und werden dafür inhaftiert.

1943   Der US-Kongress bestätigt den „District No. 6" als ausschließliche Hopi-Reservation.

1945   Im Februar beginnen die Navajo- und Hopi-BIA-Agentur enger zu sammenzuarbeiten und kürzen den Viehbestand beider Stämme im gemeinsamen Nutzungsgebiet drastisch um 40 %. Als Grund wird ein sogenanntes „Erhaltungsprogramm" der Regierung bezüglich Land und Wasserquellen auf Black Mesa angeführt.

1948   Kerr Mc Gee beginnt in Cove bei Red Rock (in den Chuska Mountains) mit dem Uranabbau. 1968 werden die Minen ungesichert stillgelegt, bis 1982 sind 25 ehemalige Navajo-Minenarbeiter an Krebs gestorben, der Großteil daran erkrankt. Weder der Navajo Stammesrat noch Kerr Mc Gee kümmern sich darum. Dies ist eines von vielen Beispielen für die Art und Weise und die Folgen des Uranabbaus auf der Colorado-Hochebene oder in seiner unmittelbaren Nachbarschaft - und in den Black Hills der Lakota.Das US-Innenministerium übt auf die Hopi Druck aus, ebenfalls Lizenzen für den Abbau der dortigen Bodenschätze zu vergeben. **Die traditionellen Hopi versuchen erstmals, über die UNO mit ihrer Botschaft an die Weltöffentlichkeit zu treten**, und protestieren gegen die Zerstörung ihres Landes.

1949   Das BIA offeriert allen Hopi-Familien rund 20 Hektar bewässertes Land außerhalb der Hopi-Reservation, verbunden mit der Übersiedlung in ein ehemaliges Internierungslager für japanische und amerikanische Soldaten am Colorado-Fluss, genannt Poston. Bedingung: Die Hopi geben alle bestehenden Rechte auf. Dafür und für die Anstellung von Hopi außerhalb der Reservation werden von der Regierung 9,25 Millionen Dollar reserviert.

1950   Der Navajo-Stammesrat vergibt eine Abbaulizenz für Kohle auf Black Mesa. Damit beginnt die Zerstörung des spirituellen Zentrums der Hopi.

1961	Der Innenminister ermächtigt unter Umgehung der ursprünglichen „Hopi-Verfassung" von 1936 mit Hilfe des Mormonenanwalts *John S. Boyden* den seit 1955 wieder eingesetzten Stammesrat der Hopi (der sich 1943 aufgelöst hatte), **Lizenzverträge zur Nutzung der dortigen Bodenschätze zu vergeben**. Die ersten Kohleabbaurechte werden an die *Fisher Company of Phoenix* vergeben.
1962	*Die Peabody Coal Company* meldet als größte US-Bergbaugesellschaft Leasingwünsche für einen Kohletagebau auf Black Mesa im nördlichen Teil der Hopi-Reservation von 1882 an. **Im selben Jahr spricht der Healing-Gerichtsbeschluss entsprechend einem Kongressbeschluss von 1958 den Hopi alle Landrechte außerhalb der Reservation von 1882 ab.**
1964	Der von Mormonen beherrschte Stammesrat der Hopi erteilt mit Hilfe seines Anwalts John S. Boyden ***Abbaulizenzen* an Kerr McGee Oil Industry, Aztec Oil & Gas Company und andere Abbaufirmen.** Boyden ist zugleich Repräsentant von Aztec Oil & Gas und Peabody Coal, an die er exklusive Bohr- und Erforschungsrechte auf Black Mesa vermittelt.
1966	**Am 6. Juni vergeben der Hopi- und Navajo-Stammesrat die *Abbaulizenz für den größten Kohletagebau* der USA auf Black Mesa in der Joint Use Area an Peabody Coal**, die 1969 vom Hopi-Stammesrat erweitert wird.
1971	Bis 1974 werden mehrere Anträge in den US-Kongress eingebracht, um einen sogenannten „Landstreit" zwischen Navajo und Hopi zu schlichten. Hauptbetreiber: der republikanische Senator Barry Goldwater aus Arizona, unterstützt von John S. Boyden und einer mächtigen Mormonenlobby. Hauptgesprächsthema: Die Energiekrise.
1974	**Der US-Kongress beschließt die Teilung des gemeinsamen Nutzungsgebiets für Hopi und Navajo** in einen Hopi- und Navajoteil, der ab 7. Juli 1986 den jeweiligen Stammesräten als ausschließliches Reservationsgebiet zufallen soll. Bis dahin sollen bis zu 18 500 Navajo in „weiße" Städte außerhalb der Reservation der Navajo umgesiedelt werden und etwa 30 Hopi-Familien in ihre Reservation. **Damit beginnt die größte Zwangsumsiedlungsaktion der USA im 20. Jahrhundert.** Die Rechte über die Bodenschätze des gemeinsamen Nutzungsgebietes bleiben zu gleichen Teilen bei den Stammesräten; die Viehbestände müssen um 90% reduziert werden, Neubauten und Reparaturen sind verboten, eine Umsiedlungskommission wird eingerichtet. Die Nummer des Bundesgesetzes: **PL 93-531.**
1977	**Das zuständige Distriktgericht legt die Teilungslinie fest.** Im Oktober verjagt *Pauline Whitesinger* als erste Diné-Älteste Arbeiter, die den Teilungszaun errichten und reißt ihn nieder. Danach werden mehrere Meilen von trad. Diné weggerissen. Dasselbe macht 1979 *Katherine Smith* und 1980 *Alice Benally* mit ihren drei Töchtern. Im November findet ein Siebentage-Treffen mit traditionellen Hopi und AIM-Vertetern in Big Mountain statt.
1979	In den USA wird die erste *Big Mountain Support Group* gegründet.
1980	Das Bundesgesetz PL 96-305 überträgt in Ergänzung zu PL 93-531 die Gerichtsbarkeit innerhalb der geteilten J.U.A. auf die jeweiligen Stammesräte, die Viehbestände darin sind bereits um 90% reduziert.
1981	Am 18. April wird dem Kongress der endgültige Umsiedlungsplan vorgelegt. **Hopi- und Diné-Traditionalisten gründen gemeinsam**

mit AIM-Vertretern das *Big-Mountain-Überlebenscamp,* um von dort aus den Widerstand gegen die Teilung und die Umsiedlung zu organisieren.

Im Juli ist das Land endgültig durch einen 460 km langen Stacheldrahtzaun geteilt - bis auf eine mehrere Meilen lange Lücke in Big Mountain. **Am 8. Juli billigt der Kongress den Umsiedlungsplan.**

Im September versuchen die Hopi bereits das vierte Mal, im Rahmen der UNO ihre Botschaft an die Menschheit zu richten – vergeblich.

1982 **Im Bereich der Navajo-Reservation befinden sich etwa 38 Uranminen mit riesigen Abraumhalden**; in der Nähe eine der größten Uranminen der Welt bei Laguna Pueblo in New Mexico; dazu acht Uranmühlen, drei große Kohletagebauminen, darunter die größte der USA auf Black Mesa; fünf Kohlekraftwerke, darunter das größte der USA in Page; ferner insgesamt acht stillgelegte Uranminen mit ihren offenliegenden und hochradioaktiven Uranabraumhalden.

Auf der ganzen Welt gibt es bereits rund *300 Atomkraftwerke,* wovon jedes einzelne jährlich drei bis vier Kubikmeter hochradioaktiven Abfall produziert. Die Problematik der Verseuchung von Wasser, Land, Luft, Menschen, Tieren und Pflanzen, die durch den Uranabbau unweigerlich eintritt und zu einem rapiden Ansteigen der Krebstoten führt, wird in der Öffentlichkeit nicht diskutiert. Statt dessen ist von einem *Ausbau der Kernkraft die Rede.*

Im Februar wird das *Big Mountain Legal Defense/Offense Commitee* von der Nationalen Rechtsanwaltsinnung mit einem Büro in Flagstaff gegründet.

Die traditionellen Hopi schlagen gemeinsam mit dem Dalai Lama, allerdings ohne Erfolg, eine Weltkonferenz der spirituellen Führer und kirchlichen Vertreter im Land der Hopi vor.

Die Welt erlebt den *Falklandkrieg* zwischen Großbritannien und Argentinien, den *Libanonkrieg* und Krieg zwischen Irak und Iran.

***Thomas Banyacya Sr.* versucht Ende Juni und Anfang Juli vergeblich,** im Rahmen der zweiten Sondertagung der UNO-Generalversammlung die Botschaft der Hopi persönlich vorzutragen. Versuche von traditionellen Hopi aus Hotevilla scheitern bis zum Jahresende ebenfalls. Thomas Banyacya Sr. am 1. Juli: „Es werden Feuer im Westen, Osten, Süden und Norden ausbrechen. Überall beginnen Feuer zu lodern, auf der ganzen Welt." Weltweit richten verheerende Unwetter katastrophale Schäden an. *Erdbeben* häufen sich und werden stärker.

Im November gelingt es Thomas Banyacya Jr., der seinen Vater vertritt, gemeinsam mit Phillip Deere in Wien den österreichischen Außenminister Willibald Pahr für die Anliegen der Hopi zu interessieren, ebenso den österreichischen Minister für Gesundheit und Umweltschutz, Kurt Steyrer.

Der sowjetische Partei- und Regierungschef *Breschnew stirbt, Andropow* wird sein Nachfolger.

1983 Die Regierung *Reagan* erhöht ihr Militärbudget weiterhin, und der neue japanische Premier *Nakasone* sucht die militärische Zusammenarbeit mit den USA. Er spricht von einer Wiedereinführung der Wehrpflicht in Japan und fordert so die UdSSR zu ungewohnt scharfen Drohungen gegenüber Japan heraus.

Die ab Dezember in der BRD und in anderen NATO-Staaten vorgesehene Neuaufstellung *atomar bestückter Raketen* löst neue Spannungen in den betroffenen Staaten und im Verhältnis BRD-UdSSR aus.
Die USA besetzen im Handstreich Grenada, **im August findet in Big
Mountain der erste Sonnentanz statt**. Während in den USA und
in der BRD der von den Hopi-Prophezeiungen inspirierte **Kinofilm
Koyaanisqatsi** Triumphe feiert, senden am 20. 9. die Vereinten *sou-
veränen Hopi-Nationen Hotevilla, Mishongnovi, Moencopi, Oraibi,
Shipaulovi und Shungopavi* an den Präsidenten der UN-Generalversammlung ein ausführliches Schreiben, worauf eine Einladung zu einer
Konferenz im Rahmen der UN-Abrüstungswoche für das Überleben (im
Oktober) erfolgt. An ihr nimmt Thomas Banyacya Sr. für die Ältesten
teil; *James Kootshongsie, Carolyn Tawangyawma und Titus Lamson*
erscheinen dort ohne Autorisierung im eigenen Namen, begleitet von
Tom Tarbet.
Obwohl das oben zitierte Schreiben insbesondere von *David Monongye*
und anderen trad. Ältesten aus Hotevilla unterzeichnet wurde, verbreitet James Kootshongsie in *Techqua Ikachi* Nr. 25/1983 die Falschmel-
dung, dass sich die Traditionellen in Hotevilla nicht der genannten Vereinigung angeschlossen hätten.
Das fortschreitende Waldsterben wird weltweit Thema Nr. 1.

1984 Nach dem Tod des Generalsekretärs der KPdSU, Jurij Andropow,
folgt Konstantin Tschernenko im Kreml. **Im März läuft der Kinofilm *Koyaanisqatsi* in Wien, *Thomas Banyacya Sr. besucht erstmals Österreich und die BRD, begleitet von Janet McCloud*** aus
Washington State, die seit den 60ern eng mit ihm zusammenarbeitet.
**In Wien kommt es zu einem ausführlichen *Gespräch mit einem Ver-
treter des Außenamtes*, in Bonn mit *Petra Kelly* von den *Grünen*.**
Der Arbeitskreis Hopi-Österreich verfasst gemeinsam mit Thomas Sr.
eine Resolution, damit einer der höchsten Hopi-Eingeweihten vor der
UN-Generalversammlung sprechen kann. Sie wird an rund 50 Staa-
ten verschickt, verbunden mit einer europaweiten Kampagne – ohne
Erfolg.
Ronald Reagan wird wiedergewählt und hetzt gegen Nicaragua; im
Alpenraum toben schwerste Hagelstürme, in weiten Teilen Afrikas
wüten Dürre und Hunger. Tausende Menschen sterben an der **Gift-
gaskatastrophe in Bhopal**, Indira Ghandi wird ermordet, und Sikh-
Unruhen stürzen Indien in einen teilweisen Bürgerkrieg.
In Österreich kann der dramatisch eskalierende **Konflikt um die Hain-
burger Au** vor Weihnachten gerade noch beigelegt werden; AIDS sucht
die USA heim, bald die ganze Welt.

1985 Der Tod Tschernenkos bringt im März in der UdSSR *Michail Gorbat-
schow* an die Macht.
David Monongye richtet an die Gouverneure der Staaten im Vierlände-
reck einen dramatischen *Appell zur Aufhebung von PL 93-531 und zum
sofortigen Stopp des dortigen Uranabbaus,* worauf der Arbeitskreis
Hopi-Österreich eine **europaweite Kampagne** startet.
Präsident Reagan beauftragt W. Clark, zwischen den Stammesräten der
Hopi und Navajo eine Verhandlungslösung durch Landtausch zu errei-
chen. **Im Mai und Juni kommt es mit dem Regierungsbeauftragten
Richard Morris zu einem historischen Treffen in den zwei bedeu-**

tendsten Kivas der Hopi: **in Shungopavi und Hotevilla**. Als die trad. Hopi und Diné unnachgiebig bleiben, droht Morris eine militärische Räumung von Big Mountain an, dennoch laden die Traditionellen Präsident Reagan zu sich ein - ohne Echo. *Tiefflugübungen der Luftwaffe, Hubschrauberscheinangriffe und BIA-Kontrollmaßnahmen terrorisieren die dortige Bevölkerung*, während die **weltweite Unterstützung von Hopi und Diné** dank einer großen Kampagne des BigMountain-Komitees zunimmt.

Im September erfährt ein erneuter UN-Versuch der trad. Hopi erstmals eine schriftliche Absage durch Robert Muller, dem Assistenten des UN-Generalsekretärs. James K., Carolyn T. und Titus L. versuchen es erneut auf eigene Faust und werden ebenso abgewiesen. Sie können jedoch ein unpolitisches Statement an UN-Mitglieder verteilen und einen Videofilm zur Information im UN-Gebäude hinterlassen. James verteidigt in *Techqua Ikachi* Nr. 31/1986 seinen UN-Alleingang, über den die Ältesten sehr aufgebracht sind, und stellt deren Anspruch in Frage, dass die spirituellen Führer und Kikmongwis entscheiden, wer die Hopi vor der UNO vertreten soll.

Im Frühjahr und Winter erstickt Europa im Schnee, im Sommer kommt es zu Hochwasserkatastrophen. Ein Erdbeben in Mexiko und ein Vulkanausbruch in Kolumbien fordern über 85 000 Tote, rund 1500 Menschen sterben bei Flugzeugabstürzen. Terroranschläge nehmen überhand, Bürgerkrieg tobt in Sri Lanka, Irland, Südafrika und im Libanon. **Zum Waldsterben kommt ein dramatisches Bodensterben**.

Am 19. Dezember stellt der US-Kongress durch das Gesetz PL-99-190 dem BIA zusätzlich Geld zur Verfügung, um in den *New Lands* an der Südgrenze der Navajo-Reservation „Heime zu errichten", dazu Straßen und Wasseranschlüsse. Für diesen Zweck erhält das Innenministerium Sondervollmachten, die den bestehenden Gesetzesschutz der Betroffenen und ihres Landes aufheben. Zugleich wird die Fortsetzung der Zwangsumsiedlung daran gebunden, dass für die Betroffenen „ausersehene Heime" zur Verfügung stehen.

1986 **Im Januar explodiert die US-Raumfähre** *Challenger* („Herausforderer") kurz nach dem Start. Bis September 1988 bringen die USA keine Rakete mehr ins All.

Die Sowjets hingegen entsenden eine zweite, noch größere Raumstation in eine ständige Erdumlaufbahn. Sie heißt Mir („Frieden"). Der schwedische Ministerpräsident *Olof Palme* wird ermordet.

Im April lässt Präsident Reagan Teile Libyens bombardieren, und **am 26. April bestätigt der Super-GAU von Tschernobyl in der Ukraine die Warnungen der Hopi in grauenvoller Weise**. Trotzdem beharren Politiker und Wirtschaft auf dem Betrieb von Atomkraftwerken. Allen voran die UdSSR, Japan und die BRD, die deshalb in einen Bürgerkrieg hineinzuschlittern droht.

In der Folge kommt es zu starken Spannungen in den Beziehungen zwischen Bayern und Österreich, das sich vehement gegen die *Errichtung der atomaren Wiederaufbereitungsanlage in Wackersdorf* ausspricht, nachdem es sein eigenes AKW endgültig für „tot" erklärt hat. **Weltweit nehmen rechtsorientierte und faschistische Tendenzen zu,** insbesondere in Südafrika und in jenen Ländern, die sein Apartheidregime unterstützen. Erdbeben erschüttern China und Kalifornien, der Südosten der USA verdorrt unter der größten Hitzewelle seit

Menschengedenken, riesige Heuschreckenschwärme bedrohen große Teile Afrikas, eine Überschwemmungskatastrophe überrascht zwei Millionen Chinesen. Während Politik und Wirtschaft die grauenhaften und das natürliche Leben drastisch verändernden Folgen von Tschernobyl herunterspielen, schlagen internationale Wissenschaftler Alarm: *über der Antarktis klafft ein Loch in der Ozonschicht der Erde, so groß wie die USA.* Man befürchtet dadurch ein dramatisches Ansteigen der Temperaturen am Südpol, ein Abschmelzen des Poleises und einen Polsprung.

Ein für den 7. Juli befürchtetes Eingreifen der Bundesgerichtspolizei oder der US-Nationalgarde, die bereits ihren Einsatz für Big Mountain und die J.U.A. probt, wird offensichtlich durch den Druck einer internationalen Kampagne verhindert. Trotzdem beharren das Bundes-BIA und der im November 1985 wiedergewählte Vorsitzende des Hopi-Stammesrats, Ivan Sidney, auf einer Durchführung der Zwangsumsiedlung. Sie werden nach wie vor unterstützt vom republikanischen Senator Barry Goldwater, *wobei eine Zwangsdeportation in ein wüstes, z.T. radioaktiv verseuchtes Gebiet, das sogenannte „Neue Land" an der Südgrenze der Navajo-Reservation, vorbereitet wird.* Das BIA glaubt, bis Ende 1987 damit fertig zu sein. Am 7. Juli beginnen die ersten von 508 assimilierten Hopi in dem endgültig den Hopi zugesprochenen Gebiet für sich Land abzustecken und es zu besiedeln - beschützt von der Hopi-Stammespolizei. Währenddessen finden *weltweit Gebets- und Mahnwachen für Big Mountain* statt; immer mehr Kongressabgeordnete überlegen eine Aufhebung des Gesetzes PL 93-531 und machen sich zumindest für ein Aussetzen der Zwangsumsiedlung und die Einrichtung einer Ratskommission stark.

Am 7. Juli demonstrieren über 300 Navajo/Diné am Schandzaun, beten dort und zerschneiden ihn demonstrativ. Ab diesem Tag sind sie Fremde in ihrer Heimat.

1990   **Am Vorabend des Golfkrieges wendet sich der Hopi Elder** *Martin Gashweseoma* **aus Hotevilla erstmals an die Öffentlichkeit:**
Am13. Dezember präsentiert er in Santa Fe das heilige Steintafel des Feuer-Clans, deren Hüter er ist, „um die Saat der Verwirklichung dessen zu legen, was den Kurs der ganzen Menschheit von der Katastrophe wegbringen könnte" und um aufzurufen, „mit den Kräften der Schöpfung zusammenzuarbeiten", denn „der Zeichen, dass die letzte Episode vor der Reinigung bereits begonnen hat, sind viele" (vgl.„ Menschen sind wie Bäume", S. 188 ff).

1993   Nach einem 10-Minuten-Auftritt Banyacya Srs. 1992 vor 20 verbliebenen Delegierten der UN-Generalversammlung und nach 45jährigen Bemühungen der Hopi erfüllt sich eine ihrer letzten Prophezeiungen:
Am 22. November kommen im Rahmen der UN-Konferenz „Cry of the Earth" („Aufschrei der Erde") sieben indianische Delegationen aus den USA, Kanada und Mexiko im UN-Hauptgebäude zu Wort, um den dort Versammelten eine Gesamtschau ihrer mündlich überlieferten Prophezeiungen vorzutragen, die sich auf die aktuelle Situation von Erde und Menschheit beziehen. Dass diese Elders lediglich im Saal des Wirtschafts- und Sozialrats - und nicht vor der Generalversammlung - sprechen können, sei „Sache der UNO", versichert dazu *Thomas Banyacya Sr.*, und ändere nichts an der Erfüllung des Auftrags der Hopi-Elders, um den er sich seit 1948 unablässig bemüht hat.

Den Höhepunkt bildet der Auftritt der Hopi-Delegation aus Hotevilla, die von *Martin Gashweseoma* mit *Banyacya Sr.* als Übersetzer angeführt wird.

Die Kernaussage:
„Es ist unser letzter Versuch, Korrekturen durch diese Gruppe von Menschen hier zu bewirken. Wenn sie das nicht tun, stehen wir vor einer schrecklichen Zerstörung oder vor schrecklichen Warnungen durch die Natur. Wir hoffen, so viele Menschen wie möglich zu erreichen, indem wir diese Botschaft hier überbringen (...) Wenn sich jeder von den spirituellen Anweisungen abwendet, wird sich unsere Mutter Erde viermal umwenden und uns, die wir überleben, weit unter die Erde bringen, von wo aus wir in Dunkelheit erneut beginnen, zu leben zu versuchen(...).Es gibt dann keinen Weg, wie wir einander helfen können. (...) Wir sollten unser spirituelles Wissen miteinander teilen - und vielleicht, als Ergebnis davon, bringen wir ein gutes, ausgeglichenes Leben für die junge Generation, die nach uns kommt, zurück (...).“
Außer dem kanadischen und mexikanischen Botschafter sind neben etwa 100 Vertretern von NGOs nur kurze Zeit wenige UN-Botschafter anwesend. Die Delegationen sind entsprechend enttäuscht, zumal es auch keine Pressekonferenz für sie gibt.

1994   *Am 24. April verstreicht die letzte Frist für die Weltengemeinschaft ungenützt*, die ihnen die Hopi-Elders seit 22. 11. 1993 für eine angemessene Antwort gegeben haben. *Aus diesem Grund „haben sie ihre Bemühungen beendet, ihre Warnungen den Regierungen der Welt verständlich zu machen. Nun liegt es in deren und in euren Händen, sich darum zu kümmern"*, erklärt *Banyacya Sr.* dem AK Hopi dazu.
In *Hotevilla* beginnt der Stammesrat der Hopi gegen den erklärten Willen der Traditionellen mit der *Errichtung einer Strom- und Wasserleitung sowie einer Kanalisation*. Da offensichtlich mehrere Gesetzesverletzungen vorliegen, reichen *Martin Gashweseoma* und andere Traditionelle aus Hotevilla mit Hilfe eines Anwalts aus Phoenix eine Klage gegen den Stammesrat ein.
Dennoch gehen die Arbeiten weiter und *zerstören bis zur Fertigstellung 1997 mehrere hl. Schreine des Ortes*, was die Wirksamkeit der Zeremonien massiv beeinträchtigt. *Trotz dieses Rückschlags und einer seit den 90ern anhaltenden Dürre, die 1996 erstmals zu einem völligen Ernteausfall geführt hat, geben die Hopi-Elders nicht auf, da sie „volles Vertrauen in den Schöpfer haben und es ihnen darauf ankommt, die Menschen auf seine Gesetze aufmerksam zu machen"*, *wie sie betonen.*

1997   Am 31. März läuft das letzte Ultimatum für die Big-Mountain-Diné ab, das *„Accomodation Agreement"* zu unterschreiben. Es räumt ihnen eine Frist bis 2000 ein, um Hopi-Land unter drastischen Einschränkungen für 75 Jahre zu pachten oder das Land mit einer Finanzhilfe „freiwillig" zu verlassen. *Obwohl viele Diné unterschreiben, um ihre Heimat nicht verlassen zu müssen, verweigern nach wie vor einige hundert traditionelle Diné-Familien ihre Unterwerfung unter den Hopi-Stammesrat und seine Gesetzgebung. Sie werden in ihrem Widerstand von der Sovereign Diné Nation - Diné Alliance durch Louise Benally* vertreten und bleiben ab 2007 illegal dort.

1999   *Thomas Banyacya Sr., Dolmetscher und Botschafter der traditionellen Hopi, tritt seine letzte Reise an*: Am 6. Februar entschläft er im Alter von 89 Jahren.

1948 wurden von den Elders vier Hopi als Botschafter ausgewählt. *Titus Lamson* und *Dan Evehema* („Little Dan") lehnten ab, *Dan Katchongva*, der dritte, wechselte bereits 1972 die Welten; *Banyacya Sr.* war der letzte dieser vier.

Sie erfüllte die letzte Mission der traditionellen Hopi entsprechend dem Auftrag der Hopi-Elders von 1948: Die Hopi-Delegation zur UN-Konferenz CRY OF THE EARTH am 22. November 1993 in New York (vgl. S. 315f). Von links nach rechts: Thomas Banyacya Sr., Martin Gasheweseoma, Emery Holmes, Manuel Hoyungowa.

Friedenserklärung der Hopi

Es liegt in der Macht der wahren Hopi, die Gedanken und Spirits aller Völker der Erde, die nach wahrem Frieden suchen, zu vereinen . . .

Hopi bedeutet „friedliche Menschen" . . . und die treueste und größte Macht ist die Stärke des Friedens . . . denn Friede ist der Wille des Großen Geistes . . .

Aber glaube nicht, gerade weil die wahren Hopi vom Großen Geist angewiesen wurden, niemals Waffen zu ergreifen . . . dass die wahren Hopi nicht kämpfen werden . . . dass sie selbst nicht sterben werden für das, von dem wir wissen, dass es der richtige Weg des Lebens ist. Die wahren Hopi wissen, wie man kämpft, ohne zu töten oder zu verletzen . . .

Die wahren Hopi wissen, wie man mit Wahrheit und positiver Kraft im Licht des Großen Geistes kämpft . . .

Die wahren Hopi wissen, wie man durch reine Gedanken erzieht . . . durch gute Vorstellungen . . . und durch sorgfältig ausgewählte Worte . . .

Die wahren Hopi wissen, wie man allen Kindern der Welt den wahren Weg des Lebens zeigt, indem man ein Beispiel gibt . . . auf eine Weise arbeitet und sich mitteilt, die die Gedanken und die Herzen aller Menschen erreicht, welche aufrichtig die Methoden eines einfachen und spirituellen Lebens suchen, das das einzige Leben ist, welches überleben wird . . .

DIE WAHREN HOPI BEHÜTEN DAS HEILIGE WISSEN ÜBER DEN ZUSTAND DER ERDE, DENN DIE WAHREN HOPI WISSEN, DASS DIE ERDE EINE LEBENDE . . . SICH ENTWICKELNDE PERSON IST . . . UND DASS ALLE DINGE DARAUF IHRE KINDER SIND . . .

Die wahren Hopi wissen, wie man die richtige Art zu leben allen Menschen der Erde zeigt, die Ohren haben, um zu hören, . . . Augen, um zu sehen . . . und Herzen, um diese Dinge zu verstehen . . . Die wahren Hopi wissen, wie man genug Macht erzeugt, um die Kräfte der Gedanken und Spirits aller wahren Kinder der Erde zu verknüpfen . . . und diese mit der positiven Kraft des Großen Geistes zu vereinen, so dass sie dem Leid und der Verfolgung auf allen kranken Plätzen in dieser Welt ein Ende bereiten können . . .

DIE WAHREN HOPI ERKLÄREN, DASS DIE MACHT DER HOPI EINE KRAFT IST,
DIE EINE WELTVERÄNDERUNG ZUSTANDE BRINGEN WIRD.

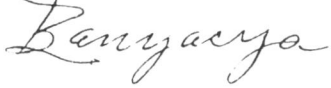

Mit dem Wind leben
und mit dem Regen,
keine Mauern aufbauen,
um sich davor zu schützen;
wie das Gras
sich wiegen und biegen!

Angela

Personen- und Sachregister *(ab S.303 lediglich eine Auswahl)*

Weitere Bücher des Wissens, Wunderns und des Humors erschienen im Authalverlag

Menschen sind wie Bäume
Indigenes Wissen - ein Weg aus der Krise
Alexander Buschenreiter
Die Ausführungen indigener Elders aus Nordamerika vermitteln Lösungswege und geben uns konkrete Anregungen, wie wir wieder Frieden mit der Erde finden und alte Wunden heilen können.
Softcover mit Flappen
296 Seiten,
sw Abbildungen, Grafiken
ISBN: 978-3-9504211-9-4

Geheimcode im Wasser   (2. Auflage)
Karin Halbritter
Tauchen Sie ein in die faszinierende Welt des Wassers, des größten Datenträgers des Universums

Hardcover
111 Seiten, 69 Farbabbildungen
ISBN 978-3-9503133-0-7

Feen – Fakt oder Fiktion
Karin Halbritter
Was sind Feen: Wahn oder Wirklichkeit?
Fakt oder Fiktion?
Softcover
120 Seiten
Farbabbildungen
ISBN 978-3-9503133-7-6

Geheimnisvoller Pollen
Karin Halbritter
Genießen statt Niesen.
Es ist schwer bis unmöglich, gegen etwas, das man liebt, allergisch zu reagieren.
Hardcover, Lesebändchen
144 Seiten, 53 Farbabbildungen
ISBN 978-3-9504211-1-8